O LIVRO DA HISTÓRIA NEGRA

O LIVRO DA HISTÓRIA NEGRA

GLOBO LIVROS

DK LONDRES

EDITOR DE ARTE SÊNIOR
Gillian Andrews

EDITORES SENIORES
Camilla Hallinan, Scarlett O'Hara, Laura Sandford

EDITOR DE PROJETOS
Abigail Mitchell

EDITORES
John Andrews, Alethea Doran, Joy Evatt, Lydia Halliday, Victoria Pyke, Esther Ripley, Dorothy Stannard, Rachel Warren Chadd

ILUSTRAÇÕES
James Graham, Anthony Limerick

PESQUISADOR DE IMAGENS
Sarah Hopper

TEXTO ADICIONAL
Dr Abimbola A. Adelakun, Dr Kimberly Brown Pellum, Prof Marlene L. Daut, Sarah Lusask, Seun Matiluko, Dr Arlisha Norwood, Dr Onyeka Nubia, Dr Angelina Osborne, Adam Smith, Frank Starling, Adam Williams, Dr Ogechukwu Williams

GERENTE DE CRIAÇÃO DE CAPA
Sophia MTT

EDITOR DE PRODUÇÃO
Kavita Varma

PRODUTOR
Rachel Ng

EDITOR-CHEFE SÊNIOR DE ARTE
Lee Griffiths

EDITOR-CHEFE
Gareth Jones

DIRETOR DE PUBLICAÇÕES ASSOCIADO
Liz Wheeler

DIRETOR DE ARTE
Karen Self

DIRETOR DE DESIGN
Phil Ormerod

DIRETOR DE PUBLICAÇÕES
Jonathan Metcalf

PROJETO ORIGINAL
STUDIO 8

GLOBO LIVROS

EDITOR RESPONSÁVEL
Lucas de Sena

ASSISTENTE EDITORIAL
Renan Castro

TRADUÇÃO
Maria da Anunciação Rodrigues

CONSULTORIA
Graciella Fabrício

PREPARAÇÃO DE TEXTO
Viviane Moreira

REVISÃO DE TEXTO
Carolina Oliveira

EDITORAÇÃO ELETRÔNICA
Equatorium Design

Publicado originalmente na Grã-Bretanha em 2021 por Dorling Kindersley Limited, 80 Strand, London, WC2R 0RL.

Copyright © 2021, Dorling Kindersley Limited, parte da Penguin Random House

Edição Brasileira
Copyright © 2021, Editora Globo S/A

Todos os direitos reservados. Nenhuma parte desta edição pode ser utilizada ou reproduzida – em qualquer meio ou forma, seja mecânico ou eletrônico, fotocópia, gravação etc. – nem apropriada ou estocada em sistema de banco de dados sem a expressa autorização da editora.

1ª edição, 2021 - 1ª reimpressão, 2022
Impressão: COAN

FOR THE CURIOUS
www.dk.com

CIP-BRASIL. CATALOGAÇÃO NA PUBLICAÇÃO
SINDICATO NACIONAL DOS EDITORES DE LIVROS, RJ

L762

  O livro da história negra / [Paula Akpan ... [et al.]] ; [editora consultora Nemata Blyden] ; [tradução Maria da Anunciação Rodrigues]. - 1. ed. - Rio de Janeiro : Globo Livros, 2021.
  336 p. (As grandes ideias de todos os tempos)

Tradução de: The black history book
Inclui índice
ISBN 978-65-5987-021-9

  1. Negros - História. 2. África - Civilização. 3. África - História. 4. Negros - Identidade racial. 5. Racismo. 6. Escravidão - História. I. Akpan, Paula. II. Blyden, Nemata. III. Rodrigues, Maria da Anunciação. IV. Série.

21-73546
    CDD: 305.89609
    CDU: 316.347(09)

Camila Donis Hartmann - Bibliotecária - CRB-7/6472

Linguagem em citações históricas
Citações e nomes de organizações incluídos neste livro conservam a linguagem e terminologia de sua época. Algumas dessas expressões hoje estão superadas e são consideradas insensíveis, inapropriadas e ofensivas. Visões expressas em citações históricas não refletem as opiniões da editora ou de nossos colaboradores.

COLABORADORES

PROFESSORA NEMATA BLYDEN, EDITORA CONSULTORA

Nemata Blyden é professora de história e assuntos internacionais na Universidade George Washington. Com origens espalhadas por muitos lugares do mundo negro, ela ensina, e publicou, sobre vários aspectos da história da África e da diáspora africana. Mais recentemente, escreveu *African Americans and Africa: A New History*.

PAULA AKPAN

Jornalista e escritora, Paula Akpan é estudante de mestrado em história negra britânica, com interesse em mapear as histórias lesbianas negras no Reino Unido. Sua obra foca principalmente negritude, universo queer e política social e ela escreve regularmente para diversas publicações, como *Vogue*, *Teen Vogue*, *The Independent*, *Stylist*, *VICE*, *i-D*, *Bustle* e *Time Out London*. É também ensaísta publicada, com trabalhos nas antologias *Slay in your Lane – Loud Black Girls* e *The Queer Bible*.

MIREILLE HARPER

Mireille Harper é uma premiada editora, escritora, leitora sensível e consultora de comunicações. Seu trabalho pode ser visto em publicações na *Vogue*, *Digital Spy*, *Good Housekeeping*, *Nation of Billions*, *GUAP*, *Nataal*, *TOKEN Magazine* e outras. Como consultora de comunicações, Mireille trabalha com a Punch Records, a BYP Network, a ShoutOut Network e outras organizações. É colaboradora de *Timelines of Everyone* e autora de *Timelines from Black History* (DK).

KEITH LOCKHART

Jornalista e escritor sediado em Londres, Keith Lockhart é colaborador dos jornais britânicos *The Independent* e *The Observer* e da enciclopédia online Wikipedia.

DRA. TYESHA MADDOX

Tyesha Maddox é historiadora da diáspora africana e da imigração caribenha. É professora assistente na Universidade Fordham. Seu trabalho estuda as associações beneficentes e sociedades de amparo mútuo de imigrantes caribenhos no início do século XX.

DR. RAPHAEL NJOKU

Professor de história africana e estudos globais na Universidade Estadual de Idaho, Raphael Njoku se especializou em história intelectual, descolonização, estudos da diáspora africana e política africana.

LUKE PEPERA

Antropólogo, historiador, escritor e divulgador, Luke Pepera especializou-se no passado africano, sobre o qual escreveu artigos e falou como convidado em inúmeros *podcasts*.

GEORGE SWAINSTON

George Swainston estudou árabe e persa na Universidade de Oxford. É jornalista e documentarista, com interesse especial pela história do Oriente Médio, Brasil e África.

ROBIN WALKER

Escritor, palestrante e empresário, Robin Walker publicou vários livros sobre história negra, aportes africanos à ciência, tecnologia, engenharia e matemática, África e religião e contribuições africanas à música e literatura.

PROFESSOR JAMIE J. WILSON

Professor de história na Universidade Estadual de Salem (Massachusetts), Jamie J. Wilson ministra cursos sobre história negra americana e é o editor de *50 Events that Shaped African American History*.

PROFESSOR DAVID OLUSOGA, APRESENTAÇÃO

David Olusoga é um historiador, divulgador e cineasta britânico-nigeriano. Suas séries de TV incluem *A House through Time* (BBC2), *Black and British: A Forgotten History* (BBC2) – série de sua autoria, que recebeu os prêmios Longman-History Today Trustees e PEN Hessell-Tiltman – e *Britain's Forgotten Slave Owners* (BBC2), vencedora do Bafta. Escreve para *The Guardian*, é colunista de *The Observer* e professor de história pública na Universidade de Manchester.

SUMÁRIO

10 INTRODUÇÃO

PRÉ-HISTÓRIA E ANTIGUIDADE
ANTES DE 1 D.C.

- **18** África, a mãe da humanidade
  Os primeiros seres humanos
- **20** Éramos todos africanos
  O ser humano migra da África
- **22** O caldeirão da civilização egípcia antiga
  Egito pré-dinástico
- **24** A dádiva do Nilo
  Antigo, Médio e Novo Império do Egito
- **30** A terra do arco
  O reino núbio de Kerma
- **32** A disseminação da língua
  As migrações bantas
- **34** A cidade mais rica da Antiguidade
  Navegantes antigos se estabelecem em Cartago
- **36** Uma chama brilhante torna o conhecimento em ar
  A biblioteca perdida de Alexandria
- **38** Cartago deve ser destruída
  Os romanos chegam à África

IMPÉRIO E EXPANSÃO
1-800 D.C.

- **44** O terceiro grande reino da Terra
  O império comercial de Axum
- **48** A devoção perseguida
  O cristianismo chega à África
- **52** Gana, a terra do ouro
  O Império de Gana
- **58** Tomamos Alexandria
  A conquista muçulmana do Egito
- **60** A jornada infinita
  O comércio escravista transaariano
- **62** O povo da costa
  A ascensão das cidades-estados suaílis
- **64** Mestres em todas as artes e indústrias
  Os mouros em Al-Andalus

FÉ E COMÉRCIO
800-1510

- **72** Os zanjes se chamam às armas
  A rebelião de escravizados zanjes
- **74** As filhas dos que se dispersaram de mim
  Os judeus etíopes
- **75** Todos os reinos obedecem ao próprio rei
  As origens do Império Songai
- **76** Uma civilização africana única
  A cidade do Grande Zimbábue
- **78** Somos um povo do deserto
  Gana se converte ao Islã
- **80** A encruzilhada da África, berço do Islã
  O Império de Kanem
- **82** A cidade sagrada encantada
  Os primórdios de Benim
- **84** Os milagres de Lalibela
  As igrejas de rocha da Etiópia
- **86** O Mali nunca será cativo
  O Império do Mali
- **92** Quem orar nela abençoará teu nome
  A Grande Mesquita é fundada em Djenné

93 **Uma missão para espalhar a luz do Islã**
O sultanato de Ifat

94 **Todos os pássaros voarão para uma árvore frutífera**
Os europeus chegam à África

96 **Os homens azuis do Sahel**
As cidades-estados da Hauçalândia

98 **Eles seguem seus animais**
A migração dos massais

100 **O domínio da tecnologia e da arte**
Os grandes bronzes de Benim

102 **Comércio, não conquista**
A China Ming negocia com a África oriental

104 **Encorajados e fortalecidos na Europa**
"Mouros negros"* na Inglaterra dos Tudors
*Linguagem usada no século xvi (ver p. 4).

108 **Em busca de um eldorado africano**
O comércio de ouro em Moçambique

110 **Estamos perdendo nosso reino**
A sucessão do manicongo

ESCRAVIZAÇÃO E REBELIÃO
1510-1700

116 **Uma mancha no tecido da história humana**
O início do tráfico escravista atlântico

122 **Doentes ou saudáveis, era trabalho, trabalho, trabalho**
Vida nas *plantations*

130 **A primeira revolta de escravos nas Américas**
A rebelião em Hispaniola

132 **Uma revolta sangrenta nos campos de açúcar**
Escravizados se rebelam no México

136 **Comunidades guerreiras**
Os quilombos do Brasil

140 **A senhora do trovão**
A rainha Nzinga enfrenta Portugal

146 **Somos parentes e somos livres**
Os *maroons* jamaicanos

148 **Do céu, numa nuvem de poeira branca**
O surgimento do Império Axante

152 **A pedra que a enxada não fere**
Changamire Dombo e o exército de "Destruidores"

154 **A raça é uma invenção humana**
A criação de "raças"

REVOLUÇÃO E RESISTÊNCIA
1700-1900

162 **Nunca fomos escravizados**
Os garifunas

164 **Notáveis pela coragem e ferocidade**
As guerreiras do Daomé

166 **Escravos não têm o direito à propriedade**
O Code Noir da Louisiana

168 **Não sou um homem e um irmão?**
Abolicionismo na Europa

172 **O que é o 4 de Julho de vocês para o escravo americano?**
Abolicionismo nas Américas

180 **Os mortos se erguerão para expulsar o homem branco**
As Guerras Xhosas

182 **Mandar os africanos ao lugar de origem**
A fundação de Serra Leoa

184 **Independência ou morte**
A Revolução Haitiana

190 **Os viajantes cansados escapam da terra do cativeiro**
A Ferrovia Subterrânea

196 **As espadas brilhantes de versos corânicos**
A conquista fulani

198 **Avante, filhos de Zulu**
O Império Zulu

200 **Terra dos livres**
A criação da Libéria

202 **Espíritos brancos e negros engajados em batalha**
A revolta de Nat Turner

204 **Viva nagô, morra branco!**
A Revolta dos Malês

206 **Homens de cor*, às armas!**
A guerra pelo fim da escravidão
*Linguagem usada em 1963

210 **O preço do desastre da escravidão**
A era dourada da Reconstrução

214 **Exploração da terra e de seus recursos**
A corrida do ouro em Botsuana

215 **Somos agora uma parte da Europa**
A construção do Canal de Suez

216 **Separados, mas iguais**
Jim Crow

222 **Dividir e governar**
A partilha da África

224 **A Lei Áurea**
O fim da escravidão no Brasil

226 **Os leões conquistadores da Abissínia**
A Etiópia desafia o colonialismo

DESCOLONIZAÇÃO E DIÁSPORAS
1900-HOJE

232 **Estados Unidos da África**
Pan-africanismo

236 **A água da vida**
A Revolta Maji Maji

238 **Feito por negros, para os negros**
A Wall Street negra

240 **Que a voz da igualdade seja sempre a nossa voz**
Movimentos negros no Brasil (1889-1964)

242 **Jovens, talentosos e negros**
O renascimento do Harlem

246 **A eterna batida tum-tum na alma negra**
A Era do Jazz

250 **Queremos ser cidadãos**
Movimentos negros na França

252 **Sua mãe foi contada?**
A Guerra das Mulheres de 1929

253 **Um rei negro será coroado**
O movimento Rastafári

254 **Estávamos com o mesmo uniforme**
Combatentes negros na Segunda Guerra Mundial

258 **Eles dizem a você que é a terra-mãe**
A migração Windrush

260 **Não há caminho fácil para a liberdade**
Nelson Mandela e o movimento anti-apartheid

262 **Não queremos guerra, queremos justiça**
A Revolta dos Mau-Mau

264 **Por que nossas crianças têm de ir a uma escola tão longe?**
Brown vs. Conselho de Educação

268 **Que as pessoas vejam**
O linchamento de Emmett Till

270 **A única coisa de que me cansei foi de desistir**
O boicote aos ônibus de Montgomery

272 **Gana está livre para sempre!**
Gana declara independência

274 **Hoje é um novo dia na África**
O Ano da África

276 **Não há justiça de gênero sem justiça racial**
Surge o feminismo negro

282 **Eu tenho um sonho**
A Marcha de Washington

286 **Que bloco é esse?**
Ditadura e redemocratização no Brasil

288 **Uma nova sociedade precisa nascer**
O movimento Black Power

290 **Negar a raça significa negar a realidade**
Políticas de cegueira racial na França

292 **Vim, vi e venci. É um ball**
A cultura ball nos Estados Unidos

294 **Basta!**
Os protestos de Brixton

298 **Não temos certeza se a polícia está lá para nos proteger**
A agressão policial a Rodney King

299 **Tolerância zero ao racismo**
O Relatório Macpherson

300 **Queremos informá-lo que amanhã seremos mortos**
O genocídio de Ruanda

302 **O renascimento africano está logo ali**
O *boom* econômico africano

304 **Sim, nós podemos!**
A eleição de Barack Obama

306 **Vidas negras importam**
Campanhas antirracismo globais

314 **Nossos ancestrais vivem conosco**
A diáspora africana hoje

316 **OUTROS NOMES IMPORTANTES**

326 **ÍNDICE**

335 **CRÉDITOS DAS CITAÇÕES**

336 **AGRADECIMENTOS**

APRESENTAÇÃO

A história negra é global – acontece na África, Europa, Américas, Ásia e Oriente Médio. É antiga, o que não surpreende, já que foi no continente africano que os primeiros seres humanos surgiram, centenas de milhares de anos atrás. Apesar disso, em várias épocas e lugares, a história do povo negro e a do continente africano foram marginalizadas ou não foram escritas.

Civilizações negras que dominaram enormes extensões do mundo e criaram grande arte e arquitetura foram muitas vezes deixadas fora dos livros de história escritos em nações ocidentais. Alguns filósofos europeus chegaram a sugerir que a África não tinha uma história de verdade. Do mesmo modo, os séculos em que pessoas negras lutaram e protestaram contra a escravização, o colonialismo e o racismo foram muitas vezes varridos para debaixo do tapete.

Diante disso, a preservação e a celebração da história negra se tornaram quase sagradas para muitas pessoas negras, em especial aquelas com ancestrais escravizados. Embora tenha um significado muito específico na vida e identidade de milhões de negros no mundo, a própria história negra é a história de todos. Assim como não é preciso ser europeu para ficar fascinado com a história da Roma antiga, não é preciso ser negro para se impressionar com o grande império do Mali ou o reino de Benim. Assim como pessoas não judias aprendem sobre os horrores do Holocausto, todos nós deveríamos aprender sobre os horrores da escravidão e as pessoas negras que a combateram. Eu me interessei por história negra quando era adolescente. Foi onde busquei respostas. Ela explicava a história do Império Britânico, do qual minha família inter-racial é produto. Explicava de onde vinham as ideias racistas que eu via ao redor e como tinham sido inventadas. A história negra também me revelou a longa luta das pessoas negras contra o racismo e o colonialismo – batalhas que continuam até hoje, travadas por jovens do século XXI.

Este livro apresenta a história negra em toda a sua complexidade, dos tempos antigos aos debates e ao ativismo de hoje. Ao longo de suas páginas, aprendemos o verdadeiro lugar da África na história mundial e podemos traçar as origens das desigualdades que ainda dão forma a sociedades modernas.

Durante os séculos em que a história da África foi posta à margem, sem reconhecimento pelas contribuições dos povos negros à civilização global, foi negado ao mundo o acesso a essas histórias inspiradoras e notáveis. As narrativas contidas nestas páginas colocam a longa história da África e de seu povo de volta na corrente principal da história mundial, em benefício de todos nós.

David Olusoga

INTRODU

ÇÃO

INTRODUÇÃO

A história negra fala sobre a vida de pessoas ao longo de milhares de anos – da mais antiga história humana até hoje. As pessoas negras são com frequência definidas em termos genéricos, referindo-se às de ascendência africana subsaariana recente. Isso inclui as que vivem no continente africano, descendentes de africanos escravizados traficados no comércio atlântico e as que migraram da África para outras partes do mundo. Essa é, no entanto, uma generalização de origem bastante recente que ignora as diversas nacionalidades, culturas e experiências de vida dessas pessoas.

Povos diversos

Os primeiros ditos seres humanos saíram da África mais de 200.000 anos. Por gerações, os que ficaram no continente africano e não migraram para outros lugares, onde formaram-se as populações da Ásia, Australásia, América e Europa, não viam a si próprios como negros, mas como grupos étnicos, a exemplo de núbios, iorubás e suaílis. Esses vários povos tinham, e ainda têm, línguas, tradições e culturas únicas e sistemas de governo notáveis e complexos. Do século XVI em diante, porém, todos os africanos subsaarianos começaram a ser categorizados num grupo

Só existe a raça humana, cientificamente. O racismo é um constructo social.
Toni Morrison
Escritora negra americana (1931-2019)

homogêneo. As pessoas envolvidas no comércio escravista atlântico e no colonialismo europeu justificavam a subordinação e o tratamento dado a esses variados povos de origem ancestral, alegando que eram todos parte de uma raça "inferior".

Séculos de opressão

Os mercadores europeus compravam escravizados africanos de outros africanos e os traficavam como "carga" para o Novo Mundo. Lá, eles eram vendidos em mercados como gado, para trabalhar em diferentes partes das Américas e do Caribe, com o maior número deles destinado ao Brasil. Nesse período, muitos escravizados se rebelaram – no litoral da África ocidental, durante a brutal viagem atlântica e nas Américas, onde muitos trabalhavam em condições terríveis. Em um dos levantes mais bem-sucedidos, a população escravizada inteira de Saint-Domingue, na parte oeste de Hispaniola, se revoltou e dominou seus escravizadores, formando a nova nação do Haiti em 1804.

Após séculos de escravização e rebeliões, as pessoas brancas do Novo Mundo e da Europa começaram afinal a considerar a escravização um erro, e se juntaram aos povos negros escravizados na luta pela abolição. Em 1861, eclodiu a guerra civil entre os estados do sul dos EUA, que defendiam a escravidão, e os que a combatiam, no norte. O norte venceu em 1865 e, no mesmo ano, o país aboliu a escravidão.

A abolição, porém, não foi uma panaceia para as pessoas negras, e muitos dos antigos escravizados continuaram a enfrentar a desigualdade no Novo Mundo. Nos EUA, os negros sofriam sob as leis Jim Crow, que davam força legal à segregação racial. Para escapar dessa nova opressão, alguns dos antigos escravizados decidiram mudar-se para Libéria, na África ocidental. Esse era um país recém-criado por abolicionistas brancos americanos e outros que pretendiam reassentar as pessoas negras na África, mas com pouca ou nenhuma consideração pelas que já viviam lá.

INTRODUÇÃO

Na verdade, logo após a abolição, muitas potências europeias começaram a colonizar a África subsaariana. Continuando com a ficção de que as pessoas negras eram uma raça "inferior", elas diziam estar "civilizando" os africanos. Na Conferência de Berlim de 1884-1885, várias nações europeias dividiram a África entre si. O Reino Unido obteve o poder sobre vastas extensões na África ocidental e o rei Leopoldo da Bélgica assegurou o Congo como sua colônia particular. Nenhum africano foi convidado à conferência. Em 1900, os países europeus já controlavam 90% das terras africanas. A África colonial tiranizou muitas pessoas negras. Elas se rebelaram contra os administradores europeus, que muitas vezes as recrutavam para sistemas de trabalhos forçados, punindo ou matando os que não produziam lucros suficientes. Na Nigéria britânica, de 1929 a 1930, milhares de mulheres se rebelaram numa tentativa de reparar as muitas injustiças – pilhando fábricas, queimando tribunais, bloqueando ferrovias e cortando fios de telégrafo.

Direitos civis e além

No século XX, quando muitas pessoas negras pelo mundo ainda se submetiam às de ascendência europeia, elas encontraram potência na própria identidade negra e expressaram-na em música, arte e literatura vibrantes. Elas se uniram sob a bandeira da negritude formando movimentos internacionais. Além disso, se apropriaram de termos antes aviltantes, como, nos países de língua inglesa, "*negro*" e "*colored*" ("de cor"), para denotar sua solidariedade; o termo "*black*" ("preto") só se tornou mais popular no fim do século XX. O pan-africanismo, movimento que defendia a união de todos os povos negros de origem africana busca de objetivos comuns políticos e sociais, aos poucos, ganhou impulso. Em 1900, Henry Sylvester Williams, de Trinidad e Tobago, conduziu a primeira Conferência Pan-Africana em Londres, no Reino Unido, e outras oito reuniões posteriores aconteceram em cidades europeias, africanas e em Nova York. Porém, os negros buscavam também seus direitos locais. Na África, a luta era pela independência e pelo fim da opressão colonial. Nos EUA, os negros americanos combatiam a segregação, enquanto os negros de colônias francesas e inglesas que tinham migrado para a França e o Reino Unido exigiam o direito de ser tratados como cidadãos iguais. Todas essas lutas tiveram variados graus de sucesso.

Gana obteve a independência em 1957 e outros estados negros africanos se seguiram. Nos EUA, o marco da decisão Brown *vs.* Conselho de Educação, em 1954, ajudou a eliminar a segregação em escolas, enquanto a aprovação da Lei das Relações de Raça, no Reino Unido, em 1965, foi um primeiro, e crucial, passo na contenção da discriminação racial.

A luta continua

O legado da escravização e da colonização ainda pesa e a luta pela liberdade continua. É por isso que o Black Lives Matter (Vidas Negras Importam), lançado em 2013, após um homem branco que matou um adolescente negro ter sido inocentado, tornou-se um movimento mundial, contra as muitas injustiças enfrentadas pelos negros. O objetivo deste livro é também expor essas injustiças e, ao mesmo tempo, celebrar a história e as conquistas negras, e sua influência nas transformações do mundo moderno. ■

De agora em diante não somos mais um povo colonizado, mas livre e independente.
Kwame Nkrumah
Primeiro presidente de Gana
(1909-1972)

PRÉ-HIST
ANTIGUID
ANTES DE 1 d.C.

ÓRIA E
ADE

INTRODUÇÃO

O ser humano mais antigo conhecido viveu por volta desta época, em Djebel Irhoud, no Marrocos.

c. 315.000 AA

Os primeiros assentamentos humanos são fundados no "crescente fértil", incluindo alguns no vale do Nilo.

c. 12.000 AA

Os estados pré-dinásticos egípcios são unificados sob o rei Narmer, que funda a primeira dinastia egípcia.

c. 3150 a.C.

c. 215.000 a.C.

A data mais antiga conhecida para **a migração humana para fora da África**, baseada em fósseis achados na Grécia

c. 3.400 a.C.

Uma monarquia é estabelecida no reino africano da **Núbia**, uma das civilizações mais antigas do mundo.

2.575-1.069 a.C.

A civilização do antigo Egito floresce **nos Antigo, Médio e Novo Impérios**.

A África não é só o local de nascimento da história negra, mas da história de toda a humanidade. Os primeiros *Homo sapiens* – seres humanos – tiveram origem na África; o mais antigo espécime foi encontrado em Djebel Irhoud, no Marrocos, e outros espécimes remotos foram achados no Quênia. Ancestrais humanos, como o *Homo habilis* e o *Homo heidelbergensis*, deixaram suas marcas pela África em fósseis e ferramentas primitivas. Os especialistas acreditam hoje que nossa espécie evoluiu a partir desses ancestrais, em múltiplos lugares na África, pelo menos 315.000 anos atrás (AA).

Os seres humanos começaram a migrar da África por volta de 215.000 a.C., primeiro para o Oriente Médio e depois para outras partes do mundo. Aos poucos, alguns caçadores-coletores abandonaram o estilo de vida nômade e fundaram os primeiros assentamentos humanos, no "crescente fértil" – nome coletivo dado ao vale do Nilo, Oriente Médio e Mesopotâmia (Iraque) – cerca de 12.000 anos atrás. Essas antigas comunidades eram sustentadas por três grandes rios – o Nilo, o Eufrates e o Tigre –, cujas férteis planícies inundáveis forneciam as condições ideais para desenvolver a agricultura. As principais civilizações da África emergiram por volta do quarto milênio antes de Cristo, com o surgimento dos povos de fala banta no delta do Níger em 3500 a.C., a monarquia estabelecida na Núbia em 3400 a.C. e a unificação do Egito pré-dinástico em 3150 a.C.

Expansão egípcia

O rio Nilo propiciou uma das primeiras e maiores civilizações da história mundial. As comunidades que cresceram ao redor do Nilo desenvolveram culturas ricas, com arte, línguas e sistemas políticos e religiosos cada vez mais complexos. Na época da última cultura do Egito pré-dinástico, a Nagada III (c. 3200-3000 a.C.), elites localizadas se tornaram estados grandes e poderosos que lutaram por domínio. Sua unificação sob o rei Narmer, em 3150 a.C., marca o início da era dinástica egípcia.

Após Narmer, a história do Egito antigo tende a ser dividida em três eras de ouro. O Antigo Império (2575-2130 a.C.) foi um período próspero em que os egípcios construíram não só cidades e portos, como pirâmides monumentais que abrigavam tumbas reais. A

PRÉ-HISTÓRIA E ANTIGUIDADE   17

Povos de fala banta do delta do Níger começam a migrar para o sul, disseminando suas línguas e culturas através da África.

c. 1000 a.C.

O reino núbio de **Cuxe conquista o Egito**, levando à regência dos cinco "Faraós Negros".

760 a.C.

Alexandre, o Grande, regente do reino grego da Macedônia, conquista o Egito. Ele funda a cidade de Alexandria um ano depois.

332 a.C.

Os romanos conquistam Cartago, que se torna um porto-chave para a vasta rede de comércio do império.

146 a.C.

---

814 a.C.

Os fenícios constroem a cidade de Cartago num local estratégico, na costa mediterrânea do norte africano.

c. 600 a.C.

Meroë se torna a nova capital de Cuxe, após a derrota do reino pelos assírios.

c. 300 a.C.

A Biblioteca de Alexandria é criada por Ptolomeu I Sóter com o objetivo de colecionar todos os livros do mundo.

Grande Pirâmide de Gizé é uma das sete maravilhas do mundo antigo. Na época do Novo Império (1570-1069 a.C.), houve no Egito uma civilização com uma infraestrutura complexa, governada por faraós poderosos que expandiram seus domínios até o Oriente Médio e o Sudão.

Lutas por poder
O Sudão sediou outra poderosa civilização africana: a Núbia, onde é hoje o Sudão e o sul do Egito. Estabelecida primeiro por volta de 5000 a.C., a Núbia foi local do reino de Cuxe, que crescera ao redor do vale do baixo Nilo. Cuxe, com sua capital Kerma, era um aliado e parceiro comercial natural para seus vizinhos do norte, mas o Egito logo passou a ver sua força como ameaça.

Os exércitos de Kerma fizeram uma tentativa frustrada de invadir o Egito por volta de 1550 a.C., deflagrando 50 anos de guerra que terminaram com a vitória do Egito. Os reinos núbios seguintes, estabelecidos em Napata e Méroe tiveram curta duração, derrotados pelas potências etíopes da Abissínia, em 600 a.C., e de Axum, em 350 d.C. O Egito, de modo similar, foi vencido pelos assírios (da Mesopotâmia) em 666 a.C., antes de ser conquistado pelos gregos antigos em 332 a.C.

Lutas pelo norte da África
No século VIII a.C., um povo de navegantes conhecidos como fenícios fundou a cidade portuária de Cartago (na atual Tunísia). A cidade se tornou um centro para o comércio entre África e Europa e floresceu como uma rica potência, com uma população multiétnica de cerca de 500.000 pessoas, por volta do século III a.C. Seus moradores eram originários principalmente das terras fenícias da costa leste do Mediterrâneo e dos reinos próximos norte-africanos, em especial Egito e Cuxe, resultando numa cultura "púnica" que incorporou elementos africanos e mediterrâneos.

Como o Egito, Cartago foi desafiada pelas potências europeias em expansão – primeiro a Grécia e depois Roma. A marinha púnica enfrentou a Grécia no mar entre os séculos VI e III a.C. e os exércitos de Cartago lutaram contra Roma nas Guerras Púnicas, a partir de 264 a.C. Roma saqueou Cartago em 146 a.C. e anexou o Egito um século depois, em 30 a.C., danificando parte da famosa biblioteca de Alexandria. O controle do norte da África pelo Império Romano seria só o início da usurpação europeia no continente africano. ■

ÁFRICA, A MÃE DA HUMANIDADE
OS PRIMEIROS SERES HUMANOS (C. 300.000 AA)

EM CONTEXTO

ONDE
África

ANTES
6-7 MAA O *Sahelanthropus tchadensis* – o primeiro hominínio conhecido – surge na África.

4,4 MAA Aparece o *Ardipithecus ramidus*, um antigo hominínio em evidências fósseis na Etiópia, nos anos 1990.

1,4 MAA Argila cozida achada no Quênia indica que o *H. erectus* usou fogo pela primeira vez – talvez por acaso.

DEPOIS
1921 O crânio de Broken Hill, na Zâmbia, identificado depois como *H. heidelbergensis*, é o primeiro grande hominínio achado na África.

1929-1935 Fósseis de Monte Carmelo, em Israel, são depois identificados como *H. sapiens* e datados de 80.000-120.000 AA.

2019 Um crânio de *H. sapiens* da Grécia é datado com mais de 210.000 AA – tornando-o o mais antigo encontrado fora da África.

Em 1987, um estudo revolucionário confirmou a teoria de 1871, do naturalista britânico Charles Darwin, de que todos os seres humanos (*Homo sapiens*) se originaram na África. Os geneticistas americanos Rebecca Cann e Mark Stoneking e o bioquímico neozelandês Allan Wilson compararam o DNA mitocondrial – o código genético único passado de mulher a mulher – em diferentes populações do mundo. Eles descobriram uma linha ininterrupta até uma mulher que viveu na África por volta de 200.000 anos atrás (200.000 AA). Ela foi chamada de "Eva" mitocondrial, uma expressão com frequência mal interpretada. Em vez de ser a primeira de uma espécie, ela foi a mais recente ancestral materna comum a todos os seres humanos vivos.

A África é a mais rica e antiga fonte de fósseis de hominínios – a tribo que inclui os seres humanos modernos e seus ancestrais, que começaram a divergir de outros grandes primatas cerca de 7 milhões de anos atrás (7 MAA). Mais de 20 espécies de hominínios emergiram, sobrepondo-se em diferentes períodos antes da chegada do *Homo sapiens*, por volta de 300.000 AA. Entre os primeiros, de

A teoria da evolução antes de Darwin

Séculos antes de Charles Darwin publicar *A origem das espécies* (1859) e *A descendência do homem* (1871), um escritor medieval negro insinuou uma teoria de evolução por seleção natural. Embora tenha escrito em árabe e vivesse em Bagdá, no Iraque, Abu Uthman al-Jahiz (781-869) descendia de africanos do leste e acredita-se que era neto de um falante de banto escravizado. Suas obras incluem *Kitab al-Hayawan* (Livro dos animais), do qual muito repete folclore, mas uma passagem é importante. Al-Jahiz explica como todas as criaturas se empenham numa luta para existir, alimentar-se, criar e evitar ser comidas, e desenvolver traços novos para assegurar a sobrevivência. Essas características são passadas a sua prole, transformando a espécie ao longo do tempo. Embora Al-Jahiz não tenha formulado suas ideias como teoria, elas eram muito avançadas. Quer Darwin tenha ou não conhecido seu livro, ele trouxe significativa contribuição às primeiras ideias evolutivas.

PRÉ-HISTÓRIA E ANTIGUIDADE

Ver também: O ser humano migra da África 20-21 ▪ Egito pré-dinástico 22-23 ▪ As migrações bantas 32-33

Evolução humana

O Australopithecus afarensis tinha maxilas e dentes maxilares grandes e cérebro pequeno.

O Homo erectus tinha maxilas e dentes maxilares menores, mas cérebro maior.

O Homo neanderthalensis tinha arcada supraciliar saliente e nariz grande e largo.

O Homo sapiens tem cérebro grande e face e arcadas supraciliares pequenas.

cerca de 4 MAA, estavam os australopitecíneos, semelhantes a macacos, enquanto o mais antigo conhecido do gênero *Homo* foi o *H. habilis*, que viveu por volta de 2,4 a 1,6 MAA. A primeira espécie com proporções físicas semelhantes às nossas foi o *H. erectus*, que surgiu cerca de 2 MAA e sobreviveu até cerca de 100.000 AA na Ásia. Nosso ancestral direto – *H. heidelbergensis* – viveu de 700.000 a 300.000 AA, era um hábil caçador e adepto do uso do fogo.

Avanços na cultura humana

Os primeiros hominínios desenvolveram habilidades que ajudaram sua sobrevivência. Ferramentas de pedra encontradas perto do lago Turkana, no Quênia, e datadas de 3,3 MAA, foram provavelmente criadas por *Kenyanthropus platyops*. Os *H. habilis*, a 2,4 MAA, já usavam tais ferramentas para tirar tutano e carne de carcaças, enquanto os *H. heidelbergensis* afiavam pedras em pontas e as prendiam a hastes de madeira para fazer lanças. A evolução do *Homo sapiens* por volta de 300.000 AA, a partir de populações africanas de *H. heidelbergensis* é associada a crescentes evidências de comportamentos complexos, como o uso de pigmentos naturais, datados da época, na caverna de Twin Rivers, na Zâmbia. Os primeiros humanos faziam machados de pedra que lhes permitiam cortar carne, trabalhar peles e entalhar madeira. O fogo lhes dava luz, calor e meios de cozinhar. Conforme sua dieta mudou, o mesmo aconteceu com seus dentes e aparência, e seu cérebro e suas habilidades tiveram contínuo aumento.

Pontas de arpão de osso entalhado da República Democrática do Congo podem ter 90.000 anos. Ferramentas de ossos, uma oficina de processamento de ocre e talvez o desenho mais antigo de cerca de 70.000 AA, foram achados na caverna Blombos, na África do Sul. Cascas de ovo de avestruz gravadas, usadas como recipientes de água, do abrigo de pedra Diepkloof, na África do Sul, são de 60.000 AA. As minas mais antigas conhecidas, nas montanhas de Essuatíni (antes Suazilândia), foram escavadas 43.200 AA por povos locais que esmagavam hematita para usar como pigmento.

Fósseis de *Homo sapiens*

Em 2005, dois crânios parciais, que o antropólogo Richard Leakey descobriu perto do rio Omo, na Etiópia, em 1967, foram datados de 195.000 AA – a evidência mais antiga de *H. sapiens*, que acreditava-se ter se desenvolvido na África oriental por volta de 200.000 AA. Em 2017, porém, fósseis de Djebel Irhoud, no Marrocos, com ossos do crânio, face e mandíbula, foram confirmados como de *H. sapiens* e datados de 315.000 AA. Os cientistas propõem hoje que o *Homo sapiens* se desenvolveu por todo o continente. Como o paleoantropólogo francês Jean-Jacques Hublin declarou, "o Jardim do Éden na África é provavelmente a África – e é um jardim bem grande". ▪

Os primeiros humanos podem ter se parecido com esses fósseis de um *H. sapiens* de 315.000 AA do Marrocos, com apenas 40.000 AA e que se pensava ser um híbrido neandertal-humano.

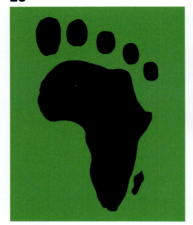

ÉRAMOS TODOS AFRICANOS
O SER HUMANO MIGRA DA ÁFRICA
(c. 215.000-60.000 a.C.)

EM CONTEXTO

ONDE
África, Ásia, Europa

ANTES
1,8-1,7 MAA O *Homo erectus* (também chamado *H. georgicus*) surge em Dmanisi, na Geórgia, e chega a Java, na Indonésia, 1,6 MAA.

c. 780.000 AA Evidências de Gesher Benot Ya-aqov, em Israel, indicam que o *H. erectus* controla o fogo.

c. 430.000 AA DNA de fósseis da Espanha indicam que homínios que se espalharam a partir da África se evoluíram para neandertais.

DEPOIS
Anos 1930 Restos de *Homo sapiens* são achados nas cavernas de Qafzeh e Skhul, em Israel, e datadas depois com 80.000-120.000 AA.

1949 O químico Willard Libby desenvolve a datação por carbono-14. A partir dos anos 1960, a datação por urânio-tório também é usada para fósseis.

Em 2019, a revista científica britânica *Nature* informou que um crânio parcial, descoberto nos anos 1970 na caverna Apidima, no sul da Grécia, era de um *Homo sapiens* de mais de 210.000 anos. Isso o tornou a mais remota evidência de migração humana para fora da África – pelo menos 15.000 anos anterior a uma mandíbula e dentes encontrados na caverna Misliya, no monte Carmelo, em Israel, em 2002, e 164.000 anos mais antiga que qualquer outro resto de *H. sapiens* achado na Europa.

Mais de uma migração

Dados antropológicos e genéticos indicam que todos os seres humanos se originaram na África. Os cientistas pensavam antes que uma grande migração ocorrera entre 70.000 e 50.000 anos atrás. Os fósseis gregos e israelenses sugerem que humanos antigos deixaram a África

Essa grande migração levou nossa espécie a uma posição de domínio no mundo que ela nunca abandonou...
Guy Gugliotta
"A grande migração humana", *Smithsonian Magazine*

em várias migrações, a partir de pelo menos 140.000 anos antes.

Até hoje, porém, esses poucos achados são a única evidência de tais migrações anteriores, o que implica que o *H. sapiens* fracassou ao tentar se fixar fora da África nessa época. Parece provável que muito mais humanos deixaram a África a partir de cerca de 125.000 AA. Isso pode ter ocorrido, em parte, devido a secas na África por volta de 135.000 AA, que impeliram as pessoas das regiões centrais, cada vez

Uma gravação num pedaço de ocre da caverna Blombos, na África do Sul, datada de c. 70.000 AA, é o desenho mais antigo conhecido e já testemunha a sofisticação do *Homo sapiens*.

PRÉ-HISTÓRIA E ANTIGUIDADE

Ver também: Os primeiros seres humanos 18-19 ▪ Egito pré-dinástico 22-23 ▪ As migrações bantas 32-33 ▪ A migração dos massais 98-99 ▪ A criação de "raças" 154-157

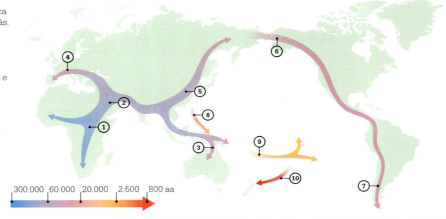

O *Homo sapiens* saiu pela primeira vez da África mais de 200.000 anos atrás. As setas neste mapa mostram algumas possíveis rotas de migração, com base em evidências arqueológicas e genéticas.

Legenda:
1. 300.000 AA
2. A partir de 100.000 AA
3. A partir de 60.000 AA
4. 45.000-35.000 AA
5. 45.000-35.000 AA
6. 20.000-15.000 AA
7. 15.000-12.000 AA
8. 3.500 AA
9. 2.500 AA
10. 800 AA

mais áridas, para a costa e o nordeste, rumo à Eurásia. Por volta de 75.000 AA, uma enorme erupção vulcânica no lago Toba, na Indonésia, pode ter causado uma redução nas temperaturas globais. Alguns dizem que isso forçou os humanos a estabelecer redes sociais maiores para compartilhar recursos, acelerando sua dispersão pelo mundo.

Rotas pelo mundo

O padrão de dispersão ainda motiva debate. Com a exceção do crânio de 210.000 AA da Grécia, os mais antigos fósseis de *H. sapiens*, datados de 80.000 a 180.000 AA, foram encontrados em Israel. Alguns seres humanos antigos, porém, se aventuraram mais a leste. Dentes achados numa caverna no sul da China, identificados como de *H. sapiens* em 2015, foram datados de 100.000 AA. Ferramentas de pedra da península Arábica têm datação de 125.000 AA e outras da Índia, de mais de 74.000 AA, indicando que alguns humanos atravessaram o estreito de Bab-el-Mandeb, do Chifre da África para a Arábia, depois o estreito de Hormuz para a Eurásia e a partir dali para leste, talvez se espalhando ao redor da costa do sudeste asiático. A principal expansão dos humanos para fora da África ocorreu provavelmente ao redor de 70.000 AA, e alcançou a Austrália já em 60.000 AA. Os fósseis europeus são mais recentes. Incluem fragmentos de ossos e dentes de 46.000 AA de Bacho Kiro, na Bulgária, e um osso de mandíbula de possivelmente 43.000-34.000 AA da caverna Kents, em Devon, no Reino Unido. Quando os humanos se espalharam na Eurásia, encontraram espécies muito próximas, como neandertais e denisovanos. Estudos genéticos mostram hoje que essas espécies se cruzaram. O *H. sapiens* já tinha se espalhado 40.000 AA, a partir da África, e outras espécies *Homo* já haviam desaparecido. O *H. sapiens* chegou às Américas pelo menos 15.000 AA e talvez até antes. Em 2020, ferramentas de pedra achadas na caverna Chiquihuite, no México, foram datadas de 26.000 AA e alguns sítios, como Pedra Furada, no Brasil, podem ser muito anteriores, embora as datações mais antigas sejam muito controversas. Acredita-se que os primeiros a chegar às Américas vieram do nordeste da Ásia por uma enorme massa de terra chamada Beríngia. Essa região ligava a Sibéria ao Alasca em eras glaciais, quando a água ficava presa como gelo em calotas polares, baixando os níveis do mar.

Evolução humana

O *H. sapiens* evoluiu originalmente com pele escura. Quando os humanos se afastaram do equador, como o sol era mais fraco, a pressão evolutiva por pele escura, para proteção dos raios UV intensos, se reduziu. A cor de pele variou conforme os humanos se dispersaram pelo mundo. A pigmentação muito clara conhecida hoje se desenvolveu na luz fraca da Escandinávia por volta de 5700 a.C., mas só teve ampla difusão pela Europa com a chegada de antigos agricultores do Oriente Próximo após 6000 a.C. Em ambientes diversos, as formas do corpo e traços faciais também variaram. Geneticamente, porém, todas as populações de *H. sapiens* do mundo mantêm uma relação muito próxima. ■

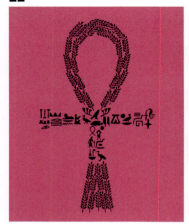

O CALDEIRÃO DA CIVILIZAÇÃO EGÍPCIA ANTIGA

EGITO PRÉ-DINÁSTICO (c. 6300-3150 a.C.)

EM CONTEXTO

ONDE
Egito

ANTES
c. 10.000 a.C. Cevada e trigo são cultivados em Wadi Kubbaniya, perto da atual Assuã.

c. 7500 a.C. O mais antigo círculo de pedras do mundo, com pedras alinhadas às estrelas e ao sol, é erguido em Nabta Playa, no sul do Egito.

DEPOIS
3100 a.C. A primeira dinastia do Egito é estabelecida na cidade de Mênfis.

2575 a.C. A ascensão do rei Snefru marca o início do Antigo Império no Egito.

c. 2560-2500 a.C. As maiores pirâmides do Egito antigo são construídas no planalto de Gizé.

671 a.C. Assaradão, rei da Assíria, conquista o Egito.

Os primeiros egípcios eram originários da África. Eles foram atraídos ao Saara, quando era uma região úmida, rica em pastos e com muita água. Houve uma extensa cultura neolítica saariana a partir de, pelo menos, 8000 a.C., levando basicamente uma existência pastoril com a criação de gado, pesca e plantio.

Ao mesmo tempo, o clima saariano foi aos poucos passando de úmido a árido – devido a uma leve precessão, ou "bamboleio", do eixo da Terra. Quando a região se tornou um deserto, os africanos do Saara migraram para o vale do Nilo, aproveitando suas férteis planícies de inundação e lançando as bases para a série de dinastias que consolidaram a civilização egípcia antiga.

Antes das dinastias

Os arqueólogos dividem a pré-história egípcia em culturas nomeadas a partir dos locais onde seus primeiros restos foram encontrados. Ferramentas de pedra achadas num sítio do vale do Nilo chamado Faium B indicaram uma cultura do norte egípcio datada de c. 6300 a.C. Outro sítio antigo, em Merinde, no delta ocidental do Nilo, data de 4800 a.C. As pessoas ali cultivavam cereais, criavam gado e faziam cerâmicas simples.

Mais ao sul, a cultura Badariana foi contemporânea de Merinde, mas mais sofisticada. Seus mortos eram enterrados na posição fetal – simbolizando o renascimento na outra vida – e os túmulos, escavados em 40 assentamentos, continham contas,

A paleta de Narmer, de siltito cinza, datada de c. 3100 a.C., mostra o rei Narmer, ou Menés, fundador da primeira dinastia do Egito antigo, matando um dos inimigos em batalha.

PRÉ-HISTÓRIA E ANTIGUIDADE

Ver também: Antigo, Médio e Novo Império do Egito 24-29 ▪ O reino núbio de Kerma 30-31 ▪ A conquista muçulmana do Egito 58-59

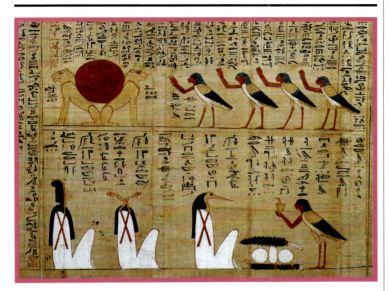

Um hino ao Sol mostra fileiras de hieróglifos negros, cada um representando um objeto ou som, num documento pictográfico. Esse antigo sistema de escrita surgiu durante a cultura Gerzeana.

alfinetes e braceletes de cobre e uma cerâmica de acabamento e delicadeza insuperáveis na história do Egito antigo.

Também chamada Nagada I (c. 4000-3500 a.C.), a cultura Amratiana sucedeu a de Badari. Seu povo usava adobe – tijolos de barro e palha – nas construções e fazia barcos com maços de papiros. Eles comerciavam ao longo do Nilo e importavam bens como ouro e obsidiana (um vidro vulcânico escuro) da Núbia e cedro da cidade fenícia de Biblos.

A cultura Amratiana foi sucedida pela Gerzeana – também chamada Nagada II (c. 3500-3200 a.C.). Sua cerâmica pintada de vermelho era decorada com motivos vívidos, como flamingos, figuras humanas e botes com muitos remos. O comércio gerzeano trazia prata – provavelmente do Oriente Médio – e marfim, dos quais eram feitos utensílios, como pentes afro. A cultura Gerzeana floresceu em várias cidades-estados no Alto Egito. Sob o rei Narmer, ou Menés ("o que perdura"), eles conquistaram o Baixo Egito em c. 3150 a.C., unificando o Egito e levando à fundação da primeira dinastia.

Avanços de comunicação

Alguns símbolos da cerâmica gerzeana foram protótipos da escrita hieroglífica, que era totalmente alfabética e parcialmente pictórica. A partir de c. 3000 a.C., os egípcios da primeira dinastia desenvolveram a escrita cursiva (ligada) hierática, usada para comércio, matemática e documentos religiosos. As escritas hieroglífica e hierática eram escritas em rolos de papiro – um tipo de papel produzido com a planta de mesmo nome. ▪

Os antigos egípcios eram negros?

Um longo debate sobre a etnia dos antigos egípcios veio à tona no início dos anos 1970, quando a Organização das Nações Unidas para a Educação, a Ciência e a Cultura (Unesco) patrocinou uma história da África em oito volumes. O papel do Egito antigo nessa história se tornou um ponto de atrito e, em janeiro de 1974, a Unesco organizou um simpósio no Cairo para debater "O povoamento do Egito antigo".

Dezoito especialistas europeus e árabes afirmavam que os egípcios antigos eram caucasianos. Dois professores africanos, Cheikh Anta Diop e Theophile Obenga, disseram: "O Egito antigo foi povoado, 'de sua infância neolítica ao fim das dinastias originárias', por africanos negros". O relatório final reportou que "não houve equilíbrio de posições" e, em defesa dos historiadores negros, registrou: "Nem todos os participantes [...] prepararam comunicações comparáveis às contribuições minuciosamente pesquisadas dos professores Cheikh Anta Diop e Obenga".

Em que vilarejo ao longo do vale do Nilo hoje alguém delinearia a transição "racial" entre "negro" e "branco"?
Shomarka Keita
Antropólogo negro americano

A DÁDIVA DO NILO

ANTIGO, MÉDIO E NOVO IMPÉRIO DO EGITO (2575-1069 a.C.)

ANTIGO, MÉDIO E NOVO IMPÉRIO DO EGITO

EM CONTEXTO

ONDE
Egito

ANTES
c. 9000-6000 a.C. Agricultores neolíticos se fixam no oásis de Faium, ao sul do delta do Nilo, no norte do Egito.

c. 3500 a.C. A cultura de Nagada, no sul do Egito, começa a mumificar os mortos.

DEPOIS
671-666 a.C. Os assírios invadem e afinal conquistam o Egito, sob Assurbanipal.

332 a.C. Alexandre, o Grande, toma o Egito; Ptolomeu, um de seus generais, funda uma nova dinastia em 305.

30 a.C. Cleópatra VII morre; o Egito se torna província romana.

639-642 d.C. O califado Rashidun invade o Egito, estabelecendo o domínio muçulmano.

1517 d.C. O Egito é integrado ao Império Otomano.

A história da África negra ficará suspensa no ar e não poderá ser contada de modo correto até os historiadores africanos ousarem ligá-la à história do Egito.
Cheikh Anta Diop
Historiador senegalês (1923-1986)

O Egito antigo teve três eras de ouro: o Antigo, o Médio e o Novo Império.

○ **Antigo Império** (2575-2130 a.C.) é a **Era das Pirâmides**.

○ **Médio Império** (2040-1782 a.C.) vê o **desenvolvimento de cidades**, estradas e represas.

○ **Novo Império** (1570-1069 a.C.) é a era do **imperialismo egípcio** no Oriente Médio.

A história do Egito antigo se passa ao redor do Nilo e seus dons. O rio sustentava cada aspecto da vida de uma civilização sem igual, no mundo mediterrâneo, por quase 3.000 anos. Os peixes eram abundantes e o cultivo do rico solo negro das planícies inundáveis se regia pelos ciclos do rio. Mineração, comércio e transporte de materiais para construir vastos monumentos reais no deserto dependiam do fluxo do Nilo do Alto Egito no sul, para o Baixo Egito, no norte.

Dinastias reinantes

A ascensão do Egito começou após Narmer (ou Menés) unir o Alto e Baixo Egito em c. 3150 a.C. Ele fundou a cidade de Mênfis no delta do Nilo e, na terceira dinastia, ela já tinha substituído Tínis como capital do Egito. A sua foi a primeira de uma série de famílias regentes, delineadas pelo historiador egípcio Manetão, no século III a.C. Após a segunda, sucessivas dinastias fizeram parte de três eras de ouro: o Antigo Império (dinastias 3 a 6), o Médio Império (dinastias 11 e 12) e o Novo Império (dinastias 18 a 20). Entre eles houve três Períodos Intermediários marcados por crises políticas, lutas internas e invasões externas. No entanto, o Egito antigo continuou a progredir em todos os campos de realização humana, desde a escrita hieroglífica, arte e matemática à edificação de cidades e façanhas da construção funerária monumental.

Regentes divinos

Os regentes do Egito, os faraós, eram reverenciados como intermediários divinos entre as pessoas e uma panóplia de deuses, muitos deles com forma híbrida humana e animal. Os deuses tinham poder sobre todas as atividades na Terra – da fertilidade e nascimento, passando pelas cheias do Nilo e colheitas, até a vida após a morte. Entre as divindades principais estavam o deus sol Rá ou Ré, com cabeça de falcão, e Osíris, o símbolo da morte e ressurreição e juiz final das almas. Enormes pirâmides envolviam tumbas guarnecidas de pinturas e tesouros, e os rituais de mumificação e encantamentos funerários eram ritos essenciais à passagem para uma outra vida, idílica.

O dever do faraó era assegurar a ordem, a verdade e a justiça – como exigido pela deusa Maat – e o bem-estar econômico e espiritual do povo. Sua vontade era realizada através de

PRÉ-HISTÓRIA E ANTIGUIDADE   27

Ver também: Egito pré-dinástico 22-23 ▪ O reino núbio de Kerma 30-31 ▪ A biblicteca perdida de Alexandria 36-37 ▪ A conquista muçulmana do Egito 58-59 ▪ A construção do Canal de Suez 215

O Papiro de Rhind foi produzido por um escriba chamado Amósis no século XVI a.C. Foi achado perto de um templo memorial a Ramsés II.

Um papiro matemático

Os egípcios antigos foram das primeiras civilizações a desenvolver conceitos matemáticos importantes para a engenharia civil, abastecimento de alimentos e cálculo do nível das inundações do Nilo. Entre os documentos remanescentes estão o papiro matemático de Berlim (1990-1800 a.C.), que inclui fórmulas para solução de incógnitas x e y de sistemas de equações. No papiro matemático de Moscou (1700 a.C.), o problema 10, de uma série de 25, requer o desafiador cálculo da área da superfície de um hemisfério, e o problema 14 pede o volume de um tronco de pirâmide.

Os 87 problemas do papiro matemático de Rhind (1550 a.C.) vão de teoria dos números e aritmética a álgebra, geometria e trigonometria. O problema 24 pergunta: "Uma quantidade mais um sétimo dela dá 19 (ou $x + x/7 = 19$). Qual é a quantidade?" Os problemas 41, 50, 51 e 52 pedem o volume de um cilindro e as áreas de um círculo, um triângulo e um trapézio.

um ministro-chefe, o vizir, e imposta nos *nomes* (províncias) em que o Alto e o Baixo Egito se dividiam.

O Antigo Império
No Antigo Império (2575-2130 a.C.) até 13 pirâmides foram construídas. A primeira, a Pirâmide de Degraus de Saqqara, perto do delta, fazia parte do complexo funerário do faraó Djoser, o segundo regente da terceira dinastia. A construção, com seis degraus, é a mais antiga estrutura colossal de pedra do Egito e é creditada ao vizir de Djoser, Imhotep, sacerdote e polímata lendário, cultuado depois como deus da medicina.

Snefru, o primeiro soberano da quarta dinastia, encomendou uma pirâmide de lados retos em Meidum e mais ao norte, em Dachur, a Pirâmide Curvada e a Pirâmide Vermelha. A tumba de sua rainha Heteferes, descoberta em Gizé em 1925, tinha sarcófago de alabastro, mobília ornada de ouro e bracelets de prata incrustada com pedras semipreciosas. A grande pirâmide de Gizé foi construída pelo sucessor de Snefru, Quéops, e as duas menores por Quéfren e Miquerinos.

Durante essa era de prosperidade, o Egito se tornou uma civilização urbana com cidades, vilas e portos pontilhados ao longo do Nilo e uma população de cerca de 8 milhões de pessoas vivendo em 29.785 quilômetros quadrados de terras habitáveis às margens do rio. Casas de até dois andares de tijolos secos ao sol, com pátios, piscinas e jardins, eram iluminadas por lamparinas a óleo. »

A Grande Pirâmide

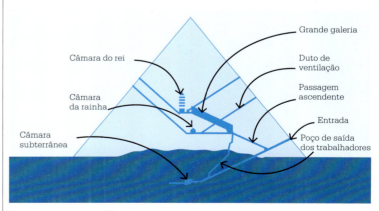

Uma das sete maravilhas do mundo antigo, a pirâmide de Quéops tinha 146,5 m de altura. Construída com cerca de 2,3 milhões de blocos, era revestida originalmente de calcário branco liso.

ANTIGO, MÉDIO E NOVO IMPÉRIO DO EGITO

Quatro estátuas de Ramsés II com 20 m de altura, entalhadas em penhascos de arenito, figuram na fachada de templos dedicados aos deuses sol Rá e Rá-Horakhte em Abu Simbel, perto de Assuã.

Com o tempo, o poder mudou, conforme a riqueza e recursos da capital eram drenados pela construção de templos e enormes monumentos funerários. As províncias, sob o controle dos *nomarcas* (sacerdotes distritais) começaram a disputar o poder e houve uma fratura no governo, com o Primeiro Período Intermediário (2130-2040 a.C.). Um papiro do Médio Império, *Admoestações de Ipu-Ur*, descreveu essa era de conflitos, quando os pobres tomaram o poder dos ricos e jorraram invasores do Oriente Médio: "Em toda parte, as tribos do deserto se tornaram egípcias".

Eras de ouro e conflitos

O período chamado Médio Império (2040-1782 a.C.) se iniciou após Mentuhotep II derrotar a cidade provincial de Heracleópolis no Baixo Egito e tornar Tebas, a cidade dedicada ao deus Âmon, no Alto Egito, a capital do país reunificado. Sob Sesóstris II, na 12ª dinastia, as províncias floresceram por investimentos em poços e reservatórios. A nova cidade de Kahun tinha estradas cruzando em ângulos retos e canaletas de pedra. Casas pequenas tinham quatro a seis aposentos, as mansões até 70.

No Segundo Período Intermediário (1782-1570 a.C.), povos nômades semitas entraram pelo norte e construíram sua capital, Avaris. Da 13ª à 17ª dinastia, o Egito foi governado por conquistadores, até os últimos deles – os hicsos, ou Reis Pastores do oeste asiático – serem depostos por Amósis I. Assim começou o Novo Império (1570-1069 a.C.), com uma sucessão de 31 faraós que dirigiram a expansão do Egito para o Oriente Médio e o Sudão.

Amenófis I, o segundo regente da 18ª dinastia, estabeleceu o culto de Âmon e encomendou santuários e um eminente portão de calcário em Karnak. Em seu reinado de 25 anos, ele reuniu artistas, poetas, cientistas e teólogos num florescimento cultural que incluiu a produção de uma obra médica, o Papiro Ebers, com capítulos sobre odontologia, doenças intestinais, ginecologia e oftalmologia.

Até 13 mulheres podem ter regido o Egito, a intervalos, mas Hatshepsut (18ª dinastia) foi uma das poucas a ter o título e poder de um faraó. Em seu governo de 21 anos, ela encomendou um templo entalhado na rocha em Deir el-Bahari. Nas paredes, há registros de viagens à terra de Punt, no extremo sul do mar Vermelho, para

Amenófis III **(o Magnífico)** levou o Egito a um auge de esplendor, poder e riqueza na era do Novo Império. Esta estátua de granodiorito (c. 1350 a.C.) é de seu templo mortuário em Tebas.

Sobes ao horizonte, iluminas a escuridão [...] e inundas as Duas Terras como o Disco do Sol na aurora.
"Hino a Atenas"
séc. 14 a.C.

trazer incenso, animais selvagens, peles, resinas, ouro, marfim e ébano. Esse fluxo de riquezas continuou no reinado de Amenófis III. As exportações egípcias de grãos, papiros, linho e couro eram compensadas por importações de madeiras, azeite, ferro para armas, vinho da Ásia Menor e da Síria, e cobre e prata das ilhas do Egeu e do Mediterrâneo.

Ascensão e queda
Em seu auge, no século XIV a.C., a cidade de Tebas (hoje Luxor) dominava o Nilo, abrigando até um milhão de pessoas. Nos arredores da cidade, casas bem mobiliadas com até 60 aposentos se alinhavam em avenidas sombreadas por árvores. Perto do centro ficava o palácio real, a Casa de Celebração; o título *faraó*, da palavra egípcia para "casa grande", data desse período. Os grandes templos na margem leste fervilhavam com sacerdotes e eruditos.

Na 18ª dinastia, Amenófis IV se renomeou Aquenáton, fundando em Amarna uma religião monoteísta baseada no deus sol Áton. Seu filho Tutancâmon restaurou a antiga religião. Na 19ª dinastia, faraós como Ramsés II levaram o Egito ao auge do poder imperial, mas a 20ª dinastia foi marcada pela mudança no poder para os sacerdotes de Âmon em Tebas. Levantes civis, disputas entre herdeiros e secas mergulharam o Egito num período de declínio.

O Terceiro Período Intermediário (1069-525 a.C.) viu invasões por assírios, persas e gregos. Após a morte da última regente, Cleópatra VII, em 30 d.C., os romanos dominaram o Egito de modo intermitente por 600 anos até a primeira invasão muçulmana, no século VII. ∎

O livro dos mortos de Hunefer (c. 1275 a.C.) é um papiro do Novo Império com encantamentos ilustrados para ajudar a jornada da alma, do túmulo ao paraíso em Aaru, o Campo de Juncos.

Ramsés, o Grande

Assumindo o poder em 1279 a.C., quando o Novo Império estava no auge, Ramsés II, o segundo rei da 19ª dinastia, ganhou o título de Ramsés, o Grande, em reconhecimento por suas amplas campanhas militares e seu legado arquitetônico. Durante os 66 anos de seu longo reinado, reuniu um exército estável de 100.000 soldados, recuperando territórios perdidos em períodos anteriores e repelindo invasões da Líbia, de hititas turcos e forças núbias.

A famosa vitória que Ramsés declarou sobre os hititas na Batalha de Kadesh é controversa, mas após conquistar uma série de territórios que se tornaram difíceis de controlar, ele fez um tratado de paz com os hititas em 1258 a.C., concedendo poderes recíprocos. Seu casamento com uma princesa hitita, ao menos, assegurou o pacto. O legado arquitetônico de Ramsés incluiu uma nova capital chamada Pi-Ramsés, um complexo memorial de templos chamado Ramesseum, perto de Luxor, e dois templos entalhados na rocha em Abu Simbel. Ele morreu em 1213 a.C., aos 96 anos.

A TERRA DO ARCO
O REINO NÚBIO DE KERMA (c. 2400-1500 a.C.)

EM CONTEXTO

ONDE
Sudão

ANTES
c. 5000 a.C. Africanos do Saara e mais ao sul se fixam ao longo do vale do Nilo.

c. 3400 a.C. Uma monarquia é estabelecida em Ta-Seti – conhecida depois como Núbia.

c. 3200 a.C. Surgem assentamentos em Kerma.

DEPOIS
c. 860 a.C. Uma poderosa linhagem de reis cuxitas é fundada, sediada na cidade de Napata.

c. 727 a.C. O rei cuxita Piye invade o Egito, toma Tebas e funda a 25ª dinastia.

350 d.C. O Império Axum toma Méroe, a última capital de Cuxe, encerrando o reino núbio.

O Egito antigo não foi a única grande civilização do vale do Nilo. Ao sul dele, Cuxe – na região da Núbia, onde hoje ficam o sul do Egito e Sudão – foi um reino igualmente antigo e sofisticado. Seu povo criou cidades complexas, um exército formidável e uma rede comercial que se estendia para sul e leste, tal como do norte para o Egito.

Por muitos anos, historiadores e arqueólogos brancos assumiram que Cuxe foi apenas um posto avançado do Egito. Só no fim do século XX ficou claro que era um reino originário separado, que igualava, e às vezes até superava, o vizinho Egito.

A ascensão de Kerma

A cidade de Kerma estava no coração de Cuxe e, por volta de 2400 a.C., tornou-se a capital de um estado unificado. Em 2000 a.C., Cuxe já era o parceiro comercial mais próximo do Egito e uma potência militar, com soldados famosos pela destreza no combate, em especial os arqueiros. O

Os núbios pagam tributo ao Egito numa pintura mural do túmulo de Huy, vice-rei de Cuxe. Eles apresentam bens núbios, como ouro e incenso.

Ver também: Egito pré-dinástico 22-23 ▪ Antigo, Médio e Novo Império do Egito 24-29 ▪ O império comercial de Axum 44-47

Egito não podia ignorar a crescente influência da cuxita Kerma e o conflito entre os dois reinos marcou os 500 anos seguintes.

Em 1750 a.C., Kerma tomou controle de Sai – um reino com base numa ilha do Nilo, entre o Egito e Cuxe. Isso deu a Kerma o domínio sobre o Nilo e o comércio entre a Primeira e a Quarta Cataratas do rio (ver à direita), assinalando o início de sua era de ouro.

Kerma tornou-se uma cidade populosa, com talvez até 10.000 habitantes. Sua zona central era cercada por uma muralha defensiva de tijolos de barro de mais de 9 m de altura, com salientes torres retangulares. Dentro da muralha, após quatro portões fortificados, ficavam os jardins, o palácio do rei, casas da nobreza e *deffufas* – grandes templos brancos (ver abaixo). Passando outra muralha, um segundo complexo religioso consistia em oficinas de fundição de bronze, capelas, depósitos e casas para os sacerdotes. Um extenso cemitério abrigava os túmulos reais, alguns com mais de 60 m de largura e com centenas de sacrifícios de humanos e animais.

A descoberta de escaravelhos esculpidos e amuletos no sítio indica comércio amplo com o Egito. A cidade controlava minas de ouro e importantes rotas mercantis entre o Egito e outros pontos da África para exportação de pessoas escravizadas e bens como incenso, ébano, marfim, ovos de avestruz e peles de animais. Kerma também produzia uma refinada cerâmica azul ("faiança"), cerâmica fina como casca de ovo e instrumentos de bronze de qualidade excepcional.

A queda de um império

Por volta de 1550 a.C., Kerma tentou invadir o Egito, mas fracassou. Nos 50 anos seguintes, os egípcios lutaram de volta, até que em 1500 a.C. o faraó Tutmés I conquistou Kerma. O Egito ocupou Cuxe pelos 500 anos seguintes, levando à gradual decadência de Kerma. Seu declínio e abandono final se aceleraram conforme os canais que forneciam água à cidade foram secando. ▪

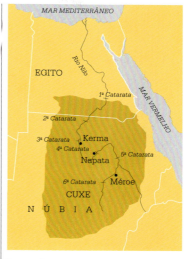

Legenda
- Cuxe
- Fronteiras dos países modernos

O reino de Kerma expandiu o território cuxita num império que controlou grande parte do vale do Nilo. O Nilo era medido com base em seis trechos rochosos e rasos chamados "cataratas", da palavra grega que significa "descer correndo".

Templos de barro

Dois templos monumentais em Kerma testemunham os mil anos da cidade como a maior potência núbia. Chamam-se *deffufas*, da palavra núbia que significa "construção de tijolos de barro". O mais preservado, o Deffufa do Oeste, tem 18 m de altura, três andares e cobre uma área de cerca de 1.400 m², fechada por um muro. Dentro do templo, uma rede de passagens ligava câmaras guarnecidas de colunas. As paredes das câmaras tinham pinturas vívidas e decorações com azulejos vitrificados e folhas de ouro. Escadas levavam ao telhado, onde rituais públicos, talvez sacrifícios, eram realizados num altar.

A Deffufa do Leste, uma estrutura de dois andares mais atarracada, com paredes de 10 m de profundidade, fica perto de um cemitério com 30.000 túmulos semelhantes a montes. O templo pode ter sido a capela funerária real e tinha dois vestíbulos com linhas centrais de colunas e pinturas de animais em vermelho, azul, amarelo e preto.

As paredes grossas de tijolos de barro da Deffufa do Oeste mantinham o interior dos espaços rituais frescos, no calor forte do deserto núbio.

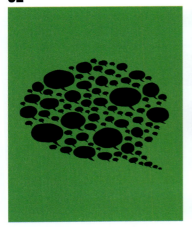

A DISSEMINAÇÃO DA LÍNGUA

AS MIGRAÇÕES BANTAS (c. 1000 a.C.)

EM CONTEXTO

ONDE
África central e meridional

ANTES

c. 3500 a.C. Grupos protobantos vivem no delta do Níger entre o sudeste da Nigéria e o oeste de Cameroun.

c. 3500-2500 a.C. Pequenos números de bantos começam a sair da terra natal.

DEPOIS

c. 1000-500 a.C. Os bantos se estabelecem na África central.

c. 600 a.C. Começa a produção de ferro em Méroe, no Nilo.

c. 200 a.C. Os bantos se expandem para o sul da África.

c. 300-500 d.C. Bantos vivem em KwaZulu-Natal e na área do rio Limpopo, na África do Sul.

c. 1200-1400 d.C. Surgem bantos na região dos Grandes Lagos, na África centro-oriental.

As migrações dos povos bantos do delta do Níger, por volta de 1000 a.C., foram um dos mais importantes movimentos de pessoas da história da África. Elas transformaram a África central e meridional, introduzindo a fundição do ferro e formas melhores de agricultura e facilitando a troca de conhecimentos, que levou a uma arte e a tradições de artesanato comuns.

Língua comum

Como um marcador de identidade, o termo "banto" não denota um grupo étnico distinto. Em vez disso, aplica-se a um conjunto particular de grupos linguísticos espalhados pelo oeste, centro, leste e sul da África. A maioria dos falantes de banto, cerca de 100 a 150 milhões de pessoas, vive hoje na República Democrática do Congo (RDC), na República do Congo (em especial em Brazzaville, a capital), Uganda, Quênia, Tanzânia, Malawi, Zimbábue e Essuatíni.

Ponto de partida

Fontes orais, linguísticas e arqueológicas mostram que o grupo protobanto viveu na bacia dos rios Benue e Cross, no leste da Nigéria e oeste de Cameroun, na África central. Pesquisas indicam que a mudança de uma economia precária de caça e coleta de alimentos para uma vida mais fixa, com a agricultura e criação de animais, levou a um significativo aumento da população. Isso forçou a saída de alguns povos bantos da terra natal, em busca de novos locais onde se estabelecer. Não há evidência de que hordas numerosas deixaram a área ao mesmo tempo e não havia uma rota predeterminada, além de um movimento geral rumo ao sul.

A migração a partir do delta do Níger começou em c. 2000 a.C. A maioria dos historiadores acredita que a destruição da floresta pluvial da

[As migrações bantas] não eram nem uma divagação nômade sem propósito nem uma conquista militar organizada.
Gamal Mokhtar
História geral da África, 1981

PRÉ-HISTÓRIA E ANTIGUIDADE

Ver também: O ser humano migra da África 20-21 ▪ A migração dos massais 98-99 ▪ O início do tráfico escravista atlântico 116-121

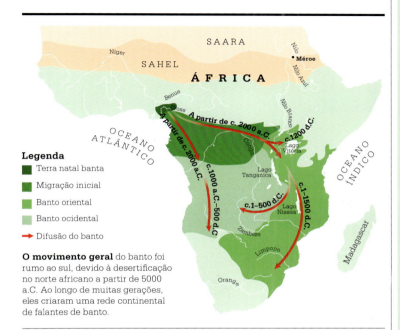

Legenda
- Terra natal banta
- Migração inicial
- Banto oriental
- Banto ocidental
- Difusão do banto

O movimento geral do banto foi rumo ao sul, devido à desertificação no norte africano a partir de 5000 a.C. Ao longo de muitas gerações, eles criaram uma rede continental de falantes de banto.

Objetos de ferro, agricultura e artesanato

Os bantos inovaram com a fundição do ferro e criaram assentamentos da Idade do Ferro na África subsaariana. Isso lhes permitiu, e às pessoas que os encontravam, fazer ferramentas melhores. Alguns especialistas creem que os grupos bantos aprenderam a fundir o ferro em sua terra natal, mas outros pensam que isso ocorreu por volta de 600 a.C., após interações no reino de Méroe (moderno Sudão), no alto Nilo.

Ferramentas e armas de ferro eram muito superiores às de cobre e bronze. Com tais ferramentas, era possível cultivar até solos pedregosos e decorar cerâmica e metais mais moles, com padrões e sulcos intricados. Grupos que partilhavam culturas similares usavam padrões e métodos idênticos para decorar objetos. Isso ajudou os antropólogos a diferenciar cacos de cerâmica dos grupos de fala banta dos demais.

África centro-ocidental, induzida pelo clima, por volta de 2.500 anos atrás, deu novo ímpeto às migrações bantas. Algumas teorias sustentam que as atividades agrícolas dos próprios grupos bantos levaram à perda da floresta e à necessidade de ir embora.

Difusão cultural

As migrações bantas mostram como a interação humana facilita o surgimento de culturas. As expansões não ocorriam por guerras e conquistas. Os grupos bantos conseguiam se adaptar aos novos meios e introduzir inovações, como a fundição do ferro e a cerâmica de argila cozida decorada. As ligações entre comunidades africanas levaram à difusão de ideias artísticas, práticas religiosas, costumes alimentares e de parentesco e ao desenvolvimento de vocabulários e sintaxes. Na África oriental, os grupos bantos afetaram os sistemas sociais e políticos, introduzindo o conceito de categorias de idade, em que pessoas de idade similar passam, ao mesmo tempo, por uma série de etapas de vida distintas. Cada etapa é em geral marcada por um rito de iniciação.

Línguas secundárias – banto proto-ocidental e proto-oriental – surgiram aos poucos, a partir de sua matriz. O banto proto-ocidental se fixou entre os rios Sanga, Ubangui e Congo-Lualaba, e depois alcançou Angola e as savanas da Namíbia, no sudoeste. O banto proto-oriental se moveu pela área do monte Kilimandjaro, na Tanzânia, e para Moçambique e depois chegou ao sudeste africano. Por volta de 1200 d.C., os falantes de banto foram para as regiões dos Grandes Lagos dos modernos Ruanda, Burundi e Uganda. ∎

Os sulcos no rosto estilizado de cobre, da figura guardiã do povo bakota (kota), no Gabão, são um traço comum do artesanato banto.

A CIDADE MAIS RICA DA ANTIGUIDADE
NAVEGANTES ANTIGOS SE FIXAM EM CARTAGO (814 a.C.)

EM CONTEXTO

ONDE
Cartago (Tunísia)

ANTES
1550-1350 a.C. As cidades fenícias de Tiro, Sídon, Beirute e Biblos prosperam sob a administração egípcia.

1200-800 a.C. Livres de controle externo, as cidades-estados fenícias criam postos de comércio pelo Mediterrâneo e na costa norte da África.

DEPOIS
580-265 a.C. Disputas por terras na ilha estratégica da Sicília se intensificam em seguidas guerras entre Cartago e os gregos.

264-146 a.C. Cartago e os romanos lutam pela supremacia no Mediterrâneo em três grandes conflitos, que ficam conhecidos como Guerras Púnicas.

146 a.C. Os romanos conquistam Cartago e destroem a cidade e seus habitantes.

Entre os séculos VIII e II a.C., a cidade-estado de Cartago, perto da atual Túnis, dominou o Mediterrâneo ocidental e, em seu auge, foi a cidade mais rica da Antiguidade. Cartago foi uma cultura multiétnica africana fundada por fenícios – grandes construtores de navios e navegantes de várias cidades-estados costeiras, como Tiro e Sídon, no moderno Líbano, ao leste do Mediterrâneo. A partir de cerca de 1200 a.C., esses marinheiros singraram o Mediterrâneo em busca de prata, cobre e estanho, negociando refinados têxteis, cerâmica, vinho, objetos de metal e vidros fenícios. A palavra "fenício", cunhada a partir do grego *phoinikes* ("pessoas púrpura") remetia à sua lucrativa produção de um pigmento púrpura extraído do caramujo marinho *Murex*, usado em túnicas da elite dirigente de Roma.

História da fundação
Uma versão da lenda de fundação de Cartago foi incluída na *Eneida*, do poeta romano Virgílio. Em 814 a.C., a princesa fenícia Elissa, renomeada Dido por Virgílio, foi obrigada a fugir de Tiro quando seu marido foi morto

Evolução do alfabeto

Credita-se aos fenícios a invenção de um alfabeto de 22 letras, por volta de 1050 a.C., que se espalhou através do comércio no Mediterrâneo e nas rotas do Egeu para Creta e a Grécia. Seu sistema de escrita, composto de caracteres lineares simplificados, deve ter derivado de um alfabeto pictórico anterior, baseado nos hieróglifos egípcios. Ele pode ter sido desenvolvido por falantes do semítico no Egito central, por volta de 1400 a.C.

O alfabeto fenício, iniciado pelas letras Alef, Bet, Gimel e Dalet, foi a base do antigo alfabeto grego. As letras gregas foram precursoras da escrita latina (romana), hoje de amplo uso. Por exemplo, a letra romana "A" derivou da grega Alfa, que derivou da fenícia Alef. Alef evoluiu a partir do hieróglifo egípcio para uma cabeça de boi e era usada para um som glótico, produzido na garganta.

PRÉ-HISTÓRIA E ANTIGUIDADE 35

Ver também: Antigo, Médio e Novo Império do Egito 24-29 ▪ O reino núbio de Kerma 30-31 ▪ Os romanos chegam à África 38-39 ▪ O cristianismo chega à África 48-51

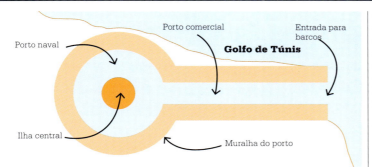

O porto militar circular de Cartago, conhecido como *cothon*, tinha ancoradouros para 220 barcos de guerra e era supervisionado pelo almirantado, instalado na ilha central. Um porto comercial adjacente era aberto para o mar.

pelo irmão dela, Pigmalião, rei de Tiro. Após uma longa viagem no mar, a frota de Dido aportou no norte africano, onde ela negociou com o governante berbere, Iarbas, a construção de Kart Hadasht (Cartago), que significa Nova Cidade.

Império marítimo
Situada estrategicamente na costa norte da África e protegida pelo golfo de Túnis, Cartago se tornou o centro do comércio entre África e Europa. Os navegantes cartagineses forneciam estanho, cobre e prata ao longo de suas rotas de comércio e afundavam os barcos de competidores para manter o domínio do Mediterrâneo ocidental. No século III a.C. o Império Cartaginês já se estendia até a costa atlântica do Marrocos e tinha assentamentos na Sardenha, Córsega, Sicília, Malta, Espanha e ilhas Baleares. Os historiadores descrevem os fenícios como mediadores entre múltiplas culturas do mundo antigo. Sua língua e escrita, conhecida como púnica, tinha amplo uso no comércio ao redor do Mediterrâneo.

No século III a.C., acredita-se que Cartago já tinha uma população de 500.000 pessoas. A maioria era de origem africana. A linhagem de alguns se ligava ao Egito antigo e ao Cuxe, no vale do Nilo. Muitos tinham ascendência fenícia, em número inflado pela entrada de refugiados de terras fenícias conquistadas.

Um circuito de 37 km de altas muralhas cercava a cidade, encerrando ruas com casas de seis andares e templos luxuosos decorados com metais, madeira e mármore e com colunas facetadas de ouro e lápis-lazúli. Uma cidadela elevada, a *Byrsa*, se erguia sobre quarteirões residenciais com teatros, bibliotecas e banhos. Havia casernas para 20.000 soldados e estábulos para 4.000 cavalos e 300 elefantes.

A cidade aumentou sua riqueza com a agricultura, exportando uvas, azeitonas e legumes cultivados na cidade em canteiros irrigados por canais, e grãos dos campos férteis fora das muralhas. O trabalho com vidro e metais incorporava influências líbias, berberes, gregas, núbias e egípcias, evidenciadas em descobertas arqueológicas de joias de ouro de origem egípcia, datadas de 800 e 700 a.C. Milhares de escaravelhos esculpidos e amuletos do mesmo período mostram imagens de divindades como Anúbis, Maat, Bastet e Âmon. Colunas e estátuas nas ruínas da cidade honram a deusa Tanit e seu parceiro Baal Hamon, divindades fenícias importadas que eram a base da religião cartaginesa.

Conflitos e queda
Do século VI ao III a.C. aconteceram conflitos navais entre Cartago e seus rivais navegantes gregos na ilha da Sicília, entre a costa norte da África e sul da Itália. A partir de 264 a.C., Cartago reuniu exércitos de líbios, númidas, fenícios e pessoas de origem mista púnica-norte-africana, desafiando o poder de Roma nas três Guerras Púnicas, que levaram a sua queda em 146 a.C. ▪

Pingentes de pasta de vidro representando cabeças humanas eram típicos dos vidreiros de Cartago. Este é do século III ou IV a.C.

UMA CHAMA BRILHANTE TORNA O CONHECIMENTO EM AR
A BIBLIOTECA PERDIDA DE ALEXANDRIA
(c. 300 a.C.)

EM CONTEXTO

ONDE
Egito

ANTES
c. 331 a.C. Alexandre, o Grande, funda Alexandria no Egito.

c. 307 a.C. O ex-governante de Atenas, Demétrio de Falero, se refugia em Alexandria após ser deposto.

305 a.C. O general Ptolomeu I Sóter sucede Alexandre, o Grande, como regente egípcio, fundando a última dinastia do Egito.

DEPOIS
c. 240 a.C. Calímaco compila um catálogo do conteúdo da Grande Biblioteca.

639 d.C. O califado Rashidun invade o Egito, abrindo caminho para a unificação islâmica do norte africano.

1517 O sultão otomano Selim I derrota os mamelucos, governantes do Egito desde 1250, tornando seu império um dos mais poderosos do mundo.

Calímaco, um estudioso grego da corte de Alexandria, faz um levantamento de **todo o conteúdo da Biblioteca** em *Pinakes* (Tabelas).

Ele lista cada rolo, **classificando-os em uma categoria temática**, como medicina, história, direito ou matemática.

Esse trabalho, hoje quase todo perdido, é o **mais antigo exemplo conhecido de catálogo de biblioteca**.

Pinakes **foi a base dos sistemas de classificação bibliográfica** no mundo mediterrâneo durante séculos.

Em c. 300 a.C., o regente do Egito, Ptolomeu I Sóter, decidiu criar uma biblioteca que conteria uma cópia de todos os livros do mundo. Diz-se que a resultante Grande Biblioteca de Alexandria abrigou até meio milhão de rolos de papiro.

Inspirado por um de seus conselheiros, Demétrio de Falero, Sóter construiu um centro cultural para guardar rolos, chamado Mouseion (Museu).

O centro e suas coleções foram expandidos pelo filho de Sóter, Ptolomeu II Filadelfo, que também criou a Biblioteca Real na mesma área. Todos os rolos trazidos para Alexandria, e lá escritos, eram guardados ali, e as coleções logo ficaram tão grandes que uma biblioteca satélite, o Serapeum, foi construída no local do Templo de Serápis. Juntos, o Mouseion, a Biblioteca Real e o Serapeum formavam a Grande Biblioteca de Alexandria.

A biblioteca queima
Nada restou da biblioteca, e a falta de evidências arqueológicas levou a vários mitos sobre seu fim. Na verdade, não houve "um grande incêndio", mas acredita-se que o general romano Júlio César tenha sido o primeiro a causar danos. Em c.

PRÉ-HISTÓRIA E ANTIGUIDADE

Ver também: Antigo, Médio e Novo Império do Egito 24-29 ▪ Os romanos chegam à África 38-39 ▪ A conquista muçulmana do Egito 58-59

48 a.C., ao visitar Alexandria, ele apoiou a rainha egípcia na guerra civil entre Cleópatra e seu irmão e co-regente, Ptolomeu XIII. Ptolomeu, cujos barcos estavam atracados no porto, sitiou César no Palácio Real. Com número menor de soldados, este ordenou que incendiassem os navios. O fogo se espalhou nas docas e então a outras partes da cidade. Mesmo assim, fontes relatam a destruição de rolos, não de uma biblioteca, indicando que o incêndio de César destruiu só parte das coleções.

A biblioteca ardeu de novo em c. 391 d.C., pelas mãos do bispo de Alexandria, Teófilo. Quando o imperador romano Teodósio I sancionou a destruição de templos pagãos na cidade, Teófilo levou uma multidão para demolir o Serapeum e ordenou que uma igreja fosse construída sobre as ruínas.

Não se sabe se a Biblioteca Real e o Mouseion sobreviveram além do século

A Grande Biblioteca de Alexandria não foi destruída num incêndio cataclísmico, como representado nesta pintura de 1876, mas por décadas de conflitos e negligência.

IV d.C. Após conquistar Alexandria em 640 d.C., consta que o general muçulmano Amr ibn al-As perguntou ao califa Omar o que devia fazer com as vastas coleções. Segundo um relato do escritor cristão do século XIII Gregório Bar Hebreus, Omar respondeu: "Eles irão ou contradizer o Corão, caso em que são heresia, ou concordar com ele, e assim são supérfluos". Amrou usou então os rolos como combustível para os fornos das casas de banho da cidade. Na verdade, a biblioteca sofreu um declínio gradual. Quando os frágeis rolos se desintegraram, os eruditos perderam o interesse. Mas sua fama perdurou e a ideia de colecionar conhecimentos sobrevive nas modernas bibliotecas. ■

O assassinato de Hipácia

Em 415 d.C., a filósofa Hipácia foi emboscada e assassinada em Alexandria por uma multidão de cristãos. Sua morte marcou o fim de uma assim chamada tradição pagã na cidade, que empreendia buscas intelectuais em astronomia, ciência e filosofia. A própria biblioteca era dedicada a divindades pagãs.

Pouco se sabe sobre os primeiros anos de Hipácia. Seu pai, Téon, um matemático, astrônomo e filósofo, era o diretor do Mouseion. Ela recebeu uma educação sólida em artes e ciências, e dirigiu uma escola de filosofia, algum tempo entre 395 e 408 d.C. Professora talentosa e carismática, Hipácia também era muito próxima de Orestes, o governador romano de Alexandria. Mas Orestes estava envolvido numa amarga disputa com Cirilo, o bispo da cidade, que de modo contínuo minava sua autoridade. Rumores se espalharam na comunidade cristã de Alexandria de que Hipácia, uma pagã, impedia a conciliação de Orestes e Cirilo. A maioria dos estudiosos culpa Cirilo pela morte dela, pois ele poderia ter impedido a multidão.

Hipácia foi arrastada de sua carruagem para uma igreja, onde foi despida e espancada até a morte por cristãos zelotes.

CARTAGO DEVE SER DESTRUÍDA
OS ROMANOS CHEGAM À ÁFRICA (146 a.C.)

EM CONTEXTO

ONDE
Cartago (Tunísia)

ANTES
814 a.C. Segundo a lenda, Cartago é fundada pela princesa fenícia Elissa, em exílio da cidade de Tiro, no Levante.

580-265 a.C. Cartago disputa o controle da ilha da Sicília com o Império Grego.

241 a.C. Roma estabelece a Sicília como sua primeira província, após expulsar os cartagineses.

DEPOIS
30 a.C. Após a morte da última rainha, Cleópatra VII, o Egito é dominado pelos romanos.

203 d.C. Sétimo Severo, o primeiro imperador romano nascido na África, expande e fortifica as posições de Roma ao sul, no território norte-africano.

698 Uma invasão muçulmana em Cartago encerra o controle romano e cristão da cidade.

No século III a.C., Roma antiga iniciou seu crescimento exponencial de cidade a império, mostrando primeiro seu poder com a conquista da península itálica. Os olhares foram então lançados a Cartago, na costa norte-africana. Fundada por fenícios da costa leste mediterrânea, Cartago era então a cidade portuária mais rica do mundo. No interior, estavam as cidades de Útica e Hipona e a planície de Zama e era povoada por berberes originários das tribos mauri, masaesyli e massylii.

Exímios artesãos, mercadores e navegantes, os púnicos, como eram conhecidos, estabeleceram uma talassocracia, um império marítimo com postos avançados espalhados pelo Mediterrâneo ocidental. Seu domínio do comércio de bens que iam de grãos a ouro despertou inimizade. Em 264 a.C., Roma lançou uma campanha para derrubar Cartago, que durou mais de 100 anos, com intermitentes vitórias e perdas devastadoras para cada lado.

As Guerras Púnicas

Três conflitos chamados Guerras Púnicas são lembrados em especial pelas campanhas terrestres do formidável general cartaginês Aníbal. Seus exércitos, apoiados por elefantes de guerra e uma cavalaria berbere, marcharam da Espanha à Itália, cruzando os Pireneus e os Alpes e derrotando, sem dificuldade, legiões romanas. Após mudar sua lealdade para Roma, a cavalaria berbere teve um papel na derrota de Aníbal na Batalha de Zama, em 202 a.C.

Nos 50 anos seguintes, uma Cartago diminuída cedeu a Roma seus territórios na Córsega, Sardenha e Espanha e foi forçada a um pacto

O primeiro imperador romano nascido na África, Sétimo Severo, da cidade líbia de Leptis Magna, é mostrado com sua mulher e dois filhos num painel pintado em c. 200 d.C.

PRÉ-HISTÓRIA E ANTIGUIDADE 39

Ver também: Antigo, Médio e Novo Império do Egito 24-29 ▪ Navegantes antigos se estabelecem em Cartago 34-35 ▪ A biblioteca perdida de Alexandria 36-37 ▪ O cristianismo chega à África 48-51 ▪ Os europeus chegam à África 94-95

Terêncio

Em sua breve vida, o dramaturgo africano romano Terêncio só escreveu seis comédias, entre 166 e 160 a.C., mas deixou um legado literário que dura até hoje.

Publius Terentius Afer, para usar seu nome romano completo, nasceu em 195 ou 185 a.C. em Cartago, numa família berbere norte-africana. Foi escravizado e levado a Roma, mas um senador romano identificou seu talento literário e o educou e libertou. O jovem escritor produziu textos latinos admirados pela elegância, clareza e moralidade, usados como recurso pedagógico nas escolas romanas. Consta que na Idade Média, em mosteiros e conventos, sacerdotes, freiras e escribas aprendiam latim copiando e representando peças de Terêncio. Como dramaturgo, ele originou a "comédia de costumes", que satiriza relações familiares, ou a falta delas, e destaca fraquezas humanas. Suas peças influenciaram Shakespeare e o dramaturgo francês Molière.

Após 159 a.C., nada se sabe de sua vida. Em seus 20 ou 30 anos, Terêncio desapareceu depois de uma visita à Grécia.

---

de não agressão. Porém, quando o estadista romano Catão, o Velho, visitou a cidade em 157 a.C., percebeu uma ameaça contínua, por sua riqueza e poder. "Cartago deve ser destruída" tornou-se seu mantra, repetido ao fim de cada discurso no senado. Em 146 a.C., após a última Guerra Púnica, Roma destruiu a cidade e massacrou seus habitantes.

Uma província romana

Cartago e seus territórios foram convertidos em uma produtiva província romana que, com o tempo, ficou conhecida como "celeiro do império". Útica tornou-se sua capital, os berberes mauris foram estabelecidos no reino da Mauritânia e os povos masaesyli e massylii no reino da Numídia. Cartago foi reconstruída como cidade romana em 44 a.C. Embora houvesse escravização, uma inclusividade racial permitia que os berberes contribuíssem na cultura maior. Pertence à literatura berbere romana, por exemplo, *O asno de ouro* – o único romance latino completo que existe –, escrito por Apuleio (c. 124-c. 170 d.C.), da Numídia.

Após a difusão do cristianismo na província, no século II d.C., outros berberes se destacaram. Entre eles houve três papas, Vítor I, Miltíades e Gelásio I, que lideraram a Igreja nos séculos II, IV e V. Dois berberes – Tertuliano, nascido em Cartago em c. 155, e Agostinho, nascido em Tagaste em 354 – estão entre os primeiros grandes Padres da Igreja, os teólogos que lançaram as bases intelectuais do cristianismo ocidental. ▪

Uma produtiva colônia romana, num mosaico do século II de Uthina, na Tunísia, mostra bois arando, ovelhas, cabras, um poço, olivais, perdizes e caçada ao javali.

IMPÉRI
EXPANS
1-800 d.C.

O E
Ã O

INTRODUÇÃO

O reino de Axum emerge como um estado unificado onde é hoje a Etiópia.

Século I d.C.

O cristianismo se espalha nas áreas do norte da África sob controle do Império Romano.

Século II d.C.

O povo soninquê surge como uma força poderosa na África ocidental. Seu império, Gana, vai durar até o século XI.

c. 300 d.C.

Século I d.C.

São Marcos funda a Igreja Copta em Alexandria, no Egito, levando o cristianismo à África.

c. 200 d.C.

O comércio por caravanas de camelos aumenta entre o Sahel ocidental e o norte da África.

c. 330 d.C.

O rei Ezana de Axum torna o **cristianismo a religião oficial** do império.

E tiópia e Gana antiga sediaram dois dos impérios mais poderosos da África do início de nossa era, devendo ambas suas riquezas a um comércio muito forte. Axum, um reino nas montanhas do leste africano onde hoje estão a Etiópia e a Eritreia, tornou-se uma próspera potência comercial. Os axumitas estabeleceram relações comerciais com os reinos nilóticos do Egito e Cuxe e conquistaram este último em 350 a.C. Como esses parceiros comerciais, Axum era um reino fértil e extraía muito de sua riqueza da agricultura, mas também da mineração de seus abundantes depósitos naturais de ferro. Do século III ao VI d.C., Axum floresceu, controlando até o comércio entre o Mediterrâneo, a Arábia e o oceano Índico.

O Império de Gana, que surgiu por volta de 300 d.C. na África ocidental, também conseguiu aproveitar tanto a agricultura quanto os depósitos de ferro para gerar riqueza. O povo soninquê de Gana, que fundou o império, sempre tinha sido mercador, mas a partir do século VII d.C. seu império floresceu devido ao comércio com o norte africano, sob domínio árabe. Os soberanos de Gana reuniram uma enorme riqueza, em especial comerciando sal e ouro.

Comércio transaariano

Gana se beneficiou do crescimento do comércio transaariano, que ligava o oeste ao norte africano (e, por extensão, à Arábia). Os mercadores atravessavam o deserto em caravanas de camelos carregados de mercadorias, viajando mais de dois meses para chegar aos centros comerciais do norte da África. Mas os negócios não eram só de produtos – do sal e ouro aos têxteis, vidro, conchas, marfim e noz-de-cola. O comércio transaariano também incluía africanos escravizados, vendidos por reinos da África a mercadores árabes e, na maioria das vezes, levados para a Arábia.

Influências islâmicas

O desenvolvimento das rotas comerciais transaarianas se ligou à difusão do Islã pela África. Os primeiros muçulmanos chegaram à África em 615 d.C., quando um pequeno grupo que fugia de perseguição em Meca (na atual Arábia Saudita) buscou refúgio na Etiópia cristã. Quase 30 anos depois, em 642 d.C., um exército árabe comandado por Amr ibn al-As

IMPÉRIO E EXPANSÃO   43

Axum conquista Méroe, a capital núbia. Méroe será substituída por três reinos cristãos.

c. 350 d.C.

Forças árabes tomam o Egito e estabelecem sua capital em Fustat. É a primeira de uma onda de conquistas árabes na África.

639-642 d.C.

As cidades-estados suaílis da costa leste africana começam a florescer graças ao comércio árabe.

Século VIII d.C.

390-660 d.C.

Os Evangelhos de Garima, da Etiópia, os mais antigos manuscritos cristãos ilustrados completos do mundo, datam deste período.

652 d.C.

O Tratado Bakt é assinado entre o Egito e a Núbia, marcando o início do comércio escravista transaariano.

711 d.C.

Um exército liderado pelo marroquino Tariq ibn Ziyad conquista a Hispânia (Espanha e Portugal), **fundando Al-Andalus**.

---

conquistou o Egito e campanhas posteriores continuaram a difundir o Islã pela África. As conquistas árabes lhes permitiram expandir rotas comerciais pelo Saara e essas rotas, por sua vez, ajudaram a espalhar a fé islâmica. As novas "cidades de pedra" suaílis da costa oriental africana – cidades-estados como Kilwa e Mogadíscio – foram erigidas pelo e para o comércio árabe. Mesquitas foram construídas nessas cidades para os mercadores árabes e os novos convertidos.

A difusão do Islã pela conquista se estendeu da África para a Europa, quando os muçulmanos norte-africanos – chamados de "mouros" – conquistaram a Hispânia (Espanha e Portugal) em 711 d.C. Al-Andalus, como ficou conhecida, prosperou sob esse domínio, até ser conquistada, em 1492.

Difusão do cristianismo

O islamismo não foi a única fé abraâmica a chegar à África no início de nossa era. Os primeiros centros cristãos na África surgiram no Egito, Cartago, Núbia e Etiópia. Consta que um cristão antigo, são Marcos, o Evangelista, fundou a Igreja Copta em Alexandria, no Egito, no século I d.C. Na época, o Egito, Cartago e grande parte da costa norte-africana faziam parte do Império Romano, que de tempos em tempos perseguia os cristãos. Um dos primeiros mártires do norte africano foi Perpétua, uma cartaginesa executada em 203 d.C. por se recusar a adorar um deus pagão. A África foi importante para o desenvolvimento do cristianismo inicial. Foi lá que surgiu o primeiro mosteiro, construído numa ilha no rio Nilo, e também os Evangelhos de Garima, os manuscritos cristãos ilustrados completos mais antigos do mundo, criados por cristãos na Etiópia. O primeiro papa africano, Vítor I, ocupou o posto por volta de 189 a 199 d.C. O cristianismo se espalhou para Axum no século IV e foi adotado como sua religião oficial pelo rei Ezana em c. 330 d.C. No século VI d.C., essa fé também chegou à Núbia, levada por mercadores cristãos e pela persuasiva influência de missionários, enviados pelo Império Bizantino. O cristianismo seria forte na Etiópia, onde duraria mais que o próprio Império Axumita, continuando sob duas grandes dinastias etíopes até a era moderna. A Núbia também permaneceria cristã por mais 700 anos, sobrevivendo à onda de conquistas islâmicas no norte africano. ∎

O TERCEIRO GRANDE REINO DA TERRA

O IMPÉRIO COMERCIAL DE AXUM (c. 100-800 d.C.)

EM CONTEXTO

ONDE
Etiópia, Eritreia

ANTES
c. século VIII a.C. Surge o reino de Damot na área montanhosa da Eritreia e norte da Etiópia.

DEPOIS
c. 1137 A dinastia Zagwe sobe ao poder na Etiópia, restaura o cristianismo e constrói igrejas na rocha.

1270 Yekuno Amlak funda a dinastia Salomônida, que governa a Etiópia até 1974.

1530 Liderados por Ahmad Gran, os muçulmanos atacam a Etiópia e conquistam grande parte do país.

1855 O imperador Teodoro II reunifica a Etiópia e começa a modernizar o país.

1974 Hailé Selassié I, o último imperador, é deposto num golpe militar e morre um ano depois.

O reino de Axum, centrado nas montanhas do norte etíope, surgiu como um estado unificado por volta do século I d.C. e chegou ao auge do poder comercial entre os séculos III e VI. O profeta persa do século III, Mani, citou-o como o terceiro de quatro grandes reinos, depois da Pérsia e Roma e antes da China.

Alguns detalhes sobre a origem de Axum derivam do mercador e viajante grego Cosmas Indicopleustes ("Cosmas que navegou para a Índia"). Numa visita a Adulis, importante porto de Axum, o governador pediu a Cosmas que traduzisse textos gregos antigos inscritos num trono. Cosmas depois

IMPÉRIO E EXPANSÃO 45

Ver também: O cristianismo chega à África 48-51 ▪ A conquista muçulmana do Egito 58-59 ▪ Os judeus etíopes 74 ▪ As igrejas de rocha da Etiópia 84-85 ▪ O sultanato de Ifat 93 ▪ A Etiópia desafia o colonialismo 226-227 ▪ O movimento Rastafári 253

A rede de comércio de Axum se ligava ao Egito no norte, à costa da África oriental e ao sul da Arábia. Sua prosperidade se evidenciou na cunhagem de moedas pelo reino, encontradas até na Índia.

Legenda
- Reino de Axum
- Rotas comerciais

das colheitas e das criações, facilmente exportados, eram a espinha dorsal da vida econômica de Axum.

A cidade também era rica em depósitos de ferro, e suas técnicas de fundição – datando de c. 200 a.C. – produziam um metal de alta qualidade. Esse conhecimento dava aos agricultores ferramentas que melhoravam a produtividade e, aos exércitos, armas que aumentavam o poderio militar.

Dinheiro e expansão

Axum começou a expandir sua influência através do mar Vermelho, a partir do fim do século II, competindo com os reinos de Sabá e Himiar (no atual Iêmen). Com o desenvolvimento das relações de comércio, Axum se tornou o primeiro reino africano a emitir moedas – em 270, sob o rei Endubis. Cunhadas em ouro, prata e bronze e com peso que seguia padrões romanos, elas apresentavam a cabeça do rei e inscrições em grego – a língua do comércio. A nova »

incluiu parte da tradução no livro *A topografia cristã de Cosmas Indicopleustes* (547). O texto afirmava que Axum ganhou destaque como reino grande e poderoso sob o "rei pagão axumita", soberano de territórios que iam da atual Etiópia ao Iêmen, no sul da Arábia. Estudiosos creem que o rei fosse Zoscales, mencionado em *Periplus maris Erythraei* ("Périplo no mar Eritreu [Vermelho]"), um diário de bordo escrito no século I por um mercador grego, súdito romano, no Egito, e que também mencionava Adulis como centro de comércio de marfim.

Comércio, grãos e ferro

Axum tinha localização perfeita para aproveitar as lucrativas rotas mercantis. No interior, podia criar relações de negócios com as potências comerciais vizinhas Núbia e Egito (província romana desde 30 a.C.). Pelo porto de Adulis, podia dominar o sul do mar Vermelho e controlar o comércio entre o Mediterrâneo, Arábia e oceano Índico, até o Sri Lanka. Isso permitiu a Axum exportar bens que se originavam na África e sul da Arábia, como marfim, cobre, latão, ouro, olíbano e mirra e importar azeite e vinho de Roma, assim como especiarias, joias e tecidos da Índia.

Embora tenha enriquecido com o comércio do mar Vermelho, Axum continuava a ter base agrícola. A prosperidade se deu em parte à habilidade dos governantes de explorar a perícia na criação de gado dos nômades que viviam em áreas desérticas entre o mar e o vale do Nilo. Além disso, grande parte do reino consistia em terras férteis que produziam abundância de grãos, como trigo e cevada. Os excedentes

Então vêm os nativos*
trazendo ouro em pepitas
como ervilhas [...] e colocam
mais uma ou duas no que
lhes agrada [...]
Cosmas Indicopleustes
descrevendo africanos orientais
negociando ouro com mercadores
de Axum

*Linguagem usada no século VI (ver p. 4).

O IMPÉRIO COMERCIAL DE AXUM

moeda permitiu maior eficácia na troca de bens e cobrança de pagamentos e ajudou a padronizar impostos. Ela também fortaleceu Axum para participar do comércio do mar Vermelho, dominado por gregos e romanos.

Fora do mar, Axum competia com outra potência comercial, o reino de Cuxe, baseado na cidade de Méroe, no atual Sudão. O comércio de Cuxe se concentrava no vale do Nilo, então não ameaçava as operações de Axum no mar Vermelho. Porém, a rivalidade nas rotas do interior cresceu até virar guerra, e sob o rei Ezana (r. 320-350) Axum conquistou Méroe em 350, substituindo Cuxe como a principal potência comercial ao sul do Egito.

Um reino cristão

Ezana registrou sua campanha contra Méroe e outras conquistas militares numa placa de pedra (ou estela) conhecida como Pedra de Ezana. As inscrições, escritas em geês (uma antiga língua etíope), sabeu, himarita (duas línguas do sul da Arábia) e grego também documentam sua conversão ao cristianismo. Embora essa fé estivesse presente no norte da África desde o século I, em 330, Axum se tornou o primeiro estado africano a adotá-lo como religião.

Além de bens, o comércio levou, do Império Romano a Axum, pessoas e novas ideias, como o cristianismo. Segundo dois historiadores dos séculos IV e V, Tirânio Rufino (romano) e Sócrates Escolástico (bizantino), Ezana foi convertido por um jovem cristão chamado Frumêncio, de Tiro (no atual Líbano), que se juntara à corte de Axum após sobreviver a um ataque a seu barco perto das praias etíopes. Frumêncio foi nomeado o primeiro bispo do reino e, sob sua influência, o cristianismo se difundiu em Axum. As razões de Ezana para adotar oficialmente a religião foram, ao menos em parte, os potenciais benefícios comerciais de alinhar-se mais com o Império Romano e sua decisão de legalizar o cristianismo em 313. As moedas de

Uma estela em Axum, datada do século IV, tem uma inscrição em grego que descreve os feitos militares e religiosos do rei Ezana, o primeiro soberano cristão da Etiópia.

Axum foram as primeiras a ter a cruz cristã, em c. 330, antes de seu uso no Império Romano, criando um instrumento de propaganda para a nova religião.

Igrejas foram construídas em Axum desde o século IV, mas de início a prática do cristianismo se limitava muito à corte real. No fim do século V, a religião foi mais divulgada no reino pelos evangelistas, em particular um grupo conhecido como "Nove Santos". Eles eram seguidores do monofisismo, a crença de que Cristo é só deus, em vez de ter natureza divina e humana. Essa visão foi condenada em 451, no Concílio de Calcedônia (na atual Turquia), e seus adeptos tiveram de fugir do Império Romano do Oriente.

Os evangelistas foram aceitos na igreja cristã axumita, que também era monofisista. Eles foram a vários pontos de Axum, construindo igrejas – muitas escavadas na rocha, com elaboradas pinturas no interior – e fundando mosteiros, com frequência no topo de montanhas. Credita-se também aos Nove Santos a tradução da Bíblia do grego para a língua geês.

Um dos "Nove Santos", Abuna Yemata é representado a cavalo, na Igreja Abuna Yemata Guh, do século V. Escavada na rocha, ela só é alcançada após uma escalada de quase 200 m.

IMPÉRIO E EXPANSÃO **47**

A cidade de Axum

Axum foi fundada em c. 400 a.C. num alto planalto na região de Tigre, no norte da Etiópia. A partir de c.100 d.C. foi a capital do reino de Axum e o centro – com o porto de Adulis, no mar Vermelho, 150 km distante – de um império comercial que durou 700 anos.

Os reis de Axum construíram palácios e erigiram estelas altas de granito sobre seus túmulos. Essas peças monumentais foram trazidas de pedreiras distantes, pelo menos 4 km. A maioria foi erguida nos séculos II a IV, como a Grande Estela, hoje caída, de 33 m, que se acredita ser a maior pedra isolada do mundo em um monumento. É provável que a Estela do Rei Ezana, com 23 m, tenha sido a última, antes de as práticas fúnebres começarem a seguir uma forma mais cristã.

Quando Adulis foi destruída pelo ataque islâmico de 710, Axum ficou isolada e seu declínio começou. A cidade, hoje menor, continua a ser o centro sagrado da Igreja Ortodoxa Etíope.

O Parque de Estelas, em Axum, contém quase 120 estelas semelhantes a obeliscos dos séculos III e IV. Em seu centro está a Estela do Rei Ezana.

Do poder ao isolamento

No século VI, Axum já tinha atingido o auge de sua riqueza e influência. Em 525, o rei Kaleb invadiu Sabá e Himiar a pretexto de proteger a população cristã de perseguições. Os dois estados se tornaram vassalos de Axum, que assim assumiu o controle do sul da Arábia e de ambos os lados do mar Vermelho.

O domínio total de Axum no mar Vermelho teve vida breve. Em c. 570, os persas do Império Sassânida invadiram e conquistaram o sul da Arábia. Isso rompeu o controle axumita, perturbou suas atividades de comércio e levou o reino a uma dependência maior do Império Bizantino cristão, que dominava o comércio no vale do Nilo. Axum talvez tenha também se enfraquecido com a Praga de Justiniano – a peste bubônica que varreu o norte da África, Oriente Médio e grande parte da Europa, a partir de 541, e que pode ter matado até 50 milhões de pessoas. No início do século VII, uma nova força árabe, liderada pelo profeta Maomé, surgiu na península Arábica, que em 630 já era controlada pelos muçulmanos. Quando eles conquistaram o Egito, em 642, Axum perdeu a influência sobre o comércio no vale do Nilo. Durante o governo de Al-Walid, o sexto califa da dinastia muçulmana Omíada (r. 705-715), o poder de Axum encolheu ainda mais com os constantes ataques, levando à destruição de Adulis, em 710. Com a perda desse porto-chave, Axum não comandou mais o comércio no mar Vermelho e foi excluído por seus aliados cristãos bizantinos.

Axum dependia muito de suas férteis terras para alimentar a crescente população e para exportar colheitas e gado. No século VIII, o cultivo excessivo, desflorestamento e consequente erosão do solo – além de um clima mais seco e chuvas mais erráticas – podem ter deixado o reino vulnerável à seca e à fome.

Com a diminuição da riqueza e do poder, nos séculos VII e VIII, Axum ficou exposto à rebelião de povos submetidos que já gozavam de um grau de autonomia. Mais precisamente, as tribos bejas núbias atacaram caravanas de camelos de Axum e tomaram terras de pasto, negando potencialmente o acesso do reino às rotas de comércio e recursos do campo.

No início do século VIII, Axum tinha perdido a posição de importante potência regional. A capital do que restava do reino mudou, talvez no século IX, da cidade de Axum para as montanhas centrais do interior etíope, ao sul. Lá, o antigo reino que dominava o comércio continuou como uma sociedade, em grande parte agrícola, isolada do resto do mundo cristão, mas ainda independente. ∎

Estabeleci um trono aqui em Shado (Axum) pelo poder do Senhor Celeste, que tem [...] dado a mim supremacia.
Rei Ezana

A DEVOÇÃO PERSEGUIDA
O CRISTIANISMO CHEGA À ÁFRICA (SÉCULO II d.C.)

EM CONTEXTO

ONDE
Norte da África, Etiópia, Núbia

ANTES
146 a.C. Roma vence Cartago na Terceira Guerra Púnica, dominando o norte da África.

46-57 d.C. São Paulo empreende jornadas missionárias pelo norte e leste do Mediterrâneo.

DEPOIS
380 d.C. O imperador Teodósio torna o cristianismo a religião oficial do Império Romano.

428 Os vândalos invadem o norte da África pela Hispânia (Espanha), destruindo igrejas católicas.

642 Forças islâmicas começam a se espalhar pelo norte da África.

1491 Os portugueses começam a cristianizar a África ocidental e central como parte do comércio escravista.

N o início do século II d.C., o cristianismo já se espalhara da Palestina ao Egito e ao longo da costa norte-africana. A região pertencia ao Império Romano, onde divindades helenísticas e romanas eram adoradas ao lado de deuses locais. O opressivo domínio romano levou muitos africanos do norte a abraçar o cristianismo como um ato de antagonismo. Quando a religião se difundiu, brotaram igrejas, filiadas a grupos maiores supervisionados por bispos.

Do Egito a Cartago
Os primeiros centros cristãos na África incluíram o Egito, Cartago, Numídia (o leste da Argélia e o oeste

IMPÉRIO E EXPANSÃO   49

Ver também: Os romanos chegam à África 38-39 ▪ O império comercial de Axum 44-47 ▪ Os judeus etíopes 74 ▪ As igrejas de rocha da Etiópia 84-85 ▪ Os europeus chegam à África 94-95 ▪ A Etiópia desafia o colonialismo 226-227

Os imperadores romanos se identificam com certos deuses pagãos. **Eles exigem o culto** a esses deuses.

As pessoas adotam o cristianismo como um **ato de antagonismo**.

Os imperadores romanos repetidamente **ordenam a perseguição** aos cristãos.

A perseguição fortalece a devoção cristã por todo o norte da África.

da Tunísia), a Etiópia e a Núbia. Várias linhas e princípios importantes do cristianismo se desenvolveram nesses lugares. No Egito, acredita-se que a Igreja Copta, uma das primeiras congregações cristãs, foi fundada por são Marcos em Alexandria, no século I d.C.; santo Antônio deu início ao eremitismo (vida em solidão religiosa) no século III; e são Pacômio criou o primeiro mosteiro cristão numa ilha no Nilo, no século IV, instituindo o monasticismo comunal. Cartago (perto da atual Túnis), que se tornou o destacado centro da África do norte cristã, foi onde nasceu, em 155 d.C., o teólogo Tertuliano, importante na adoção do latim como língua da liturgia. Quando Tertuliano morreu, em 222 d.C., a Igreja africana tinha entre 70 e 90 bispos.

O uso do latim em vez do grego foi ratificado por Vítor I, o primeiro papa africano (de c. 189 a 199 d.C.). Vítor também padronizou a celebração da ressurreição de Cristo no Domingo de Páscoa e ameaçou excomungar bispos da Ásia Menor (oeste da Turquia) que ainda se baseavam no Pessach judaico.

Mártires africanos
Até o cristianismo se tornar a religião oficial do Império Romano, sob o imperador Teodósio, em 380 d.C., a tolerância de Roma aos cristãos era interrompida por períodos de hostilidade, quando eles eram rotineiramente perseguidos, em especial após desastres naturais ou outras desgraças. A prisão podia levar à execução quando se recusavam a renunciar a sua fé, mas os executados eram reverenciados como mártires e o cristianismo continuou a ganhar novos adeptos.

Os cristãos do norte da África enfrentaram violência nas mãos dos opressores romanos. Um dos primeiros africanos mártires foi Perpétua, que aos 22 anos foi executada em Cartago, em 203 d.C., por se recusar a fazer um sacrifício a um deus pagão. Ela foi morta no anfiteatro da cidade, atacada por feras selvagens e golpeada depois com uma espada. Cinco outros cristãos foram mortos com ela, inclusive a serva escravizada de Perpétua, Felicidade.

São Cipriano, um bispo descendente de norte-africanos, chefiou a comunidade cristã de Cartago durante o reino sangrento do imperador Décio (249-251 d.C.). Quando Décio emitiu um edito exigindo que todos no império fizessem sacrifícios aos deuses, muitos cristãos obtiveram *libelli* »

Eles dizem que esse Marcos foi o primeiro a partir para o Egito, para proclamar o Evangelho, que ele havia escrito.
Eusébio de Cesareia
Bispo e historiador
(século IV d.C.)

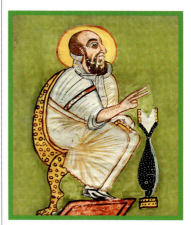

Nos Evangelhos de Garima (séculos IV a VII), da Etiópia, são Marcos é representado no trono episcopal de Alexandria, com seu evangelho apoiado na cauda de um golfinho, um símbolo da Igreja.

O CRISTIANISMO CHEGA À ÁFRICA

Um afresco da Catedral de Faras, uma cidade da antiga Núbia, mostra a Virgem Maria com Jesus e abraçando uma rainha núbia.

estava fora do Império Romano, mas se tornou cristão no século IV d.C. Diz-se que o cristianismo criou raízes ali por acidente, quando Merópio, um filósofo fenício, navegou para a Índia acompanhado de dois jovens cristãos da Síria, Frumêncio e Edésio. Ao retornar, seu barco romano foi atacado ao tentar atracar num porto etíope. Todos a bordo do barco foram mortos, com exceção dos dois jovens, poupados devido à idade. Quando os dois sírios foram levados à corte, o rei Elle Ameda viu potencial neles e tornou Frumêncio seu tesoureiro e Edésio seu escanção. Após a morte de Elle Ameda, em c. 325 d.C., a rainha regente convidou Frumêncio a ajudar a governar o país até seu filho Ezana crescer.

Frumêncio promoveu a difusão do cristianismo na Etiópia, construindo igrejas e estimulando o comércio. Ezana se tornou o primeiro monarca de Axum a abraçar o cristianismo. Ele o declarou religião oficial em c. 330 d.C e fez de Frumêncio o primeiro

(certificados) afirmando terem cumprido a ordem, e outros renunciaram à sua fé para escapar da execução. Quando a perseguição diminuiu, são Cipriano organizou um encontro de bispos para decidir se os apóstatas (os que renunciaram à fé) poderiam ser readmitidos. Ficou acertado que aqueles que tivessem publicamente renunciado à fé, só poderiam ser perdoados no leito de morte, enquanto os que haviam obtido *libelli* poderiam ser perdoados após uma penitência. Isso estabeleceu um importante princípio de que a Igreja tinha o poder de perdoar pecados sérios, como a apostasia, e que esse poder era investido nos bispos por Deus.

Cartago continuou a produzir cristãos notáveis. Um dos maiores, são Agostinho, nascido em 354 d.C. em Tagaste, na Numídia, estudou e ensinou em Cartago. Após se converter ao cristianismo em Roma, ele voltou à Numídia para fundar um mosteiro. Nomeado bispo de Hipona (perto da atual Annaba, na Argélia) em 395 d.C., ele continuou a desenvolver os conceitos de pecado original e predestinação, e a teoria da guerra justa.

A Etiópia cristã
O reino de Axum (antiga Etiópia)

Exclua da Bíblia e da memória cristã a África, e você perderá muitas cenas cruciais da história da salvação.
Thomas C. Oden
Teólogo americano (1931-2016)

IMPÉRIO E EXPANSÃO

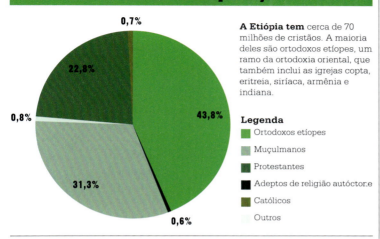

Cristãos na Etiópia hoje

A Etiópia tem cerca de 70 milhões de cristãos. A maioria deles são ortodoxos etíopes, um ramo da ortodoxia oriental, que também inclui as igrejas copta, eritreia, siríaca, armênia e indiana.

Legenda
- Ortodoxos etíopes — 43,8%
- Muçulmanos — 31,3%
- Protestantes — 22,8%
- Adeptos de religião autóctone — 0,6%
- Católicos — 0,8%
- Outros — 0,7%

Religião autóctone

A religião africana autóctone é uma tradição espiritual que antecede ou é separada das religiões abraâmicas do judaísmo, cristianismo e islamismo. Ela responde por 15% das afiliações religiosas na África.

Ela se expressa de diversos modos, e reflete várias expressões culturais ao redor da África, mas quatro linhas são especialmente difundidas: a tradição do vale do Nilo (Sudão e Egito), a tradição dogon (Mali e Burkina Faso), a tradição iorubá (Nigéria) e a religião banta (a maior parte do centro e sul africanos). A tradição do vale do Nilo é a mais antiga registrada, detalhada em sarcófagos e nas paredes das pirâmides do Antigo Império (2575-2130 a.C.). O legado iorubá é a única linha a ser praticada em quatro continentes: África, América do Sul, América do Norte e Europa.

bispo do país. As moedas mais antigas do reinado de Ezana têm no emblema o disco e a crescente da divindade de Axum, Mahrem, mas aquelas cunhadas após 330 d.C. têm a cruz cristã e o lema "Que o povo seja feliz". São as primeiras moedas do mundo a ter uma cruz. De modo similar, dois livros etíopes, os Evangelhos de Garima, datados por carbono-14 em 390 e 660 d.C., estão entre os manuscritos iluminados cristãos completos mais antigos conhecidos.

Esplendor núbio

No século VI d.C., missionários de Constantinopla, enviados pela imperatriz bizantina Teodora, chegaram à Núbia (sul do Egito e norte do Sudão) com imagens enganosas que mostravam santos e um Cristo branco. Mercadores cristãos do Egito e da Etiópia já tinham introduzido o cristianismo na região, e os regentes núbios receberam bem os visitantes bizantinos.

Três reinos cristãos emergiram na Núbia: Nobádia, Alwa e Makuria, que se tornaram centros de uma brilhante cultura cristã. A Catedral de Faras e a de Qasr Ibrim, ambas na Nobádia, e a Catedral de Colunas de Granito, na Velha Dongola, em Makuria, construídas nos séculos VII e VIII, contêm finos afrescos, mosaicos e entalhes.

Em Qasr Ibrim, arqueólogos encontraram milhares de textos e documentos legais mostrando grande domínio do meroítico (língua da antiga Méroe), latim, grego, grego compósito, copta, núbio antigo, árabe e turco. Eles acharam também cidades núbias com casas de dois andares, equipadas com água quente e fria e prensas de óleo coletivas.

A Núbia cristã sobreviveu por 700 anos, resistindo à conquista islâmica que varreu o norte da África a partir do século VII. Ela manteve tratados comerciais com as forças árabes e mais tarde alcançou relações amistosas com os califas fatímidas no Egito (973-1171). Só no século XIV, a Núbia afinal se converteu ao Islã, muito depois do resto do norte africano. ■

Dançarinos dogons mascarados, no Mali, realizam o *dama*, um ritual funerário para acompanhar as almas dos mortos para o mundo espiritual.

GANA, A TERRA DO OURO

O IMPÉRIO DE GANA (c. 300-século XI d.C.)

O IMPÉRIO DE GANA

EM CONTEXTO

ONDE
África **ocidental**

ANTES
c. 420 a.C. Em *Histórias*, o grego Heródoto fala de ouro negociado por escambo "mudo" na costa ocidental da África.

c. 100 d.C. Os clãs soninquês da África ocidental são unificados por Dinga Cisse, líder de status semidivino.

Séculos I e II d.C. O comércio através do Saara cresce com o uso mais regular de camelos para transportar bens pelo deserto.

DEPOIS
1203 Os súditos sussus do Império de Gana se rebelam e ocupam a capital, Kumbi Saleh.

1240 Sundiata, o lendário "Leão do Mali", destrói Kumbi Saleh e incorpora o que resta do Império de Gana a seu novo Império do Mali.

1460-1591 O Império Songai se expande, conquista o Império do Mali e floresce por sua vez como grande potência comercial.

1591 Invasores liderados por Ahmad al-Mansur, da dinastia Saadiana do Marrocos, saqueiam o Império de Songai, usando armas europeias.

1957 A colônia da Costa do Ouro ganha independência do Reino Unido. Seu primeiro presidente, Kwame Nkrumah, adota o nome Gana, do antigo grande império ao norte.

A partir de c. 200 d.C., **caravanas de camelos** levam mercadorias através do Saara, **aumentando muito o comércio** entre a região do Sahel ocidental e o norte africano.

O reino de **Wagadu** (**Gana**) é fundado e **estabelece controle** sobre as **rotas mercantis** da África ocidental.

Ouro, minerado no sul, é **exportado e trocado por sal**, propiciando riqueza e poder a Gana.

Gana se torna o **primeiro império da África** e sua influência se estende pelo Sahel e ao norte, em direção ao Mediterrâneo.

Ataques de guerreiros **berberes muçulmanos almorávidas**, combinados com outros conflitos locais, desorganizam o comércio, e **se inicia o declínio** do Império de Gana.

Segundo a história oral, em c. 300 d.C. o povo soninquê da África ocidental, vivendo entre os atuais Mauritânia e Mali, surgiu como uma força dominante na região. Subgrupo do povo de fala mandê, que cultivava a terra desde 4000 a.C., os soninquês dominaram a tecnologia do ferro, produzindo ferramentas agrícolas e armas sofisticadas, que os ajudaram a submeter inimigos. Eles deram a sua nação o nome Wagadu, mas mercadores árabes a chamavam de Gana, o título soninquê para seu rei guerreiro.

O Império de Gana floresceu graças ao comércio transaariano e teve seu auge do século IX ao XI d.C. Foi o primeiro de três grandes impérios da África ocidental, sucedido pelos impérios do Mali e de Songai. No século X d.C., o viajante árabe muçulmano Ibn Hawqal descreveu o soberano de Gana como "o rei mais rico na face da Terra". A localização estratégica de Gana, ao longo das rotas mercantis transaarianas de norte a sul, permitiu que controlasse as trocas comerciais – em especial as que envolviam ouro da África ocidental e sal do norte africano.

Práticas de comércio

O comércio transaariano existiu desde a Pré-História, iniciado pelos povos locais da África ocidental – os fulanis, bambaras, soninquês, tuaregues, berberes e outros grupos originários do Sahel (a região semiárida entre o Saara, ao norte, e a floresta tropical, ao sul),

IMPÉRIO E EXPANSÃO

Ver também: O império comercial de Axum 44-47 ▪ A conquista muçulmana do Egito 58-59 ▪ As origens do Império Songai 75 ▪ Gana se converte ao Islã 78-79 ▪ O Império de Kanem 80-81 ▪ O Império do Mali 86-91

que tiveram um papel-chave não só na troca de bens como de ideias e conhecimentos. A partir do século VII d.C., quando os árabes invadiram o norte da África, a demanda por ouro e outros artigos aumentou o comércio através do Saara.

Para superar barreiras linguísticas, os mercadores usavam o escambo "mudo" ou "silencioso". Em um ponto combinado, eles depositavam sacos de sal e outros bens, afastavam-se e, com uma batida do tambor (*deba*) convidavam os comerciantes de ouro de Gana a negociar uma troca. Estes inspecionavam então os bens, deixavam ouro como pagamento e se retiravam. Se fosse julgado suficiente, os comerciantes do norte o apanhariam e partiriam. Caso contrário, as duas partes continuavam a negociar, nenhuma delas pegando o ouro ou os bens até concordarem quanto ao preço.

Mercadorias apreciadas

O ouro conferiu poder a Gana a partir da segunda metade do século VIII. Embora os governantes do Império Soninquê não tivessem controle direto sobre todas as minas de ouro do sul, o domínio sobre as principais rotas mercantis transaarianas assegurava rendas constantes. As rotas estavam bem estabelecidas e os mercadores consideravam Gana seguro para os negócios.

O ouro do sul passava por centros comerciais em Gana rumo aos portos na costa norte-africana, como Argel e Túnis. Dali, era mandado através do Mediterrâneo para a Europa, o Oriente Médio e a Índia, onde tinha alta demanda. O ouro que ficava no Magreb (a área árabe do norte da África) era fundido para fazer moedas e joias.

Placas de sal, extraídas em grande parte por trabalho escravo em minas ao redor de Taghaza, no Saara, eram levadas em caravanas de camelos a Walata, ao sul, e então, em burros, para cidades no Império de Gana. O sal era muito valorizado na África ocidental, onde havia pouca disponibilidade natural, e necessário para dar sabor à comida e preservá-la no calor. Na Idade Média, os mercadores da África ocidental trocavam o ouro por um peso igual de sal.

Também negociados através das rotas transaarianas eram os têxteis, vidro, conchas, peles, marfim, cobre, nozes-de-cola ricas em cafeína, das florestas tropicais da África ocidental, e escravizados, que podiam ser criminosos, pessoas endividadas, e até raptadas, ou prisioneiros de guerra. A rota ao norte de Bengazi, na Líbia, ficou famosa pelo tráfico de pessoas.

Controle do comércio

Todos os mercadores que passavam pelo Império de Gana eram obrigados a pagar tarifas. No século XI, o geógrafo »

Dromedários resistentes ao deserto eram muito usados para atravessar o Saara. A jornada levava cerca de 70 dias, mas os mercadores podiam obter vastos lucros com ouro, marfim, sal e escravizados.

Dinares de ouro – como esta moeda de 970 d.C., época da dinastia Almorávida, berbere muçulmana – foram cunhados no Magreb e na Ibéria.

Campos auríferos secretos

Para manter o monopólio, os soninquês escondiam dos mercadores muçulmanos a localização de seus campos auríferos. Os povos da savana e da floresta, a oeste e sul, coletavam o ouro. Os maiores campos auríferos eram em Bambuk, no vale do rio Senegal; Bure, no alto rio Níger; na região Lobi do rio Mouhoun e nas terras acãs na Costa do Ouro.

Milhares de trabalhadores escavavam em minas rasas ou faiscavam pepitas ou grãozinhos de ouro em cascalho, que as inundações traziam dos rios para o solo. Antigos visitantes árabes dessas áreas comentavam que o ouro podia ser recolhido como areia.

Muito do ouro do império era exportado para satisfazer a demanda do Oriente Médio, da Europa e da Índia por moedas, joias e itens, como pratos, cálices e manuscritos iluminados. Nada foi encontrado dos adornos de ouro dos regentes de Gana. Pilhado ou fundido, o trabalho dos ourives do período na África ocidental desapareceu.

56 O IMPÉRIO DE GANA

muçulmano Abu Ubayd al-Bakri escreveu que o governo arrecadava um dinar de ouro (cerca do pagamento de duas semanas) por cada burro carregado de sal a entrar no império, e dois dinares ao sair. As taxas eram usadas para pagar funcionários, conservar as rotas mercantis seguras e manter um enorme exército, com cerca de 50.000 soldados.

Os reis de Gana restringiam o comércio de ouro, declarando ilegal manter ou possuir pepitas de ouro, só permitindo que seus súditos negociassem ouro em pó. Eles também impunham pedágios em estados dependentes, taxavam colheitas e gado e enriqueciam com pilhagens de guerra, conforme o império se expandia. Os governantes ficaram imensamente ricos e a fama do império como uma terra de ouro fabulosa se espalhou até o norte africano, a Europa e todo o mundo islâmico.

A riqueza comercial de Gana aumentou seu prestígio e deu a seus regentes acesso a bens de luxo, como cobre, cavalos, contas e tecidos finos, trazidos do norte por mercadores árabes. Ela também impulsionou o desenvolvimento de grandes cidades, acessíveis pelo rio Níger, como Kumbi Saleh, Gao e Djenné. Ainda que nos

Na porta do pavilhão há cães de excelente pedigree [...] No pescoço, usam coleiras de ouro e prata, cravejadas com muitas bolas dos mesmos metais.
Abu Ubayd al-Bakri
O livro das estradas e dos reinos, 1067-1068

Kumbi Saleh era o ponto focal das rotas mercantis que iam das minas de ouro no sul aos centros de comércio no norte. Uma rota para Fez seguia pelo nordeste e subia através dos montes Atlas, outra pelo norte através do Saara, via Taghaza e Sijilmasa. De Fez, a rota continuava para portos ao norte. A leste de Kumbi Saleh, outras rotas se estendiam, até Cairo, no Egito.

Legenda
- Assentamentos
- Rotas mercantis
- Império de Gana
- Campos auríferos

primeiros tempos conste que a capital do império mudou várias vezes, acredita-se que, pelo menos a partir do século XI, tenha sido Kumbi Saleh.

Opulência real
Al-Bakri, que viveu em Al-Andalus (na atual Espanha), nunca visitou Gana, mas reuniu informações de mercadores e escreveu muito sobre a riqueza do império em *O livro das estradas e dos reinos* (1067-1068). Ele anotou que o rei Tunka Manin, que subiu ao trono em 1063, usava colares de ouro e prata, adornados de pedras preciosas, além de um chapéu alto, decorado com ouro e envolvido num turbante de fino algodão.

Segundo Al-Bakri, o rei dava audiência num pavilhão abobadado, rodeado por dez cavalos ornados com materiais bordados a ouro. Atrás dele ficavam dez pajens portando escudos e espadas decorados com ouro, e os príncipes à sua direita vestiam trajes esplêndidos, o cabelo entrançado com ouro. Ninguém sabe ao certo quem eram os ourives de Gana, mas hoje se acredita que eram artesãos locais habilidosos que produziam artefatos no estilo típico da África ocidental, influenciados pelos padrões geométricos da arte islâmica.

A residência do rei, de acordo com Al-Bakri, tinha vários domos e ficava no interior de um muro. Ao lado se situavam as casas, também com domos, da nobreza (inclusive os "feiticeiros" – líderes religiosos), enquanto bosques ao redor abrigavam as tumbas reais. Al-Bakri chamou a capital de "Gana", em vez de Kumbi Saleh, e descreveu-a rodeada de poços de água doce e campos irrigados para o cultivo de vegetais variados. Também escreveu que a capital tinha dois povoados distintos – um para o rei e sua corte e o outro para os muçulmanos, com suas próprias mesquitas e lojas de comida especiais – embora não se tenham achado ruínas que confirmem isso.

Islã na África ocidental
Os muçulmanos do norte africano, primeiro, chegaram para comerciar, mas depois começaram a se estabelecer como negociantes em Kumbi Saleh e outras cidades e povoados do império, acelerando o processo de islamização. Embora os reis de Gana conservassem a própria religião, outros membros da elite governante nas cidades e entrepostos

IMPÉRIO E EXPANSÃO

Mineiros extraem ouro de uma mina perto de Kouremale, na fronteira de Guiné e Mali. Na época do Império de Gana, as escavações não eram fundas e rendiam poucos gramas de ouro, então havia milhares nos campos auríferos.

comerciais ao longo das rotas mercantis transaarianas estiveram entre os primeiros a se converter. Um deles foi War Jabi, rei de Takrur, uma nação no rio Senegal, a oeste de Gana, que aceitou a nova fé em 850 d.C. Os árabes depois chamaram Takrur de "terra dos muçulmanos negros".

Converter-se ao Islã, fosse por razões espirituais ou econômicas, sem dúvida melhorava as relações com os mercadores nos centros muçulmanos de Fez, Trípoli, Cairo e em outros locais. Embora praticassem sua religião africana tradicional, os soberanos de Gana reconheciam a importância de manter vínculos estreitos com o mundo islâmico. Além de aceitar os muçulmanos negociantes, eles convocavam os que atuavam como intérpretes, escribas (que escreviam em árabe) e administradores, para ajudar a gerir o império.

Peças requintadas como este pingente axante do século XIX foram feitas com ouro acã, extraído da época do Império de Gana até hoje, mas nada resta do que os ourives criaram no império.

Muçulmanos cultos eram nomeados para altos postos do governo, atuando na supervisão do comércio e taxação. Conforme ganhavam e exerciam cada vez mais influência, a presença do Islã na região cresceu. Em meados do século XI, segundo Al-Bakri, pelo menos 12 mesquitas tinham sido construídas na seção muçulmana, no norte de Kumbi Saleh, que tinha então uma significativa população islâmica.

Tensões entre as duas culturas aumentaram, porém, devido a rivalidades comerciais e diferenças religiosas. Os muçulmanos desaprovavam a liberdade desfrutada pelas mulheres de Gana. Elas controlavam os mercados, influenciando a economia ao aplicar preços aos produtos e distribuí-los, e em geral tinham posição social, econômica e política mais alta que as mulheres de outros lugares. O erudito muçulmano Ibn Battuta observou depois, criticamente, que as mulheres da África ocidental se vestiam com liberdade e falavam com homens sem parentesco, sem cobrir o rosto, o que era exigido das mulheres muçulmanas.

Declínio do império

Em 1054, os Almorávidas, uma aliança muçulmana devota de tribos berberes, tomou Sijilmasa, um centro ao norte da rota mercantil transaariana, e depois Audagost, no norte do Império de Gana. Nas décadas seguintes, secas prolongadas afetaram a fertilidade do solo e conflitos dentro e ao redor do império começaram a perturbar o comércio, pois os mercadores temiam pela segurança ao viajar. Segundo algumas fontes, o líder almorávida Abu Bakr ibn Umar saqueou Kumbi Saleh, em 1076. Não está claro se isso ocorreu, mas o poder do império se enfraquecia continuamente.

Nos 150 anos seguintes, os estados súditos de Gana se separaram e as rotas mercantis transaarianas se mudaram para o leste, para evitar o caos político. Ambos os eventos impulsionaram o surgimento do Império do Mali, que seria o sucessor de Gana. ■

Quatro vezes Wagadu se levantou. Uma grande cidade, brilhante à luz do dia. Quatro vezes Wagadu caiu. E desapareceu dos olhos humanos.
Da epopeia soninquê Dausi

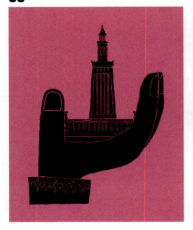

TOMAMOS ALEXANDRIA
A CONQUISTA MUÇULMANA DO EGITO (639-642 d.C.)

EM CONTEXTO

ONDE
Egito

ANTES
Século I d.C. O cristianismo chega ao Egito. Alexandria se torna um centro da nova fé, com Antioquia, na Síria.

619 O Império Sassânida ocupa o Egito. Em dez anos, uma aliança com o imperador Heráclio devolve o Egito ao Império Bizantino.

DEPOIS
655 Forças muçulmanas vencem a marinha bizantina na Batalha dos Mastros, pelo controle do mar Mediterrâneo.

970 O califado Fatímida funda a Mesquita al-Azhar no Cairo, que se torna um importante centro de ensino islâmico.

1154 Os cruzados cristãos tomam a fortaleza de Ascalon, na costa palestina. Essa queda é a primeira ameaça séria ao Egito muçulmano.

Por volta de 610 d.C., consta que o profeta Maomé começou a receber revelações divinas, que o inspiraram a proclamar e pregar o Islã, uma nova religião monoteísta centrada em um Deus verdadeiro. Ele conclamou o povo de Meca (na atual Arábia Saudita) a abandonar o culto politeísta, alertando para a vingança divina aos que se recusassem. Isso irritou membros da tribo coraixita governante, cujo poder político e religioso girava em torno de seu controle dos santuários politeístas. Eles torturaram e até martirizaram alguns dos seguidores de Maomé, em especial os de baixa posição social. Outros fugiram. Na primeira migração, em 615, cerca de 80 muçulmanos cruzaram o mar Vermelho para a África oriental em busca de asilo no reino cristão de Axum, no norte da Etiópia.

Nas fronteiras do Islã
Quando os muçulmanos foram de novo à África, em 639, chegaram

---

O **profeta Maomé**, "o Mensageiro Último do Deus único e verdadeiro", **atrai seguidores** e rebate a oposição ao Islã e os ataques aos muçulmanos, com o uso de **força militar**.

→

As vitórias do Profeta na Arábia **unem as tribos árabes** sob o controle islâmico e fortalecem o **poder militar** da Arábia.

↓

O Islã se espalha com **mais conquistas militares e ao longo de rotas mercantis,** do Oriente Médio ao norte e leste da África.

←

A influência dos **mercadores** e o **fervor proselitista** dos religiosos e eruditos **muçulmanos** assegura um **impacto duradouro do Islã** na África.

IMPÉRIO E EXPANSÃO 59

Ver também: O império comercial de Axum 44-47 ▪ Gana se converte ao Islã 78-79 ▪ O Império de Kanem 80-81 ▪ O Império do Mali 86-91 ▪ A Grande Mesquita é fundada em Djenné 92 ▪ O sultanato de Ifat 93

como um exército, para desafiar o controle do Império Bizantino sobre o Egito, uma rica nação mercante, com muitos recursos naturais. O objetivo estratégico da invasão era restringir retaliações do Egito a vitórias anteriores na Síria sobre as forças bizantinas. Maomé era um soldado e estrategista talentoso, que combinava a arte da guerra ao proselitismo para conquistar conversões ao Islã. Ao morrer, em 632, ele e seus seguidores já tinham conquistado Meca, e o Islã se espalhara por todas as tribos da península Arábica. Em 634, quando Umar ibn al-Khattab sucedeu Abu Bakr como califa (o líder supremo político e religioso do Islã), as tribos árabes estavam unificadas sob a liderança islâmica.

Uma base muçulmana na África

O general Amr ibn al As liderou a invasão do Egito. Seu pequeno exército de 4.000 homens ocupou Farama (Pelusium), o primeiro porto no delta do Nilo, e foi para o interior, quando reforços de 12.000 homens chegaram. Em 641, os muçulmanos derrotaram forças bizantinas em Heliópolis (ao norte da moderna Cairo) e tomaram a fortaleza conhecida como Babilônia, ao sul. O exército marchou então sobre Alexandria, na costa mediterrânea. A rendição dos bizantinos em 642 deixou todo o Egito em mãos muçulmanas.

Amr reteve o controle das terras que conquistou, tornando-se emir (governante) do Egito. Ele adotou muito da estrutura da administração bizantina, melhorando certas partes e deixando outras intactas. Ergueu uma

Amr ibn al-As sitiou-os na fortaleza chamada Babilônia por certo tempo e combateu-os intensamente dia e noite.
Ibn Abd al-Hakam
Historiador árabe (803-891)

A primeira mesquita da África recebeu o nome do conquistador muçulmano do Egito Amr ibn al-As. Erguida em 62, no centro de Fustat, tem sido amplamente reconstruída desde então.

nova cidade – Fustat (hoje parte do Velho Cairo) –, que se tornou a primeira capital do Egito sob controle muçulmano, e vários povoados-guarnições, mas não havia um grande assentamento árabe além de Fustat.

As vitórias muçulmanas no norte da África, de 647 a 709, e a expansão do comércio através do Saara impulsionaram a difusão do Islã. Os mercadores sudaneses e berberes do Saara foram dos primeiros a se converter e, com os religiosos e eruditos muçulmanos, promoveram a fé. Na África ocidental, o primeiro governante convertido foi o rei de Takrur, em 850, e outros se seguiram. Em séculos posteriores, impérios ascenderam e caíram, potências europeias colonizaram o continente, mas o Islã persistiu e ainda é a religião dominante na metade norte da África. ∎

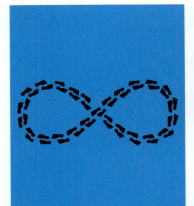

A JORNADA INFINITA
O COMÉRCIO ESCRAVISTA TRANSAARIANO (652 d.C.)

EM CONTEXTO

ONDE
África, **Oriente Médio**

ANTES
c. 430 a.C. Os garamantes, um povo nômade do norte africano, captura e escraviza etíopes para vendê-los aos romanos.

639 d.C. Exércitos árabes entram no Egito e tomam o poder dos bizantinos em 642 d.C.

DEPOIS
1250 Soldados escravizados destronam o último sultão aiúbida no Egito e fundam o sultanato Mameluco.

1444 As primeiras pessoas escravizadas levadas a Portugal são embarcadas na Mauritânia, na África ocidental.

1909 A escravidão é abolida na África ocidental.

1962 A Arábia Saudita e o Iêmen proíbem a escravidão.

2010 Surgem relatos de centenas de pessoas escravizadas em áreas remotas do noroeste do Iêmen.

A escravidão foi uma parte importante da sociedade árabe muito antes de o Islã surgir, no século VII d.C. Quando os árabes, que tinham sido escravizadores, se tornaram muçulmanos, continuaram a tradição herdada. Após a morte do profeta Maomé em 632 d.C., o Império Islâmico se expandiu rapidamente. Sob a lei islâmica, os muçulmanos não podiam escravizar outros muçulmanos (embora, na verdade, às vezes o fizessem) e então, de início, escravizados eram comprados em guerras nas fronteiras do império. O Tratado de Baqt, de 652 d.C., negociado entre os árabes no Egito e um reino vizinho núbio, exigiu que os núbios fornecessem 300 escravizados por ano, e marca o início do tráfico transaariano de pessoas.

As sociedades africanas tinham, há muito, o próprio comércio de escravizados, impulsionado por demandas de trabalho, e eles eram um bem importante. Quando a influência islâmica se estendeu pelo norte africano, mercadores viajantes muçulmanos começaram a comprar escravizados em uma fronteira comercial que acompanhava a orla sul

Escravidão no mundo muçulmano

Os mercadores muçulmanos que compravam escravizados da África os levavam a um dos muitos mercados das províncias centrais do Império Islâmico para revendê-los. Diferentemente do comércio atlântico, a demanda oriental era maior por mulheres e crianças. Um muçulmano não podia ter mais de quatro esposas, mas podia ter quantas concubinas quisesse. Os meninos eram treinados para o serviço militar ou doméstico e os mais promissores podiam galgar posições. Como os eunucos eram muito usados em administração e na supervisão de haréns e seu preço era alto, os meninos também enfrentavam a castração – nove de cada dez meninos morriam por operações malsucedidas. Os filhos de escravizados eram assimilados na sociedade muçulmana e substituídos por novas importações. Provando-se leais, podiam ser designados a postos oficiais. Podiam se casar com pessoas livres e não sofriam limitações por sua ascendência.

IMPÉRIO E EXPANSÃO   61

Ver também: A conquista muçulmana do Egito 58-59 ▪ O início do tráfico escravista atlântico 116-121 ▪ Abolicionismo nas Américas 172-179 ▪ A diáspora africana hoje 314-315

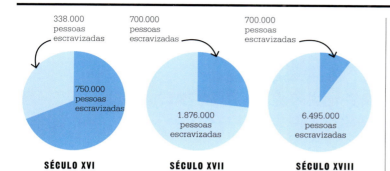

O comércio escravista transaariano foi dominante no século XVI. Nos séculos XVII e XVIII, porém, um número maior de pessoas escravizadas foi exportado para as Américas.

Legenda
- Comércio escravista transaariano
- Comércio escravista atlântico

Enquanto o comércio transaariano continuou igual do século XVII ao XVIII, o atlântico pulou em mais de 4 milhões de pessoas.

Quando os abolicionistas lutaram para acabar com o tráfico escravista atlântico no século XIX, o comércio oriental subiu a seu mais alto nível já registrado, com 1,2 milhão de pessoas sendo traficadas via rotas transaarianas. Para satisfazer mudanças na demanda externa, o foco geográfico mudou. Nos anos 1890, a pressão política conseguiu enfim conter também o comércio oriental. Mas o fim do comércio externo de escravizados serviu aos mercados internos, onde o florescente comércio de bens, como marfim e ouro, e a mudança para exportações agrícolas mantiveram a demanda por escravizados, para trabalhar a terra e transportar mercadorias através da África, até a Primeira Guerra Mundial. ▪

do Saara, de Borno, na costa oeste, até o mar Vermelho e o Mali, na costa leste da África, no oceano Índico. Eles compravam as pessoas em troca de bens estrangeiros que, em geral, lhes davam vantagem em mercados locais.

Embora as evidências sejam raras, acredita-se que, em quase mil anos (650 d.C.-1600), perto de 5 milhões de escravizados atravessaram o Saara, num fluxo contínuo de cerca de 5.000 por ano. A jornada era tão longa e a água tão escassa que três em cada quatro deles morriam no caminho.

O tráfico escravista atlântico

Os europeus começaram a embarcar escravizados na África ocidental no fim do século XV. De início, o comércio oriental continuou a dominar. Mais de um milhão de escravizados deixaram a África no século XVI: cerca de três quartos eram levados através do Saara para a Arábia, o restante através do Atlântico para o Caribe e as Américas.

Quando as exportações atlânticas explodiram, nos séculos XVII e XVIII, as do oriente encolheram em relação ao comércio total. No século XVII, cerca de 700.000 escravizados foram traficados ao longo de rotas transaarianas. Enquanto isso, quase 2 milhões foram embarcados no Atlântico, a maioria da África ocidental para as Américas. No século XVIII, mais de quatro quintos dos escravizados africanos foram levados para o Caribe e as Américas; eram um quarto no século XVI.

Um mercado árabe de escravos (1888), do artista húngaro Ferencz Franz Eisenhut. Esta arte "orientalista" distorceu a cultura árabe, retratando-a como exótica e primitiva em relação à sociedade ocidental.

O POVO DA COSTA
A ASCENSÃO DAS CIDADES-ESTADOS SUAÍLIS
(c. 700-1500 d.C.)

EM CONTEXTO

ONDE
África oriental

ANTES
40-70 d.C. Um mercador grego, súdito romano, descreve barcos da África oriental em *Periplus maris Erythraei*.

c. 100 d.C. O povo haya funde ferro na África oriental.

c. 600 d.C. Comunidades costeiras baseadas na agricultura, pesca e metalurgia do ferro começam a comerciar no oceano Índico.

DEPOIS
1498 A rota de Vasco da Gama de Portugal à Índia leva à invasão portuguesa da costa da África oriental.

1698 Árabes omanis tomam o controle da costa suaíli.

1828-1886 Os sultões regentes de Zanzibar negociam escravizados e marfim.

1884-1919 A costa é colonizada durante a "partilha da África" pelos europeus.

Durante milênios, os navegantes usaram ventos de monção previsíveis para singrar o oceano Índico. As primeiras expedições abriram o caminho para o comércio, que no século VIII começou a florescer entre povoados e cidades da costa oriental da África e da Arábia e Ásia.

Ao longo dos 3.219 km do litoral da Somália até Moçambique estão espalhados os vestígios de cerca de 400 assentamentos, que acabaram conhecidos como as cidades-estados suaílis. Eles incluem Pate e Gedi, na costa queniana, Mogadíscio, na costa somali, e as ilhas de Zanzibar e Kilwa, na Tanzânia.

Os primeiros habitantes dessas comunidades eram agricultores e pescadores descendentes dos falantes de banto da África ocidental, que se acredita terem migrado através do continente por mil anos, a partir de 1000 d.C. Com o tempo, eles começaram a negociar com a cidade

A Grande Mesquita de Kilwa, com colunas octogonais e domos de cimento de calcário e coral, é o maior templo remanescente na costa. Foi fundado no século X ou XI.

IMPÉRIO E EXPANSÃO 63

Ver também: As migrações bantas 32-33 ▪ Os romanos chegam à África 38-39 ▪ O comércio de ouro em Moçambique 108-109 ▪ A construção do Canal de Suez 215 ▪ A partilha da África 222-223

Kilwa é uma das cidades mais belas e bem construídas do mundo.
Ibn Battuta
Viagens na Ásia e na África, 1353

do Grande Zimbábue, no interior, trazendo as riquezas da região dos Grandes Lagos, no vale do Rift, na África oriental, para exportar na costa. Ouro, cobre, marfim, sal e aço bruto para armas eram expedidos para Omã, Índia, China e Camboja.

O vento de monção mudava de direção a cada seis meses. Com isso, os mercadores tinham de passar meses em cidades estrangeiras, esperando pelo vento que os levaria a casa. Esses longos períodos de trocas culturais e religiosas contribuíram para uma cultura híbrida suaíli, com uma fé, em grande parte, muçulmana. A partir do século IX d.C., colonos vieram da Arábia e do golfo Pérsico.

Ascensão das cidades de pedra

Acredita-se que o sultanato de Kilwa foi fundado no século XI por Ali ibn al-Hassan Shirazi, um africano de raízes persas. Na época medieval, as "cidades de pedra", como ficaram conhecidas, chegaram ao auge. O comércio custeou magníficas casas e mesquitas de blocos de pedra de coral extraído do leito do mar, numa fusão arquitetônica de influências africanas e orientais. Moradias grandiosas tinham até cinco andares, com aposentos para convívio, para dormir e banhar-se, e latrinas internas.

Ibn Battuta, um erudito e explorador berbere marroquino, visitou Kilwa em 1331 e nomeou a região com a palavra árabe *sawahil*, ou "povo da costa" – a origem do nome "suaíli". No fim do século XIX, arqueólogos examinaram o Husuni Kubwa, o Palácio Real de Kilwa, do século XIII ou XIV, e notaram estruturas para mais de 100 aposentos.

Relíquias reveladoras

A partir do século XVI, as invasões portuguesas levaram ao declínio das cidades-estados suaílis e destruíram muito de seu legado arquitetônico. Depois que os omanis assumiram o controle, o sultanato de Zanzibar se tornou um posto de tráfico de escravizados, destinados a grandes plantações de especiarias.

Escavações arqueológicas na região se concentram hoje em bases africanas que muitas vezes foram ignoradas pelos pesquisadores colonialistas. Elas incluem 13 fornalhas de ferro antigas, na Tanzânia, que teriam produzido o melhor aço disponível em todo o mundo. Moedas suaílis cunhadas no século XII foram descobertas no norte da Austrália, sugerindo que os marinheiros suaílis visitaram essas terras bem antes da chegada do capitão Cook, em 1770. ∎

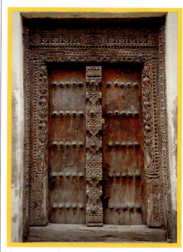

As portas duplas das cidades de pedra tinham ornatos de latão e molduras de madeira com entalhes requintados.

A poesia suaíli

Há milhares de manuscritos suaílis preservados, do século XVII, em escrita árabe, mas a tradição oral da poesia suaíli é muito anterior. Cânticos e canções de ninar, ainda presentes na cultura, derivam de poemas épicos suaílis, ou *tendi*, muitas vezes com 5.000 quadras ou mais, e destinados a apresentação pública. Um dos mais populares é *A epopeia de Liyongo*, um poema de 232 estrofes sobre Fumo Liyongo, uma figura heroica cuja luta para realizar seus direitos inatos está entranhada na cultura suaíli. O especialista em literatura suaíli, Dr. Kenneth Simala, propõe que o verdadeiro Fumo Liyongo era um líder suaíli, guerreiro, poeta e o autor de sua própria epopeia, que viveu entre os séculos IX e XIII. Simala vê os feitos heroicos e eventos do poema como um reflexo da turbulenta história da costa oriental e os interpreta como uma mensagem do passado que marca o nascimento da identidade pan-suaíli.

MESTRES EM TODAS AS ARTES E INDÚSTRIAS

OS MOUROS EM AL-ANDALUS (711 d.C.)

EM CONTEXTO

ONDE
Espanha, Portugal

ANTES
415 d.C. Os visigodos, cristãos germânicos, se estabelecem na península Ibérica.

632 O profeta Maomé morre na Arábia. O Islã, religião que ele fundara, se espalha.

639 O Império Islâmico se expande no norte africano.

DEPOIS
1492 Após a reconquista cristã da Ibéria, a Espanha inicia um longo período de expansão marítima. Cristóvão Colombo chega à América numa viagem financiada pela coroa espanhola.

1609 Um decreto real expulsa da Espanha os descendentes dos mouriscos – muçulmanos convertidos ao cristianismo.

Na primavera de 711 d.C., Tarik ibn Ziyad, governador de Tânger, no Marrocos, atravessou com uma frota os estreitos entre o norte da África e a Hispânia (nome romano da península Ibérica). Tarik levava um grande exército de soldados africanos sob a bandeira do poderoso califado Omíada, o império islâmico sediado em Damasco. O destacado afloramento rochoso onde a frota aportou ficou conhecido como montanha de Tarik, ou Djabal Tarik – hoje Gibraltar. Isso marcou o início do domínio mouro na Ibéria (Espanha e Portugal).

O exército de Tarik logo derrotou e matou o rei Rodrigo, o soberano visigodo, e explorou o vácuo de

IMPÉRIO E EXPANSÃO 65

Ver também: A conquista muçulmana do Egito 58-59 ▪ Gana se converte ao Islã 78-79 ▪ "Mouros negros" na Inglaterra dos Tudors 104-107

poder resultante. Na década seguinte, os exércitos mouros do norte africano completaram a conquista da Hispânia. Nas gerações seguintes, a província de Al-Andalus se tornaria a joia ocidental do mundo islâmico, o centro de uma cultura sofisticada.

Facções diferentes
A palavra "mouro" vem de "mauri", o nome romano para os habitantes do reino berbere da Mauritânia (Marrocos e Argélia). Na época da conquista da Ibéria, o termo designava um vago grupo étnico de norte-africanos. Alguns descendiam de berberes – os povos originários do Magreb (norte da África) – e outros de árabes vindos da Síria durante a expansão omíada.

Os arcos em ferradura da Grande Mesquita de Córdoba são típicos da arquitetura moçárabe –estilo desenvolvido por arquitetos cristãos que assimilaram influências mouras.

Quando o califado Omíada caiu no Oriente, em 750, Al-Andalus estava nas mãos de facções rivais árabes e berberes. Ao chegar a Al-Andalus, em 755, o jovem príncipe Abd al-Rahman, que havia fugido de Damasco antes de sua queda, foi bem recebido por muitos e logo assumiu o controle. O fato de ser meio berbere tornou-o uma força unificadora na multicultural Ibéria moura. Ele e seus sucessores consolidaram Al-Andalus como o próspero e cosmopolita emirado (depois califado) de Córdoba.

Capital intelectual
Conhecido por sua cultura aberta, onde cristãos e judeus podiam praticar a própria religião, Al-Andalus atingiu o apogeu no século X. Os não muçulmanos não eram vistos como totalmente iguais aos muçulmanos, e tinham de pagar uma taxa especial, mas muitos prosperaram e deram importantes contribuições culturais. Córdoba ficou famosa como capital intelectual da Europa, atraindo os »

Tarik ibn Ziyad

Pouco se sabe sobre Tarik ibn Ziyad, o general que liderou a conquista muçulmana da Espanha, mas os historiadores pensam que era de origem berbere. Antes de ser soldado, foi conselheiro de confiança de Musa ibn Nusayr, governante omíada do norte da África (e talvez escravizado ainda antes). Ibn Nusayr nomeou Ibn Ziyad governador de Tânger e, em 711, o incumbiu de liderar a conquista da Ibéria, distante alguns quilômetros, após curtos estreitos.

Tarik e seu exército de 7.000 homens, grande parte berberes, foram bem recebidos por algumas comunidades na Ibéria, como os judeus, perseguidos pelos visigodos. Logo se espraiaram ao norte, tomando Toledo, o bastião do rei visigodo Rodrigo, perto da atual Madri, no mesmo ano em que aportaram. Tarik conseguiu manter o poder, até grandes exércitos árabes chegarem no ano seguinte para consolidar o domínio omíada.

Em 714, o califa mandou Ibn Ziyad e Ibn Nusayr para Damasco. Ibn Ziyad morreu lá em 720, sem ter voltado à Ibéria ou ao norte da África.

OS MOUROS EM AL-ANDALUS

melhores cérebros da época – muçulmanos, judeus ou cristãos. No século X, o califa Al-Hakin II construiu a maior biblioteca do mundo, com cerca de 400.000 volumes, segundo consta. Ele convidou eruditos do Egito e de Bagdá, a brilhante capital do califado Abássida, que vivia sua era de ouro, para estudar em Córdoba, pagando-lhes com seu próprio tesouro.

A troca de conhecimentos e ideias na cidade levou a avanços significativos em ciência, astronomia e matemática. O cirurgião do século X, Abu al-Qasim al-Zahrawi, por exemplo, produziu compêndios médicos que ainda eram usados em Londres no século XVII, e seu contemporâneo Maslama al-Majriti, que fundou uma escola de matemática e astronomia em

Abu Abdallah Muhammad XII entrega as chaves de Granada aos reis católicos de Aragão e Castela em 1492. Após a queda do emirado, ele foi da Espanha para o Marrocos.

Quero a Granada árabe, aquela que é arte, que é tudo que me parece beleza e emoção.
Isaac Albéniz
Compositor espanhol (1860-1909)

Córdoba, foi o primeiro a calcular com acurácia o tamanho do Mediterrâneo. No século XII, o astrônomo e matemático Jabir ibn Aflah (conhecido como Geber na Europa) publicou uma crítica importante ao *Almagesto*, de Ptolomeu, e desenvolveu um teorema de trigonometria esférica. Em filosofia, Ibn Rushd (conhecido na Europa como Averróis) produziu notáveis sumários e comentários sobre as obras de Aristóteles e a *República* de Platão, e escreveu seus próprios tratados sobre filosofia da religião.

Fraturas na estabilidade

No século XI, uma luta por poder entre o califa e membros de sua corte levou a um período de guerra civil, chamado *fitna*, de 1009 a 1032. Al-Andalus se estilhaçou em um conjunto de reinos e cidades-estados em guerra chamados *taifas*, que se tornaram peões numa disputa de poder entre o cristianismo, no norte, e os impérios muçulmanos no Marrocos. Os estados cristãos aproveitaram a descentralização e lançaram ataques dirigidos, para recuperar a península Ibérica, enquanto Almorávidas e Almóadas, dinastias berberes que tinham tomado o poder no Marrocos, anexavam *taifas*, tentando sustentar Al-Andalus.

As potências cristãs haviam buscado expulsar os mouros da península Ibérica durante quase

IMPÉRIO E EXPANSÃO 67

todo o seu domínio. A Reconquista foi sangrenta e longa, uma luta de 800 anos, com idas e vindas. No século XIII, a tendência já era irrefreável – Córdoba caiu sob as forças cristãs em 1236, seguida por Sevilha em 1248.

O emirado de Granada era a única jurisdição moura restante na península. Nos 250 anos seguintes, a dinastia Násrida de Granada manteve os cristãos e as poderosas dinastias marroquinas sob controle, fazendo alianças alternadas com as duas. Essa política foi bem-sucedida o bastante para que Granada florescesse. Como Córdoba no século X, ela se tornou um centro de aprendizado, com sede no palácio do Alhambra.

Destino e legado

No fim do século XV, o domínio mouro de Granada já não se sustentava. Apelos por ajuda militar ao Marrocos, então um estado enfraquecido, fracassaram. Em janeiro de 1492, a rainha Isabel de Castela e o rei Fernando de Aragão, cujo casamento e regência conjunta uniram o território cristão da Espanha, aceitaram a rendição de Granada por Abu Abdallah Muhammad XII (conhecido na Europa como Boabdil). Isso marcou o fim do domínio islâmico na península Ibérica, e abriu

> Estas são as chaves do paraíso.
> **Abu Abdallah Muhammad XII**
> na rendição de Granada

A influência dos mouros

Os mouros deixaram um legado duradouro na cultura da península Ibérica, e seus ensinamentos e invenções deram significativa contribuição ao mundo inteiro.

Medicina
Os médicos introduzem a anestesia inalada, antissépticos e suturas categute.

Matemática e ciências
Os astrônomos melhoram o cálculo do tempo e inventam a *azafea*, um tipo de astrolábio.

Filosofia
Traduções de textos e comentários gregos sobre Aristóteles contribuem para a filosofia europeia.

Música
A introdução do *oud* (alaúde) de cinco cordas leva ao desenvolvimento de gêneros tradicionais espanhóis baseados no violão, como o flamenco.

Comida
Laranjas, limões, açafrão, arroz e temperos, como o coentro e o cominho, são incorporados à cozinha espanhola.

Invenções
Elas incluem o metrônomo, relógios mecânicos movidos a água e pesos, e um relógio solar de eixo polar.

caminho para a Era de Ouro da Espanha como um dos maiores impérios da história.

Após a Reconquista, os mouros na Espanha foram forçados a converter-se ao cristianismo, emigrar ou enfrentar a execução. Muitos, de famílias que viviam na região há quase 800 anos, ficaram na Espanha, embora sua língua e costumes representassem uma afronta ao reino católico. Muçulmanos e judeus que praticavam sua fé em segredo enfrentavam a Inquisição, um órgão judicial destinado a erradicar heresias. Os inquisidores usavam torturas para extrair confissões; as penas incluíam ser queimado na fogueira. Tentativas de eliminar a cultura moura na península não foram totalmente bem-sucedidas. O espanhol e o português contêm muitas palavras árabes e alguns dos mais belos monumentos espanhóis, como o Alhambra de Granada e o Alcácer de Sevilha, têm origem moura. A Grande Mesquita de Córdoba, encomendada em 785 por Abd al-Rahman I, no local de uma igreja visigótica e talvez um templo romano, funciona como catedral cristã desde a conquista espanhola de Córdoba, mas continua a ser um magnífico monumento do período mouro, hoje Patrimônio da Humanidade. ■

FÉ E COMER
800-1510

CIO

INTRODUÇÃO

Inspirada na ideologia muçulmana kharijita, de Ali ibn Muhammad, acontece a **revolta dos escravizados zanjes, na África**.

869-883 d.C.

A cidade de Grande Zimbábue, construída com base no comércio, serve como capital do Império Monomotapa.

Séculos XI a XV

O Império de Gana, em declínio, **se converte ao Islã** sob o domínio da aliança militante almorávida. **c. 1100**

c. 1100

A Grande Mesquita é construída em Djenné. Ela se tornará o centro de aprendizado islâmico da África ocidental.

Século XIII

Século IX d.C.

Eldad Hadani afirma ser descendente da Tribo Perdida de Dan, na **primeira menção registrada aos judeus etíopes**.

1075

A rainha Hawwa se torna a **primeira regente muçulmana do rico Império de Kanem**, situado no atual Chade.

c. 1187

As igrejas cristãs entalhadas na rocha de Lalibela, na Etiópia, são construídas — segundo a lenda, por anjos.

1235

Forças de Sundiata Keita derrotam os sussus na Batalha de Kirina, marcando o **nascimento do Império do Mali, na África ocidental**.

A África medieval viu a ascensão e queda de alguns dos impérios mais famosos do continente – alguns islâmicos, outros cristãos e outros ainda adeptos de religiões originárias. Os impérios de Gana, Mali e Songai, na África ocidental, ganharam destaque no período, assim como o Império Monomotapa, no Zimbábue.

As realizações culturais e arquitetônicas desses impérios lhes asseguraram um lugar na história mundial. Mansa Musa, por exemplo, do Mali, contratou um arquiteto para projetar o Madugu ("palácio real") e as mesquitas Gao e Djinguereber em Tombuctu, a maior cidade do império. Em 1491, Askia Muhammad conquistou o Império Songai e tornou Tombuctu um centro de aprendizado e cultura islâmica. Oba Ewuare, soberano do Império de Benim no século XIII, construiu um palácio com famosas placas de bronze que contam histórias do reino.

De Gana ao Mali

Um dos maiores – e mais longos – impérios do período foi o do Mali. Seu antecessor, o Império de Gana, começou seu declínio no fim do século XI, após a chegada dos Almorávidas, um grupo islâmico militante. Gana se converteu ao Islã em c. 1100, mas no século seguinte sofreu com a seca e lutas internas. O império acabou caindo em 1203, quando a capital foi tomada pelo povo sussu. Em 1230, os sussus já haviam expandido o domínio na região, mas teve curta duração.

O Império do Mali chegou ao poder em meados do século XIII, após seu primeiro regente, Sundiata Keita, derrotar os sussus na Batalha de Kirina, em 1235. Administrado a partir de sua capital, Niani, o império se expandiu, controlando as mesmas rotas mercantis antes dominadas pelo Império de Gana e juntou uma enorme riqueza com as terras conquistadas.

Religiões principais

Em seu auge, nos anos 1330, o Império do Mali tinha cerca de vinte milhões de pessoas. Nessa era dourada, ele se tornou um farol brilhante do Islã na África, com muitos grandes eruditos muçulmanos e descendentes do profeta Maomé seguindo o regente Mansa Musa à África ocidental, quando ele voltou de sua famosa peregrinação a Meca.

Introduzido na África em 639 d.C., o islamismo continuou a

FÉ E COMÉRCIO

Mercadores suaílis **fundam** o posto de comércio de ouro de **Sofala**, em Moçambique.
c. 1300

O **povo massai começa a migrar** do lago Turkana, no Quênia, **para o sul**.
c. SÉCULO XV

O rei guerreiro **Oba Ewuare chega ao poder em Benim**. Ele construirá o palácio real conhecido por suas preciosas placas de bronze.
1440

Muhammad Rumfa se torna o sultão do **reino hauçá de Kano**.
1463

1324
Mansa Musa, soberano do Império do Mali, **faz sua hadj a Meca**, exibindo sua enorme riqueza no trajeto.

1418

Uma frota do **Império Ming da China faz contato** com a África oriental, trocando seda e porcelana por peles de animais.

1444

Portugal transporta 235 africanos escravizados para a Europa.

1491

Influenciado por missionários portugueses, o rei do Congo, Nzinga Nkuwu, **se converte ao cristianismo** e adota o nome de João I.

---

avançar pelo continente. A revolta de escravizados zanjes de 869-883 d.C., em que africanos escravizados enviados para a região do atual Iraque se rebelaram, foi inspirada em ideologia islâmica. O Império de Kanem, do Chade, adotou o islamismo em 1075, e o rei de Djenné, um reino no delta do Níger, se converteu no século XIII. Muitas das mesquitas africanas mais impressionantes datam do período medieval, como a Grande Mesquita de Djenné e a Mesquita Djinguereber, do Império do Mali, e a Mesquita Larabanga, do Império de Gana.

O Islã não foi a única religião a se espalhar pela África. Templos cristãos foram fundados nesse período, em especial as espetaculares igrejas da Etiópia. Em outras partes da Etiópia, uma comunidade pequena, mas resiliente de judeus etíopes também floresceu, apesar da perseguição contínua pelos governantes cristãos da Etiópia.

A expansão do cristianismo no fim do período medieval resultou, em parte, do contato crescente entre África e Europa. A Era das Navegações portuguesas levou comerciantes à África a partir de 1440, e missionários portugueses serviram à conversão do rei do Congo no fim daquele século.

Conexões globais

Durante a época medieval, o comércio internacional floresceu e foram criadas novas conexões entre diferentes nações. Foi certamente o caso da África oriental no século XV, quando uma frota da China de Ming chegou aos portos de Mogadíscio, Brava e Malindi para negociar e estabelecer relações diplomáticas.

Com o comércio e a conquista, pessoas negras foram a outros continentes no fim do período medieval. Embora o tráfico transaariano levasse africanos escravizados para a Ásia, havia também negros livres vivendo fora da África. A conquista moura de Al-Andalus levou norte-africanos para a Espanha, mas "mouros negros" também começaram a aparecer em relatos de ingleses e outros europeus. Essas pessoas viajavam em barcos mercantes da África do norte e ocidental, ou via Espanha, para se fixar em cidades europeias. Elas encontravam trabalho pago, eram batizadas e começavam famílias, fundando gerações de europeus de ascendência africana. ∎

OS ZANJES SE CHAMAM ÀS ARMAS

A REBELIÃO DE ESCRAVIZADOS ZANJES (869-883 d.C.)

EM CONTEXTO

ONDE
Iraque

ANTES
689 d.C. Antigos zanjes escravizados se rebelam, mas são massacrados por forças do califado Omíada. Uma segunda revolta fracassa em 694.

750 O califado Abássida destrona o califado Omíada, iniciando uma nova era do ouro islâmica.

861 O assassinato do califa abássida Mutawakkil deflagra um período de instabilidade política e social.

DEPOIS
1258 O cerco mongol de Bagdá, no Iraque, leva à queda do califado Abássida.

1600 O estabelecimento da Companhia Britânica das Índias Orientais resulta num aumento do tráfico de africanos orientais escravizados.

1962 A Arábia Saudita e o Iêmen finalmente abolem a escravidão, sob pressão britânica.

Por mais de dois séculos, conforme penetravam na África, os comerciantes árabes muçulmanos trocavam bens por pessoas escravizadas por mercadores africanos. No século IX d.C., milhares de africanos orientais, em especial de fala banta, que os árabes chamavam de zanje, foram transportados para o sul do Iraque, que era parte do império muçulmano governado pelo califado Abássida. As terras ao redor do Tigre e Eufrates eram muito férteis, mas as inundações tornavam grande parte impossível de cultivar. Magnatas muçulmanos locais desejavam recuperar essas áreas para a agricultura, o que os habilitaria a possuí-las. Eles forçaram os zanjes a fazer o extenuante trabalho – escavar valas, drenar pântanos e desbastar trechos planos salgados.

Os pântanos do sul do Iraque eram difíceis de navegar e fáceis de defender. Os árabes do pântano, independentes, construíram depois casas de junco ali, até serem expulsos por Saddam Hussein, que drenou a área em 1990.

Descontentamento e revolta

Mal alimentados e vivendo em campos apinhados, muitos dos zanjes adoeciam e morriam. Os sobreviventes desenvolveram um forte espírito comunitário e descontentamento contra os

FÉ E COMÉRCIO

Ver também: A conquista muçulmana do Egito 58-59 ▪ O comércio escravista transaariano 60-61 ▪ A ascensão das cidades-estados suaílis 62-63 ▪ A rebelião em Hispaniola 130-131

Os kharijitas são uma **seita islâmica** que surge no século VII d.C.

Eles acreditam que **qualquer pessoa**, mesmo escravizada, pode um dia ser **eleita califa**.

Ali ibn Muhammad ganha o apoio dos escravizados, usando a **ideologia kharijita**.

Por isso, alguns historiadores veem a rebelião como um **movimento político e religioso**.

escravizadores muçulmanos. Em 869 d.C., Ali ibn Muhammad, um erudito persa, ganhou apoio dos zanjes, ao reconhecer suas dificuldades e prometer-lhes liberdade e riqueza, caso se juntassem a sua rebelião.

Ibn Muhammad tinha fugido para Basra, um porto próspero no sul do Iraque, após liderar uma revolta fracassada no atual Bahrein, no leste da Arábia. Ele era adepto do kharijismo, uma seita muçulmana antiga, segundo a qual pessoas escravizadas podiam, por mérito e piedade, escapar às dificuldades e até se tornar califas. Inspirados por essa mensagem, os zanjes se reuniram a ele.

A revolta, apoiada também por grupos descontentes, como os camponeses locais e povos beduínos, logo se espalhou pelo sul do Iraque, coincidindo com uma época de levantes e instabilidade no Império Abássida. Exércitos imperiais foram enviados, mas não conseguiram derrotar os rebeldes, que atacavam cidades e vilas e depois desapareciam em canais ocultos e sob o junco alto dos pântanos. Outros africanos escravizados que estavam nas forças imperiais desertaram e se juntaram aos zanjes. Em 870, os rebeldes já tinham criado a própria cidade fortificada, Al-Mukhtar, numa área seca das planícies salgadas, cercada por canais. Lá construíram casas, palácios, uma prisão e mercados, e até cunharam a própria moeda. Controlando o sul do Iraque, tomaram Basra em 871 e exerceram sua vingança sobre os habitantes da cidade, massacrando muitos e escravizando alguns. Enquanto os exércitos do califa lutavam na Pérsia, os zanjes estenderam ainda mais o controle ao norte, chegando a 115 km de Bagdá, e então se voltaram ao leste, para o Khuzistão, uma área ao norte do golfo Pérsico.

O império contra-ataca

Em 879, Al-Muwaffaq, irmão do califa Al-Mutamid, voltou a chefiar o exército imperial, após lutar na Pérsia, e lançou uma grande ofensiva contra os zanjes

[...] vocês trataram esses escravos com arrogância e coerção [...] de maneiras proibidas por Alá.
Ali ibn Muhammad

Africanos escravizados são trocados por ouro num mercado muçulmano nesta ilustração de *Al-Maqamat*, escrito em c. 1100 pelo poeta Al-Hariri, de Basra. Os africanos escravizados trabalhavam em casas ou terras.

— primeiro tomando a segunda cidade zanje, Al-Maniah, e depois expulsando os rebeldes do Khuzistão.

Na primavera de 881, Al-Muwaffaq construiu sua própria cidade no rio Tigre, em frente a Al-Mukhtar. Ele limpou os canais para a navegação, fez um bloqueio e sitiou a capital zanje. Al-Muwaffaq prometeu dinheiro e liberdade aos rebeldes que se rendessem e muitos aceitaram sua oferta. Por três anos, porém, a capital zanje resistiu.

Finalmente, em 883, Al-Muwaffaq lançou um exército de cerca de 50.000 soldados contra os zanjes, e Al-Mukhtar caiu. Ibh Muhammad foi capturado e sua cabeça levada para o califa. A brutal revolta tinha acabado, mas desorganizou a região e enfraqueceu o califado. Os êxitos dos rebeldes e o receio de levantes similares levaram ao fim da escravidão em larga escala na maior parte do Império Abássida. ▪

AS FILHAS DO MEU POVO DISPERSO
OS JUDEUS ETÍOPES (SÉCULO IX d.C.)

EM CONTEXTO

ONDE
Etiópia, Israel

ANTES
722 a.C. O reino de Israel, ao norte, é derrotado pelos assírios. Na lenda judaica, dez tribos se perderam, entre elas a de Dã.

c. 330 d.C. O cristianismo se torna a religião oficial da Etiópia sob o rei Ezana.

DEPOIS
Século XIV A epopeia *Kebra nagast* (Glória dos reis), escrita em geês, se baseia na lenda do fundador etíope Menelik I como filho de Salomão, rei da Judeia, e Makeda, rainha de Sabá.

1904 O judeu francês nascido na Polônia, Jacques Faitlovitch, funda grupos pro-falasha para ajudar a conectar os judeus etíopes com a comunidade judaica global.

1984 Cerca de 6.500 judeus etíopes são levados de avião do Sudão para Israel, na Operação Moisés.

Os Beta Israel (Casa de Israel), hoje conhecidos como Judeus Etíopes, surgiram em relatos escritos no século IX d.C., com Eldad Hadani, um mercador viajante. Ele afirmava ser de uma seita africana judaica que descendia de Dã, uma das Dez Tribos Perdidas de Israel. Segundo Eldad, seus ancestrais distantes deixaram Israel, cruzaram o Egito e se fixaram na Etiópia. Os historiadores atuais sugerem várias outras teorias para explicar os judeus etíopes, mas alguns etíopes creem que os Beta Israel são descendentes do rei Salomão e da rainha de Sabá.

Separação e reconhecimento
Durante séculos, os judeus etíopes ficaram isolados da comunidade global. Eles só conheciam os livros mais antigos do Velho Testamento, mas em contraste com os rolos hebraicos, sua Torá – chamada *Orit* – foi escrita em livros, em geês, língua sagrada etíope, também usada pelos cristãos locais. Conhecidos pelo nome depreciativo *falashas* (forasteiros), os judeus eram perseguidos pelos regentes cristãos da Etiópia e foram visados pelos missionários durante a "partilha da África" do século XIX.

A partir de meados do século XIX, com sua fé ameaçada e também diante de graves fomes, muitos judeus etíopes tentaram ir para Israel. Seus infortúnios foram afinal reconhecidos no século XX, e em 1975 os que migraram para Israel obtiveram direitos de imigração sob a Lei do Retorno. Hoje, cerca de 130.000 vivem em Israel. ∎

Judias etíopes oram numa colina sobre Jerusalém no Sigd, um feriado que relembra o recebimento da Torá. É tradicional celebrar esse evento subindo um alto pico.

Ver também: O império comercial de Axum 44-47 ▪ O cristianismo chega à África 48-51 ▪ As igrejas de rocha da Etiópia 84-85 ▪ A Etiópia desafia o colonialismo 226-227

FÉ E COMÉRCIO 75

TODOS OS REINOS OBEDECEM AO PRÓPRIO REI
AS ORIGENS DO IMPÉRIO SONGAI (890 d.C.)

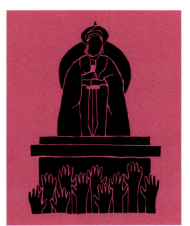

EM CONTEXTO

ONDE
Rio Níger, África ocidental

ANTES
639 d.C. Com as conquistas árabes, o Islã é introduzido na África. Essas conquistas levam mercadores árabes aos centros de comércio africanos.

DEPOIS
1326 Os malineses, sob Mansa Musa I, conquistam o Império de Gao.

1464 Sonni Ali sobe ao trono em Gao, então um pequeno reino, e funda o Império Songai; suas muitas conquistas incluirão Tombuctu e Djenné.

1493 Uma nova dinastia liderada por Askia Muhammad conquista o Songai. A dinastia Askia leva o império ao auge do seu poder.

1591 O Império Songai colapsa após incursões marroquinas nas cidades principais de Gao e Tombuctu.

A primeira casa reinante songai se estabeleceu em Kukiya, uma ilha no rio Níger. A dinastia Zuwa reinou ali a partir de 690 d.C., alcançando 31 monarcas sucessivos.

Por volta de 890 d.C., outra poderosa cidade songai surgiu em Gao, ao norte de Kukiya, na margem oeste do Níger. Gao era uma usina política e comercial. O escritor árabe do século X Al-Muhallabi escreveu que o rei (*kanda*) de Gao tinha duas cidades: uma para ele e seus associados, e outra para o mercado. Esta última atraía caravanas mercantes de Marrocos, Túnis, Kanem (reino centro-africano situado ao redor do lago Chade) e Egito.

União de reinos

O 15º regente de Kukiya, Zuwa Kusoy, foi o primeiro muçulmano de sua dinastia. Kusoy mudou a capital para Gao no início do século XI. Por razões desconhecidas, Kusoy e o *kanda* de Gao juntaram seus reinos, criando o Império de Gao, um precursor do poderoso Império Songai dos séculos XV e XVI.

Os historiadores ignoram as fronteiras geográficas exatas do Império de Gao, mas alguns afirmam que seu território se estendia por volta de 1.600 km de lado a lado. Sete outros reinos juraram lealdade ao império e passaram a seu controle. O Império de Gao prosperou por cerca de 300 anos, até ser derrotado pelo soberano do Mali, Mansa Musa, em 1326. ■

Quando um rei sobe ao trono recebe um anel de sinete, uma espada e um exemplar do Corão.
Abu Ubayd al-Bakri
O livro das estradas e dos reinos, 1067-1068

Ver também: O Império de Gana 52-57 ■ A conquista muçulmana do Egito 58-59 ■ O Império de Kanem 80-81 ■ O Império do Mali 86-91

UMA CIVILIZAÇÃO AFRICANA ÚNICA
A CIDADE DO GRANDE ZIMBÁBUE (SÉCULOS XI-XV)

EM CONTEXTO

ONDE
Sul da África

ANTES
300-650 d.C. Os pastores de gado gokomeres e ziwas se fixam na região.

c. 700 d.C. Cobre e ouro são minerados no sul da África.

c. 890 d.C. O reino mais antigo conhecido da região, Mapungubwe, começa a florescer.

DEPOIS
c. 1450 A nova cidade de Khami se torna a capital da dinastia dissidente Torwa.

1629 Os portugueses forçam o regente (*mutapa*) a assinar um tratado de vassalagem.

1871 O geólogo Karl Mauch saqueia o Grande Zimbábue.

1980 Após quase 100 anos de colonização e domínio britânicos, a Rodésia do Sul independente é renomeada Zimbábue.

1986 A Unesco declara as ruínas da cidade Patrimônio da Humanidade.

Uma das mais importantes ruínas da África subsaariana é uma fortaleza de pedra no topo de uma colina, dominando uma área murada que, em tempos medievais, abrigava tantas pessoas quanto a cidade de Londres. Do século XI ao XV, o Grande Zimbábue – nome derivado de *zimba we bahwe* (casas de pedra, em banto) – foi o coração do vasto império Monomotapa, em terras dos atuais Zimbábue, Zâmbia, Moçambique e África do Sul. O império estabeleceu sua hegemonia sobre a região nos séculos XII e XIII, sob a regência de um *mutapa*, o equivalente regional de um césar.

Essa civilização representou a maior realização do povo de fala banta nessa parte da África.
Stan Mudenge
Político do Zimbábue (1941-2012)

Os habitantes da região eram um povo xona, de origem banta: pastores de gado e agricultores que, na estação seca, mineravam e faiscavam ferro, cobre e bronze, além de ouro, fornecidos pelos rios do norte. A localização do Grande Zimbábue, na menor distância entre os mercadores da costa leste e os campos auríferos, contribuiu para sua ascensão, baseada no comércio de marfim, metais e, mais importante, ouro. Pratos de celadon chinês, vidros do Oriente Médio, tigelas pintadas da Pérsia e moedas árabes encontrados no local revelam o alcance da cidade através do oceano Índico.

A cidade, que declinou como capital em meados do século XV, sofreu continuamente a pilhagem das riquezas que detalhavam o modo de vida xona, mas os historiadores fazem comparações com Mapungubwe, na região do Shashi-Limpopo, que também floresceu pelo comércio de ouro.

Habilidades de construção
Com enormes paredes de pedra de até 7 m de espessura em alguns lugares, a acrópole no topo de colina do Grande Zimbábue foi a primeira construção, erigida no século XI para

FÉ E COMÉRCIO

Ver também: A ascensão das cidades-estados suaílis 62-63 ▪ Os europeus chegam à África 94-95 ▪ Changamire Dombo e o exército de "Destruidores" 152-153

As paredes de amplas curvas da muralha principal do Grande Zimbábue foram construídas com blocos de granito cortados, ajustados sem argamassa.

abrigar a realeza. No vale, uma grande muralha elíptica foi acrescentada nos séculos XIV e XV, com 278 m de comprimento e 20 m de altura. Sua evocativa torre cônica pode ter sido construída para representar um celeiro, um símbolo do dever do rei de alimentar seu povo. Cabanas de tijolos de barro e teto de palha ocupavam então o espaço de 8 km², dentro e fora dos muros, onde viviam até 18.000 pessoas.

Ao visitar a cidade em 1531, Vicente Pegado, um capitão português estacionado na guarnição costeira de Sofala, descreveu "uma fortaleza construída com pedras de tamanho maravilhoso". Algo que diz muito sobre a natureza da arqueologia colonialista é o fato de os escavadores do século XIX, e início do XX, terem atribuído essas magníficas estruturas a uma civilização muito anterior, árabe ou fenícia. Assumiu-se que as colunas de cedro do lugar tinham vindo do Líbano. Amostras de carbono-14 mais recentes estabeleceram que a maior parte da cidade foi construída na Idade Média, com materiais locais.

A derrocada da cidade

O declínio do Grande Zimbábue pode ter sido causado pelo cultivo excessivo para alimentar uma grande população e pela redução no afluxo de ouro. Séculos de colonização se seguiram antes que o recém-independente Zimbábue levasse o nome da velha cidade, em 1980. A imagem de um dos pássaros em pedra-sabão encontrados no lugar hoje figura em sua bandeira. ▪

Os ourives do sul da África

Evidências arqueológicas indicam que a mineração de ouro no sul da África ocorreu numa escala surpreendente. Acredita-se que, na época medieval, as pessoas da região extraíram 43 milhões de toneladas de minério de ouro, produzindo 700 toneladas de ouro puro.

No sítio funerário no topo de uma colina perto da cidade de Mapungubwe, um centro de poder similar ao Grande Zimbábue, várias relíquias requintadas de ouro foram descobertas. Meros berloques, ao que se supõe, que escaparam a centenas de anos de saques, elas revelam as sofisticadas técnicas dos ourives do sul africano. Eles poliam o ouro para dar-lhe brilho e o batiam em finas folhas, usadas então para folhear metais, como ferro e bronze, e cobrir apoios de cabeça, móveis, estátuas, machados de guerra e pontas de flechas. Os artesãos também faziam ornatos e joias de ouro, obtendo fios de ouro para criar os elos de correntes. Dos fios mais finos eram feitos tecidos para a elite das cortes, que usava roupas de damasco, cetim e seda, algumas decoradas com rosas tecidas de ouro.

Este rinoceronte de ouro, pequeno o bastante para caber na palma da mão, foi achado com outros artefatos nos túmulos reais em Mapungubwe. Ele data do século XIII.

SOMOS UM POVO DO DESERTO
GANA SE CONVERTE AO ISLÃ (1076-1103)

EM CONTEXTO

ONDE
África ocidental

ANTES
Século IV d.C. Segundo a tradição oral, surge o Império de Gana.

639-709 Após a conquista do Egito, outras vitórias muçulmanas no norte da África impulsionam a difusão do Islã.

Século IX Os berberes sanhajas do noroeste da África se convertem ao Islã e começam a expandir seus territórios.

DEPOIS
1147 O califado berbere Almóada conquista Marraquesh, a capital dos Almorávidas, cujo poder declina.

1203 O reino de Sussu, liderado por Sumanguru, ocupa a capital de Gana, Kumbi Saleh.

1240 Sundiata Keita arrasa Kumbi Saleh e incorpora o que restou do Império de Gana ao Império do Mali.

Do século IX ao início do XI, o Império de Gana, na África ocidental, esteve no auge de seu poder. Sua vasta riqueza se assentava nos impostos sobre o ouro, nas regiões sul e oeste. Na capital, Kumbi Saleh, e outros lugares, ouro era trocado por bens, em especial sal, trazido ao sul por caravanas norte-africanas.

As rotas mercantis através do Saara eram guiadas e protegidas por tribos sanhajas, uma confederação berbere nômade que incluía os gudalas, na costa atlântica. Entre 1035 e 1036, o chefe gudala, Yahya ibn Ibrahim, realizou o *hadj* (peregrinação a Meca) e se convenceu de que a forma de islamismo que seu povo praticava era pouco firme.

Uma forma mais estrita de Islã

Por volta de 1040, Ibn Ibrahim encarregou Abdallah ibn Yasin, um zeloso erudito islâmico da tribo marroquina jazula, de ensinar o verdadeiro Islã aos gudalas. Eles se ressentiram das reformas islâmicas estritas que Yasin impôs e se rebelaram quando Ibn Ibrahim morreu, fazendo Ibn Yasin fugir com seus seguidores. Ele formou a aliança almorávida com Yahya ibn Umar,

Os **Almorávidas**, uma **comunidade islâmica rigorosa**, se tornou um poder militar formidável e tomou importantes centros do comércio transaariano.

Segundo alguns eruditos, os Almorávidas **saquearam a capital de Gana**, Kumbi Saleh, e **forçaram** o império a se converter ao Islã.

Outros historiadores acreditam que **a conversão de Gana ao Islã foi gradual** e apenas se acelerou na era almorávida.

FÉ E COMÉRCIO

Ver também: O Império de Gana 52-57 ▪ A conquista muçulmana do Egito 58-59 ▪ O Império de Kanem 80-81 ▪ O Império do Mali 86-91 ▪ A Grande Mesquita é fundada em Djenné 92 ▪ O sultanato de Ifat 93

A Mesquita Larabanga, na atual Gana, uma das mais antigas da África ocidental, foi construída com terra compactada e vigas de madeira em 1421, e depois restaurada. É um local de peregrinação dos muçulmanos africanos.

chefe dos lamtunas, a tribo mais poderosa do noroeste africano, e juntos uniram os sanhajas. Inspirados por uma ideologia islâmica militante, os Almorávidas logo emergiram como uma dinastia guerreira formidável, que conquistou o Marrocos, fez ataques ao sul através do Saara e também ocupou o sul da Espanha.

Desafio a Gana

Em 1054-1055, os Almorávidas tomaram duas cidades-chave nas rotas mercantis transaarianas – Sijilmasa, no noroeste africano, e Audagost, no norte do Império de Gana. Por volta de 1056, Yahya morreu em batalha e seu irmão Abu Bakr tomou seu lugar. Após garantir o noroeste do Saara, ele levou suas forças para o sul e atacou os reinos vassalos de Gana. Alguns relatos históricos posteriores indicam que Abu Bakr saqueou a capital de Gana, Kumbi Saleh, em 1076. Outros historiadores contestam, e é incerto se foram esses eventos violentos que forçaram o império a converter-se ao Islã.

Gana já tinha uma significativa população muçulmana e o rei empregava escribas e administradores dessa fé. Muitos dos mercadores de Gana se converteram ao Islã para promover a confiança nas negociações com comerciantes muçulmanos. Quando os Almorávidas tomaram o controle das rotas mercantis do Saara, Gana adotou a fé islâmica, por vontade ou sob pressão – um evento que o geógrafo muçulmano do século XII Mohammed al-Zuhri data de um pouco depois, em 1102-1103.

Flagelado pela seca e por conflitos locais que abalaram o comércio na região e aumentaram a intranquilidade, o Império de Gana foi perdendo poder e prestígio. Em meados do século XIII, o Império do Mali emergiu e tomou seu lugar. ▪

Uma escultura de madeira (c. 1250-1550) de Djenné, no Mali, mostra uma cobra atacando uma figura doente agachada, e se acredita ser o mito de Bida.

A lenda de Bida

A tradição oral da África ocidental usa alegorias para contar a história do Império de Gana – chamado de Wagadu nos relatos – e do seu fim. O império, que Al-Fazari, erudito persa do século VIII, chamou de "terra do ouro", foi tremendamente rico. Segundo a lenda, uma cobra negra chamada Bida fornecia o ouro da nação e também a chuva para que a terra continuasse fértil. Em troca, exigia que Gana sacrificasse uma virgem a cada ano. No reinado do sétimo rei de Gana, a bela moça escolhida estava comprometida, e seu pretendente estava decidido a salvá-la. Ele matou Bida, que em seu suspiro final amaldiçoou o império com seca, fome e pobreza. As terras antes prósperas e férteis de Wagadu ficaram desoladas e inóspitas e as tribos originárias soninquês aos poucos foram embora.

Estudos geológicos sobre o passado da região confirmaram que a savana se tornou cada vez mais árida, o que quase certamente contribuiu para o declínio do Império de Gana.

A ENCRUZILHADA DA ÁFRICA, BERÇO DO ISLÃ
O IMPÉRIO DE KANEM (1085)

O controle das rotas mercantis transaarianas trouxe **riqueza e poder**. O Império de Kanem se expande. → **Pessoas escravizadas** são levadas de territórios capturados e **trocadas por itens de luxo** como roupas, joias e cavalos.

↓

Eruditos e comerciantes de Kanem **viajam** para outras partes do mundo, ajudando a **difundir o Islã**. ← As ideias, assim como os bens e as pessoas, viajam pelas rotas mercantis, e **o Islã se torna a religião oficial do império**.

EM CONTEXTO

ONDE
Chade

ANTES
Século IV a.C. O povo so começa a se fixar ao redor do lago Chade. Em 700 d.C., a civilização so está em seu auge.

c. 800 d.C. Mai Dugu funda a dinastia Dugawa e se torna o primeiro rei de Kanem, nas praias do leste do lago Chade.

DEPOIS
Século XIV O povo bulala invade Kanem, forçando os Seifuwas a se mudar para Bornu. O povo so que vive ali acaba sendo assimilado.

1571 Idris Alooma se torna rei de Kanem-Bornu e o império chega ao ápice em seu reinado.

Século XIX O Império de Kanem-Bornu está em declínio e os Seifuwas – a dinastia mais longa da África – se extinguem.

1902 Bornu é dividido por Reino Unido, França e Alemanha.

O Império de Kanem dominou o nordeste da Nigéria, nordeste de Cameroun, leste de Níger, oeste de Chade e sul da Líbia. Após adotar o Islã como religião oficial no século XI, o império chegou a dominar as rotas mercantis que cortavam o Saara e foi importante na difusão do Islã pela África.

Duas dinastias, Dugawa e Seifuwa, imperaram na maior parte da história de Kanem. Os Dugawas governaram a partir de c. 800 d.C. Seu reino era modesto – as pessoas eram nômades e construíam cabanas com hastes de milho. No século X, o reino já enriquecera e havia alguns assentamentos fixos, como as cidades de Manan e Tarazaki. As construções nessas novas cidades eram rebocadas com barro.

A difusão do Islã

A maioria dos regentes dugawa eram "reis divinos" (*mai*) que seguiam a religião africana tradicional. Isso começou a mudar quando o *mai* Arku liderou conquistas na região do Saara em meados do século XI, tomando o controle de áreas ocupadas por árabes refugiados por pressões políticas em suas terras. A religião dos refugiados, o Islã, logo

FÉ E COMÉRCIO

Ver também: O Império de Gana 52-57 ▪ A conquista muçulmana do Egito 58-59 ▪ O comércio escravista transaariano 60-61 ▪ Os primórdios de Benim 82-83 ▪ O Império do Mali 86-91 ▪ Os europeus chegam à África 94-95

Os Seifuwas recuperaram o controle de Kanem no século XVI, criando um Império de Kanem-Bornu posterior. Aqui se vê a corte real em c. 1870.

A mudança para Bornu

No século XIV, a dinastia Seifuwa, enfraquecida por batalhas internas, entrou em conflito com os bulalas, que ocupavam as terras a leste do Império de Kanem, no atual Chade. Jil ibn Sikuma, o rei bulala, forçou os regentes Seifuwas a irem para Bornu, a oeste, deixando Kanem em seu poder.

Em vez de arriscar mais derrotas nas mãos dos bulalas, Ali ibn Dunama, um regente Seifuwa posterior, consolidou o poder em Bornu. Em 1484, ele criou uma nova capital em Ngazargamu, perto do rio Yobe, que se tornou o lar de 250.000 pessoas. Suas necessidades religiosas eram servidas por quatro vastas mesquitas, cada uma para 12.000 fiéis por vez, e a cidade era protegida por uma muralha alta com cinco entradas. As caravanas comerciais continuaram a atender o império, e o povo de Bornu trocava artigos de couro e cerâmica que produzia por perfumes e bens fabricados na Europa. Como Kanem antes dele, Bornu floresceu como um centro de estudo islâmico.

impressionou a corte real. A rainha Hawwa, que sucedeu Arku em 1067, se tornou a primeira soberana Kanem muçulmana.

Quando a dinastia Seifuwa chegou ao poder, em 1075, seus regentes também seguiam o Islã. Eles faziam peregrinações a Meca e alguns estudavam centenas de livros sobre a religião. Em 1085, ela já se espalhava com rapidez pelo Kanem, adotada por ricos e pobres.

Em meados do século XIII, o *mai* Dunama II já tinha tornado Kanem uma grande potência regional, com Njimi como capital. Comandando 30.000 homens montados em camelos e uma grande infantaria, ele liderou uma campanha no deserto que levou Kanem a dominar a região Fezzan do sul líbio, que incluía cobiçados oásis no Saara, e estendeu as fronteiras do império para o leste e o norte. Os comandantes militares foram encarregados das áreas conquistadas e os povos derrotados obrigados a pagar tributos aos regentes de Kanem, em geral sob a forma de pessoas escravizadas.

Troca de bens e ideias

O domínio do comércio transaariano, além dos butins de guerra, trouxe grandes receitas ao estado. Cavalos, objetos de metal e sal vinham do Egito, marfim do oeste e artigos de algodão do sul. O império também estava muito envolvido no lucrativo tráfico de escravizados. As ideias também se difundiam pelas rotas mercantis, e criavam-se contatos culturais com o mundo externo. Viajantes de Kanem fundaram uma escola no Cairo, Egito, usada por peregrinos que iam a Meca ou voltavam. O poeta Abu Ishaq Ibrahim al-Kanemi, de Kanem, trabalhou na corte real da Espanha moura.

Apesar dos êxitos dentro e fora do campo de batalha, conflitos internos e externos acabaram forçando os regentes Seifuwas a abandonar Njimi e formar um novo reino de Bornu, na margem oeste do lago Chade. Lá, os Seifuwas, a dinastia mais longa do continente, mantiveram o poder até o século XIX. ▪

As caravanas de camelos levavam ouro e noz-de-cola, além de pessoas escravizadas, através do Saara, para dentro e fora do Império de Kanem. Muitas dessas rotas mercantis ainda são usadas hoje.

A CIDADE SAGRADA ENCANTADA
OS PRIMÓRDIOS DE BENIM (1180)

EM CONTEXTO

ONDE
Reino de Benim, Nigéria

ANTES
1º milênio a.C. Os ancestrais dos edos, ou binis, povo de Benim, começaram a migrar para o sul a partir da confluência dos rios Níger e Benue, para florestas no atual sul da Nigéria. Lá, eles se misturaram ao povo efa aborígene.

c. 500 a.C. A cidade de Ifé é fundada pelo povo iorubá e domina a região do sudoeste nigeriano no fim do 1º milênio d.C.

DEPOIS
1440 Oba Ewuare ("o Grande") sobe ao trono e torna a Cidade de Benim uma capital fortificada, centro de um império em expansão.

c. 1485 Mercadores portugueses começam a visitar a Cidade de Benim.

1897 Tropas britânicas saqueiam a Cidade de Benim e colonizam Benim.

A evolução de Benim como um reino dominante da África ocidental é a história de duas dinastias – Ogiso e Oba. Ao longo de três séculos – c. 900-1200 d.C. – elas levaram Benim a ser um império poderoso da África ocidental que, desde o fim do século XV, forjaria laços comerciais com nações colonizadoras europeias, em especial Portugal.

O reino de Benim começou como um grupo de pequenos assentamentos, principalmente agrícolas, a oeste do rio Níger. Em c. 900 d.C., para se proteger de ameaças externas e melhorar as relações de comércio, esses assentamentos se uniram, alguns se fundindo, e acabaram formando a Cidade de Benim. O chefe do reino era o Ogiso ("rei a partir do céu"). Segundo a história oral, o primeiro Ogiso foi Igodo, que deu nome ao primeiro reino, Igodomigodo.

Troca de dinastias

Diz a história oral de Benim que a dinastia Ogiso acabou no início do século XII, quando Owodo, um soberano fraco, foi deposto e banido. O reino foi substituído por uma república chefiada por Evian, um destacado membro do grupo étnico dos efas, os ocupantes originais de Benim. Eles haviam se miscigenado com os edos – imigrantes da confluência dos rios Níger e Benue –, que dominaram a região.

Benim nessa época era governado por representantes efas e edos. Os primeiros controlavam áreas onde viviam descendentes de efas, e os últimos, chamados *edionevbo* (conselho de chefes edos) comandavam o resto do reino. Quando Evian estava perto do fim de sua longa regência, tentou fundar a própria dinastia, nomeando seu filho, Ogiamien, como seu sucessor. Isso irritou o *edionevbo*, que receou perder

O reinado de Owodo, o último Ogiso, foi uma longa série de desgovernos, fracassos e preocupações.
Jacob U. Egharevba
Historiador de Benim (1893-1981)

FÉ E COMÉRCIO

Ver também: As cidades-estados da Hauçalândia 96-97 ▪ Os grandes bronzes de Benim 100-101 ▪ As guerreiras do Daomé 164-165 ▪ A Guerra das Mulheres de 1929 252

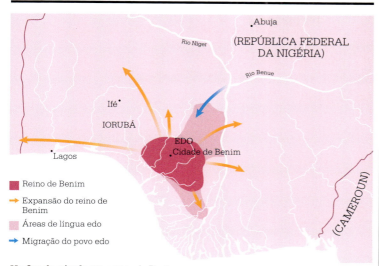

No fim do século XII, o reino de Benim se estabeleceu ao redor da Cidade de Benim, o coração da área ocupada pelo povo edo. A partir do século XV, o reino se expandiu, impulsionado pelo comércio.

influência. Buscando um soberano neutro, que poderiam controlar com mais facilidade, eles enviaram uma delegação ao reino vizinho de Ifé, pedindo ao rei Odudua que mandasse um de seus filhos para governá-los. Odudua concordou, desde que garantissem a segurança de seu filho, e o jovem príncipe Oranmiyan seguiu com um cortejo para Benim.

Após derrotar Ogiamien e seus apoiadores em batalha, Oranmiyan se casou com uma mulher edo chamada Erinmwide e tiveram um filho, Eweka. Em c. 1200, Oranmiyan abdicou, frustrado com a influência do *edionevbo*. Acreditando que só um rei educado desde cedo na história e cultura edo poderia realmente governar o povo edo, ele deixou Eweka para que se tornasse o primeiro rei, ou "Oba", da nova dinastia.

De reino a império

Os Obas aos poucos consolidaram o poder, expandindo as fronteiras do reino e fazendo da Cidade de Benim uma capital impressionante com um palácio real e um intricado sistema de ruas. Eles também aproveitaram o fato de Benim estar próxima ao rio Níger, na costa, e de outros reinos da África ocidental, e desenvolveram rotas mercantis para produtos como marfim, pimenta e peles de animais. O controle dos Obas sobre a região chegou ao auge nos séculos XV a XVII, quando o império se estendeu para oeste, até a atual Gana, e manteve ligações comerciais estreitas com potências marítimas europeias. ∎

A influência de Ifé sobre Benim

A história de Benim e do povo edo é indissociável do povo vizinho de fala iorubá e de sua capital, Ifé. Um estado rico e dominante na região se desenvolveu ao redor de Ifé a partir de c. 700 d.C., atingindo o auge entre 900 e 1200. Ifé, como a Cidade de Benim, enriqueceu com o comércio com outros africanos e contava com muitos artesãos de madeira, metais e tecidos. Eles eram famosos em especial pela fundição de esculturas de "bronze" (na verdade, de latão).

Quando os governantes de Benim enfrentaram uma crise dinástica no século XII, buscaram ajuda na bem-estabelecida potência de Ifé e em seu regente – o Oni. Ifé mandou-lhes um novo monarca, ou Oba, que, como o Oni, era um chefe de governo e espiritual, com um vínculo direto com os deuses. O apreço dos Onis de Ifé por elaboradas esculturas de metal também se tornou parte da cultura de Benim.

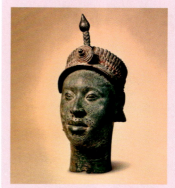

Esta cabeça de latão, de por volta do século XIV, pode representar um Oni de Ifé. As técnicas de fundição de metais de Ifé, em especial latão, foram copiadas pelos artistas de Benim.

OS MILAGRES DE LALIBELA
AS IGREJAS DE ROCHA DA ETIÓPIA (c. 1187)

EM CONTEXTO

ONDE
Etiópia

ANTES
c. 330 d.C. O cristianismo se torna a religião do reino de Axum (atual Etiópia), após um missionário converter seu governante, o rei Ezana.

Século VIII Árabes muçulmanos assumem o controle das rotas mercantis do mar Vermelho e o poder axumita começa a declinar.

DEPOIS
1270 A dinastia Zagwe é deposta por Yekuno Amlak, príncipe do povo amhara. Ele funda a dinastia Salomônida, que alega descender do rei Salomão e da rainha de Sabá.

1529-1543 Muitas igrejas, mosteiros e bibliotecas etíopes são destruídos na Guerra Etiópia-Adal, entre o Império Etíope e o sultanato muçulmano somali de Adal.

A cidade de Lalibela, nas montanhas do norte etíope, tem algumas das igrejas mais notáveis do mundo. Enquanto na Europa medieval templos de altas abóbadas se erguiam para o céu, em Lalibela igrejas monolíticas eram escavadas fundo na terra. Em número de 11, elas ocupam uma área de 25 hectares. Segundo a lenda, foram criadas numa noite com a ajuda de anjos, no reinado de Lalibela (c. 1185-1225), da dinastia Zagwe. Dizem que ele visitou a Terra Santa pouco antes de os muçulmanos reconquistarem Jerusalém em 1187, e quis criar uma nova Jerusalém na Etiópia, que se tornasse local de peregrinação. A Terra Santa é lembrada nos nomes de algumas das igrejas, como Biete Golgotha Mikael (Igreja

A Biete Ghiorgis (Igreja de São Jorge) foi a última das igrejas a ser construída. Com planta cruciforme, está separada das outras igrejas, mas ligada a elas por caminhos escavados na rocha.

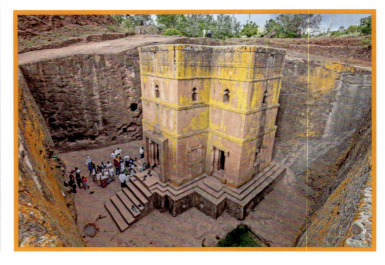

FÉ E COMÉRCIO 85

Ver também: O cristianismo chega à África 48-51 ▪ Os judeus etíopes 74 ▪ A cidade do Grande Zimbábue 76-77 ▪ A Grande Mesquita é fundada em Djenné 92 ▪ A Etiópia desafia o colonialismo 226-227

Igrejas em cavernas

Além das igrejas na rocha, a Etiópia tem centenas de igrejas construídas em cavernas. Alguns arqueólogos estimam que o país pode ter até 3.000 igrejas em cavernas e cortadas na rocha, esculpidas entre os séculos VI e XVI. As paredes e tetos de algumas igrejas em cavernas são profusamente decorados com pinturas dos apóstolos, santos, anjos e figuras bíblicas. Há também manuscritos decorados, cruzes e saltérios.

Entre as construções em cavernas mais famosas estão a Igreja Yemrehana Krestos e os mosteiros Ashetan Maryam e Na'akuto La'ab, todos nas montanhas ao redor de Lalibela, e a Abuna Yemata Guh, entalhada num pináculo de arenito nas montanhas de Gheralta, na região do Tigre, ao norte. Essa igreja, que se acredita ter sido construída no século VI e contém murais dos séculos XV e XVI, só pode ser alcançada após uma escalada de 300 m na rocha e uma perigosa caminhada por uma estreita saliência.

Um sacerdote ortodoxo etíope na Abuna Yemata Guh, uma igreja em caverna, segura um *mäsqäl*, uma cruz de mão, usada na Igreja Ortodoxa para curar, abençoar e proteger.

do Gólgota e São Miguel) e Biete Lehem (Igreja de Belém) e de aspectos naturais, como o rio Yordana (Jordão), que corre na região.

Monumentos poderosos

A maioria dos historiadores concorda que as igrejas foram construídas durante a dinastia Zagwe e não por um só rei. Os Zagwes surgiram em 1137 nas montanhas centrais etíopes e fixaram a capital em Roha, que após a morte do rei Lalibela recebeu seu nome. Segundo os historiadores, as primeiras igrejas da cidade talvez fossem antes palácios ou fortificações.

Sete das igrejas estão escondidas sob o chão, com um intervalo muito estreito entre suas paredes e a rocha ao redor. As outras quatro, como Biete Medhani Alem (Igreja do Redentor), a maior, com 11,5 m de altura e 33,7 m de extensão, e a Biete Ghiorgis (Igreja de São Jorge), dão a ilusão de estar ligadas só pela base ao chão. Na verdade, cada uma dessas igrejas foi escavada num pedaço de "rocha" (monólito), com seu teto ao nível do chão. Ao decidir o local para uma igreja, os pedreiros tinham de considerar não só a posição das paredes externas como a das janelas, colunas, calhas e gárgulas. Acredita-se que os trabalhadores escavavam trincheiras fundas ao redor de grandes blocos de rocha e então os pedreiros esculpiam a forma da igreja e esvaziavam seu interior usando martelos e picaretas. Um sistema de canais de drenagem era acrescentado para prevenir inundações, além de depósitos, catacumbas e passagens para outras igrejas.

Muitas portas e janelas das igrejas mostram formas e ornatos axumitas. A Biete Medhami Alem, por exemplo, é cercada por uma colunata esculpida, num estilo relacionado às estelas e usado em Axum.

Local de peregrinação

Lalibela continua a ser um importante local de peregrinação para a Igreja Ortodoxa Etíope e abriga uma grande comunidade de sacerdotes e monjas ortodoxos etíopes. Desde que entrou na lista de Patrimônios da Humanidade da Unesco, em 1978, e com a introdução de melhor transporte, tornou-se também uma enorme atração turística internacional, fazendo de sua conservação uma alta prioridade. ∎

Ela foi escavada na montanha. Seus pilares também foram entalhados na montanha.
Sihab al-Din
Escritor árabe do século XVI

O MALI NUNCA SERÁ CATIVO

O IMPÉRIO DO MALI (1235-SÉCULO XV)

O IMPÉRIO DO MALI

EM CONTEXTO

ONDE
África ocidental

ANTES

c. 642 d.C. Forças árabes muçulmanas tomam o Egito. Sua conquista do Magreb (noroeste africano) se inicia cinco anos depois.

Séculos VIII-IX d.C. Mercadores e viajantes muçulmanos chegam ao norte da África. Religiosos os seguem e começam a converter africanos ao Islã.

Meados do século XI O Império de Gana, na África ocidental, é invadido pelos Almorávidas, uma aliança de tribos berberes muçulmanas, e seu declínio começa.

DEPOIS

Anos 1590 Após derrota para forças marroquinas, o Império Songai desmorona.

1712 O Império Bambara, com capital em Segu, no atual Mali, se expande, abarcando Tombuctu e Djenné.

1818 O Império Bambara rui após uma decisiva derrota para forças muçulmanas de fulas.

1861 Omar Saidou Tall funda o breve Império Tukulor, no Mali, que durou três décadas.

1893 Forças francesas conquistam Segu e, um ano depois, Tombuctu. Sob domínio colonial francês desde 1899, o Mali é chamado de Sudão Francês até 1959.

1960 O território do Sudão Francês se torna a República do Mali independente.

Entre os séculos VIII e XIX, a África ocidental teve três grandes impérios. Substituindo o Império de Gana no século XIII, o Império do Mali em seu auge foi o maior dos três e um florescente centro de comércio e estudo islâmico. Quando decaiu, no século XV, o Império Songai subiu ao poder.

Raízes malinquês

No século X, vários grupos malinquês haviam surgido, cada um controlado por um clã nobre. Um deles era o reino de Kangaba, perto da atual fronteira Guiné-Mali, governado pelo clã malinquê Keita no início do século XII. Seu centro era a cidade de Niani, no alto rio Níger.

Assolado pela guerra civil, seca e dificuldades econômicas, o Império de Gana afinal desabou em 1203, quando um de seus antigos vassalos, o reino de Sussu, tomou a cidade de Kumbi Saleh. O lider sussu, Sumanguru, anexou o que restara do

Este guerreiro de terracota (século XIII-XV) foi desenterrado perto de Djenné, no Mali. No seu auge, o exército do Império do Mali, com 100.000 pessoas, incluía 10.000 cavaleiros.

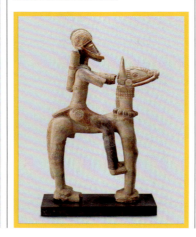

> Sundiata, eu vos saúdo; rei do Mali, o trono de vossos pais vos aguarda.
> **Epopeia de Sundiata**
> Poema épico do povo malinqué, século XIII

império e, em c. 1230, estendeu seu controle tirânico sobre os domínios malinquês, entre eles Kangaba. Os malinquês se rebelaram, mas o exército sussu logo os esmagou.

Segundo a tradição oral, Sundiata Keita, um monarca cujo nome significa "Príncipe Leão", reuniu um exército com tropas e cavalaria e obteve várias vitórias sobre as forças de Sumanguru, derrotando afinal o tirano sussu na Batalha de Kirina, em 1235.

Construção de um império

Após a vitória de Sundiata, os chefes malinquês se juntaram em Kangaba para lhe jurar lealdade como seu soberano e o nomearam Mari-Djata – "Senhor Leão". Quando o Mali se expandiu, Sundiata também recebeu o título de *mansa* ("sultão" ou "imperador"), que seus sucessores também adotaram.

Sundiata fixou a capital do Mali em Niani, que assim continuou até o século XVI. Conforme relatos dos historiadores árabes Al-Umari e Ibn Khaldun, parece que a esparramada cidade tinha casas de barro cônicas, cobertas de madeira e junco. Situada em importantes rotas comerciais para o Egito e o Magreb, tinha movimentados mercados com

FÉ E COMÉRCIO   89

Ver também: O Império de Gana 52-57 ▪ A conquista muçulmana do Egito 58-59 ▪ As origens do Império Songai 75 ▪ Gana se converte ao Islã 78-79 ▪ A Grande Mesquita é fundada em Djenné 92 ▪ O Ano da Africa 274-275

O personagem Simba, no musical *O rei leão*, tem sido ligado a Sundiata, o fundador do Mali, pois Simba foge após o assassinato de seu pai, mas – como Sundiata – volta.

produtos de muitos países.

Sundiata logo expandiu seu império, controlando outras importantes rotas mercantis. Ele conquistou e arrasou Kumbi Saleh, a antiga capital do Império de Gana, destruindo todo vestígio de seu poder. Empurrando as fronteiras do Mali a oeste, para o rio Senegal, e ao norte para a Gâmbia, incorporou centros das rotas mercantis transaarianas, como o principal terminal do sul, o oásis Walata, onde viviam 2.500 pessoas. O império também controlou rotas entre o interior africano e a costa atlântica, impondo pedágios para ouro, sal, cobre, marfim e pessoas escravizadas e comprando bens para vender, com ganhos significativos.

As terras conquistadas por Sundiata eram ricas em recursos naturais, permitindo ao império desenvolver uma economia diversificada e florescente. Vastas quantidades de ouro eram extraídas das minas do sul, em Bambuk e Bure, que antes haviam enriquecido Gana, e as terras férteis da planície do Níger e do vale do Gâmbia produziam grãos como sorgo, painço e arroz. Peixes eram trazidos dos rios Sankarani e Níger, e pastores das savanas mais secas do Sahel forneciam gado, carne e peles.

Sundiata governou por 25 anos e, ao morrer em 1255, tinha posto o Mali no caminho da glória. Ele foi imortalizado como fundador do Mali »

Sundiata Keita

Nascido em c. 1210, Sundiata era filho do chefe Keita, Nare Maghan, regente de Kangaba. A lendária *Epopeia de Sundiata*, transmitida oralmente, conta como ele nasceu com uma deficiência, mas graças à determinação recuperou o uso das pernas.

Como não há um texto definitivo da *Epopeia*, os relatos sobre a juventude de Sundiata variam. Por ser uma criança enferma, pode ter sido poupado e possivelmente fugiu quando Sumanguru, soberano do reino de Sussu, invadiu Kangaba e matou outros membros da família Keita. Segundo a lenda, Sundiata afinal derrotou Sumanguru, na Batalha de Kirina, porque sua mágica era mais poderosa.

Sundiata se provou um líder militar forte e soberano sábio, que deu aos comandantes leais o governo dos 12 reinos do Império do Mali inicial. Segundo a *Epopeia*, Sundiata realizou as profecias de adivinhos de que criaria um dos impérios mais poderosos já conhecidos. Ele morreu em 1255.

Quando o Império de Gana desmorona, **Sundiata, um príncipe** do reino Kangaba, conquista os estados vizinhos e **funda o Império do Mali**.

O império se torna extremamente **rico,** graças a abundantes **recursos naturais,** e controla as **rotas mercantis** transaarianas.

Seu nono soberano, **Mansa Musa**, exibe sua riqueza e devoção muçulmana numa ostentosa **peregrinação a Meca**.

Voltando com **eruditos**, **arquitetos** e milhares de livros **islâmicos**, o imperador constrói **mesquitas**, **bibliotecas e universidades**.

O Mali se torna famoso por sua **riqueza e saber,** e atrai estudiosos de todo o **mundo islâmico**.

O IMPÉRIO DO MALI

na *Epopeia de Sundiata*, um poema do povo malinqué, recontado por gerações de griôs (tradicionais contadores de histórias da África ocidental).

Décadas de governo irregular

Sundiata foi sucedido por três filhos. O último foi Khalifa, que Ibn Khaldun descreveu como insano, devido ao costume de usar súditos como alvo de flechas; eles logo o depuseram e mataram. Abu Bakr, sobrinho de Sundiata, governou a seguir, mas seu poder era hesitante. Em c. 1285, Sakura, um oficial da corte, antes escravizado, sobe ao trono.

Sakura, muçulmano como os *mansas* antes dele, se provou um líder forte e expandiu mais os limites do império, reafirmando a posição como potência política dominante na região. Ele foi morto no Chifre da África em 1308, ao voltar da peregrinação *hadj* a Meca. A dinastia Keita continuou e, em 1312, quando o nono soberano do Mali, Mansa Musa, subiu ao trono, o Império do Mali entrou em sua era de ouro.

Uma peregrinação extravagante

Em 1324, Mansa Musa, um muçulmano devoto, partiu com milhares de servidores e 100 camelos carregados de ouro em peregrinação a Meca, prodigalizando dádivas pelo caminho. Sua esposa principal, Inari Kanuté, o acompanhou, viajando com centenas de suas próprias serviçais. A primeira parada foi o Cairo, onde Mansa Musa passou quase três meses, e diz-se que presenteou o regente egípcio Al-Malik al-Nasir com 50.000 dinares de ouro. Historiadores árabes posteriores relatam que sua piedade e generosidade muito impressionaram os egípcios.

A jornada ostentosa do imperador levou sua fama muito além da costa africana e pôs o Mali no mapa, literalmente, pois os cartógrafos europeus começaram a anotar a localização do império altamente próspero da África ocidental. Seus generosos gastos, porém, inundaram o mercado do Cairo com tanto ouro que o preço do lingote caiu para um quinto no Egito e não se recuperou por uma década.

> Esse homem [Mansa Musa] inundou o Cairo com sua generosidade. Não deixou nenhum emir da corte nem funcionário real sem a dádiva de um carregamento de ouro.
> **Shihab al-Din al-Umari**
> Erudito sírio, c. 1327

Enquanto Mansa Musa viajava, suas forças continuaram a ampliar o império, incorporando o grande Império Songai, que se estendia por centenas de quilômetros a leste do Mali. Ao voltar de Meca, o imperador visitou sua capital, Gao, onde ordenou a construção de uma mesquita. A outra grande cidade de Songai, Tombuctu, na orla sul do Saara, já era um posto comercial importante na rota transaariana de caravanas e depois se tornou um centro da cultura islâmica. Esses acréscimos aumentaram muito a riqueza e influência do Império do Mali.

Islã e aprendizado

Em Meca, Mansa Musa convenceu o grande xerife (o tradicional administrador de Meca e Medina) a permitir que vários *shurafas* (descendentes do profeta Maomé) o acompanhassem com suas famílias na volta ao Mali. Ele também levou eruditos muçulmanos, arquitetos e milhares de livros. Os estudiosos que recrutou em Meca incluíam o poeta e jurista andaluz Abu Ishaq al-Sahili, que se tornou arquiteto e projetou Djinguereber (a Grande

O Império do Mali, em seu apogeu, nos anos 1330, tinha 12 províncias com guarnições militares, 400 cidades e povoados e população total de cerca de 20 milhões de pessoas.

— Limites do Império do Mali
--- Rotas mercantis

FÉ E COMÉRCIO

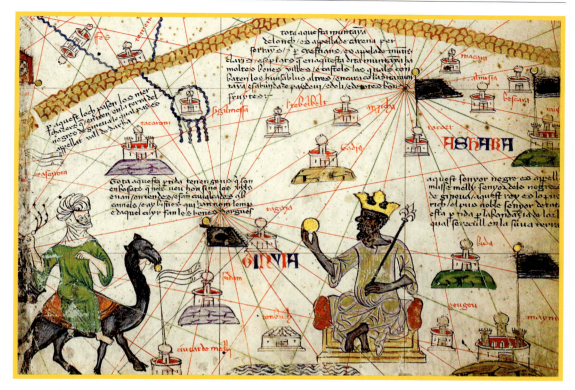

Mesquita) e o Madugu, um palácio real, ambos em Tombuctu.

Dotadas de mesquitas por Mansa Musa, Gao e Tombuctu logo floresceram como centros de aprendizado do Corão. O Madraçal Sankoré, em Tombuctu, tinha a melhor biblioteca da África e ganhou reputação internacional. Muitos dos milhares de livros e manuscritos abrigados nesses centros se conservaram até hoje. Especialistas de todo o mundo islâmico viajavam ao Mali para estudar história, geografia, medicina e astronomia, enquanto os muçulmanos naturais do Mali iam estudar em cidades como Fez, no Marrocos, e se tornavam eruditos ou religiosos.

Sob Mansa Musa, o Islã começou a perder a imagem de religião estrangeira e passou a ser visto também como uma fé da África negra. A estratégia do imperador foi respeitar as crenças tradicionais africanas e evitar conflitos, de modo que as ricas tradições culturais e religiosas do Mali puderam florescer simultaneamente.

Declínio do Império do Mali

Mansa Musa morreu em 1337 e foi sucedido por vários regentes menores. Quando estados vassalos se rebelaram, o poder econômico do Mali começou a diminuir. Problemas internos se agravaram com a chegada de barcos mercantes portugueses na costa atlântica, desafiando o monopólio do Mali nas rotas comerciais do Mediterrâneo. O reino também foi invadido

Segurando um globo dourado, Mansa Musa é retratado no centro das rotas de comércio africanas num detalhe do *Atlas Catalão*, desenhado em velino por Abraham Cresques de Maiorca em 1375.

repetidamente por povos tuaregues berberes nômades no norte, e pelo reino Mossi no sul.

Songai, um dos estados rebeldes do Mali, usou seu significativo poder naval ao longo do Níger para conquistar outras áreas dissidentes e logo se expandiu, tornando-se um império comercial nos séculos XV e XVI. Em c. 1545, o exército songai ocupou Niani, a capital do Mali. Diferentemente de Gana, o Mali não desapareceu, mas perdeu suas províncias não malinqués e encolheu a seu território original. ∎

QUEM ORAR NELA ABENÇOARÁ TEU NOME

A GRANDE MESQUITA É FUNDADA EM DJENNÉ
(SÉCULO XIII)

EM CONTEXTO

ONDE
Mali

ANTES
639-642 d.C. O general árabe Amr ibn al-As conquista o Egito, e o Islã se espalha no norte e oeste da África.

c. 850 d.C. Djenné se torna um importante centro urbano no Império de Gana medieval.

c. século XI Tombuctu é fundada; estreitamente ligada a Djenné, torna-se um centro de comércio e estudo.

DEPOIS
1327 É construída Djinguereber, a Grande Mesquita de Tombuctu.

1836-1838 O líder de Massina, Seku Ahmadu, que conquistou Djenné em 1818, constrói uma nova mesquita a leste do local original.

1591 O colapso do Império Songai leva ao declínio das cidades do deserto da África ocidental, como Djenné.

A credita-se que Djenné, a cidade mais antiga conhecida da África subsaariana tenha surgido no século III a.C. A partir do século XIII, com a criação da Grande Mesquita, ela se tornou um importante centro do Islã, de ensino e comércio, e crucial para a difusão da fé na África ocidental. Evidências de seu papel como centro de estudos são os cerca de 5.000 manuscritos, alguns datados até do século XII, sobre temas que iam da história, geografia e astronomia à medicina e magia.

A mesquita foi criada por Koi Konboro, o 26º regente de Djenné, que se converteu ao Islã. Segundo a lenda, ele foi instruído por um sábio muçulmano a erigir a mesquita para agradar a Deus – e então, num ato público de devoção, transformou seu palácio num local de culto.

Essa magnífica construção de adobe, com vigas de madeira encaixadas em paredes de tijolos de barro, é o melhor exemplo da arquitetura sudano-saheliana. A estrutura original caiu em ruínas no século XIX e foi reconstruída em 1907 pela confraria dos construtores de Djenné.

A mesquita é hoje um ícone da coesão da comunidade. Como é feita de barro, sofre danos a cada estação chuvosa e precisa de reparos regulares. Na festa anual da *Crépissage* (revestidura), milhares de jovens escalam as paredes, usando as vigas de madeira como andaime, para revesti-las de argila fresca. Anunciado com cantos e danças por toda a noite anterior, o trabalho se inicia de madrugada e termina em questão de horas. ■

A Grande Mesquita de Djenné, restaurada todos os anos, poderia ser descrita como um monumento vivo. Patrimônio da Humanidade da Unesco, figura em selos e cédulas do Mali.

Ver também: O Império de Gana 52-57 ▪ A cidade do Grande Zimbábue 76-77 ▪ Gana se converte ao Islã 78-79 ▪ O Império do Mali 86-91

FÉ E COMÉRCIO 93

UMA MISSÃO PARA ESPALHAR A LUZ DO ISLÃ
O SULTANATO DE IFAT (1285-1415)

EM CONTEXTO

ONDE
Etiópia

ANTES
615 d.C. Os primeiros muçulmanos chegam ao reino de Axum (na atual Etiópia), levados por perseguição em Meca.

1270 A dinastia Salomônida, cujos reis alegam descender diretamente do rei Salomão e da rainha de Sabá, funda o reino da Abissínia.

1277 Ali ibn Wali Asma ataca Choa, iniciando um conflito de oito anos com a dinastia Makhzumida.

DEPOIS
1328 Ifat é conquistado pelo rei abissínio Amda Seyon, e se torna um estado tributário.

1991 Os combates se intensificam na Guerra Civil Somali, destruindo grande parte da infraestrutura histórica de Zeila.

Nos primeiros séculos do Islã, a religião foi espalhada por migrantes e mercadores através do mar Vermelho para a costa oriental africana e o Chifre da África. Lá, uma série de estados muçulmanos importantes mantiveram o poder no período medieval. Um dos maiores foi o sultanato de Ifat, que floresceu em áreas hoje da Etiópia, Djibuti e Somália.

Essencial para o poder de Ifat foi a localização litorânea. Ele tinha como centro a cidade portuária de Zeila, que abastecia várias rotas mercantis importantes. O controle de Ifat sobre esse comércio enriqueceu seus governantes, permitindo-lhes ampliar seus domínios.

Um reino unificado
Ifat era antes o reino mais oriental do sultanato de Choa, regido pela dinastia Makhzumida. Em 1285, o sultão de Ifat, Ali ibn Wali Asma, depôs os Makhzumidas e assumiu o poder em seus reinos. Ele submeteu então regiões do vizinho Afar e o estado nômade de Adal, unindo territórios muçulmanos díspares num sultanato poderoso. A geografia de Ifat lhe dava uma vantagem estratégica e o benefício de terras férteis no planalto costeiro. Mas as relações com o reino cristão vizinho da Abissínia, no interior, eram difíceis e, décadas após sua fundação, Ifat foi ocupado.

Por quase um século, Ifat resistiu aos ocupadores, mas em 1415, na revolta final, o sultão S'ad al-Din foi morto em Zeila. Yeshaq I, imperador da Abissínia, destruiu o estado e anexou suas terras. ∎

Esses reinos, que pertenciam a sete reis, eram fracos e pobres [...] a autoridade de cada um é isolada.
Ibn Fadlallah al-Umari
Historiador árabe (1301-1349)

Ver também: O império comercial de Axum 44-47 ▪ A conquista muçulmana do Egito 58-59 ▪ Gana se converte ao Islã 78-79 ▪ A Etiópia desafia o colonialismo 226-227

TODOS OS PÁSSAROS VOARÃO PARA UMA ÁRVORE FRUTÍFERA

OS EUROPEUS CHEGAM À ÁFRICA (1364)

EM CONTEXTO

ONDE
África **subsaariana**

ANTES
c. 711 d.C. Começa a conquista moura da Ibéria, ligando Europa e África.

1312 O mercador genovês Lanzaroto Malocello constrói uma base na atual Lanzarote.

DEPOIS
1510-1866 Cerca de 12,5 milhões de africanos são forçados a embarcar em navios negreiros europeus e americanos para o Novo Mundo.

1550 As viagens na África ocidental do berbere Leão, o Africano, levam os europeus a redesenhar seu mapa da África.

1796 O escocês Mungo Park tenta traçar o curso do rio Níger em nome da Associação Africana do Reino Unido.

1884-1900 Na "partilha da África", as potências europeias disputam a colonização de 90% do território africano.

A chegada de navegantes à costa ocidental da África no século XV e talvez até antes, no século XIV, é vista em geral como um encontro histórico entre africanos e europeus. Porém, europeus e africanos já tinham se encontrado, em termos relativamente iguais, bem antes. Desde a época do Egito antigo, três milênios atrás, havia presença africana no mundo mediterrâneo. Após a conquista de Cartago, na Tunísia, em 146 a.C., as produtivas colônias romanas do norte africano se tornaram famosas como o celeiro de Roma. No século VIII d.C., a invasão moura da Ibéria levou norte-africanos para a Europa medieval. Nos séculos XII e XIII, os cruzados europeus voltaram com notícias de cristãos africanos na Etiópia e, durante o século XIV,

Este mapa da costa ocidental da África, do Atlas Vallard (c. 1547), foi desenhado do ponto de vista da Europa, com Gibraltar embaixo e o forte português de São Jorge da Mina na esquerda, em cima.

FÉ E COMÉRCIO

Ver também: Os romanos chegam à África 38-39 ▪ O cristianismo chega à África 48-51 ▪ Os mouros em Al-Andalus 64-67 ▪ O Império do Mali 86-91 ▪ O início do tráfico escravista atlântico 116-121 ▪ A partilha da África 222-223

> Em 1364, **dois barcos de Dieppe, na Normandia**, se aventuram pela costa oeste da África abaixo, até Cabo Verde e além.

> Eles **comerciam com as comunidades locais**, trocando miudezas francesas por marfim, âmbar, peles e pimenta.

> Em 1383, **navegantes mercadores franceses já comerciam na Costa do Ouro**. Eles constroem um posto avançado num lugar que chamam de La Mine (a Mina).

> Em 1666, Villaut de Bellefond **reconta essa história** a partir dos arquivos navais de Dieppe. Mas **todas as provas se perdem** quando os relatos são queimados em 1694.

---

diplomatas e delegações etíopes viajaram para a Europa.

No período medieval, redes de comércio regional e internacional da África subsaariana se estenderam da costa ocidental até o norte africano, e das cidades-estados da costa oriental através do oceano Índico. Porém, os europeus tinham um conhecimento mínimo sobre os vastos impérios africanos, dependendo de intermediários muçulmanos em todos os negócios entre as duas regiões.

Do século X em diante, os mercadores que viajavam no interior africano produziram mapas rudimentares. No século XIII, consta que venezianos passaram por Túnis e europeus podem ter penetrado ao sul do Saara.

Em busca de ouro

O erudito e explorador marroquino berbere Ibn Battuta pode ter despertado o interesse pelas riquezas potenciais da África, em *Viagens na Ásia e na África* (1353), em que descreveu a notável riqueza de Mansa Musa, rei do Mali, obtida com o comércio de ouro e sal. Mercadores normandos de Dieppe podem ter chegado à costa da Guiné já em 1364, mas as únicas viagens para a África ocidental documentadas são as expedições portuguesas do século XV, patrocinadas pelo infante dom Henrique, o Navegador. A missão era achar rotas marítimas para a Índia, negociar por ouro e se contrapor ao domínio muçulmano na África. Seus barcos leves (as caravelas) chegaram à região do Senegal em 1444, e continuaram a descer pela costa em viagens mercantes, fazendo contatos na África ocidental, centro-ocidental e sul.

Nos encontros iniciais, as comunidades foram hospitaleiras, mas prudentemente atentas às intenções dos europeus. O primeiro carregamento de volta a Portugal, em 1444, continha ouro em pó e africanos cativos. Após a chegada dos navegantes à costa da atual Gana, em 1471, o comércio de ouro com o povo acã floresceu tanto que

Existem estátuas nos restos de um forte português erguido em 1588, numa antiga colônia em Cacheu, na Guiné-Bissau. Ela se tornou um posto do tráfico de escravizados nos séculos XVII e XVIII.

os portugueses renomearam a costa da Mina – mais tarde chamada de Costa do Ouro. Dentro de décadas, os portugueses ergueram uma série de fortes e estabeleceram um monopólio de comércio com a África ocidental que durou todo o século XVI. Depois que Vasco da Gama passou o cabo da Boa Esperança, em 1498, os portugueses também tentaram dominar o comércio de ouro na costa leste, com êxito limitado.

Tráfico de pessoas

Quando os holandeses criaram seus primeiros entrepostos comerciais na África ocidental, em 1598, o tráfico de escravizados africanos era o principal objetivo europeu. Nos anos 1620, mais de 100.000 africanos foram embarcados para Madeira, Cabo Verde e as ilhas do golfo da Guiné, e cerca de 400.000 para as Américas.

A guerra entre França, Reino Unido e Holanda de 1652 a 1713 aconteceu fora, na costa oeste da África, numa corrida para fundar colônias e postos de tráfico de escravizados. A chegada dos europeus forjou vínculos através do Atlântico, ligando a África, a Europa e as Américas, mas com um calamitoso preço para o desenvolvimento independente da África. ■

OS HOMENS AZUIS DO SAHEL
AS CIDADES-ESTADOS DA HAUÇALÂNDIA (1463)

EM CONTEXTO

ONDE
Nigéria

ANTES
Séculos v-vii d.C. Os primeiros estados hauçás se desenvolvem no Sahel e incluem Dala, depois chamada Kano.

Século ix d.C. O geógrafo muçulmano Ahmad al-Yaqubi menciona os hauçás e a localização destes no Sahel central.

Século xi O Islã, difundido por mercadores e missionários, começa a influenciar a Hauçalândia.

Século xiv O poder comercial da Hauçalândia começa a rivalizar com o dos impérios vizinhos do Mali e Kanem-Bornu.

DEPOIS
1804 A Hauçalândia é conquistada pelo líder fulani muçulmano Usman dan Fodio, que funda o califado Sokoto.

1903 A Hauçalândia passa a domínio britânico, como parte do Protetorado do Norte da Nigéria.

O comércio transaariano, habilidades locais e recursos abundantes impulsionaram o surgimento das cidades-estados da Hauçalândia no século xv. Elas ficavam onde hoje é o norte da Nigéria, entre o lago Chade e o rio Níger, no Sahel central – uma área semiárida ao sul do Saara. Kano se tornou a cidade-estado dominante, governada de 1463 a 1499 por Muhammad Rumfa, cujas políticas lançaram as bases do futuro Império de Kano.

As cidades-estados independentes evoluíram a partir de povoados murados (*birni*), de povos originários ou migrantes de fala hauçá, e cresceram junto com o comércio transaariano. A Hauçalândia estava bem situada, em rotas mercantis do norte do Saara para o oeste do Sudão e as florestas do sul. Apesar de independentes, as cidades-estados se ligaram de modo intermitente, numa vaga confederação, a partir de meados do século xiv. Na época, elas também

- A **lenda de fundação dos hauçás** diz que Bayajida, o príncipe de Bagdá, foi à cidade de Daura.
- No poço de Daura, ele **matou uma cobra** que aterrorizava o povo e empilhou seu corpo em **sete pedaços**.
- Bayajida se casou e teve um filho com a rainha de Daura, que se tornou **o primeiro reino hauçá**.
- Os seis netos deles **fundaram as outras cidades-estados hauçás** de Biram, Gobir, Kano, Rano, Zazzau e Katsina.

Ver também: O comércio escravista transaariano 60-61 ◾ O Império de Kanem 80-81 ◾ A conquista fulani 196-197

FÉ E COMÉRCIO

Os padrões vívidos do Palácio do Emir, em Bauchi, na Nigéria (século XIX), reproduzem símbolos e desenhos que decoravam os portões das antigas cidades muradas hauçás.

sofreram a influência dos missionários muçulmanos do vizinho Império do Mali, que incitaram o soberano de Kano, Ali Yaji (1349-1385), a se converter ao Islã.

Centros comerciais vibrantes

As sete cidades-estados (ou Hauçá Bakwai) eram Biram, Gobir, Kano, Rano, Zazzau, Katsina e Daura, com vários estados externos frouxamente ligados a elas. Daura concentrava o mito fundador de Hauçalândia, que hoje se acredita datar apenas do século XVI, já que reflete a influência do Islã.

Cada cidade-estado tinha um *sarkin kasa* (rei ou governante) e anciãos. As sete competiam por poder, mas cooperavam no comércio, cada uma com suas mercadorias, com base em localização e recursos naturais. Biram era a sede de governo original e Gobir, na fronteira oeste, defendia Hauçalândia de invasões. Kano e Rano produziam algodão e tecidos finos tingidos com índigo, o que valeu ao povo hauçá o nome "homens azuis", por suas vestes de cores vívidas. Kano também era um centro do comércio de marfim, ouro, couro e pessoas escravizadas, enquanto Zazzau era basicamente a fonte primária dos escravizados, obtidos em ataques a terras ao sul. Katsina, uma região agrícola, produzia peles e cultivares como painço e amendoim. Como Katsina e Daura ficavam perto do sul do Saara, faziam transações diretas de bens hauçás com mercadores transaarianos.

A ascensão de Kano

O domínio de Muhammad Rumfa consolidou o poder de Kano. Rumfa criou o Mercado Kurmi, ainda hoje em atividade, e recebia bem mercadores estrangeiros e eruditos islâmicos. Guiado pelo missionário berbere Muhammad al-Maguili, também introduziu reformas islâmicas e erigiu um grande palácio e muitas mesquitas.

Após a morte de Rumfa, em 1499, o poder de Kano continuou a crescer. Seu neto, Muhammad Kisoki (1509-1565), criou o Império de Kano unindo a Hauçalândia e outros reinos do Sahel. Em 1804, enfraquecida por conflitos internos e externos, a Hauçalândia foi derrotada pelos fulanis, uma força militante islâmica da África ocidental, e depois se tornou parte do Império Britânico. Hoje, os hauçás são o maior grupo étnico da África subsaariana. ◾

A rainha Amina de Zazzau

Nascida em meados do século XVI em Zazzau, filha do rei Nikatau e da rainha Bakwa, Amina era a mais velha de três crianças. Segundo a tradição oral, seu avô, em cuja corte ela cresceu, lhe ensinou habilidades militares. Embora fosse chamada aos 16 anos de *magajiya* (herdeira legítima), seu irmão Karami foi coroado rei quando o pai deles morreu, em 1566.

Rejeitando muitas ofertas de casamento, até uma do regente de Kano, Amina preferiu lutar no exército de Zazzau e provar que era capaz de liderar homens em batalha. Quando seu irmão morreu, em 1576, ela se tornou governante de Zazzau e, em três meses, lançou uma campanha militar para expandir o território. Conforme o costume hauçá, ela erigiu muralhas de barro ao redor das cidades conquistadas. Amina também estimulou o comércio e, em seu reinado, Zazzau atingiu o auge. Lendária rainha guerreira, ela morreu em 1610, mas não se sabe como e onde.

ELES SEGUEM SEUS ANIMAIS
A MIGRAÇÃO DOS MASSAIS (SÉCULOS XV-XVIII)

EM CONTEXTO

ONDE
Quênia, Tanzânia

ANTES
2000-1000 a.C. Povos nilóticos, do grupo etnolinguístico ao qual pertencem os massais e os turkanas, descem o vale do Nilo para o atual sul do Sudão.

500 a.C. Alguns povos nilóticos migram para o sul até o atual Quênia.

DEPOIS
Anos 1890 Um vírus bovino (*Rinderpest*) dizima os rebanhos massais. A fome resultante, combinada à seca e a uma epidemia de varíola, mata até 60% dos massais.

1904, 1911 Por tratados assinados com os britânicos, os massais são obrigados a entregar seus pastos do norte.

1946 O Parque Nacional de Nairóbi, uma área de conservação, é criado no Quênia em terras tradicionalmente ocupadas pelos massais.

Os massais têm um **estilo de vida pastoral** que gira em torno de seu gado. A terra é um recurso compartilhado.

Ao longo de centenas de anos, os massais **migram para o sul**, a partir do sul do Sudão, **em busca de novos pastos**.

Conforme viajam, os massais **assimilam ou desalojam** muitos **outros grupos étnicos** e **se espalham** através do Grande Vale do Rift.

O gado é visto como um **presente de Deus** e usado como **moeda** e como **meio de sustento**.

Segundo a história oral, passada por gerações de falantes de maa, os massais costumavam viver em terras ao norte do lago Turkana, hoje Sudão do Sul. Entre os séculos XV e XVIII, talvez em resposta a ataques do povo turkana, começaram a migrar para o sul, levando seu gado. Em meados do século XIX, quando os massais ocuparam sua maior área, percorreram o Grande Vale do Rift quase inteiro. Hoje, são cerca de um milhão e vivem principalmente no sul do Quênia e norte da Tanzânia.

Pastores de gado
Temidos por sua cultura guerreira, os massais venceram e, aos poucos, desalojaram ou assimilaram vários grupos étnicos conforme migravam pela África oriental. Eles se dividiam em seções territoriais politicamente independentes e culturalmente distintas (apesar de etnicamente relacionadas) e estabeleceram ligações com os falantes de banto nas montanhas ao redor.

Para os massais o mais importante era o gado. Um mito descreve como seu Deus Supremo, Enkai, mandou o gado do céu para as pessoas, com uma corda de cipó. Os massais acreditam, assim, que

FÉ E COMÉRCIO

Ver também: As migrações bantas 32-33 ▪ As Guerras Xhosas 180-181 ▪ A partilha da África 222-223 ▪ A Revolta dos Mau-Mau 262-263

Os massais são tradicionalmente pastores seminômades – levam o gado de um pasto a outro dentro de suas áreas territoriais em busca de capim fresco, água e sal.

todo o gado do mundo lhes pertence, como presente de Deus. Essa crença levou-os historicamente ao abigeato.

O gado é crucial no dia a dia massai. O leite e sangue de vaca, tradicionalmente, suprem suas necessidades nutricionais e, em grandes rituais públicos, uma vaca com frequência é sacrificada e sua carne partilhada numa refeição comunal. O gado é também fonte de riqueza e posição social para os homens nessa sociedade patriarcal, e os indivíduos, famílias e clãs criam e mantêm laços pela troca de animais. Enquanto os homens tomam as decisões, o papel da mulher é casar-se, criar filhos e participar de cerimônias de iniciação dos homens. Quando ela vai pela primeira vez à casa do marido (a *enkang*), sua sogra lhe dá uma vaca leiteira. O marido, então, dá a ela um rebanho de vacas leiteiras que, por fim, ela passará ao filho quando ele crescer.

Choque de culturas

Desde 1895, quando o Quênia se tornou protetorado britânico, eventos ambientais, econômicos e sociais afetaram o modo de vida massai. Os colonizadores europeus transformaram os pastos comunais em fazendas, reduzindo o território massai. Reservas de caça e áreas de conservação substituíram seus espaços de vida e os pastos. Mais recentemente, o crescimento de centros urbanos, oferecendo oportunidades educacionais e de emprego, levou ao declínio das práticas massais, como o pastoreio, a circuncisão (em especial de meninas) e a caça ao leão, que os guerreiros massais usavam como prova de coragem. ▪

O rosto dos meninos massais recém-circuncidados é pintado. Eles devem usar vestes pretas por quatro a oito meses após a cerimônia.

O sistema de grupos de idade

A sociedade massai é organizada por grupos de idade. Um grupo de idade é formado por pessoas do sexo masculino que passam por ritos de iniciação juntas, a diferentes etapas da vida adulta. Na cultura massai, o primeiro desses ritos é o *Enkipaata* (pré-circuncisão). A seguir vêm o *Emuratta* (circuncisão), o *Enkiama* (casamento), o *Eunoto* (barbeação do guerreiro), o *Eokoto e-kule* (rito de beber o leite), o *Enkang oo-nkiri* (rito de comer a carne) e por fim o *Olngesherr* (rito do ancião novo). Desses, o segundo, o *Emuratta*, que inicia os adolescentes massais como guerreiros, é o mais importante.

Primeiro, o menino deve mostrar que está pronto para ser um homem, fazendo coisas como carregar armas pesadas e pastorear o gado. Depois ele é lavado com água fria e vai para onde acontecerá a circuncisão, com amigos e parentes masculinos gritando palavras de estímulo. (Se ele se retrair durante a operação, será rejeitado.) Então, ele recebe seu próprio rebanho.

O DOMÍNIO DA TECNOLOGIA E DA ARTE

OS GRANDES BRONZES DE BENIM (SÉCULOS XV-XVIII)

EM CONTEXTO

ONDE
Reino de Benim, Nigéria

ANTES
Século XII O povo iorubá da cidade de Ifé, na África ocidental, começa a fundir obras de arte de latão e outros metais. No século seguinte, sua perícia iguala a do reino vizinho de Benim.

1471 Navegantes portugueses chegam à costa da África ocidental, na atual Gana, e negociam com povos locais.

DEPOIS
1897 Tropas britânicas ocupam a Cidade de Benim, pilhando milhares de objetos.

1938 O Museu Britânico de Londres devolve duas coroas reais de coral a Benim – a primeira restituição de objetos saqueados da Cidade de Benim.

2020 Anunciados planos de construir um museu de arte nacional na Cidade de Benim, que abrigará a Coleção Real de bronzes.

Os bronzes de Benim são esculturas intrincadas criadas pelo povo edo no reino de Benim, do século XV em diante. Quando os bronzes foram saqueados pelos colonizadores britânicos no fim do século XIX, a chegada desses objetos na Europa causou sensação, desmentindo a visão europeia de que os africanos nunca tinham produzido arte de tal sofisticação. Os bronzes têm sido, desde então, o foco de grandes esforços para que os museus das antigas potências coloniais europeias os devolvam à Nigéria.

Uma liga real

Poucas das obras são na verdade de bronze – em geral são de latão, uma liga de cobre e zinco. As peças – placas, insígnias reais, e cabeças e figuras animais e humanas – foram fundidas com o método da cera perdida, transmitido pela cultura vizinha iorubá. Os escultores começavam com um modelo de cera de abelha, coberto com camadas de argila. Quando ele era aquecido, a cera derretia, deixando um molde que era então preenchido com metal derretido. Quando o metal endurecia, o molde era quebrado, revelando a escultura.

O uso de latão era controlado pelo Oba (o rei) de Benim e reservado à corte. Grande parte dele foi fundida em centenas de placas, pregadas a colunas num vasto palácio real erigido por Oba Ewuare, um rei

Uma escultura beninesa do século XVI retrata um cavaleiro com um adorno de cabeça de penas de papagaio. No século XVI, o latão de Portugal criou uma voga de fundição do metal em Benim.

Ver também: As migrações bantas 32-33 ▪ Os primórdios de Benim 82-83 ▪ Os europeus chegam à África 94-95 ▪ A partilha da África 222-223

FÉ E COMÉRCIO

O saque da Cidade de Benim

Na segunda metade do século XIX, os britânicos controlavam grande parte da costa nigeriana. Sua crescente relutância em aceitar os termos de comércio de Benim azedaram as relações. Em janeiro de 1897, uma missão comercial britânica, alegadamente pacífica, mesmo assim provocativa, foi atacada a caminho da Cidade de Benim. Os britânicos usaram o ataque como pretexto para invadir e ocupar a capital do reino.

Tropas saquearam santuários e roubaram mais de 900 placas de latão do palácio real. Um soldado descreveu um oficial "vagueando com um martelo e um formão, arrancando figuras de latão e juntando todo tipo de refugo". No outono de 1897, 304 placas de Benim foram expostas no Museu Britânico, que depois comprou mais 203. Dois leopardos de marfim (símbolos reais de poder) com pontos de cobre incrustados foram dados à rainha Vitória. Muitos outros artefatos levados na volta pelos soldados foram usados como pesos de porta ou deixados pegando pó em prateleiras.

As placas do palácio de Benim registram a vida e rituais da corte, além das guerras do reino e relações com sociedades vizinhas e mercadores estrangeiros, em especial portugueses.

guerreiro que governou de c. 1440 a 1480. Ewuare conquistou muitos dos vizinhos de Benim e transformou o reino num império.

Do comércio ao roubo

Os portugueses foram os primeiros europeus a fazer contato com o reino de Benim, em c. 1485. Os comerciantes locais lhes ofereceram bens como marfim, pimenta e tecidos. Em troca, Portugal encontrou um mercado pronto para lingotes de latão, que os escultores de Benim derretiam para fazer obras de arte.

As boas relações com os mercadores europeus começaram a mudar no século XIX. As principais potências europeias, levadas por rivalidades industriais e militares e pelo desejo de novos impérios, passaram a cobiçar as terras da África ocidental, além das mercadorias – o que levou à partilha da África, iniciada em 1884.

Em 1897, forças britânicas invadiram e pilharam a Cidade de Benim, pondo fim à independência do reino. Milhares de objetos roubados logo surgiram em museus e outras coleções no Ocidente, onde a maioria deles ficou. Alguns curadores ocidentais alegam que as nações africanas não têm recursos para cuidar dos artefatos, enquanto a monarquia beninesa, que ainda existe na Nigéria, faz repetidos apelos pela devolução dos bronzes. ∎

Tropas britânicas posam cercadas por presas de elefante, figuras de bronze e um acúmulo de objetos saqueados em seu ataque à Cidade de Benim, em janeiro de 1897.

COMÉRCIO, NÃO CONQUISTA

A CHINA MING NEGOCIA COM A ÁFRICA ORIENTAL (1418-1433)

EM CONTEXTO

ONDE
África **oriental**

ANTES
Século II a.C. Evidências de contatos pessoais e comércio indireto entre África e China.

Século VII d.C. Li Shimin, segundo imperador da dinastia Tang, unifica a China. Exércitos árabes tomam o norte africano e o Islã começa a se espalhar.

DEPOIS
1433 A China cessa de repente as caras viagens marítimas, temendo o poder da classe dos eunucos, e reduz o comércio internacional.

1498 O explorador português Vasco da Gama aporta em Moçambique e é o primeiro europeu a chegar à África oriental.

2013 Xi Jinping, presidente da China, revive as rotas marítimas da seda de Zheng com "Um cinturão, uma estrada", uma iniciativa de infraestrutura global.

A unificação da China e a conquista árabe do norte africano levaram à formação dos poderosos impérios chinês e do califado (ou islâmico) nos séculos VII e VIII, com as classes da elite buscando demonstrar sua autoridade exibindo itens caros e exóticos. Isso levou a uma crescente demanda por bens africanos.

A relação comercial entre a China e a África oriental já tinha quase mil anos. Nos séculos IX e X, ambas eram parte da rede global de negócios, que também incluía o norte africano, a Arábia e a Índia. Os mercadores do leste africano obtinham itens como marfim do interior, que eles trocavam, em geral com negociantes árabes, por porcelana e outros luxos da China.

Essa rede comercial também transportava doenças. Em 1346, a peste bubônica devastou grande parte do mundo, e os negócios caíram. Mas o comércio China-África logo renasceu, no século XV, com o imperador Yongle, da dinastia Ming. Para mostrar o poder da China e atender a demanda do país por bens exóticos, ele patrocinou uma série de viagens

---

Exploradores chineses, liderados por Zheng He, chegam à África oriental.

Os exploradores não buscavam **se instalar**, **dominar ou explorar** as sociedades da África oriental, mas **comerciar com elas como iguais**.

As viagens de Zheng He eram missões de comércio, não de conquista.

FÉ E COMÉRCIO

Ver também: As migrações bantas 32-33 ▪ A conquista muçulmana do Egito 58-59 ▪ A ascensão das cidades-estados suaílis 62-63 ▪ O comércio de ouro em Moçambique 108-109 ▪ A construção do Canal de Suez 215

Na quinta viagem de Zheng He (1417-1419), ele chegou à África oriental. Os trajetos da Rota da Seda foram controlados pelos mongóis até c. 1350, mas as guerras em terra levaram a uso maior de rotas marítimas.

Legenda:
— Rota da Seda — Quinta viagem

aos "oceanos ocidentais" comandadas por seu principal eunuco, o almirante Zheng He.

As viagens de Zheng He

Nas primeiras quatro expedições, de 1405 a 1415, Zheng viajou pelo sudeste da Ásia, Índia e Arábia. Em 1415, voltando da quarta viagem, levou à China uma girafa do rei de Bengala, que a recebera do sultão de Malindi (hoje no Quênia). A girafa lembrava uma criatura chinesa mítica da sorte chamada *qilin* e maravilhou os chineses.

Zheng iniciou a quinta viagem em 1417, em parte para obter mais girafas. Ele chegou à África oriental em 1418 e visitou Mogadíscio, Brava (ambas na atual Somália) e Malindi. Dos 317 impressionantes barcos de sua frota, 62 se destinavam ao carregamento de preciosos presentes da China. Apreciados artigos chineses, como seda e porcelana, foram trocados por itens locais como peles de animais, cascos de tartaruga e chifres de rinoceronte. Embaixadores africanos acompanharam Zheng na volta à China, levando como presentes marfim, zebras, leões e girafas. Na sexta viagem de Zheng, em 1421-1422, os embaixadores africanos foram levados para casa. Zheng voltou à China, mas parte da frota desceu a costa oriental africana até o atual Moçambique.

No inverno de 1431, Zheng partiu em sua sétima e última viagem. Sua frota visitou pelo menos 17 portos entre Champa (atual Vietnã) e Quênia, mas o próprio Zheng morreu em Calicute, na Índia, em 1433.

A sociedade da África oriental

A beleza, raridade e alto preço da cerâmica chinesa fizeram dela um símbolo de *status*. A partir do século XIII, ela se tornou popular entre as elites da África oriental, que exibiam sua riqueza usando-a em banquetes ou para decorar túmulos. O comércio medieval China-África oriental ajudou a tornar as sociedades da África oriental mais ricas, mas também mais hierárquicas. As fortunas obtidas com a importação e venda de bens de luxo estimulou o crescimento de classes como os artesãos e mercadores. Agricultores e trabalhadores, porém, não tinham acesso a essa nova economia, não podiam galgar a escala social e espiralaram mais fundo na pobreza.

Os chineses não mantiveram uma presença permanente na África oriental. Após a morte de Zheng He e do imperador, a China cessou as viagens comerciais à África. Evidências arqueológicas de sua ligação com a região, porém, como porcelana Ming e moedas do reinado de Yongle, continuam a ser desenterradas. ■

A girafa africana dada ao imperador Yongle em 1415 foi pintada pelo artista da corte Shen Du e exaltada em versos. Animais novos, como esse, eram recebidos em troca de presentes de ouro, prata e seda.

ENCORAJADOS E FORTALECIDOS NA EUROPA

"MOUROS NEGROS"* NA INGLATERRA DOS TUDORS (SÉCULO XVI)

*Linguagem usada no século XVI (ver p. 4).

EM CONTEXTO

ONDE
Inglaterra, Escócia, Espanha

ANTES
1086 Os Almorávidas da África ocidental invadem a Ibéria.

1470 Maria Moriana, uma africana que vivia na Inglaterra, assume a condição de cidadã livre após refutar o plano de seu empregador de vendê-la como pessoa escravizada.

1485 Henrique VII é coroado o primeiro rei Tudor da Inglaterra.

1492 Os reis cristãos Fernando e Isabel tomam Granada, o último reino muçulmano independente da Espanha.

DEPOIS
1609-1614 Filipe III expulsa 300.000 mouros da Espanha.

Os africanos vivem nas ilhas Britânicas há mais de 2.000 anos. Na era Tudor, eram parte das comunidades locais e descritos, entre outros termos, como "mouros"* e "mouros negros"*. Esses africanos na Inglaterra do século XVI e início do XVII – e no reino vizinho da Escócia, regido pelos Stuarts – se miscigenaram e trabalharam numa gama de ocupações pagas.

Um país livre

Centenas de registros de paróquias da época mostram que os africanos viviam em cidades e povoados por todo o interior da Grã-Bretanha, de Edimburgo, na Escócia, a Devon, no sudoeste inglês. As maiores concentrações de africanos estavam nas paróquias de St. Botolph without Aldgate e St. Olave-Hart Street, em Londres, e na de St. Andrews, na

Ver também: Os mouros em Al-Andalus 64-67 ▪ Os europeus chegam à África 94-95 ▪ A criação de "raças" 154-157

FÉ E COMÉRCIO

Henrie Anthonie Jetto

Nascido em 1569 ou 1570, o *yeoman* (proprietário rural) negro Henrie Jetto (de *"jet"*, "preto") surge nos registros ingleses ao ser batizado, em 1596, aos 26 anos. Jetto viveu na propriedade do político inglês Henry Bromley, em Holt, Worcestershire, onde era jardineiro. Em 1608, tinha economizado o bastante para ter suas próprias terras, e deu a si mesmo o nome de "Jetto de Holt". Ele se casou com Persida, uma criada, e tiveram cinco filhos.

A condição de *yeoman* de Jetto é significativa. Para ser assim chamado, ele tinha de possuir terras que valessem mais de 40 *shillings*. Isso lhe dava o direito de participar de júris e votar nas eleições locais. Jetto também era alfabetizado – escreveu o próprio testamento, assinado em 1626, nomeando sua mulher testamenteira – o exemplo mais antigo conhecido de um testamento africano na Inglaterra. Jetto morreu em 1627, mas seus descendentes, com o nome Jetter, continuam a viver hoje em Worcestershire.

O pergaminho do Torneio de Westminster mostra o trompetista real negro John Blanke. O documento, de 1511, celebra o nascimento do filho de Henrique VIII e Catarina de Aragão.

cidade portuária de Plymouth. Eles vinham da península Ibérica (Espanha e Portugal) e da África ocidental e do norte, viajando com mercadores ou aristocratas, ou a bordo de navios capturados por piratas ou corsários – navios mercantes particulares autorizados pela Coroa a ajudar a marinha, controlando barcos inimigos.

As experiências de Pero Alvarez, um africano que foi de Portugal à Inglaterra em 1490, estão registradas em documentos ingleses. Ele negociou sua manumissão (libertação da escravidão) com o rei Henrique VII antes de voltar a Portugal, onde sua nova condição foi reconhecida pelo rei português.

Africanos na corte

Assim como com os brancos, a condição na Inglaterra dos africanos "nativos" e nascidos no exterior dependia de sua formação ou da posição de seu empregador. Alguns africanos trabalhavam como criados domésticos, músicos ou acompanhantes nos escalões mais altos da sociedade; outros eram hábeis comerciantes. Catalina de Motril, uma moura ibérica, chegou à Inglaterra em 1502, no cortejo de Catarina de Aragão, e John Blanke, »

[...] é meu desejo que meus filhos não recebam sua parte até a morte de minha mulher, a não ser que aconteça de se casarem [...]
Henrie Jetto
Trecho de seu testamento, 1626

"MOUROS NEGROS" NA INGLATERRA DOS TUDORS

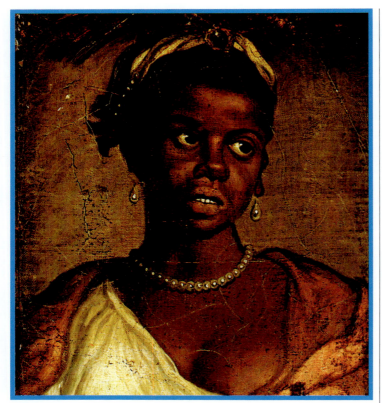

Retrato de moura foi pintado nos anos 1550 por um pintor italiano no estilo de Paolo Veronese. Era comum africanos fazerem parte de casas ricas na Europa da época, e alguns assumiram postos em cortes reais.

que vivia em Londres em 1507, trabalhava como trompetista real. Blanke tocou no funeral de Henrique VII e na coroação de Henrique VIII, e seu pagamento foi dobrado pelo novo rei.

Elizabeth I, a sucessora de Henrique VIII, tinha um "pequeno mouro negro favorito", e seu ministro principal, Robert Cecil, tinha um criado africano chamado Fortunatus, que foi enterrado em 1602 em Westminster, em Londres. A prática de empregar africanos na corte também foi adotada por dignitários estrangeiros, como o príncipe de Portugal, dom Antônio, que viveu com "Katherin, a negra", como foi registrado.

Os africanos viviam e trabalhavam também na Escócia do século XVI. "Peter, o mouro" foi músico e organizador de eventos na corte do rei Jaime IV, de 1500 a 1505, e duas "meninas mouras" – "negra Margaret" e "negra Elene" – eram empregadas. Uma dessas mulheres pode ter feito o papel de "dama negra" na "justa do cavaleiro selvagem pela dama negra", um torneio que aconteceu na corte escocesa no verão de 1507 e 1508.

Cidadãos ingleses

Dramaturgos famosos da era elisabetana, como William Shakespeare, Christopher Marlowe e Ben Jonson, incluíam africanos em suas peças – uma possível evidência da natureza multiétnica de algumas paróquias londrinas na época. Há africanos em *Otelo* e *O mercador de Veneza*, de Shakespeare, embora essas peças se passem na Europa continental e não na Inglaterra.

Alguns dos personagens ficcionais negros da época podem ter sido metamorfoseados em caricaturas exóticas, mas é importante não aplicar noções de raça do século XVIII a africanos na Inglaterra do século XVI. Três documentos escritos no fim da era Tudor, que segundo alguns historiadores fornecem evidências de racismo ao esboçar um plano para deportar africanos, não foram sustentados por leis ou políticas. Dois são cartas, escritas em julho de 1596, com a assinatura de Elizabeth I; o terceiro é uma proclamação não assinada. O autor verdadeiro, porém, não era a rainha, mas um desacreditado político inglês, Thomas Sherley, e seus

[...] foram ultimamente trazidos ao Reino diversos mouros negros*, pessoas de cujo tipo já há muitas aqui [...]
Carta ao prefeito
Assinada pela rainha Elizabeth I, 1596

*Linguagem usada no século XVI (ver p. 4).

cúmplices, trabalhando em favor de um oportunista traficante de escravizados de Lübeck, Casper van Senden.

O esquema de Van Senden falhou, porque os africanos eram "encorajados e fortalecidos" na Inglaterra. Em outras palavras, muitos deles eram cidadãos "naturais" ou "domiciliados" – pessoas que nasceram na Inglaterra ou a consideravam seu lar permanente –, aceitos na Igreja da Inglaterra e batizados. Mary Fillis, por exemplo, "uma moura negra", foi batizada em 1597 em St. Botolph without Aldgate, em Londres. O registro da paróquia mostra que ela vivia com Millicent Porter, uma costureira. Fillis chegara à Inglaterra 14 anos antes com o pai, "Fillis of Morisco, um mouro negro, fabricante de cestos e pás". Outros africanos eram "residentes" – cidadãos estrangeiros que recebiam certos direitos.

Relações diplomáticas
No fim do século XVI, vários diplomatas africanos foram à Inglaterra, como o embaixador marroquino Abd el-Ouahed ben Messaoud ben Mohammed Anoun, que passou seis meses no país negociando uma aliança contra a Espanha. O embaixador e outros dignitários norte-africanos participaram das festividades do aniversário de coroação da rainha Elizabeth.

O comércio e negociações militares com a África continuaram no reinado do sucessor de Elizabeth, Jaime I. Dois príncipes da África

Este painel heráldico alemão é de 1521. Ele mostra Eva von Schonau, uma negra que foi a primeira mulher de Jacob de Reinach. Os brasões pessoais eram um popular símbolo de *status* na Europa do século XVI.

ocidental se instalaram em Londres como parte dessas iniciativas diplomáticas: Walter Annerby, do reino de Kaabu (Guiné-Bissau), que foi batizado em 1610, e John Jaquoah, do reino de Cestos (Libéria), batizado em 1611.

A história colonial britânica posterior – além da ação dos corsários John Hawkins e Francis Drake, patrocinados por Elizabeth I nos anos 1560, para trocar pessoas escravizadas da África por artigos das Américas – torna fácil assumir que os africanos na Inglaterra dos Tudors eram marginalizados. Mas as evidências sugerem algo diverso. Quando multidões inglesas atacaram os estrangeiros (os "estranhos") nos protestos do Evil May Day de 1517, não parece que os africanos tenham sido visados. Ao contrário, aqueles que iam à Inglaterra eram integrados na sociedade, pagos pelo trabalho em diversas funções e batizados, casados e enterrados como qualquer outro cidadão. ■

EM BUSCA DE UM ELDORADO AFRICANO

O COMÉRCIO DE OURO EM MOÇAMBIQUE (1505)

EM CONTEXTO

ONDE
Moçambique

ANTES
c. 1300 O posto de comércio de ouro de Sofala é fundado por mercadores suaílis em Moçambique.

1498 Barcos comandados por Vasco da Gama chegam pela primeira vez à costa de Moçambique.

DEPOIS
1698 Um exército do sultanato de Omã toma o Forte Jesus, uma importante base portuguesa no Quênia. O comércio português é empurrado para o sul.

1823 Uma seca no sudeste africano força as principais áreas de comércio de ouro de Moçambique a fechar.

1861 Os portugueses retomam o comércio de ouro nas cidades de Zumbo e Manica, em Moçambique.

1975 Moçambique obtém a independência de Portugal.

O ouro foi minerado no interior da África desde o século XI, pelo menos, quando Zimbábue dominava o mercado. Ele era produzido em especial por camponesas, que completavam a renda regular faiscando nos rios ou escavando em busca de quartzo com ouro. Partículas de ouro eram guardadas então em penas e levadas a feiras para troca. Essas feiras surgiram logo após a mineração de ouro se desenvolver na região, e com o tempo se tornaram fixas.

A colônia portuguesa do Forte de São Caetano em Sofala, em Moçambique, foi fundada pelo governador colonial português Pero de Anaia para ajudar a controlar o comércio de ouro.

Entre os séculos XI e XV, povoados portuários da costa leste da África cresceram e floresceram como cidades comerciais permanentes. Viajantes muçulmanos se estabeleceram entre os habitantes de fala banta ao longo da costa e uma cultura única suaíli se desenvolveu da Somália, no norte, a Moçambique, no sul, influenciada por mercadores de todo o oceano Índico.

Comércio e exploração

O povo suaíli obtinha ouro negociando com reinos do interior africano e o vendia a mercadores estrangeiros do mar Vermelho, golfo Pérsico, Índia, Madagascar e ilhas Comores. A temporada de negócios coincidia com os ventos de monção sazonais, que duravam de outubro a março. Os mercadores chegavam em *dhows* (veleiros tradicionais árabes) carregados de bens como cravo, pimenta, gengibre, joias e pérolas. Queriam em especial comprar ouro para moedas e joalheria, mas acabavam levando também peles de animais, cascos de tartaruga e marfim.

Os portugueses chegaram à costa norte da África em 1415, quando conquistaram o porto de Ceuta, no Marrocos, marcando o início do

FÉ E COMÉRCIO 109

Ver também: As migrações bantas 32-33 ▪ A ascensão das cidades-estados suaílis 62-63 ▪ A cidade do Grande Zimbábue 76-77 ▪ Os europeus chegam à África 94-95 ▪ A sucessão do manicongo 110-111 ▪ O Ano da África 274-275

O rio Zambeze era usado para transportar bens de Zumbo ao Zimbábue, de barco e, subindo o afluente Luangwa, até Zâmbia.

A fundação de Zumbo

O Zambeze, o mais longo dos rios que fluem para o leste da África, tem fácil navegação por 320 km. Assim, no fim do século XVII, os mercadores portugueses e indianos buscaram oportunidades de comércio ao longo dele. Em 1715, criaram Zumbo, um posto comercial em Moçambique, no ponto em que o Zambeze se encontra com um de seus maiores afluentes, o rio Luangwa.

Zumbo dava acesso a regiões relativamente inexploradas, atraindo grande número de mercadores. Sua população logo aumentou, assim como os ganhos nos negócios. Em 1749, era talvez o mais próspero dos assentamentos portugueses na África oriental. Em meados dos anos 1790, porém, o comércio já tinha perdido o vigor. A seca e a instabilidade local tornaram a passagem de bens por Zumbo cada vez mais arriscada e muitos mercadores foram para outros lugares.

Nos anos 1830, outra seca mais séria forçou os comerciantes a abandonar Zumbo, que só reabriu 30 anos depois.

Império Português. Depois, em 1498, uma pequena frota comandada pelo explorador português Vasco da Gama buscou uma rota marítima para a Índia circundando a África. Eles se interessavam pela pimenta preta da Índia, que, na época, valia literalmente seu peso em ouro. Após ultrapassar o cabo da Boa Esperança (na atual África do Sul) e subir a costa oriental africana, Gama encontrou cidades portuárias movimentadas, negociando cargas de ouro.

Assentamentos portugueses

Decididos a monopolizar o comércio no oceano Índico, os mercadores portugueses começaram a criar assentamentos e depois colônias na costa leste. Logo após sua chegada à costa de Moçambique, eles começaram a viajar para o interior, para visitar as feiras de ouro. Em 1505, fundaram o assentamento do

A ilha de Moçambique, na costa norte de Moçambique, foi declarada por Vasco da Gama, em 1506, um posto comercial e local de reabastecimento de barcos portugueses na rota para a Índia.

Forte de São Caetano, em Sofala, perto da atual cidade de Beira. Esse forte se tornou então a base de operações do comércio de ouro português.

Após uma tentativa frustrada de conquistar as minas de ouro do interior em Manica, ao sul do rio Zambeze, entre 1569 e 1575, os portugueses marcaram presença nas feiras de ouro no século XVII, mantendo negócios contínuos até o século XIX. Entre 1823 e 1836, uma seca regional causou sérios problemas em Moçambique. A seca era comum no sudeste africano, mas aquela foi tão grave que destruiu a base econômica da região. O comércio, a mineração e a produção artesanal habitual cessaram. Manica e Zumbo, talvez as mais importantes feiras de ouro da região, fecharam. ■

ESTAMOS PERDENDO NOSSO REINO
A SUCESSÃO DO MANICONGO (1506)

EM CONTEXTO

ONDE
Angola, Congo

ANTES
c. 1390 O reino do Congo é fundado por vários grupos étnicos através de alianças por casamento. Conquistas expandem então o território do reino.

1482 O primeiro contato com portugueses ocorre quando o explorador Diogo Cão chega à foz do rio Congo.

1490 O primeiro grupo conhecido de missionários chega ao Congo a pedido do rei, o manicongo Nzinga Nkuwu.

DEPOIS
1678 A capital do Congo, Mbanza Congo, é destruída e o reino se fragmenta em territórios menores.

1913-1914 Uma revolta fracassada contra os portugueses apressa o fim do reino, que é absorvido na colônia de Angola.

O manicongo (rei do Congo) **conquista e mantém o poder** com o apoio de poderosas facções (makanda).

As facções **criam linhagens dinásticas de reis**.

As linhagens são **interrompidas por mudanças na sucessão**, produzidas por facções rivais.

Crises sucessórias repetidas enfraquecem o reino do Congo e o abrem à exploração europeia.

No fim do século XV, o Congo era de longe o maior reino da África centro-ocidental. Ele era governado por Nzinga Nkuwu, o quinto rei, ou manicongo, que tinha também construído ligações comerciais, culturais e religiosas com Portugal. Foram esses laços estreitos e as repetidas disputas pela sucessão real que ditaram a história do Congo.

Em 1491, Nzinga Nkuwu e seu filho Nzinga Mbemba se converteram ao cristianismo, adotando os nomes de João I – em honra ao rei João II de Portugal – e Afonso. Quando João I morreu, em 1506, Afonso se tornou o sexto manicongo, após derrotar seu meio-irmão não cristão Mpanzu a Kitima. Ele ligou sua vitória a

FÉ E COMÉRCIO

Ver também: O cristianismo chega à África 48-51 ▪ A rainha Nzinga enfrenta Portugal 140-145 ▪ A partilha da África 222-223 ▪ O Ano da África 274-275

Santiago Matamoros (são Tiago, matador de mouros), um símbolo mítico do triunfo cristão sobre os mouros muçulmanos.

Atribuindo seu sucesso em batalha à inspiração divina, Afonso modelou seu reino como um estado cristão moderno. Construiu igrejas, tornou o cristianismo religião oficial, restringiu crenças religiosas originárias, criou escolas para preparar uma elite e mandou seus filhos, e os dos nobres, a Portugal para se educarem.

O comércio domina a religião

Afonso viu uma oportunidade de modernizar o reino pela troca de bens e ideias com os portugueses. Apesar de ter adotado o cristianismo e costumes portugueses, sua relação com Portugal azedou, em especial quanto ao tráfico de escravizados. Afonso possuía pessoas escravizadas, mas se limitavam a capturados de guerra. Ele ficou horrorizado com o que considerou uma expansão indiscriminada da escravidão, quando os negociantes, para suprir a demanda, estenderam seu alcance a todas as classes. Numa carta enviada ao rei português, João III, em 1526, Afonso se queixou sobre o tráfico de pessoas e criou um mecanismo para regular quem poderia ser escravizado. Porém, isso não deteve o comércio clandestino nem impediu que Portugal explorasse o negócio fora do Congo.

Um apelo de Afonso ao papa Clemente VII, em 1539, para que controlasse o tráfico de escravizados, foi seguido em 1540, pela tentativa de assassinato do rei por um português, enquanto assistia à missa de Páscoa. Dois anos depois, Afonso morreu, sem realizar sua visão de uma sociedade catolizada e moralizada.

Rivalidades e declínio

A crise sucessória após a morte de Afonso expôs o quanto as rivalidades regionais e a exploração comercial portuguesa tinham enfraquecido o reino. O filho de Afonso, Pedro I, sucedeu-o em 1543, mas foi deposto dois anos depois pelo neto de Afonso, Diogo I. Embora apoiasse a difusão do cristianismo, Diogo expulsou muitos portugueses, que via como uma ameaça ao reino. Com a morte de Diogo, em 1561, ascendeu Afonso II, assassinado um ano após, provavelmente por conluio português.

As divisões que continuaram a cercar as sucessões reais tornaram o Congo vulnerável. Em 1665, o manicongo Antônio I Nvita a Nkanga foi morto na Batalha de Mbwila, contra os portugueses. Outra crise sucessória levou a uma guerra civil, e a ruína do reino permitiu que Portugal ampliasse o tráfico de escravizados. Embora facções rivais tenham depois consentido em uma alternância de poder, o reino perdeu muito de sua força. O desejo de modernidade e expansão cultural, que tinha inspirado Afonso I, levara também às condições que produziram o declínio do Congo. ■

Este crucifixo congolês de latão, do século XVI ou XVII, tem iconografia cristã, mas elementos nitidamente locais, como o Cristo negro e quatro figuras africanas menores.

A coroação de um novo rei do Congo é representada nesta gravura do século XVIII, quando o reino era menos poderoso, mas mais estável.

ESCRAV
E REBEL
1510-1700

IZAÇÃO
IÃO

INTRODUÇÃO

1510 — O rei Fernando da Espanha autoriza o **embarque de 50 africanos escravizados** para Hispaniola.

1518 — Carlos I, rei da Espanha, aprova o **envio de pessoas escravizadas** da África ocidental portuguesa para portos do Novo Mundo.

1521 — Pessoas escravizadas trabalhando numa *plantation* de açúcar em Hispaniola se rebelam. É **a primeira revolta organizada conhecida** nas Américas.

1526 — Os primeiros africanos escravizados **chegam à América do Norte**, na baía Winyah, na atual Carolina do Sul.

c. 1570 — Gaspar Yanga lidera um **levante de pessoas escravizadas** no México.

c. 1600 — Na África ocidental, **estados acãs começam a disputar o poder** e os portugueses invadem terras ricas em ouro ao redor do golfo da Guiné.

ANOS 1610 — Os holandeses **entram no tráfico escravista atlântico**, seguidos pelos britânicos nos anos 1620, franceses nos anos 1650 e dinamarqueses nos anos 1670.

Ao olhar a história da escravização nos séculos XVI e XVII, vemos que não houve só a exploração da África e de seu povo por colonialistas europeus. A África é um lugar com uma rica história de poder, lutas e rebeldia. Isso está corporificado na resistência e liderança da rainha Nzinga de Ndongo e Matamba (na atual Angola), que combateu os invasores portugueses por 30 anos na primeira metade do século XVII, e da rainha Nanny dos *maroons* de barlavento, que liderou ataques para libertar africanos escravizados na Jamaica.

Dos 12,5 milhões de africanos capturados e embarcados para as Américas entre 1510 e 1866, 10,7 milhões sobreviveram à viagem. Ao chegar, eles eram postos para trabalhar em *plantations*, onde açúcar, tabaco e algodão eram cultivados para suprir a crescente demanda europeia. A vida nas *plantations* era brutal, mas os trabalhadores escravizados acharam meios de preservar a própria humanidade pela fé, tradição e criando novas ligações com pessoas vindas de outras partes da África. Contra todas as probabilidades, estabeleceram uma diáspora forte e influente nas Américas, com tradições que resistiram a mais de três séculos de escravização.

Busca da liberdade

Os africanos escravizados no Novo Mundo lutaram com coragem contra os opressores. A rebelião de 1521 em Hispaniola, pouco após os primeiros africanos serem importados pelos espanhóis para trabalhar nas florescentes *plantations* da ilha, marca o início de séculos de revolta. Os trabalhadores formaram comunidades unidas, transcendendo cultura e língua para desafiar os escravizadores e exigir a liberdade. No Brasil, os que escapavam do cativeiro aproveitavam as vastas matas e áreas montanhosas da colônia para instalar comunidades isoladas chamadas quilombos, organizadas segundo modelos de governo africanos.

Enquanto isso, africanos em busca da liberdade no México, liderados por Gaspar Yanga, lançavam ataques ferozes sobre os espanhóis, de sua base nas montanhas. Uma campanha espanhola para esmagar os rebeldes em 1609 falhou e, em 1618, esses africanos antes escravizados receberam o direito de criar um assentamento livre em Veracruz, no México. Chamada San Lorenzo de los Negros, a cidade foi depois renomeada Yanga. Na Jamaica, os

ESCRAVIZAÇÃO E REBELIÃO 115

A rainha Nzinga **negocia um tratado de paz** com os portugueses, preparando o caminho para a própria **ascensão ao poder** no que é hoje Angola.

Zumbi dos Palmares se torna o último rei do Quilombo dos Palmares, no Brasil. Ele lidera uma **campanha de resistência** a Portugal, até sua captura, em 1694.

Em Zimbábue, o governante rozvi Changamire Dombo e seu exército conseguem **repelir os portugueses** na Batalha de Maungwe.

1622 **1678** **1684**

1619 **1655** **1680** **1684**

Pessoas escravizadas chegam a Jamestown, na Virgínia, para trabalhar na **primeira plantation permanente** da América do Norte.

Quando tropas inglesas tomam da Espanha o controle da **Jamaica**, muitos africanos escravizados fogem para as montanhas, onde **fundam comunidades maroons**.

O **Império Axante** é fundado após vários estados acãs se unirem sob o domínio axante.

François Bernier publica anonimamente um ensaio em que **distingue quatro raças**. Os colonialistas ocidentais usam depois suas ideias para "justificar" o racismo e a escravidão.

---

maroons – escravizados que conseguiam escapar – criaram comunidades independentes depois que a Inglaterra tomou dos espanhóis o controle da ilha, em 1655. As comunidades maroons existem ainda hoje na Jamaica e em outras partes do Caribe e América Latina.

Em defesa da África
Na África ocidental, a rainha Nzinga estava decidida a manter as terras livres do domínio português. Combinando alianças militares, acordos de paz e estratégia de guerrilhas, ela conseguiu conservar os portugueses à distância durante seu reinado – apesar do superior poder militar oponente – e fez do reino de Matamba um florescente centro de comércio. Sua grande força de vontade e astúcia política eram insubstituíveis. Após sua morte, Portugal logo tomou controle da região, mas ela continua a ser um símbolo de resistência para os angolanos atuais.

Mais ao norte, na atual Gana, Boamponsem, regente do estado acã Denkyira, usou a presença portuguesa no golfo da Guiné para trocar ouro e pessoas escravizadas por armas. Esse líder poderoso, mas impopular, foi afinal derrotado por uma coalizão de estados acãs, liderados por Osei Tutu, que os uniu em 1680, no Império Axante. Com o Trono de Ouro sagrado como seu símbolo de paz e unidade, o império floresceu por 200 anos, em grande parte graças à liderança de Tutu e a riqueza em ouro.

O Império Rozvi, estabelecido em c. 1684, no atual Zimbábue, também era rico em ouro. Quando os portugueses tentaram controlar as minas de ouro da região, foram logo repelidos pelo exército dos Rozvis, "os Destruidores", liderado por Changamire Dombo.

O conceito de raça
Em 1684, o médico francês François Bernier foi o primeiro a tentar classificar as pessoas por origem geográfica e diferenças físicas, dividindo-as em quatro "raças". Ele listou a "negritude" como um traço essencial dos africanos subsaarianos. Mais tarde, cientistas não só agruparam as pessoas por cor da pele como acrescentaram outras características, obtendo uma hierarquia construída de raças. A supremacia branca, que ainda permeia instituições ao redor do mundo, tem suas raízes nessas classificações de raça, desenvolvidas para limitar as pessoas da África e justificar agendas coloniais. ∎

UMA MANCHA NO TECIDO DA HISTÓRIA HUMANA

O INÍCIO DO TRÁFICO ESCRAVISTA ATLÂNTICO (1510)

118 O INÍCIO DO TRÁFICO ESCRAVISTA ATLÂNTICO

EM CONTEXTO

ONDE
Europa, África, Américas

ANTES
1441 Portugueses chegam à atual Mauritânia (então Cabo Branco), na costa ocidental da África.

1461 Portugal ergue o primeiro forte para manter africanos escravizados, comprados de mercadores muçulmanos e reis africanos, em Arguin, na Mauritânia.

1492 Cristóvão Colombo aporta em Hispaniola e reivindica a ilha para a Espanha.

DEPOIS
1839 Africanos escravizados assumem o controle do navio negreiro espanhol *La Amistad*.

1866 O último navio negreiro viaja rumo a Cuba, dominada pelos espanhóis.

2006 A França institui um dia nacional em memória das vítimas do tráfico de escravizados e o Reino Unido lamenta publicamente seu envolvimento.

Nós lhes concedemos [...] permissão total e livre para invadir, buscar, capturar e subjugar os sarracenos e pagãos.
Papa Nicolau V
Dum diversas, bula papal ao rei Afonso de Portugal, 1452

Cerca de 12,5 milhões de pessoas (nunca saberemos o número exato) foram traficadas da África para as Américas, do século XVI ao XIX, no comércio escravista atlântico. Foi a maior e mais longa migração forçada desse tipo, que alterou o curso da história na África, nas Américas e nas partes da Europa que introduziram esse comércio, basicamente para enriquecer suas economias e suprir as demandas de seus consumidores.

Em seu auge, o tráfico atlântico foi controlado por sete países: Portugal, Espanha, Países Baixos, Reino Unido, França, Dinamarca e Estados Unidos. Essas nações em geral não procuravam elas mesmas as pessoas escravizadas – elas as obtinham de reis africanos que, desde o início de suas civilizações, escravizavam presos de guerra para as próprias necessidades. A partir do século VII, alguns desses cativos foram vendidos a muçulmanos, que os levaram através do Saara para estados islâmicos do norte africano, no que é chamado de tráfico escravista transaariano.

Os reinos da costa atlântica africana, como Daomé (atual Benim), atendiam o comércio de escravizados.

Neste mural moderno, homens escravizados tomam o último banho no rio Donko Nsuo, em Gana, antes de serem amontoados em navios negreiros que os levarão às Américas.

Os daomeanos viajavam longas distâncias para raptar outros africanos no interior. Os cativos submetidos eram brutalmente obrigados a marchar para a costa e entregues a europeus em troca de rum, têxteis, ferramentas e armas.

Trabalho barato

Esse comércio nasceu na península Ibérica, onde ficam Portugal e Espanha. Destacando-se no Atlântico, a península tinha localização ideal como posto de comércio inicial. Era a parte da Europa mais perto da África e das Américas, então era quase inevitável que portugueses ou espanhóis chegassem antes que outros europeus a essas terras. Como se viu, Portugal foi o primeiro a navegar para a África e a Espanha a primeira a colonizar as Américas.

Os navegantes portugueses começaram a explorar a África em meados do século XV. Eles não se aventuraram muito no interior do

ESCRAVIZAÇÃO E REBELIÃO 119

Ver também: O comércio escravista transaariano 60-61 ▪ Os europeus chegam à África 94-95 ▪ Vida nas *plantations* 122-129 ▪ Abolicionismo na Europa 168-171 ▪ A Ferrovia Subterrânea 190-195 ▪ O fim da escravidão no Brasil 224-225

continente, mas velejaram na linha da costa atlântica, onde descobriram o tráfico transaariano de escravizados preexistente. Logo os portugueses se engajaram em negociar pessoas escravizadas e ergueram fortes, ao longo da costa atlântica da África, para confiná-las. Um desses fortes, na ilha de Arguin, na Mauritânia, foi concluído em 1461; outro, o Castelo Elmina, na atual Gana, em 1482. Os portugueses também ocuparam e prenderam africanos nas ilhas antes inabitadas de Cabo Verde e São Tomé a partir de 1462 e 1486, respectivamente.

Algumas dessas pessoas escravizadas serviram a outros interesses portugueses na África – como o trabalho livre nas *plantations* de açúcar de São Tomé, por exemplo. Outros foram levados, na volta, à Ibéria para trabalhar em especial como criados domésticos, de modo que em 1500 já havia vários milhares de africanos tanto na capital portuguesa, Lisboa, como na cidade espanhola de Sevilha. Enquanto isso, do outro lado do Atlântico, a Espanha tinha colonizado as ilhas de Hispaniola e Porto Rico nos anos 1490. Em Hispaniola os colonos logo estabeleceram minas de ouro e tentaram forçar os habitantes naturais da ilha a trabalhar nelas. Mas quando, em 1509, aos olhos dos espanhóis, a população local se mostrou fraca demais para a tarefa, o governador da ilha pediu, com urgência, trabalhadores melhores à Espanha.

Começa o tráfico atlântico

Em janeiro de 1510, o rei Fernando da Espanha enviou uma carta ao governador espanhol de Hispaniola e outra aos oficiais da Casa de Comércio de Sevilha. Em ambas, confirmou sua decisão de mandar cinquenta dos "melhores e mais fortes escravos" de Sevilha para Hispaniola, e assim começou o tráfico escravista atlântico.

De início, era pequeno o número de escravizados transportados através »

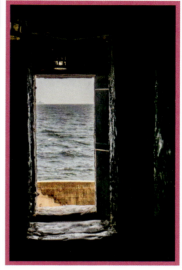

A **"Porta sem Volta"** na Casa dos Escravos da ilha de Goreia, no Senegal, era a última porta africana que os escravizados atravessavam antes de embarcar num navio negreiro.

Este mapa mostra a passagem do meio no triângulo do tráfico atlântico. Os africanos escravizados eram mantidos presos em fortes antes de ser transportados de portos na costa ocidental da África através do oceano Atlântico. As pessoas escravizadas dos portos do norte com frequência acabavam no Caribe e nos Estados Unidos, enquanto aquelas de mais ao sul eram em geral levadas para a colônia portuguesa do Brasil.

Legenda:

▫ Principais regiões de tráfico escravista

→ Rotas de traficantes de escravizados

O INÍCIO DO TRÁFICO ESCRAVISTA ATLÂNTICO

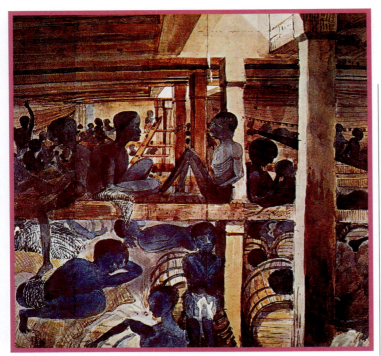

Os navios negreiros eram abarrotados, mal havia espaço para ficar de pé, como mostrado neste esboço do navio negreiro brasileiro *Albanez*, feito pelo oficial naval britânico Francis Meynell, em 1845.

do Atlântico. Mas o verdadeiro tráfico atlântico começou quando, em 1518, o sucessor de Fernando, Carlos I (Carlos V, do Sacro Império Romano-Germânico) aprovou o envio de pessoas escravizadas para as colônias da Espanha direto dos portos de Portugal na África. Um navio de Arguin com 79 escravizados chegou a Porto Rico em 1521 e um de São Tomé, com 248, aportou em Hispaniola em 1529. Os portugueses seguiram o exemplo, mandando um barco de São Tomé com 17 africanos escravizados para o mais novo território português, o Brasil, em 1533. A partir dessas primeiras viagens, os portugueses e espanhóis exploraram o tráfico com exclusividade por 100 anos. Corsários de outros pontos da Europa se envolveram (autorizados por seus reis), assim como os piratas e contrabandistas. Só nos anos 1610, os Países Baixos entraram oficialmente no mercado, seguidos pelo Reino Unido, nos anos 1620, a França nos 1650, a Dinamarca nos 1670 e os recém-independentes EUA no fim dos 1770.

Triângulo terrível
A entrada de outras potências europeias no comércio escravista atlântico se ligou claramente ao sucesso em encontrar as próprias colônias nas Américas. Em guerras longas e sangrentas, muitas ilhas caribenhas mudaram várias vezes de mãos. Para mútuo benefício, as potências rivais desenvolveram o que ficou conhecido como "triângulo do comércio" no Atlântico. Seus efeitos foram sentidos em todo o mundo. No topo do triângulo estava a Europa, de onde os navios negreiros navegavam ao sul, para a costa africana, trocando mercadorias e armas por pessoas escravizadas. Na "passagem do meio" os barcos transportavam os cativos a oeste, para as colônias, ou outros compradores nas Américas. Ao chegar ali, trocavam a carga humana por bens, como açúcar e tabaco, e velejavam de volta à Europa, completando o triângulo.

O sistema trouxe vastas riquezas a mercadores individuais, a maioria dos quais pareciam insensíveis à brutalidade de tratar seres humanos como mercadorias. As condições nos navios negreiros eram sufocantes devido ao clima quente, à falta de ar ou luz sob os deques e ao cheiro fétido de excrementos, suor e vômito. Os homens eram algemados juntos, tão apertados uns nos outros que precisavam ficar deitados ou agachados. As mulheres tinham mais liberdade, mas muitas eram estupradas pelos tripulantes. Os escravizados se aliviavam onde estavam ou em "barris de necessidades" compartilhados, em que crianças muitas vezes caíam. A

Devo admitir [...] que fui primeiro raptado e traído por alguém da minha própria pele [...], mas se não houvesse compradores, não haveria vendedores.
Ottobah Cugoano
Escritor e militante antiescravista africano (c. 1757-desconhecido)

ESCRAVIZAÇÃO E REBELIÃO

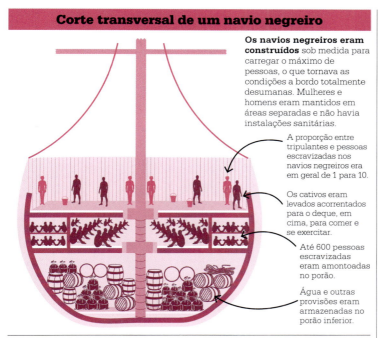

Corte transversal de um navio negreiro

Os navios negreiros eram construídos sob medida para carregar o máximo de pessoas, o que tornava as condições a bordo totalmente desumanas. Mulheres e homens eram mantidos em áreas separadas e não havia instalações sanitárias.

A proporção entre tripulantes e pessoas escravizadas nos navios negreiros era em geral de 1 para 10.

Os cativos eram levados acorrentados para o deque, em cima, para comer e se exercitar.

Até 600 pessoas escravizadas eram amontoadas no porão.

Água e outras provisões eram armazenadas no porão inferior.

---

espanhola de Cuba. Baseados em evidências de diários de bordo, registros de impostos, diários e cartas particulares, os historiadores estimam que, dos 12,5 milhões de africanos que embarcaram nos navios, 10,7 milhões chegaram às Américas, tendo os demais morrido no caminho. Quase metade (5,8 milhões) foi transportada por Portugal, em especial para o Brasil. O Reino Unido traficou 3,3 milhões, a França, 1,4 milhão, a Espanha, 1,1 milhão, os Países Baixos, pouco mais de meio milhão, os EUA, 305.000 e a Dinamarca, 111.000. Em 1999, o Benim se tornou o primeiro estado moderno africano a desculpar-se por seu papel no deslocamento dessas pessoas no passado. Outras nações desde então expressaram arrependimento por ter participado desse comércio.

A diáspora africana

Antes do comércio escravista atlântico, as pessoas da África ocidental tinham uma interação limitada com a Europa e as Américas colonizadas. Esse período de migração forçada e escravização, além da colonização da África por impérios europeus, criou uma nova diáspora africana, hoje mais importante nas ilhas do Caribe, nas Américas do Norte e do Sul e nos países europeus que traficavam escravizados. ∎

---

passagem do meio durava cerca de dois meses. As doenças eram galopantes, com surtos inevitáveis de disenteria, varíola, sarampo, gripe e escorbuto. Quase dois milhões de escravizados morreram na viagem e foram lançados ao mar. Mas muitos mais sobreviveram e formaram vínculos fortes – desfeitos ao desembarcar, quando eram vendidos a diferentes escravizadores.

Cudjoe Lewis, um sobrevivente do último navio negreiro a chegar aos EUA, em 1860, falou em sua velhice sobre a dor de separar-se dos companheiros após 70 dias juntos sobre as águas. Ele contou como foi difícil suportarem a tristeza.

A maré muda

Face a tratamento tão terrível, as rebeliões eram corriqueiras, muitas vezes com a participação de marinheiros escravizados que se comunicavam com os cativos. Uma dessas revoltas ocorreu perto da costa de Angola em 1812, no navio português *Feliz Eugênia*. Os escravizados e marinheiros africanos emboscaram os tripulantes, os amarraram e fugiram em botes. Quando as notícias dessas rebeliões e os horrores da passagem do meio se espalharam, a indignação pública aumentou. Manifestantes começaram a rejeitar os produtos do tráfico com boicotes, como o de açúcar, no Reino Unido, nos anos 1790.

Em 1803, a Dinamarca se tornou a primeira das nações escravistas a proibir o tráfico. O Reino Unido se seguiu em 1807, os EUA em 1808, os Países Baixos em 1814, a Espanha em 1820, a França em 1826 e Portugal em 1836. Mas a obediência não foi estrita, pois essas nações só aboliram a escravidão após mais 30 anos – o último navio negreiro "legal" viajou em 1866, rumo à colônia

---

[...] o porão tão baixo que não podíamos ficar de pé e tínhamos de nos agachar [...] dia e noite eram iguais, o sono negado pela posição restringida de nossos corpos.
Mahommah Baquaqua
Abolicionista africano (c. 1824-1857)

DOENTES OU SAUDÁVEIS, ERA TRABALHO, TRABALHO, TRABALHO
VIDA NAS *PLANTATIONS* (SÉCULO XVI-1888)

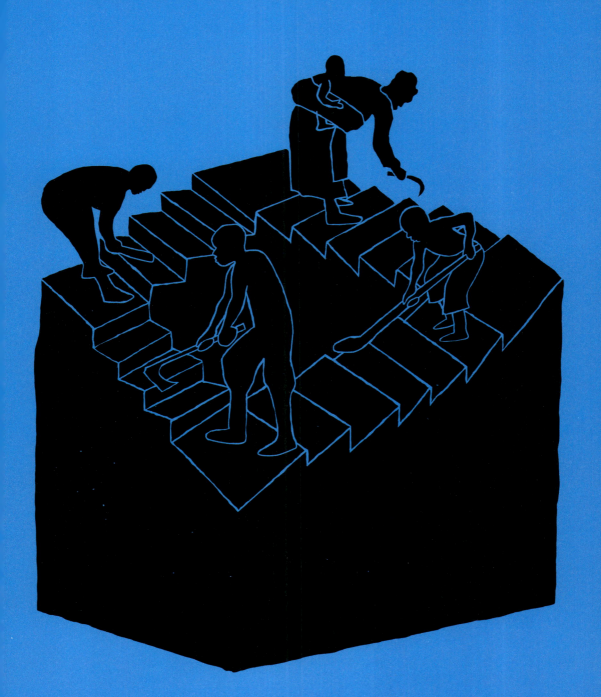

VIDA NAS *PLANTATIONS*

EM CONTEXTO

ONDE
Estados Unidos, Caribe, América Latina

ANTES
1425 Cresce o uso português de escravizados para cultivar cana-de-açúcar na ilha da Madeira.

1493 O explorador Cristóvão Colombo leva a cana-de-açúcar para Hispaniola, no Caribe.

1501 Os reis espanhóis sancionam a exportação de africanos escravizados para Hispaniola. A partir de 1512, alguns trabalham em *plantations* de açúcar.

DEPOIS
1886 No Texas, agricultores negros criam o Sindicato Cooperativo e Aliança Nacional de Agricultores de Cor, para se contrapor às alianças dos brancos.

1891 Os apanhadores de algodão negros americanos fazem greve, por maiores salários. Nove são depois mortos num linchamento em massa.

2010 O Departamento de Agricultura dos EUA se compromete a pagar 1,2 bilhões de dólares a 40.000 agricultores negros para compensar a discriminação.

Às vezes me sinto como uma criança sem mãe, muito longe de casa.
Spiritual negro americano

Por mais de 300 anos – do início do século XVI até 1888 no Brasil – pessoas africanas escravizadas e seus descendentes foram forçados a trabalhar em *plantations* nas Américas. Essas grandes fazendas, onde eram cultivados cana-de-açúcar, tabaco, arroz, café e algodão, cobriam vastas áreas do Caribe e da América Latina, em especial do Brasil. A partir do início do século XVII, um sistema de plantações menores também se desenvolveu no sul dos EUA.

O início das *plantations*
Os espanhóis criaram as primeiras *plantations* do Novo Mundo em Hispaniola, no início do século XVI, seguidos pelos portugueses no Brasil. Ambos, a princípio, forçaram os povos indígenas a trabalhar para eles, até a doença e exaustão esgotarem essa força de trabalho. Africanos escravizados foram então trazidos para tomar seu lugar. Conforme crescia a demanda europeia por açúcar, o número de *plantations* aumentou. Elas geravam enormes ganhos para seus donos e aos governos português e espanhol que os assistiam, mas exigiam cada

Nos moinhos de cana-de-açúcar, como este nas ilhas antilhanas do Caribe, as pessoas escravizadas processavam a cana para extrair cristais de açúcar e líquidos, que eram fermentados para produzir rum.

vez mais pessoas escravizadas para manter a produção e os lucros.

Dos anos 1650 até 1834, quando a Proclamação de Emancipação do Reino Unido aboliu a escravidão nas colônias britânicas, as *plantations* caribenhas também se expandiram, sendo dominadas primeiro pelos holandeses e depois pelos franceses e britânicos. Acima de 12 milhões de africanos foram levados para o Novo Mundo no período. Mais de 90% deles foram para o Caribe e a América do Sul – a maioria escravizados em *plantations*.

Trabalho mortal
Dos quatro quintos estimados de africanos que sobreviveram às condições dos barcos pavorosamente abarrotados na travessia do Atlântico, cerca de 30% morreram de novas doenças e muitos outros nos rigores do duro trabalho. Em 1750, cerca de 800.000 africanos já tinham sido levados ao Caribe, mas a população

ESCRAVIZAÇÃO E REBELIÃO 125

Ver também: O início do tráfico escravista atlântico 116-121 ▪ A rebelião em Hispaniola 130-131 ▪ O Code Noir da Louisiana 166-167 ▪ Abolicionismo na Europa 168-171 ▪ Abolicionismo nas Américas 172-179 ▪ O fim da escravidão no Brasil 224-225

negra continuou em 300.000. A expectativa de vida em muitas *plantations* era só de sete a nove anos. A taxa de mortalidade era mais alta sob o calor e as duras condições das *plantations* do Caribe e América Latina, e também nas de arroz das colônias americanas, como Carolina do Sul e do Norte e Geórgia. Ficar na água por horas seguidas num calor sufocante era com frequência fatal, e a malária era galopante. A mortalidade infantil chegou a 90% em uma *plantation* de arroz do sul dos EUA.

Forças de mercado

As maiores *plantations* do Caribe e América Latina tinham muitas vezes centenas de escravizados, em especial homens, que, no século XIX, superavam a população branca em cerca de oito para um nas ilhas caribenhas. Donos ausentes eram comuns nas Antilhas, onde a administração das *plantations* era, por vezes, delegada a feitores brancos ou a negros livres. A maioria das *plantations* do sul dos EUA tinha 50 ou menos escravizados, com uma proporção mais igual de homens e mulheres, e os escravizadores tinham um envolvimento mais direto. Ali, em 1860, os americanos africanos já eram por volta de um terço da população.

A economia teve um papel central na evolução das *plantations*. No século XVIII, quando o consumo de açúcar disparou, tornou-se a mercadoria mais valiosa na Europa, aumentando a competição entre os donos de *plantations*, que forçavam as pessoas escravizadas a intensificar a produção. O plantio, a adubação e o corte da cana cabiam aos mais fortes e saudáveis. Organizados em turmas, eram obrigados a trabalhar até 18 horas por dia, sem pausa nos fins de semana e sem feriados. As pessoas escravizadas eram valorizadas de acordo com as habilidades. No Caribe, os que sabiam ferver o açúcar valiam 150 libras nos anos 1780 – 25 vezes mais que um escravo idoso. Em uma *plantation* de Antígua, 56 pessoas foram avaliadas em 3.590 libras (cerca de 360.000 libras hoje).

O tabaco impulsiona o comércio

Antes de o cultivo do algodão se espalhar no sul americano, no início dos anos 1800, a maioria dos africanos escravizados trabalhava em *plantations* de tabaco na Virgínia e arredores. Com o crescente uso do tabaco na Europa desde o século XVII, tais *plantations* se tornaram um componente vital da economia colonial americana. Elas se desenvolveram na Virgínia, em especial ao redor da baía Chesapeake, de onde era fácil embarcar a colheita para o Reino Unido. O número de africanos nessas *plantations* no século XVIII foi de cerca de 100.000 para 1 milhão – perto de 40% da população da área. Embora não se tenham importado africanos para lá desde 1775, os filhos de mulheres negras engrossavam o número dos escravizados.

Antes do *boom*, as relações entre colonos e escravizados eram um tanto próximas e, muitas vezes, eles trabalhavam lado a lado. Quando a competição entre os produtores cresceu, mais africanos chegaram. Os trabalhadores brancos cada vez mais »

Mary Prince

Nascida escravizada em Bermudas em 1788, Prince foi vendida aos 12 anos. Revendida seis anos depois, obrigada a trabalhar em salinas até 17 horas por dia. Ela se tornou criada doméstica escravizada de John Wood em Antígua, e ele a levou para Londres, no Reino Unido, em 1828. Lá, buscou abrigo na Igreja Morávia e trabalhou para o abolicionista Thomas Pringle. A escritora Susanna Strickland ajudou Prince a colocar por escrito sua dolorosa história de vida, que estimulou o crescente fervor antiescravista. Não se sabe se Prince voltou ao Caribe e quando morreu.

Obra principal

1831 *A história de Mary Prince*

Pessoas escravizadas colhem grãos de café em 1885 numa *plantation* no Brasil, que importou mais africanos que qualquer outro país. A escravidão fomentou os lucros dos colonizadores brasileiros.

126 VIDA NAS *PLANTATIONS*

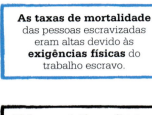

As taxas de mortalidade das pessoas escravizadas eram altas devido às **exigências físicas** do trabalho escravo.

→ As mulheres escravizadas **tinham poucas crianças,** por uma variedade de fatores.

Mulheres grávidas ou férteis se tornaram uma **mercadoria** para os donos de escravizados, que as tratavam como "**reprodutoras**". ← Para **repor a população escravizada**, os donos de *plantations* passaram a estimular **os escravizados a se reproduzir**.

Em alguns casos, **os escravizadores abusavam das escravizadas** e se tornavam pais de crianças que, por lei, também **nasciam na escravidão**.

gerenciavam grupos de negros, forçando-os a trabalhar além de seus limites para obter uma colheita maior.

As *plantations* de algodão se expandiram no sul dos EUA após o surgimento de máquinas processadoras melhores, no fim do século XVIII. Como em outros lugares, o uso de trabalho escravo forçado para plantar e colher algodão para comércio e exportação assegurou sucesso a essas *plantations*. Os números de escravizados continuaram a aumentar. Em 1860, dois terços das pessoas escravizadas no Novo Mundo trabalhavam no sul dos EUA.

Violações pessoais
O aumento da população de escravizados foi uma política deliberada nas Américas. As mulheres (e alguns homens) eram fortemente instigados e muitas vezes forçadas a ter filhos para aumentar os lucros do escravizador, produzindo a geração seguinte de escravizados, embora o casamento entre eles fosse proibido e as famílias, muitas vezes, fossem separadas. Muitas mulheres eram também estupradas pelos seus escravizadores e feitores, que viam isso como um direito deles.

No sul dos EUA, as crianças nascidas do estupro de negras escravizadas por brancos eram chamadas "mulatas", e escravizadas. Embora algumas fossem instruídas e libertas por pais brancos, nunca podiam fazer parte da sociedade branca. A miscigenação era mais aceita na América Latina espanhola e portuguesa, mas lá e no Caribe, assim como no sul dos EUA, todas as crianças recebiam a condição de suas mães.

Tarefas variadas
Africanos e africanas se envolviam em todos os aspectos da produção e atendiam a todas as necessidades de seus escravizadores e dos feitores locais. Algumas mulheres serviam como enfermeiras, costureiras e auxiliares de cozinha. Os homens que não trabalhavam no campo faziam serviços manuais nas *plantations* ou nos locais de processamento da colheita. Alguns eram também alugados pelos escravizadores para trabalhar para outros no que fosse preciso. Crianças maiores e adultos mais frágeis faziam trabalhos mais leves como limpar, espantar pássaros e buscar água. As crianças pequenas e uns poucos idosos eram liberados do trabalho. Na América Latina, os anciãos, vistos como um fardo financeiro, eram com frequência

As criadas negras americanas, como esta mulher de Nova Orleans, pintada em 1840, tinham os adereços de um uniforme vistoso, mas ainda podiam ser cruelmente espancadas, como Mary Prince revelou.

Meu papai era usado como um touro numa fazenda de gado e era contratado pelos donos de outras *plantations* para esse fim.
Barney Stone
Americano negro anteriormente escravizado, n. 1847

ESCRAVIZAÇÃO E REBELIÃO

Negros escravizados tinham que carregar pessoas da aristocracia em redes ou liteiras no Brasil, às vezes entre *plantations* e em cidades, como o Rio de Janeiro, mostrado aqui em 1816.

libertos. Lá e em outros lugares, os escravizadores podiam libertar escravos por escritura ou testamento, mas as leis variavam nas colônias e estados; alguns buscavam restringir o número dos libertados. A Igreja e sociedades beneficentes podiam comprar a liberdade de alguém. Alguns escravizados podiam, inclusive, comprar a sua própria, mas para a maioria a vida era um trabalho sem fim.

Tratamento aviltante

Desde o início, as pessoas escravizadas eram propriedade dos escravizadores – após compradas, muitas vezes eram marcadas com uma inicial do escravizador e recebiam um novo nome. Em 1661, a ilha de Barbados foi a primeira colônia a impor uma legislação que consagrava o direito do escravizador de subjugar as pessoas escravizadas, igualando-as a "outros bens e propriedades". Outras ilhas caribenhas a seguiram, além das colônias americanas da Virgínia, Maryland, Geórgia, Carolinas do Norte e do Sul.

Os donos de *plantations* controlavam as pessoas escravizadas com punições que incluíam espancamento, açoitamento, tortura e mutilação. Olaudah Equiano, um ex-escravizado que publicou sua história em 1789, contou como eram pendurados ganchos pesados ao redor do pescoço dos escravizados, e correntes eram acrescentadas, por faltas pequenas. Descreveu o uso de anjinhos e focinheiras de ferro e disse ter visto um homem ser espancado até seus ossos quebrarem por "ter deixado uma panela fervente transbordar". Em Antígua, até 1723, não era crime »

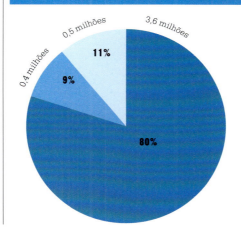

Os Estados Unidos em 1860

Nos EUA em 1860, de 4 milhões de americanos africanos escravizados mantidos por 385.000 escravizadores, 3,6 milhões viviam em fazendas ou *plantations* (propriedades com 20 ou mais pessoas escravizadas).

Legenda
- Escravizados em fazendas ou *plantations*
- Escravizados fora de *plantations*
- População negra livre

VIDA NAS PLANTATIONS

Pessoas escravizadas se reúnem nas florestas do Mississípi para um funeral noturno, oficiado por um pregador negro, nesta cena de 1860, pintada pelo artista americano John Antrobus.

matar uma pessoa escravizada. Como os colonizadores também faziam as leis, era impossível processar alguém por maus-tratos. A situação era similar nas Américas. No sul dos EUA, os escravizadores temiam insurreições, e as leis locais eram endurecidas sempre que havia alguma suposição. Patrulhas de homens brancos impunham as leis, detendo qualquer pessoa escravizada encontrada fora de uma *plantation*. Davam batidas em casas e acabavam com reuniões, em busca de qualquer coisa suspeita. Se um levante acontecia ou era imaginado, vigilantes brancos aterrorizavam, torturavam e matavam qualquer negro que considerassem responsável.

Vida comunitária
No Caribe, na América Latina ou no sul dos EUA, os escravizados viviam, em geral, em casas muito simples – choupanas ou cabanas rústicas de troncos com chão de terra –, quase sem mobília, com talvez uma cama, mesa e banco. Em *plantations* posteriores no sul dos EUA, algumas casas tinham áreas separadas para dormir e comer. Em pelo menos duas – Hermitage, na Geórgia, e Boone Hall, na Carolina do Sul – havia casas de tijolos e os mais qualificados tinham moradias separadas, enquanto os criados domésticos escravizados podiam viver na casa de seu escravizador. Havia pouco tempo para lazer e poucas áreas comuns onde as pessoas escravizadas pudessem se reunir, mas as privações partilhadas engendraram um sentimento profundo de solidariedade e rebeldia. Muitas delas resistiam aberta ou sutilmente aos maus-tratos – por exemplo, quebrando ferramentas, fingindo doenças, roubando comida ou, de modo deliberado, interpretando mal as instruções.

Revoltas intermitentes de escravizados no Caribe – a primeira em Hispaniola, em 1521 – inspiraram outras. Registros indicam que houve

Todas as pessoas de cor* das *plantations* e fazendas ao redor da nossa eram escravas e a maioria delas terrivelmente maltratadas por seus amos.
Carl Boone
Americano negro antes escravizado

*Linguagem usada em 1937 (ver p. 4).

ESCRAVIZAÇÃO E REBELIÃO 129

Dormíamos num galpão longo, dividido em trechos estreitos, como as baias do gado. Tábuas fixadas sobre estacas fincadas no chão, sem esteira nem coberta, eram nossas únicas camas.
Mary Prince

nas Américas mais de 250 rebeliões tentadas ou realizadas, por pelo menos 10 pessoas, nos 200 anos antes da Guerra Civil americana de 1861-1865.

Muitos dos escravizados buscaram na religião alívio e orientação. Na América Latina, os africanos eram batizados no catolicismo ao chegar, e embora o tratamento nas *plantations* continuasse duro, os escravizadores estimulavam unidades familiares. O culto religioso, que podia incluir elementos do Islã, cristianismo e judaísmo misturados a crenças tradicionais africanas, muitas vezes se tornava parte da vida na *plantation*. No sul dos EUA, havia casos de proibição de ir à igreja. Bill Collins, um homem escravizado do Alabama, lembrava que no domingo os escravizados se esgueiravam no celeiro e oravam a Deus que "arrumasse um modo de nos libertarmos". Apesar de cruéis com os escravizados, outros escravizadores não viam contradição em insistir que eles assistissem os ofícios cristãos. Os *spirituals* surgiram a partir dos hinos ouvidos pelos escravizados, adaptados e infundidos de um apelo desafiador por liberdade. Novos linguajares e dialetos se desenvolveram para ocultar a evolução dessa nova cultura americana negra, transmitida em cantos e histórias partilhados.

O fim da escravização

A Proclamação de Emancipação do Reino Unido, em 1834, aboliu a escravidão em todas as suas colônias. As *plantations* criaram formas de treinamento, mas muitos africanos preferiram um sustento modesto, plantando e vendendo as próprias colheitas. Na América Latina, a emancipação ocorreu ao longo do século XIX. Muitos dos escravizados se juntaram a exércitos patrióticos para derrubar o domínio espanhol e fizeram pressão por direitos iguais, quando a independência foi conquistada. No sul dos EUA, o destino dos ex-escravizados, por vezes, foi muito pior. Milhares de negros que escaparam ou foram libertos nos anos da Guerra Civil não conseguiram achar trabalho pago e morreram de fome, ou em surtos de varíola ou cólera. Muitos se abrigaram atrás das linhas do Exército da União, em "campos de contrabando" insalubres, alguns dos quais eram antigas prisões. Com frequência, o único modo de sair era aceitar o retorno ao trabalho nas *plantations* que tinham deixado. Para muitos dos recém-emancipados em 1865, após a vitória do Exército da União, a liberdade veio a um terrível preço. ■

Uma cabana simples em Green Hill, uma *plantation* de tabaco e trigo na Virgínia, é uma das 17 construções de madeira e pedra, onde 81 pessoas escravizadas por Samuel Pannill viveram no século XIX.

Esta alegre cena de casamento, pintada em 1820, dá uma ideia falsa das uniões, por vezes, de curta duração, celebradas "pulando a vassoura". Consta que a tradição se originou em práticas acãs da África ocidental.

Pular a vassoura

A expressão "pular a vassoura", que designa um casamento não convencional, surgiu no Reino Unido no século XVIII, mas é mais famosa como um ritual negro americano, popular entre os escravizados nos anos 1800. Para os casais de escravizados que se juntavam em *plantations*, ou outros locais, a simples cerimônia da pular uma vassoura era um modo de fortalecer a união. A vassoura simbolizava o ato de varrer os maus espíritos e lembranças ruins do passado e representava a esperança de que o casal sobreviveria a um futuro incerto. Mesmo que um escravizador sancionasse ou até forçasse relações sexuais entre pessoas escravizadas, os casamentos legais eram proibidos, pois elas não tinham direitos civis. Os escravizadores com frequência separavam e vendiam os membros das famílias. Em 1865, quando foi aprovada a 13ª Emenda, que abolia a escravidão nos EUA, muitos negros americanos correram para exercer seus direitos civis e legalizar seus casamentos. A antiga cerimônia de pular a vassoura sobreviveu para honrar uma orgulhosa tradição entre os escravizados.

A PRIMEIRA REVOLTA DE ESCRAVOS NAS AMÉRICAS
A REBELIÃO DE ESCRAVOS EM HISPANIOLA (1521)

EM CONTEXTO

ONDE
Caribe

ANTES
1492 Cristóvão Colombo reivindica a ilha Ayiti, como Hispaniola, para a Espanha.

1496 Santo Domingo, a primeira capital espanhola no Novo Mundo, é fundada.

1512 Os primeiros africanos a buscar liberdade, os *cimarrones*, fundam comunidades com os indígenas tainos.

DEPOIS
1697 Hispaniola é dividida entre França e Espanha. Os franceses controlam Saint-Domingue (atual Haiti) e a Espanha conserva o restante (hoje República Dominicana).

1791 Os escravos se revoltam em Saint-Domingue, controlada pelos franceses.

1804 O Haiti declara independência da França.

1844 A República Dominicana ganha independência do Haiti.

Hispaniola, a segunda maior ilha caribenha – situada a oeste de Cuba, no coração do mar do Caribe – foi colonizada por espanhóis e, depois, franceses. Mais tarde, foi palco da Revolução Haitiana, a primeira rebelião de escravos bem-sucedida do mundo, que levou ao Haiti independente, em 1804. Mas, muito antes disso, houve a rebelião de 1521, que demonstrou o quanto os escravizados podiam alcançar.

Quando Cristóvão Colombo chegou, em 1492, Hispaniola era habitada por cerca de 400.000 indígenas tainos. Ele logo pleiteou a ilha para a coroa da Espanha, criando a primeira colônia do país. Os colonos

A ilustração mostra pessoas escravizadas na cultura do açúcar em Hispaniola, em c. 1550. Elas já somavam então de 20.000 a 30.000. Cerca de 7.000 *cimarrones* continuaram a desafiar os espanhóis.

ESCRAVIZAÇÃO E REBELIÃO 131

Ver também: O início do tráfico escravista atlântico 116-121 ▪ Vida nas *plantations* 122-129 ▪ Escravizados se rebelam no México 132-135 ▪ Os *maroons* jamaicanos 146-147 ▪ Abolicionismo nas Américas 172-179 ▪ A Revolução Haitiana 184-189

As leis sobre escravidão de 1522

Pessoas escravizadas não podiam ter armas.

Pessoas escravizadas não podiam visitar outras propriedades.

Havia duras penas para os que buscassem a liberdade.

As pessoas não podiam ajudar os que buscavam a liberdade.

As pessoas escravizadas eram estimuladas a se juntar e formar famílias.

---

espanhóis forçaram os tainos a trabalhar nas minas de ouro e nas *plantations* de açúcar coloniais. Em 1510, as mortes por doenças e tratamento brutal já tinham reduzido a população taino em cerca de 90%. Para remediar a extrema falta de mão de obra, o rei espanhol aprovou o transporte de africanos ocidentais escravizados para as novas colônias, a partir de 1518.

Rebelião contra o sistema

A maioria dos escravizados trazidos às colônias espanholas veio do nordeste africano, mas de diversas culturas e falando diferentes línguas. Apesar de trabalhar lado a lado, era difícil se comunicar e organizar qualquer tipo de insurreição. Muitos se rebelavam individualmente, escapando para áreas inabitadas nas montanhas. Quando as populações escravizadas cresceram, porém, começaram a discutir como podiam se organizar e revoltar contra os colonizadores.

Em 1521, o filho de Colombo e governador de Hispaniola, Diego Colombo, supervisionava uma *plantation* de açúcar nos arredores da capital, Santo Domingo, onde a rebelião começou. A organização da revolta foi atribuída a Maria Olofa e Gonzalo Mandinga, dois dos primeiros *cimarrones* ou *maroons* – africanos escravizados que buscaram a liberdade. Os rebeldes fizeram armas de varetas afiadas e pegaram machetes, usadas para colher cana-de-açúcar.

Na véspera do Natal de 1521, enquanto os escravizadores festejavam, 20 rebeldes se organizaram, marchando para oeste, do rio Nigua para a vila de Azua, conclamando, no caminho, outros escravizados a deixar as *plantations* e se juntar a eles. A cavalaria espanhola foi logo chamada para esmagar a insurreição e os rebeldes não puderam competir com as tropas montadas, equipadas de espadas e armas de fogo. Os sobreviventes fugiram para as colinas rochosas, mas foram capturados em cinco dias. Mesmo assim, os rebeldes ainda conseguiram libertar cerca de uma dúzia de tainos escravizados e matar nove espanhóis.

As consequências

A revolta de 1521 foi a primeira desse tipo e perturbou o governo espanhol. Dez dias apenas após seu início, leis sobre escravidão foram instituídas para manter o controle e garantir que outras revoltas nunca mais ocorressem. Essas leis restringiram a vida dos negros em Hispaniola, escravizados ou não. Os que buscassem libertar-se de escravizadores enfrentariam duras penas, como o corte de um pé e, ao reincidir, a morte. Mas as leis também promoveram os casamentos entre pessoas escravizadas, para formar famílias – reduzindo assim, esperava-se, a possibilidade de futuras rebeliões e aumentando a reserva de mão de obra escravizada.

Embora o Haiti, no lado oeste de Hispaniola, só tenha lutado e obtido a independência dali a 282 anos, a revolta de 1521 alertou as autoridades de que as pessoas que haviam sido escravizadas podiam se organizar e lutar por liberdade. ▪

[...] eles morrem, ou melhor, você os mata, para extrair e obter ouro todos os dias.
Antonio de Montesinos
Frade dominicano espanhol (c. 1475-1545)

UMA REVOLTA SANGRENTA NOS CAMPOS DE AÇÚCAR

ESCRAVIZADOS SE REBELAM NO MÉXICO (1570)

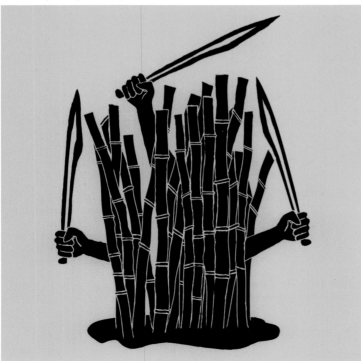

EM CONTEXTO

ONDE
México

ANTES
1428 Os astecas dominam o México central e criam um poderoso império.

1517 O explorador espanhol Francisco Hernández de Córdoba aporta na península de Yucatán, no leste do México.

1521 Africanos escravizados numa *plantation* na colônia espanhola de Hispaniola fazem a primeira revolta de escravos das Américas.

DEPOIS
1835-1836 O Texas se rebela e se separa do México, criando a República do Texas. Ele se torna um estado dos EUA em 1846.

1846-1848 Disputas por território levam à Guerra México-EUA, vencida pelos americanos, que obtêm vastas áreas do noroeste mexicano.

Dos anos 1520 ao início da Guerra de Independência mexicana, em 1810, cerca de 250.000 africanos foram importados para trabalhar em *plantations* de açúcar, minas de prata, ranchos de gado ou serviços domésticos no México. Em três séculos de escravização africana, registraram-se ali mais de 100 rebeliões e conspirações; a mais bem-sucedida foi liderada por Gaspar Yanga em 1570, numa *plantation* de açúcar em Veracruz.

O afluxo de africanos escravizados deveu-se em parte ao declínio da população indígena. No México central, seu número caiu de mais de 27 milhões em 1519, para

ESCRAVIZAÇÃO E REBELIÃO 133

Ver também: Vida nas *plantations* 122-129 ▪ A rebelião em Hispaniola 130-131 ▪ Os quilombos do Brasil 136-139 ▪ Os *maroons* jamaicanos 146-147

Gaspar Yanga e seus compatriotas celebram a liberdade numa pintura do Museo Regional de Palmillas, em Yanga, antes San Lorenzo de los Negros, a cidade livre fundada por ele.

pouco mais de 1 milhão em 1605, por excesso de trabalho e doenças, como a varíola, introduzidas pelos conquistadores espanhóis. O rei Carlos I da Espanha estimulou o uso de africanos para substituir trabalhadores indígenas quando a Nova Espanha, a maior colônia do país, foi criada em 1521. Além do atual México, ela incluía grande parte das Américas Central e do Norte, áreas do norte da América do Sul e ilhas do Caribe e do Pacífico.

Compaixão de curta duração

A chegada em 1519 do *conquistador* Hernán Cortés a Veracruz, o principal porto da Costa do Golfo, marcou o início da exportação espanhola de africanos escravizados para o México. Após a conquista por Cortés da capital asteca Tenochtitlán em 1521, a demanda cresceu muito com o aumento de minas e *plantations*, atingindo o auge, de 1580 a 1650. Carlos I, muito influenciado pela Igreja Católica, que buscava conversões, defendeu de início um tratamento humano aos escravizados. Alguns podiam comprar a própria alforria, e a manumissão (libertação por escritura ou testamento) era estimulada. Os africanos escravizados também podiam se casar com mulheres indígenas, o que garantia liberdade a seus filhos. A Igreja foi uma forte promotora do casamento cristão e buscou garantir que as relações entre espanhóis e negras escravizadas fossem legitimadas. Seus filhos eram cidadãos livres, mas chamados de *mulatos*, numa depreciativa referência a mulas, que são híbridos de cavalo e jumento. O número de pessoas de origem africana – livres e escravizadas – logo cresceu.

Apesar das iniciativas da Igreja, a realidade do trabalho forçado em minas e *plantations* era brutal e a taxa de mortalidade entre os escravizados era alta em ambas as áreas. Os escravizadores desprezavam regras de tratamento humano. As mulheres africanas eram estupradas, as famílias com frequência divididas e os escravizados punidos, muitas vezes, com mais rigor pela "blasfêmia" de praguejar quando açoitados.

Revolta e fuga

O desgosto crescente, combinado ao número cada vez maior de escravizados, levou a insurreições individuais e organizadas em todo o México. Em 1537, a primeira tentativa de revolta em larga escala foi impedida quando o vice-rei da colônia, Antonio de Mendoza, foi »

\multicolumn{3}{c}{**A população afro-mexicana**}		
Data	**Evento**	**Pessoas de origem africana no México**
1580–1650	Auge da importação de africanos escravizados no México.	c. 45.000 em 1580 c. 150.500 em 1650
1810	Começa a Guerra de Independência do México e a escravidão é amplamente abandonada.	Aproximadamente 500.000 a 600.000 (10% da população)
2020	Pela primeira vez, o censo mexicano inclui uma categoria para a herança afro-mexicana.	2.576.213 afro-mexicanos ou parcialmente afro-mexicanos (2% da população)

ESCRAVIZADOS SE REBELAM NO MÉXICO

> Yanga levou os rebeldes para as montanhas, onde acharam um lugar inacessível para se instalar [...] [Por] mais de 30 anos, Yanga e seus seguidores viveram livres.
> **Pérez de Ribas**
> Missionário e historiador espanhol (1576-1655)

informado. Um espião confirmou que, na Cidade do México e minas afastadas, os africanos, liderados por um rei eleito e apoiados por indígenas, juraram libertar toda a população escravizada. O vice-rei mandou prender e julgar os conspiradores. Após confessar, eles foram enforcados, arrastados e esquartejados para servir de exemplo.

Tensões contínuas e, pelo menos, duas outras conspirações nos anos 1540 fizeram o vice-rei introduzir muitas restrições a negros livres e escravizados. Elas incluíam toque de recolher, a proibição de venda de armas de fogo e reuniões de três ou mais pessoas negras sem um empregador ou escravizador espanhol presente.

Liberdade nas montanhas

Nos anos 1550, o novo vice-rei, Luis de Velasco, aumentou as restrições e criou uma milícia civil (a Santa Hermandad) para melhorar a segurança na região. Em 1553, ele escreveu que a população negra e mestiça "supera a espanhola em muito", acrescentando que "todos querem comprar a liberdade com a vida de seus amos".

Por volta de 1570, um levante na *plantation* de açúcar Nuestra Señora de la Concepción, em Veracruz, no interior da Costa do Golfo, deu origem a lendas. Ele foi liderado por Gaspar Yanga, que tinha fama de ser um príncipe africano do Gabão. Ele e os outros conspiradores mataram 23 espanhóis antes de escapar para as montanhas, onde ele formou um *palenque* – um de vários assentamentos de *cimarrones* ou *maroons*, como os que buscavam a liberdade eram chamados ali. O que distinguiu o *palenque* de Yanga foi seu sucesso, tamanho e duração. Ele e seus seguidores se armaram de machetes, arcos e flechas e quaisquer armas que podiam roubar. De seu esconderijo seguro, planejaram ataques violentos em estradas, ranchos e *plantations*, tomando o que precisavam para viver e libertando outros onde possível. O terreno difícil favorecia as atividades de guerrilha. Por quase 40 anos, os ataques continuaram e Yanga criou mais *palenques*, que se tornaram um grande embaraço para os governantes espanhóis e uma fonte de terror na região de Veracruz.

Intensificação das revoltas

As insurreições aumentaram quando mais africanos escravizados foram importados para trabalhar na expansão das *plantations* e em minas. No norte, os que escapavam formavam alianças com indígenas locais contra os espanhóis. Aparentemente impotentes diante dos ataques, as autoridades impuseram penas cada vez mais duras, como a sentença de morte ou castração para os que desaparecessem por mais de seis meses, mas elas tiveram pouco efeito. No fim dos anos 1570, a maioria da colônia, fora da Cidade do México, estava rebelada.

Uma estátua de bronze de Gaspar Yanga, do artista mexicano Erasmo Vásquez Lendechy, foi inaugurada em Yanga, Veracruz, em agosto de 1976.

Raízes africanas em Veracruz

A cidade livre que Yanga fundou em 1618, hoje lar de mais de 20.000 pessoas, fica no interior do estado costeiro de Veracruz. A área ao redor era antes território *maroon*, repleto de assentamentos que resistiam ao domínio espanhol. A população afro-mexicana de Veracruz é maior que em muitas outras partes do México, e vários povoados conservam nomes africanos, como Matamba e Mozomboa.

O antropólogo Gonzalo Aguirre Beltrán (1908-1996), que cresceu em Veracruz, foi o primeiro a publicar uma grande pesquisa salientando a importante história negra do México. Nascida em Veracruz, a cantora Toña La Negra (1912-1982) ajudou a valorizar os afro-mexicanos ao afirmar com orgulho suas raízes africanas ao longo de toda a sua carreira. O carnaval mexicano inclui músicas de estilo *son jarocho*, originário de Veracruz, que combina elementos espanhóis, indígenas e africanos. Isso também ocorre no Festival da Negritude de Yanga, que desde 1986 celebra o fundador da cidade e a herança africana.

ESCRAVIZAÇÃO E REBELIÃO

O carnaval de Coyolillo, que celebra a herança afro-mexicana, surgiu quando os africanos escravizados ganharam um só dia livre e o usaram para fantasiar-se com máscaras.

Vitória em Veracruz

Nas últimas décadas do século XVI, as atividades de guerrilha *maroon* se intensificaram na região de Veracruz, e os atacantes resgataram mais pessoas escravizadas – atacando até casas espanholas para libertar criados domésticos. A estrada principal do porto de Veracruz à Cidade do México era insegura para viagens, pois os *maroons* com frequência interceptavam as carroças que traziam bens da Costa do Golfo.

Em 1609, o vice-rei Luis de Velasco incumbiu o capitão Pedro González de Herrera com um pequeno exército de recuperar o controle da região. Como provocação, Yanga despachou uma força de *maroons* para atormentar as tropas espanholas quando se aproximavam e mandou um espanhol capturado entregar suas condições de paz: governo próprio e liberdade em troca de cooperação na região e a devolução de qualquer africano escravizado que escapasse para a região. Herrera recusou. Seguiu-se uma batalha e ambos os lados sofreram graves perdas. Yanga e seu povo abandonaram o assentamento, que os espanhóis queimaram, mas logo criaram outro *palenque* nas montanhas e retomaram os ataques locais.

Nove anos depois, em 1618, ambos os lados afinal concordaram com as condições de Yanga. O tratado dava aos africanos antes escravizados, a liberdade de viver em *palenques* e criava a cidade livre de San Lorenzo de los Negros, renomeada Yanga, em 1932. Foi o primeiro assentamento de pessoas libertadas da América do Norte.

Independência e liberdade

Ao longo dos séculos XVII e XVIII, revoltas menores e evasões quase contínuas continuaram por toda a colônia, abrindo um caminho precário, mas efetivo, para a libertação de muitos. A chegada de africanos escravizados ao México se reduziu no fim do século XVII; dali a um século, a maioria das pessoas de origem africana estava empregada, mas em geral sob condições difíceis e com baixo salário. De 1810 a 1821, os descendentes de africanos se uniram a seus compatriotas para combater o domínio espanhol na Guerra de Independência do México e se tornaram parte de uma nova nação, com sua mistura única de raças e culturas. A República do México foi a segunda nação das Américas a abolir a escravidão, o que ocorreu em 1829; o Haiti foi a primeira, em 1804.

Yanga foi declarado herói nacional em 1871 e desde então intitulado El Primer Libertador de las Américas. Apesar disso, a maioria dos historiadores tendia a subestimar a rica história negra do México, focando mais nas pessoas brancas ou de ascendência indígena. Só há pouco tempo, relativamente, os mexicanos começaram a explorar e celebrar suas raízes africanas. O censo de 2020 do país foi o primeiro em que os mexicanos puderam declarar sua origem africana. ■

"Sou mulata* e orgulhosa de ter o sangue de negros correndo em minhas veias."
Toña la Negra
Cantora mexicana (1912-1982)

*Linguagem usada em 1945 (ver p. 4).

COMUNIDADES GUERREIRAS

OS QUILOMBOS DO BRASIL (1570)

EM CONTEXTO

ONDE
Brasil

ANTES
1444 Os portugueses começam a comprar escravizados na costa da Guiné, na África ocidental, para fazer serviços domésticos na Europa.

1470 Os portugueses aportam nas ilhas de São Tomé e Príncipe, no golfo da Guiné. Criam *plantations* nas ilhas com o trabalho de africanos escravizados.

1500 Exploradores portugueses avistam e reivindicam o Brasil; a importação de africanos escravizados começa nos anos 1530.

DEPOIS
1822 O Brasil declara independência de Portugal.

1888 A princesa Isabel abole a escravidão, libertando cerca de 700.000 pessoas.

Os portugueses somaram o Brasil a suas colônias no início do século XVI. A princípio, usaram a terra para o cultivo, em especial de cana-de-açúcar, para os mercados europeus. A combinação de solos férteis, técnicas avançadas de moagem e uma demanda crescente criaram um *boom* econômico. Nos anos 1620, o Brasil produzia 14.000 toneladas de açúcar ao ano, dominando esse mercado no mundo ocidental.

A produção de açúcar exigia muito trabalho. Antes da chegada dos africanos escravizados ao Brasil, os portugueses tinham operado as *plantations* com indígenas cativos, mas doenças mortais introduzidas

ESCRAVIZAÇÃO E REBELIÃO **137**

Ver também: A rebelião em Hispaniola 130-131 ▪ Escravizados se rebelam no México 132-135 ▪ Os *maroons* jamaicanos 146-147 ▪ A Revolução Haitiana 184-189 ▪ O fim da escravidão no Brasil 224-225 ▪ Movimentos negros no Brasil 240-241

O nordeste brasileiro foi a área mais lucrativa de produção de açúcar, em especial a capitania de Pernambuco, mostrada neste mapa de 1647, e a vizinha, Bahia.

pelos colonos devastaram essa população; um surto de varíola nos anos 1560 matou cerca de 30.000 indígenas. A partir de 1570, os portugueses começaram a importar grandes números de africanos escravizados, e assim começou a história de brutalidade e resistência que ressoa no Brasil até hoje..

Fuga da crueldade
Em 1600, cerca de 50.000 africanos já haviam chegado ao Brasil, substituindo os indígenas como a principal força de trabalho do país. Os africanos se viram à mercê de seus escravizadores brancos. Açoitamentos e marcações a ferro quente eram comuns, e às vezes os trabalhadores morriam pelas mãos de seus escravizadores. A lei portuguesa estipulava pena de morte para donos de *plantations* que matassem escravizados, mas raramente era posta em prática. Havia também muitos casos de escravizados que matavam feitores ou donos de *plantations*. As razões dadas no tribunal incluíam espancamentos constantes e direitos básicos a comida e descanso muito limitados.

 Fica claro nos anúncios de jornal postos por escravizadores que as pessoas escravizadas, por vezes, tentavam escapar, em especial nas áreas rurais. A maioria dos que buscavam libertar-se eram homens. Eles, em geral, escapavam sozinhos e com um destino definido, como a casa de um parente livre. A evasão em geral era temporária, pois a maioria das pessoas não ia muito além da »

As **principais atividades econômicas** do Brasil – agricultura e mineração – **requerem grandes populações escravizadas**.

⬇

Alguns trabalhadores escravizados **escapam** e encontram **assentamentos** permanentes chamados **quilombos**.

⬇

Os quilombos se instalam em **matas** fechadas e **montanhas** inacessíveis, onde são mais fáceis de defender.

⬇

Os quilombos desenvolvem **sociedades complexas**, em alguns casos com **grandes populações, reis e exércitos**.

⬇

Pessoas de todos os tipos que buscam a liberdade são atraídas pelos quilombos, aumentando sua população e seu poder.

OS QUILOMBOS DO BRASIL

Uma recompensa em dinheiro é oferecida num cartaz de 1852 por um jovem que buscou a liberdade. O anúncio inclui detalhes de sua aparência e habilidades, como o fato de saber cozinhar e cultivar.

vizinhança imediata antes de ser apanhadas. Os donos de *plantations*, atentos ao custo do trabalho perdido, às vezes eram conciliadores com os que buscavam libertar-se, dando punições moderadas e oferecendo alguma solução às queixas, mas açoitamentos, prisão e tortura eram comuns.

Surgem os quilombos

Os trabalhadores escravizados, às vezes, tentavam escapar para assentamentos chamados "quilombos" (nome talvez derivado de "povoação guerreira" na língua do povo ambundo, de Angola) ou "mocambos" (do termo ambundo para "esconderijos"). Como os *maroons* na Jamaica, os que buscavam a liberdade construíam suas vilas em matas fechadas ou montanhas remotas, de difícil acesso. No caso do Brasil, os únicos vizinhos eram os indígenas, que em geral aceitavam os quilombos.

Regiões com muitos trabalhadores escravizados, como o nordeste, tinham as maiores concentrações de quilombos. O maior e mais famoso deles foi Palmares, fundado em 1597. Durante a ocupação holandesa no nordeste brasileiro, entre 1630 e 1654, os choques entre as potências coloniais limitou a capacidade de controlar a expansão de Palmares, que cresceu rapidamente. Ele se tornou uma confederação de dez quilombos, o maior dos quais tinha paliçadas, fossos, torres de vigia e armadilhas ocultas. Sua população incluía escravizados africanos e nascidos no Brasil, indígenas e algumas pessoas brancas.

Palmares sofreu pelo menos 40 ataques de forças portuguesas e holandesas. Alguns deles resultaram em pesadas perdas para os exércitos coloniais, mas os assaltos se tornaram cada vez mais intensos. Em 1695, um exército colonial de 6.000 soldados destruiu o quilombo.

Novas demandas

No século XVIII, as ilhas francesas e britânicas do Caribe começaram a produzir cana-de-açúcar para o norte e leste da Europa. Em meados desse século, o Brasil ainda era o terceiro maior fornecedor de açúcar do mundo, mas o centro econômico do país saíra do nordeste após a descoberta de ouro em Minas, no sudeste. Em 1763, a capital do Brasil foi mudada de Salvador, na Bahia, para o Rio de Janeiro, no sudeste. A nova capital floresceu, em especial após a chegada da corte portuguesa, que fugiu de Lisboa antes que as forças napoleônicas a invadissem, em 1808.

As fazendas e minas do Brasil exigiam muitos trabalhadores escravizados, levando o número dos que buscavam a liberdade a também aumentar. A mesma demanda por mão de obra surgiu no Brasil central, em Goiás, após a descoberta de ouro; e no sul, no Rio Grande do Sul, quando a criação de gado deslanchou no fim do século XVIII. Pessoas escravizadas também foram trazidas para o estado de São Paulo, no sudeste, que se tornou um centro de cultivo de café.

Quando a produção de ouro diminuiu, o governo revitalizou a agricultura no nordeste. O estado do Grão-Pará e Maranhão se tornou um centro de cultivo de algodão e arroz, além de cana-de-açúcar. O marquês de Pombal, um ministro de governo português, importou 12.000 escravizados para trabalhar nas lavouras. Muitos quilombos surgiram

Zumbi dos Palmares

Nascido no Quilombo dos Palmares em c. 1665, Zumbi dos Palmares foi o último rei do quilombo. Ele se tornou rei em 1678, após o líder anterior, Ganga Zumba, ser envenenado por concordar em jurar lealdade ao rei português em troca de reconhecimento legal.

Zumbi chefiou a comunidade com eficiência, resistindo aos exércitos coloniais, organizando ataques e tentando negociar com os portugueses. Porém, em 1694, num assalto português com mais de 2.000 pessoas, brancas e indígenas, com armas de fogo e flechas, foi traído e capturado. Os portugueses o decapitaram e mutilaram seu corpo, exibindo sua cabeça na cidade do Recife. Palmares foi destruído no ano seguinte.

Zumbi é uma figura lendária no Brasil. Em 1978, o país declarou 20 de novembro Dia Nacional da Consciência Negra. Em 2003, a data se tornou um feriado em honra da morte de Zumbi.

ESCRAVIZAÇÃO E REBELIÃO

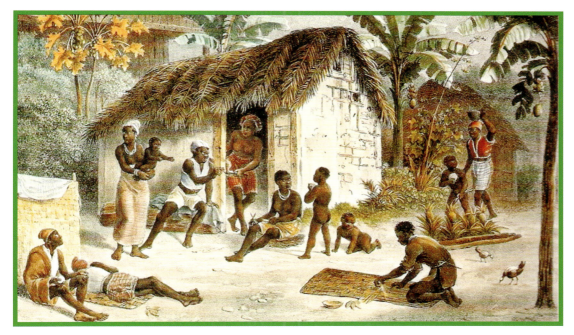

A vida num quilombo foi representada pelo artista alemão Johann Moritz Rugendas, que viajou pelo Brasil entre 1822 e 1825. O maior quilombo, Palmares, abrigou até 20.000 pessoas.

na área. Entre 1734 e 1816, havia mais de 80 no Grão-Pará e Maranhão.

Os quilombos com frequência tinham uma organização baseada em modelos africanos de governo. Documentos reais atestam a existência de reis, capitães e outros líderes da comunidade. Alguns quilombos tinham exércitos com armas compradas ou roubadas; consta que Vila Maria (também chamado Quilombo de Sepotuba), no remoto estado do Mato Grosso, no oeste, tinha um exército de 200 homens nos anos 1860.

O principal problema nos quilombos era a proporção entre gêneros. Supõe-se que no fim dos anos 1860, o Quilombo Manso, em Mato Grosso, tinha só 20 mulheres e 13 crianças numa população de 293. Outro desafio era produzir comida suficiente para a comunidade, em especial nos quilombos de Minas, onde os solos pobres tornavam a agricultura difícil. Essas dificuldades levaram os quilombolas (pessoas que viviam nos quilombos) a atacar os suprimentos de *plantations* próximas e raptar suas mulheres, levando ao conflito.

Esconderijos para todos

Com o tempo, os quilombos atraíram muitos tipos de pessoas que buscavam a liberdade, inclusive foragidos da lei. Havia constantes ataques das autoridades, que montaram unidades militares especiais para lidar com eles. Minas criou um regimento composto por capitães do mato, mercenários contratados para caçar os que buscavam a liberdade e destruir quilombos. O regimento incluía brancos e negros, e cerca de 15% eram forros (libertos que tinham nascido escravizados). Os capitães do mato eram pagos segundo o total de quilombolas que capturassem. Em áreas remotas, montanhosas ou com matas fechadas, como Minas Gerais, os ataques a quilombos eram custosos e visavam mais a contenção que a total destruição.

Quilombos continuaram a surgir até a abolição da escravidão, em 1888. Ainda hoje, há cerca de 3.000, e a constituição de 1988 consagrou seu direito à terra que ocupam. Muitos deles, porém, não receberam a certificação necessária e estão sofrendo renovada pressão das autoridades. Quando Jair Bolsonaro concorreu nas eleições de 2018, que o tornaram presidente, sua campanha promoveu os interesses do influente lobby do agronegócio às custas dos direitos à terra das comunidades indígenas e quilombolas. ∎

A SENHORA DO TROVÃO

A RAINHA NZINGA ENFRENTA PORTUGAL (1626)

A RAINHA NZINGA ENFRENTA PORTUGAL

EM CONTEXTO

ONDE
Angola

ANTES
1444 Os portugueses trazem africanos escravizados à Europa pela primeira vez.

c. 1500 O reino de Ndongo é fundado em território que costumava ser do reino vizinho do Congo.

1575 Indo para o sul, os portugueses fundam uma colônia na ilha de Luanda, na atual Angola.

DEPOIS
1671 Aproveitando a fragilidade de Ndongo após a morte da rainha Nzinga, Portugal toma o reino, incorporando-o à Angola portuguesa.

1975 Angola obtém a independência de Portugal após uma revolta armada bem-sucedida.

Às vezes a força é capaz de exterminar os maus costumes dos que não usam a razão e não entendem nenhum argumento sem punição.
Rainha Nzinga
Citada pelo missionário italiano Cavazzi de Montecoccolo (1621-1678)

Guerreira destemida e hábil negociadora, a rainha Nzinga (também grafada Jinga ou Ginga) Mbande de Ndongo e Matamba, onde hoje é Angola, conseguiu rechaçar os invasores e escravizadores portugueses – além dos rivais ao trono – por três décadas, na primeira metade do século XVII.

O povo ambundo de Ndongo, liderado pelo pai de Nzinga, Ngola (rei) Kia Samba, vinha defendendo o reino da invasão portuguesa desde a fundação da colônia de Luanda, em 1575. Com isso, Nzinga desde cedo teve treinamento militar e com frequência acompanhava o rei em batalhas ou negócios de estado. Essas experiências a ajudaram a perceber o valor de sua terra natal africana para os portugueses.

No fim do século XVI, Portugal e Espanha já haviam reivindicado grandes territórios nas Américas. As duas potências europeias também estavam avançando para o interior do norte e oeste africano, numa corrida por recursos, em especial minerais, e

Nzinga foi batizada como cristã em 1623, tomando o governador colonial português como padrinho para fortalecer sua aliança. O ato foi tático, mas ela reafirmou sua fé quando idosa.

mão de obra para suas colônias americanas na forma de pessoas escravizadas. Desde meados do século XV, os portugueses trocavam bens, como armas, por cargas humanas. Parecia impossível deter sua marcha pelo continente em busca de pessoas para escravizar – até holandeses e ingleses entrarem no comércio escravista.

Ameaça crescente
Desde 1461, Portugal já havia erguido muitos fortes para comércio ao longo da costa ocidental africana, mas a chegada de holandeses e ingleses, nos anos 1610 e 1620, forçou os traficantes portugueses de escravizados a desistir do monopólio e buscar áreas alternativas para explorar. Eles começaram a avançar para o sul, em território ambundo,

ESCRAVIZAÇÃO E REBELIÃO 143

Ver também: Os europeus chegam à África 94-95 ▪ As cidades-estados da Hauçalândia 96-97 ▪ A sucessão do manicongo 110-111 ▪ O início do tráfico escravista atlântico 116-121 ▪ Changamire Dombo e o exército de "Destruidores" 152-153

---

onde se dizia ter minas de prata. Enfraquecido pelo conflito com os portugueses, que contrataram os imbangalas (guerreiros mercenários africanos) para ajudá-los nas missões escravizadoras, o novo rei ambundo, Ngola Mbande, mandou a irmã, Nzinga, representar os interesses do reino de Ndongo numa conferência de paz, instigada pelos portugueses em 1622. Nzinga logo percebeu que uma aliança com os portugueses, embora arriscada, poderia ser vantajosa, pois poderiam fornecer armas aos ambundos.

Ascensão ao poder

No primeiro encontro em Luanda, uma colônia portuguesa a oeste de Ndongo, Nzinga sabia que devia se apresentar ao governador português como uma igual, para negociar termos favoráveis. Vendo que só o governador tinha uma cadeira, ordenou a uma serva sua que se ajoelhasse de quatro para usá-la como assento.

Como parte do acordo de paz selado, Nzinga se converteu ao cristianismo e foi batizada com o nome português Ana de Sousa. Ela também convenceu seu irmão de que seu povo precisava se converter. Em troca, os portugueses concordaram em parar de escravizar pessoas em Ndongo.

Em 1624, Ngola Mbande morreu em circunstâncias suspeitas, deixando o trono livre para sua ambiciosa irmã. Ciente da sempre presente ameaça das tribos vizinhas, prontas a atacar Ndongo para ganhar prestígio aos olhos das potências europeias, a nova rainha logo reforçou seu acordo com os portugueses. Com isso, Nzinga assegurou um poderoso aliado na luta contra inimigos africanos.

A ascensão da rainha ao trono não foi inconteste, nem amplamente celebrada. Muitos dos súditos acreditavam que mulheres eram incapazes de reinar, e como sua mãe fora escravizada por seu pai e não era sua primeira esposa, Nzinga não era legítima herdeira. Ela refutou o argumento dizendo que, como era filha de seu pai, descendia de uma linhagem real direta, o que não acontecia com seus desafiadores.

As relações com os portugueses azedaram quando eles apoiaram um dos principais rivais de Nzinga ao trono, Hari. Ele foi empossado como um regente fantoche em Ndongo, com o nome português Filipe I. Nzinga teve de fugir, abrigando-se com os imbangalas, que tinham abandonado os portugueses em 1619. Em 1626, ela declarou guerra ao antigo aliado – o início de um conflito que duraria 30 anos. »

Desses e de outros traidores me refugio nos matos, longe dos meus territórios.
Rainha Nzinga
Carta ao governador geral de Angola, 1655

A rainha Nzinga

Segundo a lenda, Nzinga Mbande estava destinada a um posto de poder. Ela nasceu em c. 1582 com o cordão umbilical enrolado no pescoço e seu nome derivava do termo quimbundo *kujinga*, "torção". Após sobreviver a essa prova mortal, era claro que a futura rainha seria uma guerreira.

Ajudada pelo pai, o rei de Ndongo, Nzinga foi instruída desde cedo nas artes da diplomacia, do governo e da guerra. Ela aprendeu também a ler e escrever português com dois missionários visitantes.

Após a morte do pai e depois do irmão, e na ausência de um claro sucessor, Nzinga assumiu o trono de Ndongo. Ela lutou com aspirantes rivais e depois defendeu suas terras dos portugueses e outros invasores por décadas, usando uma combinação de alianças e ataques.

A rainha Nzinga morreu tranquilamente em 1663, aos 81 anos, após preparar o caminho para que sua irmã Kambu (também chamada Bárbara) a sucedesse. Na atual Angola, o nome de Nzinga se associa a resistência e libertação.

144 A RAINHA NZINGA ENFRENTA PORTUGAL

Em 1631, Nzinga se tornou rainha de Matamba, um reino a leste de Ndongo. Com a ajuda dos imbangalas, criou uma força de combate formidável, alistando mercenários para treinar seus jovens súditos nas artes marciais e de guerrilha. Ela preparou seu reino para meses e talvez anos de cerco estocando comida e outros suprimentos. Nzinga também tornou Matamba um local de refúgio para pessoas que resistiam à escravização em outras partes da África e para soldados africanos recrutados e treinados pelos portugueses; em troca, pôde usá-los para aumentar seu exército. Enquanto isso, continuou tentando silenciar os súditos que duvidavam de sua capacidade como mulher para governar – vestindo-se com frequência como homem e brandindo armas na linha de frente. Aos poucos, ganhou o respeito e apoio do povo ambundo.

Aliança holandesa

Em 1641, os holandeses tomaram Luanda dos portugueses, forçando-os a recuar para o forte de Massangano. Tendo perdido o apoio dos imbangalas, Nzinga viu aí uma chance de criar uma aliança com os holandeses contra seu inimigo comum. Com isso, ela esperava recuperar terras perdidas e talvez expulsar os portugueses de seu território. A Companhia Holandesa das Índias Ocidentais já tinha se aliado a outros reinos africanos – inclusive o vizinho e rival de Nzinga, o reino do Congo – para tomar o controle de várias terras na África ocidental. Nzinga forjou suas próprias relações diplomáticas com os holandeses, oferecendo-se para vender-lhes pessoas escravizadas em troca de ajuda militar.

De início, a coalizão com os holandeses e o Congo foi bem-sucedida, marcada por uma grande derrota dos portugueses em 1644. Logo, a rainha pôde reivindicar Ndongo – ajudada, em parte, pelo fato de ter recrutado antigos súditos leais, incitando-os a rebelar-se contra o rei fantoche controlado pelos portugueses, Filipe I, em seu território anterior. Em 1646, porém, os portugueses recuperaram o controle e Nzinga e suas forças foram forçadas de novo a recuar. Consta que a irmã da rainha caiu nas mãos do inimigo no processo, assim como informações vitais que revelavam alianças que Nzinga tinha feito e futuros planos de batalha.

Fim do conflito

Apesar de Nzinga e seus aliados holandeses terem sitiado os portugueses em Massangano em 1647, essa vitória teve duração curta. Os portugueses reagiram no ano seguinte, com o reforço de tropas vindas do Brasil, e os holandeses, muito enfraquecidos,

Nzinga liderou suas tropas em batalhas por todo o reino, desafiando os que diziam que mulheres não podiam reinar. Era hábil no manejo de armas e muitas vezes usava trajes masculinos.

ESCRAVIZAÇÃO E REBELIÃO 145

A rainha Nzinga **faz de Matamba seu novo estado**, depois que os portugueses a traem, e toma várias medidas para fortalecer o reino contra seu inimigo:

Manda jovens a *kilombos* (milícias comunais), para ser educados e **treinados em artes marciais** e de guerrilha.	**Recruta pessoas que buscaram a liberdade e soldados africanos** desertores do exército português.	Forma **uma aliança com os holandeses**, que também estão em guerra com Portugal.	Usa sua influência restante para encorajar os antigos súditos a **fomentar a rebelião** em Ndongo.

abandonaram o conflito após fechar um acordo de paz com o rival europeu. Nzinga, vendo-se sozinha, recuou para Matamba – mas não desistiu. Seus esforços para evitar a invasão duraram mais oito anos, e as forças portuguesas, apesar do poder superior, tiveram de lutar pelo controle de cada trecho de terras de Nzinga.

Em 1656, após vários anos de negociações, Nzinga fechou um acordo formal com os portugueses, encerrando afinal a guerra. Os portugueses concordaram em reconhecê-la como rainha de Matamba e Ndongo, mas após décadas de conflito, as terras dela tinham sido muito destruídas e precisavam ser recuperadas e revitalizadas.

Nzinga se dedicou a tornar Matamba um poderoso império comercial. Abriu as fronteiras a mercadores portugueses e traficantes de escravizados, liberando o acesso ao interior da África e lucrando com a passagem por seu território para transportar e negociar o que pilhavam. Logo, ela tinha o controle sobre muitas rotas de comércio lucrativas. Porém, continuou a receber ex-escravizados, buscando aumentar a população do reino, dizimada por décadas de guerra.

Mãe de Angola

Após a morte de Nzinga, em 1663, seu reino se atolou em guerras civis entre partidos rivais em disputa pelo trono. Os portugueses se aproveitaram e, em 1671, Ndongo se tornou parte da Angola portuguesa.

Hoje, a rainha Nzinga é considerada "Mãe de Angola", reverenciada pela habilidade diplomática e bélica e pela capacidade de liderar seu povo em meio a contínuas ameaças a seu governo. Embora tenha precisado adaptar sua identidade para parecer mais masculina, ela provou que uma mulher podia chefiar o povo ambundo – e Matamba foi regida por mulheres por cerca de 80 dos 100 anos seguintes. A firmeza de Nzinga, ao defender suas terras do colonialismo, deixou uma impressão duradoura no povo de Angola, que continuou a lutar pela independência até o século XX. ■

A luta por Angola se tornou parte da Guerra Luso-Holandesa (1602-1663) sobre comércio e territórios ultramarinos. Aqui é mostrado o cerco de Cochin, na Índia, em 1656.

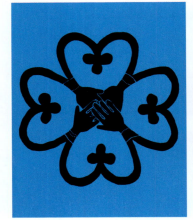

SOMOS PARENTES E SOMOS LIVRES
OS *MAROONS* JAMAICANOS (1655)

EM CONTEXTO

ONDE
Jamaica

ANTES
c. 600 d.C. Chega à Jamaica o povo redware, o primeiro conhecido a habitá-la – talvez de ilhas a leste.

c. 800 d.C. Tainos sul-americanos de língua arauaque migram para a Jamaica.

Anos 1520 Os espanhóis trazem ao Caribe, pela primeira vez, grandes números de escravizados da África, para trabalhar em *plantations*.

DEPOIS
1800 Os *maroons* deportados de Trelawny são levados da Nova Escócia para a nova colônia de Freetown, em Serra Leoa.

1842 Os *maroons* se recusam a obedecer a Lei de Repartição britânica, destinada a dividir suas terras.

1975 Nanny é a primeira e única mulher declarada Heroína Nacional da Jamaica.

Na Jamaica ocupada pelos espanhóis, **as pessoas africanas** eram escravizadas.

Quando os ingleses invadiram a Jamaica, muitos africanos **escaparam das duras condições** e **criaram suas próprias comunidades**. Eles ficaram conhecidos como *maroons*.

As comunidades *maroons* são **ferozmente independentes** e preservam sua **identidade e tradições culturais**; muitas existem até hoje.

Em 1655, uma expedição britânica invadiu e dominou a Jamaica, a ilha caribenha que Cristóvão Colombo declarou espanhola em 1494. Em meio à confusão, muitos africanos escravizados pelos espanhóis escaparam para áreas montanhosas no interior, onde era difícil rastreá-los. Lá, alguns se juntaram a tainos ou a africanos que tinham escapado antes e outros fundaram suas próprias comunidades na ilha. Houve dois grupos principais desses *maroons* (palavra que vem do espanhol *cimarrón*, "impetuoso" ou "rebelde"). Os do interior montanhoso, na parte leste da ilha, foram chamados "*maroons* de barlavento" e liderados por décadas pela formidável rainha Nanny. Os "*maroons* de sotavento" se fixaram em Cockpit Country, no oeste da Jamaica. Seu líder mais notável foi o capitão Cudjoe.

Com o crescimento dos assentamentos *maroons*, as escaramuças com as milícias coloniais ficaram frequentes. Os *maroons* atacavam as *plantations*

ESCRAVIZAÇÃO E REBELIÃO 147

Ver também: Vida nas *plantations* 122-129 ▪ A rebelião em Hispaniola 130-131 ▪ Abolicionismo nas Américas 172-179

com regularidade e os conflitos aumentaram quando tropas britânicas atacaram assentamentos, tentando recapturar os que tinham escapado da escravização.

Conflito e liberdade

A Primeira Guerra Maroon contra os britânicos começou em 1728 e durou até a assinatura de tratados de paz em 1739 e 1740. Os tratados garantiam alguns direitos sobre terras, liberdade e autonomia aos *maroons*. Em troca, alguns de seus grupos prometiam ajudar os colonos devolvendo quem escapasse da escravização e colaborando para suprimir conflitos que ameaçassem a supremacia britânica. Em 1795, disputas de terras entre colonos e *maroons* de Trelawny, a leste de Montego Bay, deflagraram a Segunda Guerra Maroon. Após oito meses de conflitos, em que os *maroons* de barlavento ficaram neutros, os *maroons* de Trelawny se renderam e a maioria deles foi exilada para a Nova Escócia, no Canadá.

Mesmo assim, as táticas de guerrilha dos *maroons* jamaicanos nos séculos XVII e XVIII lhes valeram um grau de liberdade após a Primeira Guerra Maroon que outros povos escravizados não teriam, pelo menos, por um século. Tal liberdade exigiu concessões, e há evidências de que eles ajudaram os britânicos a capturar e devolver pessoas que buscavam a liberdade e a reprimir vários levantes. Em geral, porém, puderam viver separados dos colonizadores britânicos e manter muitas das práticas e tradições socioculturais de suas origens na África ocidental – em especial acãs – e alguma autonomia política.

As comunidades *maroons* hoje

Ao longo das Américas, as comunidades *maroons* continuam a celebrar com orgulho suas origens. A Jamaica ainda tem quatro das comunidades *maroons* originais – Accompong Town, Charles Town, Scott's Hall e Moore Town, que foi inscrita na lista do Patrimônio Cultural Imaterial da Unesco em 2008. ▪

Em trajes históricos, membros da comunidade *maroon* participam da competição do Poolo Booto (barco bonito) na Festa Moengo, em Suriname, que tem uma população *maroon* de cerca de 65.000 pessoas.

Nanny dos *maroons*

Nascida na atual Gana em c. 1686, Nanny, a famosa líder dos *maroons* de barlavento, provavelmente era acã da nação axante da África ocidental. Tradições orais indicam que chegou à Jamaica como mulher livre ou que escapou da escravização, talvez pulando do barco. Com o capitão Quao, liderou os *maroons* de barlavento na Primeira Guerra Maroon, fornecendo orientação tática e se provando uma guerreira feroz.

Nanny era também curandeira e dizia-se que tinha poderes espirituais que usou contra as forças britânicas. Segundo a lenda, no auge do conflito, em 1737, quando seu povo, faminto, quase estava se rendendo, ela teve um sonho, em que os ancestrais lhe diziam para não desistir. Ao acordar, ela achou sementes de abóbora no bolso, que plantou numa encosta. Em uma semana, elas produziram abóboras que forneceram o tão necessário alimento a suas tropas. Consta que Nanny morreu em c. 1755. Ela figura na nota de 500 dólares jamaicanos.

DO CÉU, NUMA NUVEM DE POEIRA BRANCA
O SURGIMENTO DO IMPÉRIO AXANTE (1680)

EM CONTEXTO

ONDE
Gana

ANTES
Meados do século IX d.C. Ancestrais acãs dos axantes fundam assentamentos em Asantemanso.

Séculos IX a XII Os acãs desenvolvem sólidas relações comerciais com os impérios de Gana e Mali.

1471 Exploradores portugueses chegam à costa da atual Gana. Mercadores vêm a seguir e começam a trocar armas por ouro.

DEPOIS
1922 Após a Primeira Guerra Mundial, a Liga da Nações entrega parte da Togolândia, um ex-protetorado alemão, aos britânicos.

1957 A Costa do Ouro, renomeada Gana por seu presidente, Kwame Nkrumah, se torna o primeiro estado da África subsaariana a obter independência do Reino Unido.

O Império Axante, onde hoje é sul de Gana e Costa do Marfim, foi a principal potência da África ocidental por mais de 200 anos. Formada em 1680 por um conjunto de estados separados, floresceu graças a seu ouro e a um herói conquistador chamado Osei Tutu. Segundo a lenda, ao se declarar *asantehene* (rei supremo), Osei Tutu recebeu um trono de ouro que desceu do céu. Dizia-se que, se o trono fosse algum dia capturado, o Império Axante ruiria.

Os ancestrais dos axantes eram os oyokos, um ramo do povo acã que

ESCRAVIZAÇÃO E REBELIÃO 149

Ver também: O Império de Gana 52-57 ▪ Os europeus chegam à África 94-95 ▪ O início do tráfico escravista atlântico 116-121 ▪ A partilha da África 222-223 ▪ Gana declara independência 272-273

O ex-presidente de Gana John Kufuor usou vestes do rico tecido tradicional *kente* quando tomou posse em Acra, em 2001.

Tecido *kente*

Segundo a lenda axante, o primeiro rei, Oti Akenten, introduziu e deu nome ao tecido *kente*. O mais famoso têxtil africano, o *kente* se tornou um símbolo da identidade africana em geral.

Diz a tradição oral axante que os padrões desse pano foram inspirados na teia da aranha Ananse, uma figura trapaceira das lendas folclóricas acãs, que também aparece como Anansi no folclore caribenho. Os padrões e cores simbolizam clãs e qualidades específicas. O vermelho, por exemplo, representa a paixão; o preto indica a união com os ancestrais e o dourado reflete a condição social. Algodão e seda tingidos, comprados historicamente de mercadores, são tecidos num tear estreito e depois costurados em peças grandes.

Antes privilégio de pessoas muito ricas ou da realeza, o *kente* hoje é usado nas classes médias, e até por africanos da diáspora (com *rayon*, talvez, em vez de seda), em geral em ocasiões especiais, como sinal de prestígio. Os homens usam o tecido como uma túnica romana; as mulheres num vestido com xale.

aos poucos migrou do assentamento de Asantemanso, no sul de Gana, para o norte, no fim do século XVI. Liderados por Oti Akenten, eles fundaram Kwaman (hoje Kumasi, a segunda maior cidade de Gana) em meados do século XVII. Em seu reinado, Akenten anexou as terras vizinhas e vários outros estados acãs, como Adanse, Asen, Denkyira, Sefwi e Domaa.

Denkyira declara guerra

Após a chegada dos portugueses ao golfo da Guiné, no fim do século XV, chefes locais começaram a trocar ouro e pessoas escravizadas por mosquetes europeus para substituir os arcos e dardos de seus exércitos. O principal mercador era Boamponsem, que de 1650 a 1694 governou Denkyira. Esse reino se estendia da costa à fronteira sul de Adanse, o estado exatamente ao sul das terras de Kwaman.

Boamponsem logo se tornou o maior importador de armas. Em 1660, rebelou-se contra a suserania axante e tomou vários de seus estados acãs, entre eles Adanse, tornando Denkyira o mais poderoso da região. Boamponsem obteve controle do corredor de comércio do interior até a costa, onde havia fortes europeus, e seu reino se estendeu sobre quase toda a bacia do rio Ofin-Pra, uma área do centro-sul de Gana, rica em ouro.

Boamponsem exigia tributos excessivos de seus súditos e outros estados acãs, executava os que não conseguiam pagar e instigava sacrifícios humanos sempre que alguém da realeza de Denkyira era morto. Ntim Gyakari, seu sucessor, igualmente cruel, mas com menos perícia militar, continuou suas práticas.

O povo reage

Pessoas dos estados acãs controlados por Gyakari, além de súditos de Denkyira que tinham incorrido em seu desagrado, começaram a fugir

Este cabo dourado de um cajado do século XIX usado por um "linguista" – conselheiro e contador de histórias da corte – é um exemplo de ourivesaria axante. Os axantes extraíam ouro de minas e leitos de rios.

para Kwaman, então governado por Osei Tutu. Na juventude, nos anos 1660 e 1670, Osei Tutu vivera em Akwamu, um estado acã vizinho, cujas táticas militares e políticas ele admirava, e depois empregou. Quando o rei de Kwaman, Obiri Yeboah, morreu, em c. 1680, Tutu viajou de Akwamu a Kwaman, parando no caminho no Castelo Christiansborg, um forte controlado por dinamarqueses, onde trocou alguns de seus seguidores por »

150 O SURGIMENTO DO IMPÉRIO AXANTE

armas. Levava com ele também um contingente de 300 homens de Akwamu armados. Com esses recursos, começou a recuperar os territórios acãs perdidos para Boamponsem.

A reconquista de estados acãs por Tutu, a acolhida de inimigos de Denkyira e a recusa a pagar tributos enfureceram Gyakari. Ele mandou mensageiros, exigindo um colar de contas preciosas (símbolo de submissão), ouro e a mulher favorita de Tutu. Este recusou as imposições de Gyakari e, enquanto os dois lados se aparelhavam para a guerra, recrutou outros estados acãs que também resistiam a pagar tributos. Em c. 1699, após vários anos de preparação, a coalizão de estados acãs de Tutu já havia superado muito as forças de Denkyira. Até os criados de casa de Gyakari o abandonaram, assim como Assensu Kufuor, líder de Nkawie, uma das mais importantes cidades de Denkyira. Kufuor levou com ele ouro, armas e cidadãos para ampliar as hostes axantes.

As lutas duraram mais de dois anos. De início as tropas de

O asantehene, sob o dossel encimado por um elefante de ouro, saúda a missão diplomática britânica em 1816. A visita coincidiu com a festa do inhame, quando tributos eram pagos ao rei.

Denkyira empurraram os axantes de volta ao norte, até encontrarem as principais forças de Tutu em Feyiase, ao sul de Kumasi, onde ocorreu a batalha final, em 1701. Gyakari foi morto lutando e seu exército recuou e se dispersou. Tutu marchou para a indefesa capital de Denkyira, Abankeseso, e passou duas semanas pilhando a cidade e despojando-a de seu ouro.

O Trono de Ouro

Após a Guerra Axante-Denkyira, Tutu buscou preservar a paz entre Denkyira, Axante e todos os estados acãs da coalizão. Ele ordenou que os chefes entregassem suas insígnias reais (tronos, espadas e lanças), que foram enterrados no leito do rio Bantama. A seguir, convocou a ajuda de seu amigo e conselheiro Okomfo (sacerdote) Anokye, que, segundo a tradição oral, emitiu encantamentos e conjurou do céu o Trono de Ouro (*Sikwa da*). Descendo em meio a uma tempestade poderosa, o trono caiu no colo de Tutu, para alegria dos chefes e do povo axante. Ele era o símbolo da unificação e da autoridade de

---

- **Boamponsem**, o rei de Denkyira, na costa, **negocia** com mercadores europeus **a compra de armas** para que suas forças submetam os estados vizinhos.

- O **líder axante Osei Tutu** ganha o apoio de outros estados acãs para **se rebelar contra** o domínio opressivo de Denkyira.

- Com armas e número de guerreiros maior, **as forças de Tutu levam a melhor** e ele expande e consolida o **Império Axante**.

- O **Trono de Ouro** sagrado simboliza a **unificação pacífica** dos estados acãs no Império Axante.

ESCRAVIZAÇÃO E REBELIÃO 151

Vamos lutar! Vamos lutar até o último de nós cair nos campos de batalha!
Yaa Asantewaa
1901

Tutu, além da alma do recém-formado Império Axante. Tutu se tornou o primeiro *asantehene*, um título usado por todos os regentes axantes depois.

O Trono de Ouro continua a ser o artefato cultural mais importante dos axantes, usado sempre, desde então, no juramento de novos reis axantes. Feito de ouro sólido, tem cerca de 46 cm de altura, 60 cm de comprimento e 30 cm de largura. Os axantes tratam o trono como um ser vivo e até o "alimentam" com sacrifícios em festas ao longo do ano – eles acreditam que, se o trono ficar com fome, a nação axante correrá o risco de morrer. Mantido em local secreto numa floresta sagrada, não pode nunca tocar o chão, e sentar-se nele é proibido.

Era de ouro e declínio

No século XVIII, sob Tutu e seus sucessores, o Império Axante negociou, em especial, ouro e pessoas escravizadas; Tutu tornou todas as minas de ouro bens imperiais, e a moeda do império era ouro em pó. O império fornecia escravizados para britânicos e holandeses na costa da Guiné, muitas vezes em troca de armas de fogo. Apesar de um período instável após a morte de Tutu, em 1717, o império se expandiu até cerca do tamanho da atual Gana, sob o *asantehene* Opoko Ware (1720-1750). Durante essa época, o entalhe de madeira, a ourivesaria e a tecelagem floresceram. O rei estimulava a criatividade e seus trajes e adornos apresentavam os mais belos trabalhos, como testemunho da prosperidade do império.

A partir de 1823, porém, disputas de terras com o Reino Unido nos estados costeiros levaram a cinco guerras por mais de 70 anos. A quarta guerra (1894-1896) terminou numa vitória decisiva britânica e no exílio do *asantehene* Prempeh I nas Seychelles.

O conflito final foi a Guerra do Trono de Ouro, em 1900, deflagrada quando o representante britânico, Sir Frederick Mitchell Hodgson, ameaçou sentar-se no Trono de Ouro Comandada por Yaa Asantewaa, a rainha-mãe de 65 anos, a revolta custou cerca de 3.000 vidas – 1.000 britânicas e 2.000 axantes. As forças da rainha-mãe foram derrotadas e as terras axantes se tornaram Ashanti, uma colônia britânica sob a autoridade do governador da Costa do Ouro, até a independência de Gana em 1957. ∎

Para mostrar que o trono pertencia não só ao rei, mas à nação axante, ele era então esfregado com um unguento preparado com pedaços de unhas e cabelos cortados [...]
A. Kyerematen
"Os tronos reais de Ashanti", 1969

Os tronos na cultura acã

Há séculos os tronos (*dwa*) são uma parte importante da cultura acã, estreitamente ligados às suas crenças e tradições orais. Entalhados num só bloco – em geral de uma madeira branca e macia chamada *osese* –, os tronos costumam ter quatro pernas e três partes: um assento curvo, uma base e um apoio central, com frequência, decorados e com um ditado tradicional entalhado.

Esses bancos servem a várias funções: são objetos práticos, para sentar-se ao cozinhar ou lavar. São usados para marcar ritos de passagem, como puberdade, casamento e morte. O trono da mulher (*mmaa dwa*) é um símbolo poderoso de fertilidade, enquanto o do chefe (*osese dwa*) simboliza sua autoridade. Os tronos para investidura de novos chefes em geral têm padrões intricados de prata ou ouro. Quando um chefe morre, é esfregada em seu trono uma mistura de fuligem e gema de ovo em sua honra. Um "trono preto" serve como relicário da alma do chefe ao qual foi consagrado, permitindo-lhe continuar em contato com seu povo na outra vida.

Este trono de chefe, com uma forma incomum de cinco pernas chamada *kontonkrowie* (arco-íris circular), evoca um provérbio acã, sobre o papel do rei na união de seu povo.

A PEDRA QUE A ENXADA NÃO FERE

CHANGAMIRE DOMBO E O EXÉRCITO DE "DESTRUIDORES" (1684)

EM CONTEXTO

ONDE
Zimbábue

ANTES
c. 1450 Surge o reino Monomotapa.

1531 Os portugueses criam um posto comercial em Sena, no rio Zambeze, e iniciam negócios diretos com Monomotapa.

DEPOIS
Anos 1830 O povo ndebele foge da Zuzulândia, chega ao Zimbábue e derrota os Rozvis.

1889 A Companhia Britânica do Sul da África obtém uma concessão para colonizar o que se torna a Rodésia do Sul.

1917 Mambo Chuoko, o último rei da dinastia Mutapa, morre em batalha contra os portugueses.

1980 O líder do partido ZANU, Robert Mugabe, vence as eleições pós-independência e o Zimbábue se torna uma nação internacionalmente reconhecida.

No século XVII, os povos do planalto do Zimbábue estavam mergulhados em guerras civis e enfrentavam incursões de forças portuguesas tentando tirar vantagem do comércio de ouro no coração do continente africano. Esse comércio era controlado por dois reinos, Monomotapa e Torwa, de povo xona, que migrara do Grande Zimbábue quando a cidade entrou em declínio no século XV. Em c. 1660, quando o reino Monomotapa aos poucos perdeu o controle sobre a região e suas reservas de ouro, uma nova potência começou a surgir entre os xonas, liderada por Changamire Dombo, um rico dono de gado.

Decepcionado com o fracasso do reino Monomotapa em prevenir o aumento de invasões portuguesas, Dombo rompeu com ele, formando seu próprio exército independente, que chamou de Rozvis, "os Destruidores". A eficiência de seu exército valeu a Dombo o título de

As ruínas das muralhas decoradas, na cidade de Danangombe, datam dos séculos XVII-XVIII, quando o Império Rozvi estava no auge.

ESCRAVIZAÇÃO E REBELIÃO   153

Ver também: A cidade do Grande Zimbábue 76-77 ▪ O comércio de ouro em Moçambique 108-109 ▪ A rainha Nzinga enfrenta Portugal 140-145 ▪ As Guerras Xhosas 180-181 ▪ O Império Zulu 198-199

Changamire, ou "Grande Senhor", e nos anos 1670, os Rozvis já eram a maior força da região. Eles deslocaram os torwas de sua base de poder no sudoeste de Zimbábue e construíram uma nova capital em Danangombe.

Uma grande vitória africana

Dombo estava decidido a livrar a região da influência de Portugal. Em junho de 1684, ocorreu seu primeiro choque com as forças portuguesas, e seus mercenários africanos, a Batalha de Maungwe. Embora os arcos e flechas rozvis enfrentassem armas de fogo europeias, o exército de Dombo resistiu por todo um dia. À noite, Dombo recrutou a ajuda das mulheres rozvis, que acenderam um anel de fogueiras ao redor do acampamento inimigo. Pensando estar totalmente cercados, os portugueses fugiram.

Dombo e seus "Destruidores" realizaram uma façanha rara – a derrota de um exército europeu por uma força africana. Seu impacto assustador foi realçado pela fama do próprio Dombo como "mágico",

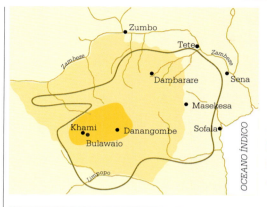

O Império Rozvi se desenvolveu na região antes dominada pelos torwas de Khami, perto da atual Bulawayo. Os entrepostos comerciais portugueses, como Tete e Zumbo, processavam bens a exportar via Sofala.

Legenda
▪ Núcleo do Império Rozvi
▪ Fronteiras atuais do Zimbábue
▬ Fronteiras aproximadas do Império Rozvi

levando à crença de que os Rozvis podiam convocar enxames de abelhas nos combates e fazer seus inimigos dormir. Como estrategista militar, Dombo pode ter também usado a formação de batalha de "chifres de búfalo", 100 anos antes de se tornar um traço da arte da guerra zulu.

Selando um império

Com um exército hábil, disciplinado e bem equipado, Dombo logo pôs todo o Zimbábue sob controle dos Rozvis. Ele continuou também a expulsar os portugueses da região, destruindo seus postos de comércio em Dambarare em 1693 e em Masekesa em 1695. Dombo morreu pouco depois, mas deixou um sistema de sucessão e governo hierárquico mais seguro que o do reino Monomotapa. Centrado na dinastia Changamire, o Império Rozvi foi a maior potência do sul africano até o século XIX. ▪

Changamire Dombo

Pouco se sabe sobre o nascimento e família de Dombo (abreviação de Dombolakonachingwango, que significa "a rocha que a enxada não fere"). Talvez descendesse de um líder torwa, mas documentos portugueses da época afirmam que antes ele era um pastor de gado de Monomotapa.

Após se firmar como líder entre o povo xona, Dombo se separou do Império Monomotapa, expulsou os portugueses do Zimbábue e substituiu as dinastias anteriores pela sua. Acreditava-se que o comandante-chefe dos Rozvi, ou *mambo*, tinha poderes sobrenaturais, que partilhava com o exército dos "Destruidores". Segundo a tradição oral, Dombo podia tornar vermelha uma vaca branca e até os soldados portugueses acreditavam que ele tinha um óleo mágico que matava a um simples toque. Após sua morte, em 1696, Dombo foi sucedido por seu filho, o primeiro de seis descendentes diretos a reger o Império Rozvi nos dois séculos seguintes.

[Dombo era] um inimigo orgulhoso, que ousava medir seus arcos contra nossos mosquetes.
Padre António Conceição
Missionário português, 1696

A RAÇA É UMA INVENÇÃO HUMANA

A CRIAÇÃO DA "RAÇA" (1684)

EM CONTEXTO

ONDE
Europa, Estados Unidos

ANTES
Séculos V e IV a.C. O médico grego Hipócrates escreve que a geografia influencia a aparência e a disposição dos diferentes povos.

98 d.C. O escritor romano Tácito descreve as tribos germânicas como "livres de qualquer nódoa de miscigenação com nações estrangeiras".

DEPOIS
1956 Martin Luther King Jr. condena a Maldição de Cam como "blasfêmia". Esse mito nocivo sustenta que o filho de Noé recebeu pele negra e foi condenado a servir os demais.

Meados dos anos 1970 Estudiosos de direito americanos apresentam a Teoria Crítica da Raça, desafiando o domínio branco na sociedade ocidental e buscando a emancipação racial.

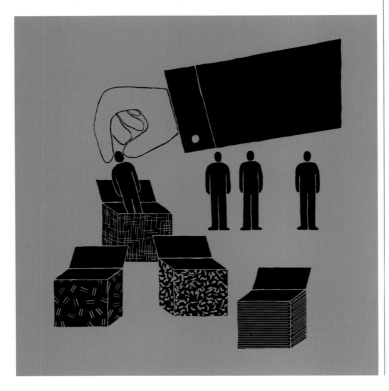

O conceito de "raça" como é entendido hoje evoluiu nos últimos quatro séculos, mas o tópico da etnicidade já era discutido na Grécia e Roma antigas. A palavra "raça" é uma corruptela do italiano *razza*, que designa pessoas de mesma ascendência. Ela entrou na língua inglesa no século XVI, no início da Revolução Científica, quando estudiosos começaram a classificar os seres vivos para obter uma compreensão melhor do mundo natural.

O médico e viajante francês François Bernier foi o primeiro a publicar uma classificação das diferenças humanas. No ensaio "Nova divisão da Terra por diferentes

ESCRAVIZAÇÃO E REBELIÃO

Ver também: O ser humano migra da África 20-21 ▪ O início do tráfico escravista atlântico 116-121 ▪ Abolicionismo nas Américas 172-179 ▪ Campanhas antirracismo globais 306-313

> Em "Nova divisão da Terra", François Bernier **dividiu as pessoas em quatro diferentes "raças"**, com base em origem geográfica e suas observações de características físicas, entre elas (para africanos subsaarianos) o **tom da pele**:

| a "primeira raça", da Europa, sul da Ásia, Oriente Médio, norte da África e Américas; | os africanos subsaarianos, cuja característica "negra" é "um traço essencial"; | a raça do leste e nordeste asiático, incluindo China, Japão, Indonésia e interior da Ásia; | os "lapões" (hoje chamados sámi), que Bernier descreve como "criaturas desagradáveis". |

---

espécies e raças que a habitam", de 1684, ele agrupou as pessoas em quatro "raças" distintas com base em origem geográfica e traços físicos. Em três delas, atribuiu diferentes tons da pele a maior ou menor exposição ao sol, uma ideia que remonta à Antiguidade, mas separou a característica "negra" dos africanos subsaarianos como algo imutável.

Bernier, porém, não estabeleceu uma hierarquia racial e enfatizou que seus grupos se baseavam em suas observações das pessoas encontradas em viagens, que ele descrevia em termos subjetivos e, muitas vezes, depreciativos.

Quando outros viajantes e estudiosos tentaram classificar os humanos pela aparência e cultura, as discussões giraram em torno das origens de tais diferenças e suas implicações nas capacidades intelectuais, sociais, políticas e morais de cada grupo. No século XVIII, duas teorias principais já tinham emergido na Europa – monogenismo (que todos os humanos têm uma origem comum) e poligenismo (que as raças humanas têm origens diferentes).

Mesma origem, mas diferentes

A maioria dos monogenistas cristãos e judeus acreditava que todo ser humano descendia de Adão e Eva. Apesar dessa origem comum, as conquistas coloniais na África e nas Américas alimentaram a crença de que os europeus eram superiores aos povos naturais desses dois continentes.

Em 1735, o botânico e médico sueco Lineu (Carl Linnaeus) publicou *Systema naturae* (O sistema da natureza), uma classificação de todos os seres vivos em reinos, classes, ordens, gêneros e espécies. Ele agrupou os humanos (classificados como animais) em quatro tipos, por »

François Bernier escreveu um livro muito depreciativo sobre suas impressões da Índia, onde serviu na corte do imperador mogol Aurangzeb, ilustrada aqui por Paul Maret em 1710.

A CRIAÇÃO DA "RAÇA"

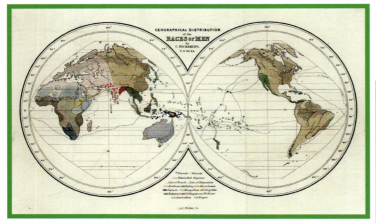

As raças do homem (1850), do naturalista, cientista da raça e poligenista americano Charles Pickering, incluía seu mapa do mundo, com códigos de cor por raça, reproduzido depois nesta gravura.

continente de origem – Europa, Ásia, América e África – e descreveu-os pela cor da pele.

Na 10ª edição do *Systema naturae*, de 1758, Lineu acrescentou a suas classificações humanas a aparência, o temperamento e modos de governo. Por exemplo, afirmou que os "*Europaeus*" (europeus) eram musculosos, sábios, com "cabelo loiro abundante e olhos azuis" e governados por leis. Os de origem africana foram julgados "preguiçosos", "dissimulados", "lerdos", "negligentes" e governados pelo capricho – tudo implicando alguma inferioridade inata.

Em 1787, o antropólogo, naturalista e médico alemão Johann Friedrich Blumenbach contestou a noção dominante de que os negros eram menos inteligentes que outras raças. Ele escreveu um artigo em que examinava a fisiologia e capacidade mental de negros e concluiu que "com relação a sua capacidade e recursos mentais", eles "não são inferiores ao resto da raça humana". Ele também reuniu as obras de escritores nascidos na África ocidental, como Phyllis Wheatley, e se correspondeu com alguns deles, confirmando sua crença de que as habilidades intelectuais destes eram iguais às de algumas das melhores mentes da Europa. No entanto, Blumenbach, que dividiu os humanos em cinco raças – caucasianos, mongóis, malaios, etíopes (africanos) e americanos – também estava convencido de que os primeiros humanos tinham sido caucasianos brancos, o que depois lhe atraiu acusações de viés racial.

Racismo científico

Em contraste com os monogenistas, os teóricos poligenistas (ou pré-adamitas) diziam que não havia uma só origem para a espécie humana. Eles estavam convictos de que a diferença nas origens explicava por que algumas raças eram superiores a outras em intelecto, capacidade e moralidade. Nos séculos XVIII e XIX, a crença nessas diferenças inatas foi usada para justificar a ordem política e social, o colonialismo e a escravização de africanos negros nas Américas.

O filósofo escocês David Hume

Franz Boas expressava profundo respeito por culturas diferentes. Entre seus alunos estão a escritora americana negra Zora Neale Hurston e a antropóloga cultural americana Margaret Mead.

abraçou tanto o poligenismo quanto a noção de hierarquia racial. Numa nota de rodapé em seu ensaio "Sobre caracteres nacionais", de 1753, ele afirmou sua crença em que os "negros" eram "naturalmente inferiores aos brancos" e que não havia nação civilizada "de nenhuma outra pele além da branca" – comentários depois amplamente citados por defensores da escravidão.

Nos EUA, o médico e cientista natural Samuel Morton (1799-1851) afirmava que centenas de crânios que examinara revelavam que os caucasianos brancos tinham a maior capacidade cerebral e os negros a menor. Esse assim chamado racismo científico – a teoria de que tal "evidência" sustenta a divisão de pessoas por tipo racial – impressionou seu contemporâneo Josiah Nott, um cirurgião que usou tal teoria para defender o fato de escravizar americanos negros.

ESCRAVIZAÇÃO E REBELIÃO 157

A raça é o filho do racismo, não o pai, e sempre foi menos uma questão de genealogia e fisiognomonia do que de hierarquia.
Ta-Nehisi Coates
Escritor americano negro, *Entre o mundo e eu* (2015)

Um oponente notável do racismo científico foi o antropólogo americano nascido na Alemanha Franz Boas, que estudou e reconheceu os talentos de povos indígenas. Em uma série de experimentos, ele mostrou que o tamanho da caixa craniana variava não de acordo com a inteligência, mas com a dieta e a saúde. A partir de 1899, como professor de antropologia da Universidade de Colúmbia, influenciou uma geração de antropólogos. Apesar disso o racismo científico persistiu, nos EUA e outros lugares, e atingiria seu terrível apogeu na Alemanha nazista.

As teorias de Gobineau
Uma das influências mais perniciosas e duradouras sobre a opinião pública na Europa e nos EUA foi a do *Ensaio sobre a desigualdade das raças humanas*, de 1853, do escritor e diplomata francês Joseph-Arthur de Gobineau. Segundo o autor, a destreza intelectual tornava superior a raça branca, colocando os negros no "pé da escada", com um intelecto que se movia "num círculo muito estreito". Ele também introduziu a ideia nefasta de que a mistura de raças poluía sua pureza e causava o declínio das civilizações. Josiah Nott encomendou uma tradução da obra e a publicou nos EUA em 1856, para dar maior sustentação a sua agenda pró-escravidão. Na Europa, a afirmação de Gobineau de que arianos loiros, de olhos azuis, eram a raça ideal teria trágicas consequências. Os nacionalistas alemães adotaram a ideia e Adolf Hitler a usou na Segunda Guerra Mundial para legitimar a extermínação em massa de judeus e ciganos.

Reconsideração total
Quando os horrores do Holocausto e dos programas de eugenia nazistas foram revelados, o racismo científico foi contestado. Em 1950, a Unesco condenou os "falsos mitos" e "superstições" que contribuíram para a guerra e declarou que a discriminação racial era "falsa e não científica". Após numerosas revisões, o texto foi republicado em 1978 como a Declaração sobre Raça e Preconceito Racial da Unesco, afirmando que todos os povos do mundo "têm capacidades iguais de alcançar o mais alto nível em desenvolvimento intelectual, técnico, social, econômico, cultural e político". Ainda segundo ele, quaisquer diferenças entre as realizações de diferentes povos eram totalmente atribuíveis a fatores geográficos, históricos, políticos, econômicos, sociais e culturais. Apesar do consenso geral acadêmico de que a diferença racial é construída socialmente, questões sobre "raça" e diversidade humana ainda geram grandes debates entre especialistas e o público geral. O racismo e o preconceito não desapareceram, e continuam a dar forma a muitos aspectos da sociedade atual. ■

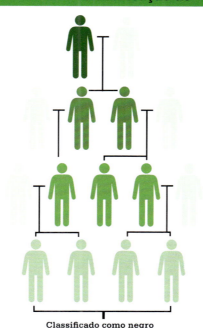

A ideia de que a raça tem uma base genética, científica, prevaleceu por séculos. Hoje abandonada, a "regra de uma gota", adotada em alguns estados dos EUA, no início do século XX, dizia que qualquer pessoa que tivesse um ancestral africano era classificada como negra, a despeito da cor da pele, experiências ou sua própria identificação racial.

REVOLU
E RESIS
1700-1900

ÇÃO
TÊNCIA

INTRODUÇÃO

1724 — O Code Noir da Louisiana institui **leis que regulam a escravidão**.

1779 — Começam as **guerras** de fronteira sobre terras no sul da África **entre colonialistas holandeses e o povo xhosa**. Os britânicos entram na disputa em 1795 e o conflito finalmente acaba em 1878.

1789 — Olaudah Equiano publica sua autobiografia, *A interessante narrativa da vida de Olaudah Equiano*. O livro se torna um **texto crucial do movimento abolicionista**.

1804 — O **movimento do renascimento islâmico** entre o povo fulani leva a uma *jihad* contra os reinos hauçás da África ocidental e, em 1809, é instaurado o califado Sokoto.

1772 — Os **garifunas defendem seu território** na ilha caribenha de São Vicente, durante a Primeira Guerra Caribe, que termina em 1773.

1787 — Um grupo de **"pobres negros" de Londres** embarca para **Serra Leoa**, obedecendo ao plano de reassentamento do naturalista britânico Henry Smeathman.

1791 — Pessoas escravizadas em Saint-Domingue (hoje Haiti) **iniciam uma revolta armada, obtendo a independência** em 1804.

1807 — Após intensas pressões de ativistas brancos e negros, o **Reino Unido abole o tráfico escravista atlântico**.

Em 1700, poucas comunidades da África continuavam intocadas pelo comércio escravista atlântico, que rapidamente aumentava. A constante ameaça de violentas incursões escravizadoras e a participação dos próprios africanos no tráfico de pessoas eram muito desestabilizadoras. Enquanto isso, os que chegavam ao Novo Mundo acorrentados enfrentavam a brutal realidade do desprezo por sua condição humana.

O tratamento aos africanos escravizados contrariava totalmente as ideias iluministas sobre liberdade e humanidade, populares na Europa e América do século XVIII, mas, ao que parecia, não aplicáveis à humanidade negra. Os africanos eram desumanizados e submetidos ao trabalho duro das *plantations*. Eram tratados como propriedade de outros – um princípio que se tornou lei no território americano francês da Louisiana, em 1724. O Code Noir restringia os direitos básicos dos escravizados e definia penas brutais aos que infringissem as regras.

A reação

O tráfico escravista atlântico e sua contraparte na África oriental, o tráfico de escravizados de Zanzibar, deram origem a uma ideologia contrária aos negros – a noção de que eles, de algum modo, mereciam a vida de servidão. As potências europeias usavam essa alegação para justificar o colonialismo e guerras de ocupação, como as Guerras Xhosas, em que holandeses e britânicos disputaram o território xhosa, no sul da África. Porém, esses conflitos não foram vencidos com facilidade. Os xhosas resistiram aos europeus por quase um século, desde 1779, e seus vizinhos, os zulus, infligiram várias derrotas esmagadoras aos britânicos. Enquanto isso, na África ocidental, as guerreiras do Daomé lutaram até a morte após a invasão francesa de seu reino, em 1890.

Para os africanos escravizados sem território a defender, a resistência à ideologia dominante contrária aos negros ocorreu de outras formas. Ela envolveu revoltas, como a rebelião de 1831 liderada por Nat Turner no estado americano da Virgínia e, antes ainda, a Revolução Haitiana – a única rebelião armada de escravizados a resultar em libertação de africanos no Novo Mundo. Os negros usaram também meios intelectuais para confrontar os opressores, obtendo instrução ocidental para demonstrar a capacidade de raciocinar e escrever narrativas poderosas.

REVOLUÇÃO E RESISTÊNCIA

O Mino, um **regimento só de mulheres**, é incorporado ao **exército do Daomé**, impulsionando, com suas habilidades de combate, as realizações militares do reino.

O **Reino Unido abole a escravidão**, libertando africanos escravizados em suas colônias.

Antigas **minas de ouro** são descobertas pelo colonizador alemão Karl Mauch no distrito Tati de **Botsuana**.

Nenhum representante de estado africano é consultado quando começa a **partilha de colônias e recursos africanos** pelos europeus.

1818 — **1833** — **1867** — **1884-1885**

1831 — **1865** — **1877** — **1896**

Nat Turner, um pastor da Virgínia, incita uma **revolta de escravizados**, que leva a leis ainda mais opressivas contra estes nos EUA.

Os EUA **abolem a escravidão** após a derrota dos estados do sul na Guerra Civil Americana.

O primeiro conjunto de **leis Jim Crow** é introduzido nos estados do sul dos EUA, impondo a **segregação racial**.

O **exército da Etiópia derrota a Itália** na Batalha de Adua, forçando os colonizadores europeus a reconhecer a independência do país.

As primeiras campanhas antiescravistas foram lideradas por grupos quacres nos EUA e Reino Unido, mas, no fim do século XVIII, ativistas negros já eram ouvidos – entre eles, o abolicionista britânico negro Olaudah Equiano, que escreveu um bestseller sobre ser uma pessoa escravizada, e depois Frederick Douglass, conselheiro do presidente americano Abraham Lincoln na Guerra Civil Americana.

Longo caminho para a liberdade

Em 1807, o Reino Unido proibiu o tráfico escravista atlântico. Outros países logo o seguiram, como os EUA em 1808, mas demorou muitos anos até a escravidão ser totalmente abolida. A resistência continuou, muitas vezes por ações de desafio moral, como a Ferrovia Subterrânea, que desde cerca de 1831, ajudou muitos escravizados a escapar para estados livres dos EUA e o Canadá. A Guerra Civil Americana (1861-1865) ocorreu devido à escravidão, abolida por fim quando os estados do sul, que a defendiam, foram derrotados. O Brasil continuou a explorar pessoas escravizadas até 1888 e, mesmo então, muitos africanos libertados não tiveram alternativa além de trabalhar para os ex-escravizadores sem pagamento. A abolição da escravidão levou a uma nova agenda – como ajudar os negros que tinham sido deslocados pelo tráfico de escravizados. Apesar de serem discutíveis os esforços de filantropos britânicos do fim do século XIX para reassentar os "pobres negros" de Londres em Serra Leoa, a Sociedade Americana de Colonização via a repatriação como uma boa opção. Em 1867, tinham mandado cerca de 16.000 americanos negros para a Libéria. Nos EUA, políticas de reconstrução incluíram tentativas de dar direitos civis aos negros. Mas esses direitos logo foram sabotados no sul pelas leis Jim Crow, que legitimaram a segregação racial.

A África redesenhada

A Conferência de Berlim, em 1884-1885, dividiu a África entre as potências rivais europeias. Em 1900, 90% do continente (excluindo Libéria e Etiópia) já estava sob controle europeu. Limites artificiais foram desenhados, em um sistema de nações-estados que cingia grupos étnicos distintos como países, e a luta contra o colonialismo continuou. Nem toda reação contra o colonialismo envolveu luta armada. A nova ordem mundial trouxe oportunidades, como educação formal, que deram poder aos intelectuais africanos para implantar uma agenda de descolonização no século XX. ∎

NUNCA FOMOS ESCRAVIZADOS

OS GARIFUNAS (SÉCULOS XVII-XVIII)

EM CONTEXTO

ONDE
São Vicente

ANTES
Antes do século XV
Ancestrais dos ameríndios caribes migram da América do Sul e se fixam nas ilhas caribenhas, entre elas São Vicente.

Século XVI Os primeiros africanos escravizados são levados para o Caribe por colonizadores europeus.

DEPOIS
1871 Um censo oficial de São Vicente revela que só restam 431 caribes e garifunas na ilha, de uma população total de 40.000.

Século XXI Mais de 40.000 pessoas de origem garifuna vivem em Honduras e há grandes comunidades também em Belize, Guatemala, Nicarágua e EUA.

No século XVII, as potências europeias, entre elas França e Inglaterra, disputaram a conquista das ilhas do Caribe. Os ameríndios das Pequenas Antilhas, entre elas São Vicente, chamavam a si mesmos de *kalliponam* ou *kallinago*, mas ficaram conhecidos pelos europeus como caribes. A maioria das ilhas foi tomada, mas não São Vicente, devido ao terreno acidentado, as habilidades de combate dos caribes e sua capacidade de explorar diferenças entre franceses e ingleses. Ao mesmo tempo, africanos escravizados que

Em São Vicente, **africanos escravizados que escaparam** e **povos ameríndios autóctones** estabelecem relações e criam um novo **grupo étnico** – os garifunas.

Aproveitando o **conflito entre britânicos e franceses** sobre o controle da ilha, os garifunas lutam para **defender o próprio território**.

Apesar da **derrota** para os britânicos e da **expulsão** de São Vicente, os garifunas **estabelecem comunidades florescentes** em ilhas próximas e na costa hondurenha.

Os garifunas nunca foram escravizados.

REVOLUÇÃO E RESISTÊNCIA

Ver também: Vida nas *plantations* 122-129 ▪ A rebelião em Hispaniola 130-131 ▪ Os *maroons* jamaicanos 146-147 ▪ Abolicionismo na Europa 168-171 ▪ A Revolução Haitiana 184-189

A Primeira e a Segunda Guerras Caribes

Desde que São Vicente tinha sido cedido aos britânicos pelos franceses em 1763, as tensões entre os colonizadores britânicos e os garifunas cresceram, culminando numa rebelião contra o Reino Unido e o início da Primeira Guerra Caribe, em 1772. O principal líder dos garifunas era o cacique Joseph Chatoyer, que em 1773 assinou um tratado de paz com os britânicos – o primeiro deles com um povo indígena caribenho. Os termos do acordo dividiam São Vicente em áreas britânicas e garifunas, mas os colonizadores continuaram tentando controlar toda a ilha.

Uma série de outras rebeliões culminou na Segunda Guerra Caribe, em 1795. Forças francesas apoiaram os garifunas, chefiados de novo por Joseph Chatoyer, mas ele morreu no início do conflito, em março de 1795. Enfraquecidos pela morte de Chatoyer e pela diminuição do apoio francês, os garifunas foram afinal derrotados em pouco mais de um ano, em junho de 1796.

A sobrevivência dos caribes negros, com sua cultura única intacta, é um testemunho maior do espírito firme de seus ancestrais.
Christopher Taylor
The Black Carib Wars, 2012

Expulsão e sobrevivência

O Reino Unido executou então um antigo plano de expulsar os garifunas de São Vicente, prendendo mais de 4.000 na ilha vizinha de Baliceaux. Os garifunas foram depois deportados para a ilha de Roatán, dos espanhóis, na costa de Honduras, em julho de 1797. Só cerca de 2.000 chegaram a Roatán, morrendo os demais em Baliceaux ou na viagem. A maioria dos sobreviventes foram transportados pelos espanhóis para regiões ao redor da baía de Honduras, e dali se espalharam para Belize, Guatemala e Nicarágua.

Hoje, a maior parte dos descendentes dos garifunas ainda vive ao longo da costa da América Central. Muitos migraram para os EUA, formando uma comunidade de pelo menos 100.000 pessoas. Os garifunas mantêm a língua caribe e um grande orgulho de sua cultura, incluindo música, dança e histórias orais passadas por gerações. ▪

tinham escapado em naufrágios, ou de outras ilhas, começaram a se fixar em São Vicente e se misturar aos caribes, absorvendo sua língua e cultura. Em 1700, esse grupo, chamado de garifuna (nome que escolheram e significa "comedor de mandioca") ou de caribes negros, já dominava os caribes ameríndios.

Disputas e conflitos

Em 1719, os franceses fundaram um assentamento na costa oeste de São Vicente, o que levou a mais disputas com os britânicos sobre o controle da ilha. Em 1763, após a derrota da França na Guerra dos Sete Anos, os britânicos anexaram São Vicente, destinando terras aos caribes e garifunas.

Os colonizadores britânicos foram atraídos pelas ricas áreas de produção de açúcar controladas pelos garifunas, que se sentiram ameaçados. Os britânicos foram várias vezes repelidos e os conflitos acabaram levando à Primeira Guerra Caribe (1772-1773), com a França apoiando os garifunas. A guerra terminou em impasse, com um acordo de paz que garantia terras aos garifunas, em troca de reconhecimento do domínio britânico. Em 1779, a França tomou a ilha, mas a devolveu aos britânicos no fim da Guerra Revolucionária Americana, em 1783. Apesar dos direitos mantidos, os colonizadores franceses de São Vicente, assim como os garifunas, conservaram a animosidade em relação aos britânicos. Uma revolta conjunta em 1795, armada pela França, levou à Segunda Guerra Caribe (1795-1796) e à vitória das forças britânicas.

Um homem garifuna celebra o Mês da Herança Africana em Tegucigalpa, Honduras, em 2018. Os garifunas são um dos maiores grupos étnicos minoritários de Honduras.

NOTÁVEIS PELA CORAGEM E FEROCIDADE
AS GUERREIRAS DO DAOMÉ (1708)

EM CONTEXTO

ONDE
Benim

ANTES
c. 1600 O povo fon cria o reino do Daomé na África ocidental, no terço sul do atual Benim.

1645 Começa o reinado de Houegbadja, o primeiro rei daomeano.

DEPOIS
1892-1894 Acontece a Segunda Guerra Franco-Daomeana. Aniquilado pelas armas de fogo francesas, o Mino debanda e seu rei é deposto.

1904 O reino do Daomé é oficialmente extinto.

1958 Os franceses instituem a República do Daomé, uma colônia autogovernada. Ela obtém independência em 1960.

1975 A República do Daomé é renomeada Benim.

1979 Morre Nawi – segundo se acredita, a última guerreira daomeana.

O mistério cerca "as mais temidas mulheres da história", chamadas de "amazonas do Daomé" por europeus visitantes no século XIX, inspirados nas cruéis guerreiras da mitologia grega. O Mino ("nossas mães" na língua fon local) era um regimento militar só de mulheres, combatentes da linha de frente do reino do Daomé, situado em território do atual Benim.

Pouco se sabe sobre as origens do Mino, mas acredita-se que a rainha Hangbe, ao subir ao trono em 1708, criou um corpo de guarda feminino. Porém, como era incomum uma mulher no trono do Daomé, o curto reinado de quatro anos da rainha Hangbe foi apagado da história após sua deposição pelo irmão mais novo, Agaja – e alguns historiadores questionam se ela teria mesmo existido.

Luta até a morte
Quaisquer que sejam as origens do Mino, há registros de que foi integrado ao exército do Daomé quando o rei Ghezo assumiu, em 1818. O poder militar era vital para a riqueza do reino – ele permitiu a Ghezo parar de pagar tributos ao vizinho reino iorubá de Oió e fazer campanhas anuais de captura de prisioneiros de guerra, para escravizá-los e vendê-los.

Virgens juradas, algumas de apenas nove anos, as guerreiras do Mino eram treinadas para ser fortes, imunes à dor e cruéis, executando inimigos com uma decapitação rápida. Apesar das dificuldades, servir nesse regimento de elite dava às mulheres *status* e privilégios, como o acesso a estoques de tabaco e álcool, o direito a ter até 50 pessoas escravizadas cada uma e a chance de influenciar a política assumindo posições importantes no Grande Conselho do reino. Em meados do século XIX, Ghezo havia somado a seu

A guerra é nossa grande amiga, sem ela não haveria tecidos nem braceletes; deixe-nos lutar e vencer ou morrer.
Atribuído às guerreiras do Daomé

REVOLUÇÃO E RESISTÊNCIA 165

Ver também: A rainha Nzinga enfrenta Portugal 140-145 ▪ Os *maroons* jamaicanos 146-147 ▪ A partilha da África 222-223 ▪ A Guerra das Mulheres de 1929 252 ▪ Surge o feminismo negro 276-281

Os papéis das guerreiras daomeanas do século XIX

As caçadoras (*gbeto*) eram a unidade mais antiga do Mino, criada para caçar animais. Usavam coroas de ferro com chifres de antílope.

As mulheres de rifle (*gulohento*), armadas com um longo rifle ou lança e uma espada curta, eram a maioria do regimento.

As ceifeiras (*nyekplohento*) eram um bando seleto de guerreiras assustadoras que só portavam uma espada pesada e afiada.

As arqueiras (*gohento*) eram jovens guerreiras talentosas, capazes de lançar, com seus arcos, flechas de pontas envenenadas.

As artilheiras (*agbalya*) usavam artilharia, em geral mosquetes de grande calibre e curto alcance e canhões mais velhos.

---

exército até 6.000 guerreiras, que atacavam povoados inimigos antes do sol nascer, em busca de prisioneiros. Raramente eram derrotadas, mas não conseguiram tomar a cidade vizinha de Abeokuta (lar dos egbas) em 1851 e 1864.

Nessa época, as nações europeias, com modernas armas de fogo, voltavam os olhos para a África ocidental. Em 1890, Béhanzin, o último rei do Daomé, lutou contra os franceses na Primeira Guerra Franco-Daomeana, em que o Mino foi massacrado. A Segunda Guerra Franco-Daomeana levou a um rápido fim o regimento e o reino, que se tornou colônia francesa. As guerreiras do Mino foram as últimas a cair, fiéis a suas antigas crenças: "Sou um lobo, o inimigo de todos que encontro que são inimigos do rei, e se eu não vencer, deixe-me morrer". ▪

Este retrato de guerreiras daomeanas do Mino apareceu no jornal francês *Le Petit Journal* em 1891. Em 1894, a maioria delas, treinadas a lutar até a morte, já tinha sido assassinada por tropas francesas.

ESCRAVOS NÃO TÊM O DIREITO À PROPRIEDADE
O CODE NOIR DA LOUISIANA (1724)

Códigos escravistas são introduzidos pela **Espanha, Portugal, Países Baixos e Reino Unido** em seus **territórios coloniais**.

Esses códigos alegam fornecer uma **base legal** para a escravidão e **manter a ordem** sobre populações escravizadas.

Na verdade, eles **tratam as pessoas escravizadas como propriedade** e **limitam seus direitos básicos**.

Os códigos escravistas **regulam a vida** das pessoas negras livres, além das escravizadas.

EM CONTEXTO

ONDE
Louisiana, Estados Unidos

ANTES
1661 O primeiro código escravista é instituído na colônia britânica de Barbados.

1682 René-Robert Cavelier, senhor de La Salle, declara francês o território da Louisiana.

1685 O Code Noir francês é introduzido primeiro nas possessões coloniais do Caribe.

1719 O primeiro grupo de africanos escravizados chega à Louisiana.

DEPOIS
1729 Escravizados da Louisiana se juntam à revolta de indígenas americanos em Natchez, no Mississípi.

1848 A escravidão é abolida nas colônias francesas; o Code Noir é extinto.

2001 O Parlamento francês reconhece a escravidão como crime contra a humanidade.

Baseadas no código escravista de 1685 para os territórios franceses no Caribe, as leis do Code Noir de 1724 foram promulgadas pelo rei Luís XV da França, para o território da Louisiana, na América do Norte. O Code foi modificado quando a França cedeu a Louisiana à Espanha em 1763, mas continuou, em grande parte, em vigor até a compra da Louisiana, em 1803, pelos EUA, que revogaram algumas das leis.

O Code Noir da Louisiana tinha 60 artigos, fornecendo ao governo colonial francês um quadro legal para a escravidão. Os escravizados eram muito mais numerosos que os europeus brancos nas colônias francesas na América, representando cerca de 65% da população total da Louisiana em 1732. O Code Noir foi considerado necessário para manter a ordem hierárquica na população escravizada e proteger o motor

REVOLUÇÃO E RESISTÊNCIA 167

Ver também: O início do tráfico escravista atlântico 116-121 ▪ Abolicionismo nas Américas 172-179 ▪ A Ferrovia Subterrânea 190-195 ▪ A guerra pelo fim da escravidão 206-209 ▪ A era dourada da Reconstrução 210-213 ▪ Jim Crow 216-221

> Proibimos a nossos súditos brancos, de ambos os sexos, casar-se com negros sob a pena de pagarem multa e se sujeitarem a alguma outra punição arbitrária.
> **Code Noir de Louisiana**

principal da economia e investimentos da colônia – o trabalho escravo. A mão de obra não remunerada era vital para escavar valas, levantar barragens e plantar, entre outros trabalhos.

O Code e seu impacto

Embora fosse difícil impor o Code Noir em toda a colônia, ele teve em geral efeitos reais sobre a vida dos escravizados. As leis escravistas francesas davam direitos maiores aos escravizados que as correlatas britânicas e holandesas. O Code proibia que os escravizadores forçassem os escravizados a se casar contra a vontade. Definia ainda que os escravizados fossem alimentados e vestidos de modo adequado e sustentados pelos escravizadores. Estes não poderiam matar, mutilar ou punir excessivamente seus escravizados.

Isso estava em nítido contraste com os códigos britânicos, que davam aos escravizadores total autonomia. Além disso, as unidades familiares não poderiam ser separadas por venda – outra diferença dos códigos britânico e espanhol, que dividiam as famílias. O Code fez com que algumas áreas tivessem um número maior de negros libertados que sob o sistema britânico – 13,2% na Louisiana e 0,8% no Mississípi.

Apesar disso, o Code fazia muitas restrições aos escravizados, assim como aos negros livres. Proibia o casamento ou a coabitação em concubinato inter-raciais e reuniões sociais de escravizados de *plantations* diferentes. Era vedado aos escravizados ter armas de qualquer tipo e se exigia até seu batismo na Igreja Católica Romana. Como o catolicismo era a religião oficial na França, isso visava deter a difusão do protestantismo dos impérios rivais britânico e holandês. As punições aos escravizados que infringissem as regras eram incrivelmente duras, em especial aos que buscassem a liberdade, entre elas açoitamento, marcação a ferro quente e até morte. ■

A venda de escravizados, ao lado de terras e quadros, num leilão em Nova Orleans, em 1842. Os abolicionistas buscavam acabar com tal degradação e com o tratamento de pessoas escravizadas como propriedade.

Os códigos britânicos

Diversamente do Code Noir francês, não houve um código escravista britânico centralizado. Cada colônia britânica desenvolvia suas leis. O primeiro código desse tipo no Império Britânico foi criado na ilha caribenha de Barbados, em 1661. Muitos outros códigos escravistas do período usaram como modelo direto o de Barbados, como os adotados na Jamaica, em 1664, copiados pela Carolina do Sul em 1691. Estes serviriam então de modelo para muitas outras colônias na América do Norte. Os britânicos alegavam que os escravizados tinham natureza bárbara, feroz e selvagem e que tais códigos eram essenciais para controlar essas populações, que eles viam como uma propriedade. À diferença do Code Noir, os códigos escravistas britânicos davam direitos legais aos escravizadores para punir, torturar e até matar os escravizados.

NÃO SOU UM HOMEM E UM IRMÃO?

ABOLICIONISMO NA EUROPA
(SÉCULOS XVIII E XIX)

EM CONTEXTO

ONDE
Europa

ANTES
1772 Um marco legal, a decisão do Caso Somersett estabelece que nenhum escravizado pode ser tomado à força na Inglaterra e vendido no exterior.

DEPOIS
1824 A ativista antiescravista britânica Elizabeth Heyrick publica *Abolição imediata, não gradual*, defendendo o fim imediato de todas as formas de escravidão e rejeitando a política de mudança gradual.

1833-1834 O Reino Unido abole a escravidão em suas colônias e compensa os escravizadores pela perda de sua "propriedade".

1839 O quacre Joseph Sturge e lorde Henry Brougham fundam a Sociedade Britânica e Estrangeira Antiescravista para policiar a escravidão pelo mundo.

O envolvimento da Europa no tráfico escravista atlântico cresceu muito no século XVIII. O Reino Unido usou o trabalho escravo em suas 13 colônias na América do Norte, antes da Guerra de Independência Americana (1775-1783), e no Caribe, e via o comércio de escravizados como essencial à sua prosperidade. A França, a Espanha e Portugal também tinham colônias nas Américas que dependiam do trabalho escravo, e outras nações, como os Países Baixos, se beneficiavam muito do comércio de bens produzidos por trabalho escravo.

A partir do fim do século XVIII, o movimento contra o tráfico escravista atlântico começou a aumentar nesses

REVOLUÇÃO E RESISTÊNCIA 169

Ver também: O início do tráfico escravista atlântico 116-121 ▪ Abolicionismo nas Américas 172-179 ▪ A fundação de Serra Leoa 182-183 ▪ O fim da escravidão no Brasil 224-225

A imagem de um homem suplicante, acompanhada do lema "Não sou um homem e um irmão?" foi reproduzida em lembranças abolicionistas como este camafeu produzido por Wedgwood.

países, embora interesses poderosos tentassem contrapor-se. No Reino Unido e nos EUA, era liderado pelos quacres e outros dissidentes religiosos, como os metodistas, que se opunham à escravidão por razões religiosas e morais. Houve significativa colaboração entre os movimentos abolicionistas dos EUA e Reino Unido, e era comum ativistas viajarem entre os dois países para participar de conferências e turnês de palestras.

Principais abolicionistas

Em 1787, a primeira sociedade abolicionista do Reino Unido, a Sociedade para a Realização da Abolição do Tráfico de Escravizados, foi constituída numa livraria quacre em Londres. A maioria dos membros era quacre, mas Granville Sharp, seu presidente, e Thomas Clarkson, o secretário, eram anglicanos. Oito anos antes, Sharp, um ativista e advogado, tinha obtido um precedente legal no Caso Somersett, em que um juiz decidiu que o direito à liberdade tinha precedência sobre o de propriedade, tornando ilegal em solo britânico a venda do réu escravizado, James Somersett.

A sociedade organizava manifestações e palestras, e questionava casos específicos sobre escravidão nos tribunais. Clarkson, autor do influente ensaio de 1785 "A lei permite tornar alguém escravo de outro contra sua vontade?", ajudou a convencer William Wilberforce, um importante abolicionista no Parlamento.

Os males da escravidão

A escravidão era menos evidente nas ruas da Europa que nas colônias, embora cidades britânicas como Londres, Liverpool e Bristol fossem centros financeiros do comércio escravista desde o século XVII e navios negreiros fossem construídos em suas docas e ancorassem nelas, indo e vindo das colônias. Para tornar os males desse comércio mais compreensíveis às populações da Europa, que eram insensíveis ao tema ou não tinham total consciência de seus horrores, os abolicionistas produziam e distribuíam imagens dos escravizados. Seu objetivo era forçar o público a considerar os escravizados como criaturas de Deus, dotadas de dignidade humana. Eles acreditavam que, a menos que mudassem o modo como as pessoas viam os escravizados, haveria pouca esperança de fazê-las apoiar a causa contra uma prática que estava entranhada na sociedade.

Uma das imagens mais chocantes a surgir foi a de um escravizado suplicante – um negro ajoelhado, as mãos acorrentadas erguidas para o céu, com a legenda: "Não sou um homem e um irmão?" criada para a Sociedade para a Realização da Abolição do Tráfico de Escravizados em 1787, por três quacres desconhecidos, esse emblema foi reproduzido em camafeus criados pelo ceramista britânico Josiah Wedgwood, um importante abolicionista. A imagem incorporava os argumentos religiosos, éticos, intelectuais e legais contra a escravidão, mas a figura implorante »

Em 1787, **foi criado um emblema** para a Sociedade para a Realização da Abolição do Tráfico de Escravizados.

Ele expressa o **dever cristão** de reconhecer a **humanidade compartilhada** pelos escravizados e buscar o fim do tráfico de escravizados.

Ele coloca a pergunta: "Não sou um homem e um irmão?"

170 ABOLICIONISMO NA EUROPA

O advogado abolicionista Granville Sharp (centro) assegura a liberdade de Jonathan Strong em 1767. Strong tinha sido raptado numa rua de Londres por seus antigos escravizadores e revendido.

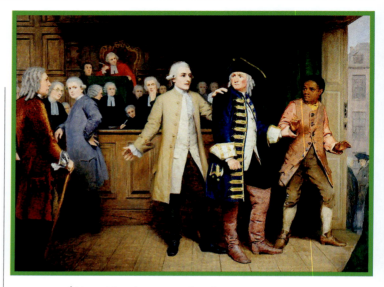

também foi concebida para apelar à vaidade pessoal de cada um, como se a emancipação fosse um ato de bondade, uma dádiva das pessoas brancas, não um direito humano fundamental, e a escravidão não fosse uma abominação total a ser extinta.

Um instrumento poderoso

Relatos em primeira pessoa de ex-escravizados eram com frequência lidos em convenções abolicionistas. Eles despertavam a consciência dos horrores da escravidão e ajudaram o movimento abolicionista a ganhar força. Um dos primeiros abolicionistas britânicos negros a publicar uma dessas narrativas foi Olaudah Equiano, que defendeu a abolição no Reino Unido após comprar a própria liberdade. Seu relato, *A interessante narrativa da vida de Olaudah Equiano, ou Gustavus Vassa, o africano, escrita por ele mesmo* (1789), que se tornou um texto influente no movimento abolicionista, descreve vividamente seu rapto na África ocidental, os horrores da travessia atlântica e a vida brutal como escravizado nas colônias britânicas. O livro se tornou um bestseller e, em 1794, já estava traduzido em russo, alemão e holandês.

Essas narrativas não eram o único material antiescravista produzido por ex-escravizados. Um amigo de Equiano, Ottobah Cugoano – que se tornou uma figura central na Sons of Africa, a comunidade londrina de abolicionistas negros – baseou-se em seu conhecimento profundo da Bíblia para escrever *Considerações e sentimentos sobre o fatídico e perverso tráfico da escravidão e o comércio da espécie humana* (1787). Além de derrubar os argumentos apresentados por alguns de que a escravidão era sancionada por Deus, ele demonstrou o discernimento do autor, expondo a mentira de que os negros eram incapazes de raciocinar e, assim, menos que humanos. Cugoano mandou seu livro a George III e políticos importantes, entre eles Edmund Burke, que expressava aversão à escravidão, mas defendia melhor tratamento aos escravizados, em vez da imediata emancipação.

Liberdade, igualdade, fraternidade

Na França, o primeiro grupo antiescravista foi a Société des Amis des Noirs, formada em Paris em 1788. O abolicionismo francês se baseou nos ideais do Iluminismo que inspirariam a Revolução Francesa no ano seguinte – que todos os homens têm um direito natural à liberdade e toda vida humana tem dignidade. Entre seus membros estava o aristocrata francês Gilbert du Motier, marquês de Lafayette, que esboçou a Declaração dos Direitos do Homem e do Cidadão e lutou com as forças do general George Washington na Revolução Americana.

Porém, muitos apoiadores da Revolução Francesa afirmavam que seus ideais não podiam se estender aos escravizados e que sua libertação destruiria a economia francesa. Alguns pensadores iluministas, entre eles o filósofo alemão Immanuel Kant, também recuaram, sob o argumento

A escravidão é um mal de primeira magnitude [...] e contrária a todos os princípios genuínos do cristianismo, e apesar disso promovida por homens que se dizem cristãos.
Ottobah Cugoano
Considerações e sentimentos sobre o mal da escravidão, 1787

REVOLUÇÃO E RESISTÊNCIA

de que os valores do Iluminismo não se aplicavam aos africanos porque eles eram inferiores.

No Haiti, a colônia francesa mais rica, os escravizados liderados por Toussaint Louverture promoveram uma revolução em 1791 contra os donos brancos de *plantations*, derrotando o exército francês enviado para rechaçá-los. O sucesso do levante forçou a França a declarar o fim da escravidão em 1794. Ela foi restaurada em 1802 por Napoleão, que se empenhava em recuperar o controle das colônias, mas essa rebelião – como as revoltas nas colônias britânicas da Jamaica e Santa Lúcia – abalou a confiança dos interesses escravistas pelo mundo.

Abolição em vista

Os anos de defesa da abolição começaram a dar resultados quando um país após outro introduziu leis que limitavam o tráfico de escravizados. No Reino Unido, dezenas de milhares de pessoas assinaram petições e William Wilberforce apresentou o primeiro

O abolicionista francês marquês de Lafayette (esq.) serviu na Guerra de Independência Americana, ajudado por James Armitage (dir.), um negro escravizado que espionava os britânicos.

Eu nunca teria sacado a espada pela causa da América se pudesse imaginar que estava fundando uma terra de escravidão!
Marquês de Lafayette

projeto pela abolição do tráfico de escravizados, em 1791. Embora ele tenha sido recusado por 163 votos a 88, e guerras contra a França tenham desestabilizado o movimento abolicionista por algum tempo no Reino Unido, Wilberforce reapresentou o projeto a cada ano e continuou a despertar a consciência do público.

Boicotes a itens produzidos com trabalho escravo, como o açúcar caribenho, também tiveram impacto. Em 1791, um panfleto do abolicionista William Fox conclamando as pessoas a comprar açúcar da Índia e Indonésia vendeu 70.000 cópias em quatro meses. No ano seguinte, cerca de 400.000 pessoas boicotavam o açúcar caribenho no Reino Unido.

Em 1807, o Reino Unido aprovou a Lei de Abolição do Tráfico de Escravos, proibindo que qualquer navio ou súdito britânico se envolvesse em comércio escravista e comprometendo sua marinha a policiar os mares. A Espanha o seguiu quatro anos depois, e a Suécia e os Países Baixos, cinco e seis anos depois, respectivamente. Apesar das várias proibições a esse comércio, o rapto e venda de escravizados continuaram nas colônias, e os navios britânicos patrulharam o Atlântico por muitos anos, perseguindo escravizadores e libertando cativos. Alguns países que tinham abolido o tráfico de escravizados apenas fingiam não ver quando seus mercadores continuavam a comerciar pessoas.

Embora os abolicionistas tenham vencido a batalha da proibição do comércio escravista, pelo menos um milhão de africanos foram escravizados e transportados até o fim do século XIX, e a liberdade e direitos iguais ainda eram negados em colônias europeias aos já escravizados. Os abolicionistas dos dois lados do Atlântico voltaram a atenção para o fim da escravidão em si. Impacientando-se, começaram a exigir seu fim imediato, em vez de uma reforma gradual. ∎

Os pensadores do Iluminismo acreditam no primado da **razão**, do **progresso** e da **ciência** sobre a religião, e nos **direitos naturais** do homem.

Uma ideia central do Iluminismo é que **todos os homens têm um direito natural à liberdade**...

... mas muitos dos principais filósofos do Iluminismo **não acreditam que esse direito se aplique aos africanos escravizados**.

Para justificar essa contradição, alguns filósofos usam **ciência fraudulenta** para afirmar que os africanos são **racialmente inferiores** aos europeus.

O QUE É O 4 DE JULHO DE VOCÊS PARA O ESCRAVO AMERICANO?

ABOLICIONISMO NAS AMÉRICAS (1758-SÉCULO XIX)

174 ABOLICIONISMO NAS AMÉRICAS

EM CONTEXTO

ONDE
As Américas

ANTES
1526 Os portugueses completam a primeira viagem transatlântica de escravizados, de São Tomé, na África ocidental, ao Brasil.

1619 Africanos escravizados são levados para a América do Norte por soldados britânicos. Eles são vendidos no povoado inglês de Jamestown.

1640 Um africano chamado John Punch é condenado à escravidão perpétua na Virgínia, legitimando pela primeira vez a escravidão numa colônia inglesa.

DEPOIS
1928 A escravidão doméstica é proibida em Serra Leoa.

1993 O Grupo Antiescravista Americano é criado para despertar a consciência sobre a escravidão em todo o mundo atual.

O **Dia da Independência** dos EUA, 4 de julho, **celebra** a Declaração de Independência e os **princípios de liberdade e justiça** em que o país se fundamenta.

Frederick Douglass, um ex-escravizado, observa que as pessoas escravizadas **não têm liberdade nem justiça**, então não podem celebrar o Dia da Independência.

O Dia da Independência **enfatiza a distância** entre os **escravizadores** e os **escravizados**.

Douglass pergunta: "O que é o 4 de Julho para o escravo?"

Nos séculos XVI e XVII, mal se abordava a questão da abolição do tráfico escravista atlântico. As únicas possibilidades de libertação para um escravizado eram escapar ou ser alforriado por vontade do próprio escravizador. No século XVIII, grupos quacres, que passaram a ver a escravidão como um mal, e outros inspirados pelo Iluminismo e seus princípios de humanidade e liberdade, começaram a protestar contra a escravidão como instituição.

Nos EUA, os colonos que exigiam independência do Reino Unido eram questionados pela hipocrisia de negar liberdade aos escravizados. No Encontro de Amigos de Filadélfia, em 1758, o influente ativista antiescravista John Woolman instigou os colegas quacres a libertar seus escravizados. Ele afirmou que "a cor de um homem não serve para nada, quando se trata do que é certo e justo".

Os antiescravistas

De início, o movimento abolicionista foi em grande parte branco e incluiu muitas mulheres que também defendiam os direitos femininos e viam vantagens em unir as duas causas. Após a Guerra de Independência (1775-1783), quando os estados do norte aos poucos passaram a proibir a escravidão, o número de abolicionistas negros começou a crescer. Muitos deles eram escravizados antes da guerra, o que tornava essa luta pessoal. O mais destacado ativista negro no século XIX, Frederick Douglass, evocou as próprias experiências para inspirar a causa abolicionista.

A fundação de sociedades antiescravistas para educar o público e pressionar políticos foi essencial para o sucesso do movimento. A primeira delas nos EUA, a Sociedade de Auxílio a Negros Mantidos Ilegalmente em Cativeiro, foi criada

REVOLUÇÃO E RESISTÊNCIA

Ver também: Abolicionismo na Europa 168-171 ▪ A Ferrovia Subterrânea 190-195 ▪ A criação da Libéria 200-201 ▪ A revolta de Nat Turner 202-203 ▪ A guerra pelo fim da escravidão 206-209 ▪ O fim da escravidão no Brasil 224-225

Frederick Douglass

Nascido na escravidão em 1818, Frederick Douglass cresceu no estado americano de Maryland. Conhecendo o alfabeto graças à mulher de seu escravizador, aprendeu a ler e escrever. Em 1838, Douglass escapou da escravidão com a ajuda de sua mulher, Anna. Foi para o norte, primeiro para a Cidade de Nova York, e depois para Bedford, em Massachusetts. Ele descreveu de modo intenso suas experiências num encontro antiescravista e se tornou então um importante palestrante abolicionista. Após uma turnê de palestras de dois anos, no Reino Unido e Irlanda, Douglass voltou aos EUA e lançou *The North Star*, um jornal antiescravista que também defendia os direitos das mulheres e o voto para os ex-escravizados. Durante a Guerra Civil Americana, Douglass foi conselheiro do presidente Lincoln. Entrando na política após a guerra, tornou-se o primeiro candidato negro à vice-presidência e foi nomeado cônsul-geral no Haiti, em 1889. Morreu em 1895.

Obra principal

1882 *Vida e época de Frederick Douglass*.

---

na Filadélfia, em 1775. Muitas outras se seguiram, como a Sociedade de Manumissão da Cidade de Nova York, em 1785, e a Sociedade para a Abolição da Escravidão de Rhode Island, em 1789.

As sociedades antiescravistas realizavam encontros, organizavam turnês de palestras e levantavam fundos. Como suas equivalentes britânicas, acreditavam poder erradicar a escravidão divulgando seus males e apelando aos princípios morais dos brancos. Adotando o emblema britânico de um escravizado ajoelhado e acorrentado, obtinham recursos com produtos abolicionistas que iam de porcelana a caixas de rapé.

Como no Reino Unido, os abolicionistas também estimularam ex-escravizados a escrever relatos da escravidão em primeira pessoa, que pudessem ser lidos em convenções. Esses textos, como os poemas de Phillis Wheatley, uma africana escravizada em Boston, Massachusetts, alteraram a visão branca dos escravizados como pessoas incultas. Em um poema de 1772 endereçado ao conde de Dartmouth, secretário de estado britânico nos EUA, Wheatley equiparou, de modo sutil, as exigências americanas de independência do Reino Unido com os sonhos de liberdade dos escravizados. Jorge III, do Reino Unido, era um reconhecido apoiador da escravidão.

A escravidão continua

O tráfico escravista atlântico foi abolido pelo Reino Unido em 1807, pelos EUA no ano seguinte e logo depois por outros países, entre eles a Espanha e suas colônias (exceto Cuba) em 1811, e os Países Baixos em 1814. Porém, a própria escravidão e a compra e venda de escravizados se mantinham nas colônias britânicas, como no Caribe, e nos estados do sul dos EUA, onde as *plantations* de algodão e tabaco dependiam do trabalho escravo. Os que já eram escravizados continuaram

Em 1773 a poeta Phillis Wheatley se tornou a primeira pessoa de ascendência africana a publicar um livro em inglês. Vários de seus poemas criticavam a escravidão e a desigualdade racial.

assim, e também seus descendentes. Isso garantia uma fonte renovável de mão de obra. Portugal, que baniu o tráfico escravista em seu território em 1761, transferiu-o para sua colônia do Brasil, onde permaneceu por mais um século.

Os partidários da escravidão nos EUA afirmavam não só que a riqueza da nação dependia da escravidão, mas que esse era um sistema benévolo e paternal que refletia a »

176 ABOLICIONISMO NAS AMÉRICAS

Sojourner Truth

Nascida na escravidão como Isabella Baumfree em 1797, Sojourner Truth foi liberta quando seu estado natal, Nova York, aboliu a escravidão em 1827. Inspirada em experiências místicas, ela foi trabalhar na casa do missionário evangélico Elijah Pierson, na Cidade de Nova York, e tornou-se pregadora. Ela defendia a irmandade humana e a abolição da escravidão, e foi franca apoiadora do voto feminino.

Em 1843, Baumfree deixou Nova York para viajar pelo país. Mudou seu nome para Sojourner Truth (verdade do visitante) para exprimir seu desejo de espalhar a verdade sobre o evangelho e a escravidão. Truth continuou a pregar e protestar até bem depois dos 70 anos. Após a abolição da escravidão pela 13ª Emenda, em 1865, ela fez campanhas em repúdio às leis de segregação. Truth morreu em 1883, aos 86 anos.

Obras principais

1850 *A narrativa de Sojourner Truth*
1851 "Não sou uma mulher?"

ordem natural. Eles viam os escravizados como inferiores e sem direito ao que a Constituição dos EUA garantia. Muitos também diziam que ex-escravizados ameaçariam a sociedade branca ao provocar a redução dos salários e privar outros de empregos pagos.

Mesmo os que não apoiavam a escravidão receavam não haver uma convivência pacífica entre brancos e negros após a libertação dos escravizados. A Sociedade Americana de Colonização, fundada em 1816 por um pastor presbiteriano, propôs comprar escravizados e pagar seu transporte para a África, um plano que foi visto como repatriação. O Reino Unido já tinha começado a reassentar alguns ex-escravizados do Caribe em Serra Leoa, que chamavam de "Província da Liberdade".

Alguns ativistas antiescravistas dos EUA, entre eles vários abolicionistas negros, abraçaram essas ideias como um modo de acabar com a escravidão, mas a maioria as viu como deportação e a recusa de um direito inato dos escravizados – o de ser cidadãos americanos livres.

Ganhando impulso

Nos anos 1820, embora o apoio à escravidão se mantivesse, o abolicionismo nos EUA se intensificou.

Eu queria ter um futuro – um futuro com esperança. Estar totalmente preso ao passado e ao presente é detestável para a mente humana.
Frederick Douglass

Se a primeira mulher que Deus fez foi forte o bastante para virar sozinha o mundo de ponta-cabeça, essas mulheres juntas deviam conseguir virá-lo de volta e colocá-lo de novo de pé!
Sojourner Truth

Os ativistas faziam circular petições, escreviam milhares de panfletos e davam centenas de palestras. Era comum viajarem entre os EUA e o Reino Unido para participar de convenções antiescravistas. A abolicionista e sufragista Sarah Parker Remond, nascida em uma importante família negra de Massachusetts, o centro do abolicionismo nos EUA, realizou extenuantes turnês de palestras em países europeus. Seus discursos foram tão influentes que políticos do sul tentaram barrar sua reentrada nos EUA.

Em 1833, o Reino Unido sancionou a Lei de Abolição da Escravidão, dando fim de fato à compra e à propriedade de escravizados em todos os territórios britânicos. A França o seguiu em 1848, mas EUA e Brasil continuaram a ser grandes centros escravistas.

Defensor principal

Um dos mais ativos abolicionistas negros na segunda metade do século XIX foi Frederick Douglass, um ex-escravizado que alcançou uma posição influente nos EUA. Douglass percebeu o vínculo moral entre o abolicionismo e a campanha pelo voto feminino, pois ambos apelavam a princípios de igualdade consagrados na Constituição dos EUA. Ele admirava as campanhas de Sojourner Truth pela abolição e pelos direitos femininos e conversava muito com ela, mas se desentenderam devido às ideias de Douglass de garantir o voto para homens negros antes das mulheres.

Orador talentoso, Douglass fez o circuito de palestras antiescravistas em seu país e no exterior, e associou-se a William Lloyd Garrison, importante abolicionista branco dos EUA. Quando jovem, Douglass trabalhara no jornal de Garrison, *The Liberator*, a publicação antiescravista de maior circulação.

Táticas diferentes

Nos anos 1830, havia cerca de 1.500 organizações antiescravistas locais nos EUA, com cerca de 100.000 membros. Porém, a expansão para oeste do país, com o potencial aumento da escravidão, fez alguns abolicionistas ficarem impacientes. A Sociedade Antiescravista Americana, fundada por Garrison em 1833, se comprometera a buscar a emancipação dos escravizados por "persuasão moral", mas ele próprio começou a temer que isso fosse lento demais. Adotando o conceito de "imediatismo" do Reino Unido, ele condenou a posse de escravizados como um pecado que tinha de acabar sem demora. Exigiu a emancipação imediata dos escravizados e o direito de voto para os libertos – de outro modo, alertava, haveria uma guerra racial.

Douglass, que defendia o gradualismo, começou a se distanciar de Garrison e, em 1847, fundou seu próprio jornal, *The North Star*, dirigido especificamente a abolicionistas negros. Conquistar e manter a superioridade moral foi uma estratégia importante nos primeiros anos do abolicionismo. Com o avanço do movimento e o aperfeiçoamento das táticas, adotaram-se muitas vezes medidas legais para libertar pessoas que tinham sido ilegalmente escravizadas. Douglass via a ação política – pressão sobre políticos e »

Sojourner Truth aparece acima do reformador Booker T. Washington (centro) e do cientista George Washington Carver num mural que celebra as conquistas negras, na Universidade de Hampton, na Virgínia.

> A soma de 1,6 bilhão de dólares está investida em seus ossos, tendões e carne.
> **Sarah Parker Remond**

ABOLICIONISMO NAS AMÉRICAS

Os quacres e alguns grupos evangélicos lançaram argumentos morais e religiosos contra a escravidão.

Sociedades antiescravistas foram fundadas para formular estratégias, organizar manifestações e fazer petições a políticos.

Ex-escravizados escreveram relatos em primeira pessoa, descrevendo as duras condições em que viveram.

uso de argumentos enraizados na Constituição – como o modo mais eficaz de avançar.

Nem Douglass nem Garrison defendiam a violência, mas as rebeliões também tiveram um papel na história mais ampla do fim da escravização, e alguns abolicionistas, brancos e negros, encorajaram a ação direta. Um dos primeiros e mais bem-sucedidos levantes, na ilha francesa de Saint-Domingue (hoje Haiti), liderado pelo abolicionista negro general Toussaint Louverture, resultou na criação do primeiro assentamento negro livre fora da África, em 1804.

Nos EUA, rebeliões de escravizados quase sempre falharam, levando a brutais punições. A revolta de Nat Turner, em 1831, em que 55 brancos foram mortos, foi reprimida com força esmagadora. Apesar disso, abolicionistas como Henry Highland Garnet, cuja família obteve a própria liberdade quando ele era criança, defendiam abertamente a ação direta. Em 1843, ele lançou "Um Discurso aos Escravos dos EUA", em que instigava os escravizados a exigir sua liberdade aos escravizadores, usando a força se necessário.

A gota d'água

Em reação à Ferrovia Subterrânea, que ajudava pessoas escravizadas a escapar para estados livres, a Lei do Escravo Fugitivo de 1850 obrigou os que buscavam a liberdade a voltar para os escravizadores. Essa lei foi a gota d'água para homens e mulheres escravizados. Agora só estariam seguros se chegassem ao Canadá. Na mesma época, Solomon Northup descreveu com angustiantes detalhes em *Doze anos de escravidão*, de 1853, como, tendo nascido livre no estado de Nova York, em visita a Washington, DC, foi raptado, vendido, e escravizado por 12 anos. O livro, resenhado em muitos jornais do

Os abolicionistas realizavam piqueniques comunitários, como este em Weymouth Landing, em Massachusetts, em 1845, para atrair apoiadores e levantar fundos para a causa.

REVOLUÇÃO E RESISTÊNCIA

Boicotes a produtos feitos com trabalho escravo corroeram as vantagens econômicas da escravidão.

Ativistas começaram a defender o uso da força, por exemplo, em rebeliões armadas e ataques a propriedades do governo.

norte, impulsionou a causa abolicionista. Vendeu 30.000 exemplares em três anos, e Northup realizou uma série de influentes turnês de palestras.

O caminho da guerra

Com apelos crescentes por uma reação à Lei do Escravo Fugitivo, de todos os modos possíveis, Douglass, que tinha condenado o discurso de Highland Garnet de 1843, começou a questionar o pacifismo. Quando o abolicionista branco John Brown e seus apoiadores brancos e negros atacaram o arsenal federal em Harper's Ferry, na Virgínia, em 1859, Douglass se distanciou do evento, mas expressou admiração pela audácia e contestou afirmações de que Brown era insano. Com os estados do sul buscando proteger e ampliar seus interesses escravistas, a guerra entre norte e sul se tornou cada vez mais provável. Douglass agora apoiava a ação armada, mas dessa vez era uma questão de respeito próprio.

A Guerra Civil Americana (1861-1865) extinguiu a escravidão em todo o país — a abolição era um objetivo declarado do presidente Abraham Lincoln. A 13ª emenda, que aboliu a escravidão, foi ratificada em 6 de dezembro de 1865.

Últimos postos avançados

Quando a escravidão acabou nos EUA, os únicos centros restantes com escravizados nas Américas eram a colônia espanhola de Cuba e a ex-colônia portuguesa do Brasil. A caminhada para a abolição, em ambos, era lenta. Cerca de 40% dos escravizados, homens e mulheres, levados às Américas, terminaram no Brasil. Em 1807, já eram quase metade da população. Após a independência de Portugal, em 1822, o poder político ficou nas mãos dos grandes latifundiários, que produziam açúcar, algodão e café. A escravidão era considerada vital para a economia, e foi adotada uma política de abolição gradual. Leis como a do Ventre Livre, de 1871, que libertou todas as crianças nascidas após sua aprovação, e a dos Sexagenários, de 1885, que emancipou pessoas com mais de 60 anos, levaram a um avanço por etapas.

Alguns escravizadores ignoravam as leis, que só eram garantidas quando os casos eram levados ao tribunal. Consta que mais de 1.000 pessoas foram libertas desse modo por Luís Gama, um advogado abolicionista negro que na infância foi vendido a um escravizador. Outros notáveis abolicionistas negros incluíam o poeta simbolista João da Cruz e Sousa, que defendeu a abolição no jornal *Tribuna Popular*.

O Brasil afinal aboliu a escravidão em 1888, dois anos após Cuba. Foi o último país do mundo ocidental a fazer isso. ■

Úrsula, de Maria Firmina dos Reis

Artigos de jornal, panfletos e narrativas de escravizados buscavam voltar a opinião pública contra a escravidão, mas a literatura também teve parte nisso. Nos EUA, nos anos 1850, Frances Harper Watkins escreveu poemas para jornais antiescravistas e romances e contos sobre raça e classe. No Brasil, *Úrsula*, de Maria Firmina dos Reis, uma escritora e professora afrobrasileira autodidata, teve impacto similar nos leitores. *Úrsula* é uma história de amor impossível entre dois personagens brancos, mas ao longo do romance, de 1859, enredos paralelos se desenrolam sobre negros escravizados – Túlio, Susana e Antero –, presos ao destino dos protagonistas. Esses personagens negros são apresentados com vida, emoções, ideias morais e opiniões além das dos escravizadores.

O romance radical de Firmina dos Reis enfatizava a humanidade dos escravizados e forçava os leitores a confrontar a realidade da falta do livre-arbítrio.

OS MORTOS SE ERGUERÃO PARA EXPULSAR O HOMEM BRANCO
AS GUERRAS XHOSAS (1779-1878)

EM CONTEXTO

ONDE
África do Sul

ANTES
Século I d.C. O povo de fala banta angune, ancestral dos xhosas, migra para o sul da África.

1488 O navegante português Bartolomeu Dias contorna o cabo da Boa Esperança.

1652 A Companhia Holandesa das Índias Orientais funda o povoado da Colônia do Cabo.

DEPOIS
1909 A Lei da África do Sul une a Colônia do Cabo, Natal, Transvaal e o Estado Livre de Orange na União da África do Sul, um domínio autogovernado do Império Britânico.

1961 A África do Sul se torna república sob o Partido Nacional, totalmente branco.

1994 Nelson Mandela é o primeiro presidente democraticamente eleito da África do Sul.

De 1779 a 1878, forças e colonizadores holandeses e britânicos ficaram quase o tempo todo em guerra com os xhosas – camponeses do atual Cabo Oriental, na África do Sul, chamados de *Kaffirs* (cafres) pelos europeus. Houve nove principais conflitos – as Guerras de Fronteira do Cabo ou Guerras Cafres –, intercaladas a invasões regulares, que acabavam em absorção de territórios xhosas pela Colônia do Cabo britânica.

Os primeiros choques ocorreram quando os *trekboers*, agricultores nômades de origem holandesa, logo se espalharam para o leste através do sul da África dentro do território xhosa, competindo com pastores locais por terra e água. Nas três primeiras guerras (1779, 1793 e 1799-1801) entre

Tropas britânicas queimam um povoado xhosa e matam seus habitantes na guerra final, tomando seu último território, em imagem contemporânea.

REVOLUÇÃO E RESISTÊNCIA

Ver também: As migrações bantas 32-33 ▪ Os europeus chegam à África 94-95 ▪ O Império Zulu 198-199 ▪ A partilha da África 222-223 ▪ Pan-africanismo 232-235 ▪ Nelson Mandela e o movimento anti-apartheid 260-261

A tragédia da matança do gado é representada na Tapeçaria Keiskamma, que registra a história do Cabo, da Idade da Pedra aos anos 1990.

A matança do gado xhosa

Em 1856, a jovem profeta Nongqawuse disse ter se encontrado com dois ancestrais, que prometeram que os mortos se levantariam se os xhosas satisfizessem certas condições, entre elas destruir seu gado e plantações.

Grande parte do gado xhosa já estava morrendo por pleuropneumonia bovina, uma doença dos pulmões, transmitida por animais infectados trazidos num navio europeu em 1853. Como a doença ficava latente por longos períodos, o gado saudável foi infectado. Os xhosas associavam essa desgraça a feitiçaria.

Exaustos por décadas de guerras com os britânicos e convencidos de que, de todo modo, o gado morreria, muitos criadores xhosas encontraram esperança na visão de Nongqawuse. Em 13 meses, mataram cerca de 400.000 animais, e 40.000 xhosas morreram de fome. Isso enfraqueceu ainda mais a resistência xhosa aos colonizadores britânicos que haviam tomado suas terras.

---

os bôeres (holandeses) fronteiriços e os xhosas, os dois lados estiveram equilibrados. Os holandeses usavam armas de fogo e cavalaria, e os xhosas tinham contingentes superiores, resultando em impasse.

Os britânicos ocupam a terra

Primeiro, os britânicos tomaram dos holandeses a Colônia do Cabo, em 1795, ampliando a ocupação da área a partir de 1806. Com poder militar maior que os holandeses, eles também podiam chamar reforços do Reino Unido ou da Índia, se preciso. Para o combate corpo a corpo, em que havia mais baixas, confiavam em seus aliados africanos, os mfengus de Cabo Oriental.

Em 1812, os britânicos começaram a empurrar os xhosas de volta, desalojando-os de Zuurveld, uma zona-tampão entre os rios Gamtoos e Great Fish. A guerra seguinte (1818-1819), em que o chefe-profeta xhosa Makana jurou "transformar balas em água", também foi vencida pelas forças britânicas, que declararam o Zuurveld território neutro, mas instalaram 5.000 de seus colonos ao longo do rio Great Fish. Expulsos de seus territórios para terras de outros povos africanos, os xhosas recorreram à pilhagem de gado na fronteira para sobreviver, o que levou a uma reação britânica violenta e decisiva de 1834 a 1836.

Um novo tratado trouxe relativa paz, mas outras tensões sobre terras levaram à próxima guerra, em 1846. Após esse conflito, os britânicos anexaram o território, antes neutro, entre os rios Keiskamma e Great Kei, criando a Colônia da Coroa da Cafrária Britânica. Exasperados com os invasores, os xhosas armaram

O último prego no caixão do antigo modo de vida do povo xhosa.
Mtutuzeli Matshoba
sobre a matança do gado xhosa em 1856-1857

uma rebelião feroz em 1850, mas foram de novo derrotados.

Medidas extremas

Em desespero, os xhosas se apoiaram mais em profecias. Em 1856, Nongqawuse, de 15 anos, declarou que os ancestrais xhosas se levantariam e expulsariam os invasores, mas para convocá-los os xhosas teriam primeiro de destruir seu gado e colheitas. Muitos concordaram e a fome resultante levou a mais mortes e perdas significativas de terras para os britânicos, paralisando a resistência xhosa por duas décadas.

A guerra final veio em 1877, quando os britânicos avançaram em Gcalekaland, a leste do rio Great Kei – o último bastião da independência xhosa. Em 1878, os britânicos vitoriosos anexaram a área.

Em anos posteriores, o povo xhosa manteve com firmeza suas tradições culturais e assimilou outras tribos empurradas para oeste, pela expansão zulu. Depois dos zulus, os xhosas são hoje o segundo maior grupo cultural da África do Sul. ∎

MANDAR OS AFRICANOS AO LUGAR DE ORIGEM
A FUNDAÇÃO DE SERRA LEOA (1787)

EM CONTEXTO

ONDE
Serra Leoa, África ocidental

ANTES
Século XV Navegantes portugueses avistam uma cadeia de montanhas na África ocidental e a chamam de Serra Lyoa (Serra do Leão).

1670 Mercadores ingleses estabelecem na ilha Bunce, na costa de Serra Leoa, um "forte de escravos".

1783 Após a Guerra Revolucionária Americana, os britânicos levam mais de 14.000 legalistas negros para o Reino Unido, o Caribe e a Nova Escócia.

DEPOIS
1808 A área de Serra Leoa ao redor de Freetown se torna colônia da coroa britânica e base da Marinha Real para interceptar navios negreiros.

1896 Os britânicos colonizam mais territórios, criando o novo Protetorado de Serra Leoa.

1961 Serra Leoa conquista a independência do Reino Unido.

A nação africana de Serra Leoa teve origem como uma solução – filantrópica e comercial – para o deslocamento das pessoas escravizadas por guerra e o desmonte do tráfico escravista. No fim do século XVIII, o envolvimento dos britânicos na escravização resultara numa população de cerca de 15.000 africanos no Reino Unido, entre eles trabalhadores domésticos libertos e legalistas negros – africanos ex-escravizados que tinham lutado pelos britânicos na Guerra Revolucionária Americana (1775-1783). Ganhando a vida nas ruas das cidades, em especial em Londres, esses "pobres negros" dependiam de instituições particulares de caridade para sobreviver.

Freetown, a capital de Serra Leoa, foi fundada em 1792 por legalistas negros da Nova Escócia, na beira de uma península, com vista para o maior porto natural da África.

Um sonho condenado
Em 1786, um grupo de filantropos e abolicionistas de Londres fundou o Comitê de Amparo aos Pobres Negros para ajudar os africanos e lascares

REVOLUÇÃO E RESISTÊNCIA

Ver também: O início do tráfico escravista atlântico 116-121 ▪ Os *maroons* jamaicanos 146-147 ▪ Abolicionismo na Europa 168-171 ▪ A partilha da África 222-223

Os livres colonos negros de Serra Leoa

Ano	Número de pessoas	De onde vieram
1787	Cerca de 350 "pobres negros"	Reino Unido
1792	1.200 legalistas negros	Nova Escócia, no Canadá
1800	550 maroons	Jamaica, via Nova Escócia
1808-1971	Mais de 85.000 ex-escravizados	África

(marinheiros indianos transferidos). O comitê se interessou por um projeto ambicioso de Henry Smeathman, um naturalista que passara um período na África ocidental. Ele propôs criar um assentamento agrícola e comercial em Serra Leoa, que poderia ser povoado por africanos livres levados do Reino Unido.

Smeathman morreu em julho de 1786, mas o governo britânico decidiu apoiar seu projeto. Em novembro de 1786, Olaudah Equiano, um abolicionista e escritor negro, foi nomeado comissário, encarregado de comprar e distribuir suprimentos para os "pobres negros" inscritos na expedição. Chocado com o mau tratamento dado aos emigrantes e preocupado que estivessem sendo forçados a deixar suas casas no Reino Unido, Equiano criticou o projeto de assentamento e, em março de 1787, foi demitido do posto.

Os planos de emigração continuaram e 350 passageiros negros – mais 59 mulheres brancas, esposas e viúvas de negros – partiram em 9 de abril de 1787 para a "Província da Liberdade". Cerca de um em cada dez morreu na viagem, e outro terço, nos três meses após a chegada a Serra Leoa, em maio de 1787. Em 1789, o primeiro assentamento foi queimado pelo povo temne local. Desorganizados e sem liderança, os colonos restantes minguaram até cerca de 60 no total.

Nova esperança

Em 1791, Granville Sharp, um abolicionista britânico apoiador do projeto original, fundou a Sierra Leone Company para criar um novo assentamento. Ele foi instigado por Thomas Peters, um dos mais de 3.000 legalistas negros evacuados para a Nova Escócia, mas com dificuldades para enfrentar o clima áspero. Em 1792, Peters e cerca de 1.200 legalistas negros migraram para Serra Leoa. Em 1800, juntaram-se a eles cerca de 550 *maroons* – africanos ex-escravizados que tinham se rebelado contra a escravidão na Jamaica – e depois milhares de africanos escravizados libertados pela Marinha Real.

Os africanos livres em Serra Leoa se fundiram num novo grupo étnico, o crioulo, baseado em Freetown e arredores. Hoje, os crioulos são uma minoria no país, mas sua língua de base inglesa – também chamada crioulo – é falada pela maioria. ▪

Olaudah Equiano

Conhecido também como Gustavus Vassa – nome dado por um oficial da Marinha Real –, Olaudah Equiano nasceu em c. 1745, provavelmente na atual Nigéria. Ele foi capturado e escravizado quando criança e levado ao Caribe, onde foi comprado por um capitão naval, servindo depois a bordo de navios bélicos ingleses na Guerra dos Sete Anos (1756-1763). Quando jovem, economizou o bastante para comprar sua liberdade, e passou muitos anos como marinheiro, indo até a Nova Escócia e o Ártico.

Por fim, fixou-se em Londres, onde se tornou ativo no movimento antiescravista. Em 1789, publicou sua autobiografia, *A interessante narrativa da vida de Olaudah Equiano*, apresentando em primeira pessoa os horrores da escravidão que viveu e testemunhou. O livro teve grande influência na campanha que afinal resultou na abolição do tráfico escravista em 1807. Equiano se casou com uma inglesa branca em 1792 e teve duas filhas. Morreu em 1797.

INDEPENDÊNCIA OU MORTE

A REVOLUÇÃO HAITIANA (1791)

A REVOLUÇÃO HAITIANA

EM CONTEXTO

ONDE
Saint-Domingue/Haiti, França

ANTES
1521 Escravizados em Hispaniola se rebelam contra colonizadores espanhóis. Foi um dos primeiros levantes conhecidos de escravizados.

1789 Na França, revolucionários lançam a Declaração dos Direitos do Homem e do Cidadão.

DEPOIS
1825 Para reconhecer a independência do Haiti, a França ordena que o governo do país pague 150 milhões de francos.

1834 O Reino Unido abole a escravidão na maioria de suas colônias.

1848 A escravidão é reabolida na França; ela fora restaurada em colônias ultramarinas em 1802.

1862 Os EUA afinal reconhecem a independência do Haiti.

A Revolução Haitiana faz parte de uma de revoltas de escravizados e greves militares iniciadas em 1791. Ela resultou na abolição da escravidão na colônia francesa de Saint-Domingue em 1793 e no renascimento da colônia em 1804, como Haiti, a primeira nação independente livre de escravidão no hemisfério ocidental.

Navegando em nome da monarquia espanhola, Cristóvão Colombo aportou na ilha do Ayiti em 1492 e renomeou-a Hispaniola. Os habitantes locais, os tainos, resistiram aos conquistadores espanhóis ao longo do século XVI, mas a combinação mortal de guerra e varíola (trazida nos navios espanhóis) quase dizimou a população indígena. Os espanhóis começaram a levar cativos africanos para trabalhar a terra como escravos.

Ilha dividida
Em 1697, após nove anos de guerra, em que uma aliança de estados europeus tentou frustrar as políticas expansionistas francesas, o Tratado de Ryswick cedeu o terço ocidental de Hispaniola à França, que a renomeou Saint-Domingue. No século seguinte, os franceses introduziram e escravizaram quase um milhão de cativos da África, para trabalhar nas altamente lucrativas e recém-criadas *plantations* de açúcar. Mas as condições eram tão mortais que, quando a revolução começou, essa população era só de 465.000 pessoas.

As punições aplicadas pelos colonizadores de Saint-Domingue estavam entre as mais cruéis do mundo: queimar ou enterrar vivos os escravizados, pregá-los em paredes e árvores, além da marcação a ferro e outras formas de mutilação. Em resultado, os que buscavam a liberdade, ou *maroons*, criaram comunidades inteiras nas montanhas e às vezes atacavam e destruíam as plantações.

Os grupos de *maroons* eram tão temidos pelos colonialistas franceses que houve várias execuções de grande impacto de líderes *maroons*. Um deles, François Makandal, foi queimado vivo em 1758 por incitar a rebelião. Segundo a lenda, quando o fogo ia atingi-lo, ele se transformou num mosquito e escapou voando.

Em 1791, revoltas mais generalizadas eclodiram quando os escravizados passaram a se reunir em segredo para combinar os

Toussaint Louverture

Nascido François Dominique Toussaint, de pais africanos escravizados numa *plantation* na colônia de Saint-Domingue nos anos 1740, Toussaint Louverture foi liberto nos anos 1770. Consta que a filosofia iluminista, em especial a ideia de um "Espártaco negro" a liderar os escravizados, na *Histoire des deux Indes* (História das duas Índias Orientais e Ocidentais), de 1777, do abade Raynal e Denis Diderot, inspirou Louverture, que teria um papel central na Revolução Haitiana. Ele lutou primeiro com o exército espanhol contra os franceses, depois com os franceses contra espanhóis e ingleses, e chegou ao posto de general do exército francês antes de se proclamar governador-geral perpétuo de Saint-Domingue em 1801.

Quando os franceses ameaçaram restaurar a escravidão na colônia, em 1802, Louverture e um exército de soldados negros reagiram, mas foram superados em número. Louverture foi preso por ordem de Napoleão e deportado para a França. Foi encarcerado numa fortaleza nas montanhas do Jura, perto da fronteira suíça, onde morreu de pneumonia em 1803.

REVOLUÇÃO E RESISTÊNCIA

Ver também: O início do tráfico escravista atlântico 116-121 ▪ A rebelião em Hispaniola 130-131 ▪ Escravizados se rebelam no México 132-135 ▪ Os *maroons* jamaicanos 146-147 ▪ Os garifunas 162-163 ▪ O Code Noir da Louisiana 166-167

levantes. O encontro mais importante foi uma cerimônia vodu em Bois Caïman, numa *plantation* em Morne-Rouge, em 14 de agosto de 1791. A reunião foi conduzida pelo ex-escravizado e sacerdote vodu Boukman Dutty, que estimulou a participação numa guerra aos escravizadores: "Joguem fora a imagem do Deus dos brancos, que tem sede de nossas lágrimas, e ouçam a voz da liberdade que fala no coração de todos nós".

A luta pela liberdade

Em meados de setembro de 1791, até 80.000 escravizados estavam em franca rebelião, e mais de 1.500 *plantations* de café e açúcar tinham sido destruídas. Além disso, a Espanha declarou guerra à França e ao Reino Unido em 1793, e no começo daquele ano os revolucionários franceses tinham executado seu rei, Luís XVI, e declarado guerra aberta aos britânicos. A seguir, as três nações – Reino Unido, França e Espanha – iniciaram a disputa pelo controle da colônia produtora de açúcar mais lucrativa do mundo. Os escravizados e os negros livres viram essa luta por poder como uma chance de alcançar seus objetivos políticos e criaram alianças alternadas com britânicos e espanhóis.

Um dos chefes da rebelião era Toussaint Louverture, um ex-escravizado da *plantation* Bréda. Em fevereiro de 1793, Louverture e outros líderes principais se juntaram

Nasci escravo, mas a natureza me deu a alma de um homem livre.
Toussaint Louverture
Relatório ao governo francês, 1797

A capital da colônia, Cap-Français, ardeu vários dias após ser incendiada por revolucionários negros em 1793. A população branca fugiu da cidade, navegando para os EUA e Cuba.

às forças espanholas para combater o exército francês. Em junho, reinava a confusão, com alguns soldados negros lutando pelos espanhóis e outros pelos britânicos ou franceses. Ansiosos para garantir a própria liberdade, africanos escravizados começaram a se rebelar e o porto de Cap-Français foi incendiado. Os moradores brancos da cidade fugiram. Em reação, dois dos comissários franceses enviados para restaurar a ordem, Étienne Polverel e Léger-Félicité Sonthonax, publicaram decretos de Emancipação Geral para as regiões da colônia em que tinham autoridade.

Abolição alcançada

Louverture incitou suas tropas a não aceitar como vitória nada menos que a abolição total da escravidão em toda

188 A REVOLUÇÃO HAITIANA

Saint-Domingue. Em agosto de 1793, ele lançou a famosa conclamação de Camp Turel: "Quero que a Liberdade e a Igualdade reinem em Saint-Domingue. Trabalho para trazê-las à luz. Unam-se a nós, irmãos, e lutem conosco pela mesma causa".

A Convenção Nacional, em Paris, não teve escolha senão abolir a escravidão em seu império em 1794. Louverture juntou forças com o general francês Étienne Laveaux para derrotar as forças britânicas e espanholas. Credita-se a Laveaux o nome *l'ouverture* (a abertura, em francês) dado a Toussaint.

Em 1795, os espanhóis assinaram a Paz de Basileia, em que cederam não só o terço ocidental da ilha à França, mas os dois terços orientais, Santo Domingo. O Reino Unido continuou a disputar o controle da colônia com a França até 1798, quando o general britânico Thomas Maitland assinou um acordo com Louverture. Inflamado com a vitória e a autoridade autoproclamada, Louverture declarou: "Estou lutando há muito tempo e posso continuar se for preciso. Tive de lidar com três nações e derrotei as três".

Consta que a bandeira do Haiti foi criada em 1803, quando Dessalines arrancou a parte branca da bandeira francesa. Uma mulher negra, Catherine Flon (embaixo, na direita), costurou os pedaços vermelho e azul.

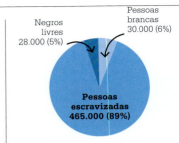

A população de Saint-Domingue, por volta de 1791, era na maior parte de escravizados. Essa disparidade, somada à crueldade que enfrentavam, tornou a revolta dos escravizados quase inevitável.

Em julho de 1801, nomeando-se governador-geral perpétuo, Louverture lançou sua própria constituição para Saint-Domingue, que proclamava que "não pode haver escravos neste território e a servidão está abolida para sempre". A constituição também demonstrou a lealdade de Louverture à França ao decretar que todos os habitantes de Saint-Domingue morreriam "livres e franceses".

Na França, o primeiro-cônsul Napoleão Bonaparte, que ascendera ao poder em 1799, recebeu com frieza a notícia da autonomeação de Louverture. Ele não partilhava a ideia de Louverture de que eles eram iguais e via o general como um rival que impedia a restauração da escravidão. A resposta de Napoleão foi mandar o general Charles Victor Emmanuel Leclerc, seu cunhado, a Saint-Domingue para depor Louverture.

Retaliação francesa

No fim de janeiro de 1802, a expedição de Leclerc aportou em Saint-Domingue com um exército de mais de 20.000 soldados. Antecipando a chegada da frota francesa, o general negro Henry Christophe ordenou que Cap-Français fosse incendiada. Sem se abalar, Napoleão mandou mais 60.000 combatentes para esmagar o exército de soldados negros rebeldes.

Louverture alertou suas tropas e os habitantes da colônia de que isso significava que os franceses planejavam restaurar a escravidão. Porém, em abril de 1802, após receber promessas do contrário, o general Christophe passou para o lado francês. Seu colega, o general negro Jean-Jacques Dessalines, logo fez o mesmo, e Louverture teve de se render no mês seguinte, com garantias de anistia para ele e sua família.

Então, em maio de 1802, Napoleão assinou uma lei que permitia a restauração da escravidão no Império Francês. Esse ato isolado foi suficiente para inflamar a resistência, já que os ex-escravizados deviam agora considerar a possibilidade de, após 11 anos de liberdade de fato, serem de novo submetidos à vontade de escravizadores brancos. Agravando a situação, Louverture foi preso em junho pelo exército de Leclerc e deportado. Ao ser empurrado no navio que o levaria à França, consta que emitiu uma das mais famosas declarações da Revolução Haitiana: "Ao me depor, vocês só cortaram o tronco da árvore da liberdade em Saint-Domingue; ela brotará de novo das raízes, pois são numerosas e profundas".

Pouco depois da deportação de Louverture, Dessalines e Christophe

Algum povo já teve mais direito à independência que o haitiano?
Baron de Vastey
Político e escritor haitiano, 1781-1820

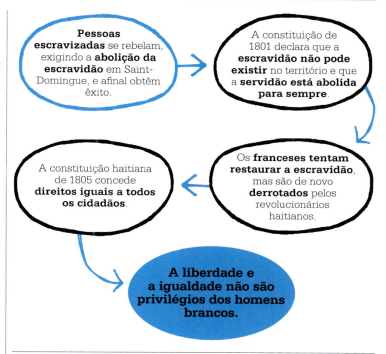

Pessoas **escravizadas** se rebelam, exigindo a **abolição da escravidão** em Saint-Domingue, e afinal obtêm êxito.

A constituição de 1801 declara que a **escravidão não pode existir** no território e que a **servidão está abolida para sempre**.

Os **franceses tentam restaurar a escravidão**, mas são de novo **derrotados** pelos revolucionários haitianos.

A constituição haitiana de 1805 concede **direitos iguais a todos os cidadãos**.

A liberdade e a igualdade não são privilégios dos homens brancos.

voltaram para o lado dos revolucionários. Eles reassumiram o comando como generais, formando a *armée indigène*, cujo lema se tornou: "Independência ou morte!"

O Haiti independente

Enquanto tentavam vencer os revolucionários negros, as tropas francesas estavam sendo também dizimadas por um surto de febre amarela. Leclerc morreu da doença em novembro de 1802. Seu segundo em comando, Jean-Baptiste-Donatien de Vimeur, conde de Rochambeau, assumiu, ordenando que os soldados franceses usassem cães de caça para perseguir e "comer os negros".

As táticas de Rochambeau falharam. Em novembro de 1803, ele se rendeu a Dessalines após perder a Batalha de Vertières. O exército negro assumiu o controle de Cap-Français, renomeando-a Cap-Haïtien. Dessalines e os outros generais negros proclamaram Saint-Domingue independente da França e restauraram o nome da ilha para Haiti (Ayiti) em 1804. A Revolução Haitiana foi a única revolta armada de escravizados a terminar em liberdade universal para africanos no Novo Mundo. No contexto atual, quando se costuma ver o Haiti pelas lentes da pobreza e do desastre, é importante reconhecer como essa revolução desafiou os valores do Iluminismo europeu, que havia declarado que a liberdade e a igualdade eram reservadas apenas aos homens brancos. Mais ainda, o princípio em que a independência haitiana se baseou – ou seja, que nenhum ser humano poderia mais ser escravizado – continua a definir ideias políticas atuais sobre o que significa ser livre. ∎

OS VIAJANTES CANSADOS ESCAPAM DA TERRA DO CATIVEIRO

A FERROVIA SUBTERRÂNEA (SÉCULO XIX)

192 A FERROVIA SUBTERRÂNEA

EM CONTEXTO

ONDE
Estados Unidos, Canadá

ANTES
1672 Surgem as primeiras notícias de escravizados que buscam a liberdade, perturbando donos de *plantations*.

1786 George Washington se queixa em carta, de que um escravizado escapou de um vizinho com a ajuda de uma rede de quacres.

1793 A legislatura do Alto Canadá (atual Ontário) aprova a Lei de Limite à Escravidão, pela qual escravizados que chegarem à província estarão livres.

DEPOIS
1865 A escravidão é abolida nos EUA.

2016 Jack Lew, secretário do Tesouro americano, apresenta planos para que Harriet Tubman figure na nota de 20 dólares.

Fui condutora da Ferrovia Subterrânea por oito anos, e posso dizer o que a maioria dos condutores não pode: nunca deixei meu trem descarrilar e nunca perdi um passageiro.
Harriet Tubman
Convenção pelo Sufrágio das Mulheres, 1896

A Ferrovia Subterrânea (1893), de Charles T. Webber, mostra uma família quacre conduzindo um grupo de escravizados para a liberdade.

A prática da escravidão estava totalmente arraigada no sul dos EUA, em meados do século XVIII. O trabalho forçado nas *plantations* se tornou comum e atraía poucos protestos do público, e com isso a escravidão passou a ser uma parte familiar da vida. Com o tempo, os que tinham nascido ou sido vendidos como escravos buscaram meios de escapar dessa situação e buscar refúgio nos estados livres do norte, ou na América do Norte Britânica (atual Canadá).

Perto do fim do século XVIII, tornou-se mais comum as pessoas escaparem e os apelos pela abolição da escravidão ficaram mais veementes no Reino Unido e nas Américas. Conforme o abolicionismo ganhou força e cresceu o apoio aos que buscavam a liberdade, aumentou também a rede de pessoas que queriam ajudá-los. Nos anos 1830, a expressão "Ferrovia Subterrânea" começou a ser usada para essa rede de rotas secretas e casas seguras.

Origens
A menção mais antiga à Ferrovia Subterrânea é de um escravizador de alguém que escapou em 1831, de Kentucky para o estado de Ohio, atravessando o rio de mesmo nome. O escravizador culpou uma "ferrovia subterrânea" por facilitar a fuga.

A Ferrovia Subterrânea cresceu e tornou-se uma rede bem-organizada nos anos 1840. As primeiras iniciativas para abrigar e proteger escravizados nasceram do desejo quacre de ajudá-los a alcançar a liberdade, mas a rede não se baseava em religião. Era apenas mantida por pessoas que sentiam em seu íntimo que o que faziam era para o bem de seus pares homens e mulheres.

Rotas para a liberdade
Em 1793, foi aprovada nos EUA a Lei do Escravo Fugitivo, segundo a qual estados livres deviam prender e devolver escravizados que tinham escapado. Outra Lei do Escravo Fugitivo, de 1850, reforçou essas regras, exigindo a cooperação de funcionários dos estados livres. Com isso, o Canadá se tornou o principal terminal da ferrovia. A Ferrovia

REVOLUÇÃO E RESISTÊNCIA

Ver também: O início do tráfico escravista atlântico 116-121 ▪ Os *maroons* jamaicanos 146-147 ▪ O Code Noir da Louisiana 166-167 ▪ Abolicionismo nas Américas 172-179

Subterrânea também ia para o sul, com as pessoas seguindo para o México, onde a escravidão era ilegal, e ilhas do Caribe que não participavam do tráfico de escravizados.

Regiões do Sul Profundo, conhecidas como rotas comuns de fuga, eram patrulhadas por pessoas ditas "caçadores de escravos", que faziam dinheiro devolvendo os que buscavam a liberdade. Devido a isso, muitos dos que usavam a Ferrovia Subterrânea buscavam escapar de estados mais perto do norte. Virgínia e Maryland viram alguns dos maiores números de pessoas que buscavam a liberdade, enquanto em estados mais ao sul, como Alabama e Geórgia, era menos provável ver pessoas conseguirem escapar.

A Ferrovia Subterrânea permitia várias "paradas" no caminho. As pessoas usavam suas casas, às vezes equipadas com elaborados sistemas de alçapões, vãos e quartos secretos ocultos em sótãos e porões, para esconder escravizados. Igrejas e escolas também eram utilizadas e as palavras que descreviam tais lugares contribuíram para a lenda da Ferrovia Subterrânea. Era comum chamar esses esconderijos de "estações" e "terminais", e os hospedeiros de »

As rotas principais tomadas pelos escravizados que escapavam pela Ferrovia Subterrânea eram conhecidas como "linhas". As linhas levavam as pessoas à liberdade no norte dos EUA, no Canadá, no México e no Caribe.

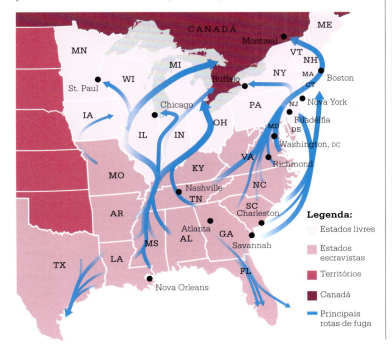

Harriet Tubman

Conhecida como "Moisés do seu Povo", Harriet Tubman nasceu na escravidão entre 1820 e 1822 no condado de Dorchester, em Maryland. Seu nome era Araminta Ross e tinha oito irmãos. Por volta dos 12 anos, sofreu um ferimento grave na cabeça ao defender outro escravizado. Após esse evento, experimentou transes e visões que ela pensava serem de Deus a guiá-la.

Ela se casou com um negro livre chamado John Tubman e começou a usar o nome Harriet. Em 1849, temendo ser vendida para outra *plantation*, escapou usando a Ferrovia Subterrânea. Tornou-se depois uma das mais notáveis condutoras da rede, levando, segundo algumas estimativas, mais de 300 pessoas para a liberdade.

Na Guerra Civil, atuou como enfermeira, batedora e espiã para a União. Após a guerra, concentrou seus esforços no voto feminino e doou terras para abrir uma casa para americanos negros idosos em Auburn, Nova York, onde morreu em 1913.

O código secreto

Os apoiadores da Ferrovia Subterrânea criaram o próprio código, que incluía várias expressões ferroviárias, para manter o segredo. As estradas de ferro ainda eram uma forma de transporte nova e sua terminologia não era ainda muito conhecida.

Código	Significado
Agente	Coordenador que planejava rotas de fuga e fazia contatos.
Bagagem, carga ou passageiro	Pessoa que buscava a liberdade levada por trabalhadores da Ferrovia Subterrânea.
Condutor	Guia da Ferrovia Subterrânea.
Encaminhamento	Levar escravizados de estação a estação.
Céu ou terra prometida	O Canadá ou outro local onde os escravizados podiam encontrar a liberdade.
Carga de batatas	Carroça com escravizados que escapavam escondidos sob produtos agrícolas.
Operador	Pessoa que trabalhava como condutor ou agente.
Encomenda	Pessoa aguardada que buscava a liberdade.
Piloto	Pessoa que viajava para o sul para encontrar escravizados buscando a liberdade.
Pregador	Líder ou palestrante da Ferrovia Subterrânea.
Rio Jordão	O rio Ohio, que marcava uma importante travessia para estados livres.
Pastor	Pessoa que convencia escravizados a escapar.
Estação ou entreposto	Uma casa ou outro abrigo seguro.
Chefe da estação	Pessoa que escondia escravizados em sua casa.
Acionista	Doador de dinheiro, roupas ou comida para a Ferrovia Subterrânea.

"chefes de estação". Os "condutores" da Ferrovia Subterrânea eram pessoas que guiavam os escravizados em sua viagem para a liberdade. Talvez a mais famosa condutora seja Harriet Tubman. Nascida na escravidão, ela escapou de uma *plantation* em Maryland em 1849. Então ela fez o inimaginável – voltou. Arriscando ser presa e executada, Tubman retornou 13 vezes ao sul para ajudar outros escravizados a alcançar a liberdade. Ela seguia os rios, rumo ao norte, usando disfarces e viajando a pé, a cavalo, de barco, trem ou carroça.

Sistema secreto

As pessoas que atuavam na Ferrovia Subterrânea tinham várias origens. Ricos e pobres tiveram papéis importantes na manutenção da rede, doando dinheiro e suprimentos. Além de atravessar classes sociais, a Ferrovia Subterrânea também transpunha raças, com alguns negros livres e brancos oferecendo abrigo e ajuda. Os envolvidos se expunham a penas como multas, prisão, açoitamento e até execução. Escapar da escravidão exigia muitas estratégias. Alguns tinham de fazer a viagem sem nenhum condutor,

Eu teria violentado minhas convicções de dever, se não tivesse usado todos os meios legais em meu poder para libertar aquelas pessoas [...]
Thomas Garrett
Abolicionista americano, 1789-1871

REVOLUÇÃO E RESISTÊNCIA

Um mural de retalhos de 2006 celebra um mito moderno, segundo o qual padrões geométricos eram códigos costurados em tecidos de retalhos e pendurados fora das casas como sinal de abrigo seguro para escravizados.

confiando em indicações e informações boca a boca. Como os jornais não eram publicados aos domingos, os sábados se tornaram o dia mais comum para os escravizados buscarem a liberdade: as notícias de sua fuga só sairiam na segunda-feira.

Tanto os condutores se disfarçavam para ocultar sua identidade, como os que buscavam a liberdade muitas vezes recebiam outras roupas e documentos falsos e adotavam formas de falar e agir diferentes. Uma estratégia comum era planejar as operações para o meio da noite, e muitos condutores preferiam os meses de inverno, quando o céu era mais escuro e as noites mais longas. As pessoas viajavam cerca de 15 a 30 km por noite entre as estações. Em geral caminhavam, mas também eram levados em carroças, cavalos e, em alguns casos, de trem.

A comunicação por código era importante para encobrir informações. Os códigos eram usados por condutores ou escravizados que escapavam, em cartas aos agentes, para que preparassem a chegada, ou a amigos e familiares do escravizado para informá-los da fuga. Os escravizados também usavam códigos musicais para se comunicar entre si. As canções continham mensagens secretas para que um escravizado se preparasse para escapar ou transmitiam estratégias ou orientações.

Final da linha

Em 1861, quando a Guerra Civil Americana eclodiu, a Ferrovia Subterrânea se tornou um instrumento importante na luta do exército da União contra a Confederação. Condutores como Harriet Tubman participaram de ataques para libertar escravizados em *plantations* e recrutá-los para juntar-se aos regimentos do exército da União. Eles também forneceram apoio como espiões e batedores, obtendo dados, mapeando regiões e informando escravizados do momento dos ataques. Os condutores trabalharam com a União destruindo entrepostos do exército dos confederados e incendiando plantações, campos e armazéns. Eles também queimaram casas de simpatizantes dos confederados.

O último exército confederado se rendeu em junho de 1865. A Ferrovia Subterrânea tinha cessado operações na Guerra Civil para concentrar os esforços na ajuda ao exército da União. Em dezembro de 1865, a 13ª Emenda foi ratificada nos EUA, extinguindo a escravidão. Cerca de 100.000 pessoas tinham encontrado a liberdade com a ajuda de incontáveis homens e mulheres que arriscaram a vida para manter outras seguras. ∎

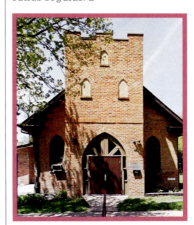

A Primeira Igreja Batista de Sandwich, em Ontário, no Canadá, era um abrigo seguro da Ferrovia Subterrânea, com túneis secretos que levavam ao porão.

AS ESPADAS BRILHANTES DE VERSOS CORÂNICOS
A CONQUISTA FULANI (1804)

EM CONTEXTO

ONDE
Nigéria, África ocidental

ANTES
Séculos XV-XVIII Entre o rio Níger e o lago Chade, cidades-estados conhecidas como Hauçalândia ou reinos hauçás florescem com o comércio.

1725 O povo muçulmano fulani realiza uma *jihad*, ou guerra santa, para criar o estado islâmico de Futa Jallon, na atual Guiné.

c. 1750 Gobir, no norte da Hauçalândia, emerge como a mais poderosa cidade-estado hauçá.

DEPOIS
Anos 1830 O califado Sokoto se expande além da Hauçalândia, criando um grande império.

1903 Forças britânicas derrotam o califado Sokoto, que é absorvido no Protetorado do Norte da Nigéria.

1914 O califado se torna parte da Colônia e Protetorado Britânico da Nigéria.

A partir de 1804, ocorre uma série de movimentos de renascimento islâmico entre os reinos hauçás na África ocidental. Importantes religiosos muçulmanos descendentes do povo pastoril fulani orquestram essas lutas revolucionárias, ou *jihads*. Descontentes com o que percebiam como uma marginalização nas comunidades em que estavam alojados, decidiram impor uma nova ordem social e política, com base em princípios islâmicos. O religioso muçulmano mais notável era Usman dan Fodio, que, ao fundar um novo estado islâmico, levou a novas *jihads* e consolidou o Islã como a religião principal no norte da África ocidental, enquanto o cristianismo imposto pelos europeus se espalhava no sul.

O caminho para a *jihad*

Os refugiados muçulmanos do Mali levaram o Islã para a Hauçalândia na segunda metade do século XIV. No século XVIII, a maioria do povo hauçá era muçulmana, mas apenas no nome. Para religiosos e fiéis fulanis, seus governantes violavam princípios islâmicos. Por exemplo, os regentes hauçás davam mau destino aos fundos recolhidos para os pobres – ignorando o *zakat*, a doação de

O governo de um estado é o **governo de seu rei**. Se o rei é muçulmano, essa terra é **muçulmana**. Mas se o rei for **um infiel**, seu estado é uma terra de infiéis.

... e lançar uma **jihad**, ou guerra santa, para fundar um **novo califado** que devolverá seu povo ao modo de vida islâmico. Nos estados hauçás, os governantes são infiéis e **zombam dos princípios islâmicos**. Dan Fodio é obrigado pela fé a partir...

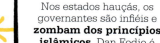

REVOLUÇÃO E RESISTÊNCIA

Ver também: A conquista muçulmana do Egito 58-59 ▪ O Império do Mali 86-91 ▪ As cidades-estados da Hauçalândia 96-97

Usman dan Fodio

Nascido em Gobir, em 1754, numa família culta fulani, Dan Fodio aprendeu matemática, astronomia, as palavras e intenções (*hadith*) do profeta Maomé e a lei islâmica (*Sharia*). Aos 20 anos, escrevia e pregava com seu irmão, Abdullahi, os ensinamentos do Profeta. Dan Fodio acabou se fixando na cidade de Degel, em Gobir, onde criou uma comunidade regida por princípios islâmicos. Isso impôs uma ameaça cada vez maior aos governantes de Gobir e levou à *jihad* de Dan Fodio contra os reinos hauçás. Após a guerra da *jihad*, Dan Fodio aos poucos se afastou da vida pública, deixando o governo do recém-formado califado Sokoto a seu filho, Muhammad Bello, e Abdullahi. Retirou-se para Sifawa, uma cidade perto de Sokoto, onde continuou a escrever, ensinar e promover a lei islâmica. Dan Fodio morreu em Sokoto, em 1817.

Obra principal

1806 *Esclarecimento sobre a obrigação dos fiéis de emigrar, nomear o imã e fazer a jihad*

esmolas aos pobres, que é um dos pilares do Islã. Dan Fodio e outros religiosos começaram a redigir uma série de guias, expressando uma difundida opinião de que a reforma só poderia ocorrer pela tomada muçulmana do governo. Em 1788, Dan Fodio negociou com Sarkin Gobir Bawa, governante do reino hauçá de Gobir (no atual norte da Nigéria) e obteve concessões, como a liberdade para pregar. Porém, sucessivos governantes viram Dan Fodio como uma ameaça e, em 1804, ele foi forçado a fugir para as cercanias de Gobir.

Conquista e legado

Após ser proclamado *amir al-muminim* (comandante dos fiéis), Dan Fodio reuniu suas forças e lançou uma *jihad* contra os reinos hauçás, tomando um a um, até o próprio Gobir

Muçulmanos fulanis rezam numa mesquita em Sokoto, em 2019. O sultão de Sokoto ainda é uma figura central na Nigéria, onde os hauçás-fulanis são um terço da população total de cerca de 200 milhões de pessoas.

ser derrotado em 1808. Um ano depois, fundou o califado Sokoto, na pequena cidade de mesmo nome em Gobir. Todos os antigos estados hauçás se tornaram emirados – regiões individuais administradas por emires, ou *amirs*. Esses líderes serviam como representantes de Dan Fodio, o califa, que era um líder espiritual e político.

O califado uniu pela primeira vez o povo hauçá, que se integrou cada vez mais com os fulanis. Os britânicos, que colonizaram a região no início do século XX, acharam difícil administrar a colônia. Porém, viram o povo hauçá-fulani como um poder estabilizador e promoveram seus interesses no norte da Nigéria. Hoje, os hauçás-fulanis continuam a ser uma força importante na política do país. ∎

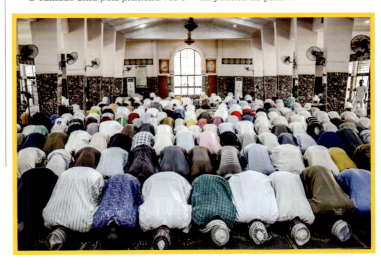

AVANTE, FILHOS DE ZULU
O IMPÉRIO ZULU (1816)

EM CONTEXTO

ONDE
África do Sul

ANTES
c. 1500 d.C. Os povos angunes, entre eles os zulus, migram para o sul do rio Limpopo e se instalam perto do oceano Índico, na atual África do Sul, Essuatíni (antiga Suazilândia) e Moçambique.

Século XVII Os zulus começam a surgir como uma força independente entre os angunes.

DEPOIS
1887 O Reino Unido anexa a terra dos zulus, absorvida em 1897 na colônia de Natal.

1977 KwaZulu ("lugar dos zulus") é criado pelo governo sul-africano como a terra dos povos zulus.

1994 Quando Nelson Mandela é eleito presidente da África do Sul, KwaZulu se funde com Natal, formando Kwazulu-Natal.

O povo zulu participou da migração dos povos angunes de fala banta para a África do Sul, ocorrida em c. 1500 d.C. O nome zulu significa "céu" e, na religião dos zulus, eles são os filhos do céu, descendentes do grande criador chamado Nkulunkulu.

Os zulus deixaram uma vida de pastoreio em unidades familiares extensas para formar grupos consolidados, liderados por chefes, que reuniam grandes exércitos e enriqueciam com taxas. Esses chefes submetiam lideranças vizinhas, obtendo ainda mais poder. Por fim, nos séculos XVII-XVIII, todos esses grupos foram conquistados e unidos sob o rei Shaka Zulu (c. 1787-1828). Os zulus se tornaram uma nação importante e criaram o império mais poderoso do sul africano.

Quando os britânicos decidiram expandir seu império no sul do continente africano, no século XIX, enfrentaram a oposição dos zulus, que levou à Guerra Anglo-Zulu de 1879. As forças zulus infligiram várias derrotas esmagadoras ao exército britânico. Essa resistência contínua diante de uma enorme superioridade técnica criou uma reputação de heroísmo lendário que ressoa ainda hoje.

Criação da identidade zulu
No fim do século XVIII, os líderes zulus, entre eles o rei Jama kaNdaba, sua filha Mkabayi kaJama e seu filho, o rei Senzangakhona kaJama, começaram a transformar os zulus em uma nação e uma força militar. Shaka, o filho de Senzangakhona, se tornou governante em 1816 e desenvolveu muitas das inovações militares de seu pai. Estas incluíam o *assegai* – um tipo de lança penetrante com lâmina longa para combate próximo – e o *impondo zenkomo* ("chifres de búfalo), uma formação de ataque (ver adiante).

A imagem de Shaka Zulu continua a ser um símbolo de unidade e orgulho para a nação zulu. Hoje, os zulus são o maior grupo étnico da África do Sul e sua língua é a mais amplamente falada.

REVOLUÇÃO E RESISTÊNCIA 199

Ver também: As migrações bantas 32-33 ▪ As Guerras Xhosas 180-181 ▪ A partilha da África 222-223 ▪ Nelson Mandela e o movimento anti-apartheid 260-261

Na formação zulu "chifres de búfalo", soldados mais maduros – o "peito" – enfrentam o inimigo de frente, enquanto guerreiros mais jovens e rápidos – os "chifres" – atacam seus flancos e retaguarda. O "lombo" dá fim às forças opostas.

Shaka fez jovens de todo o reino treinarem táticas militares. A surpresa e o engodo se tornaram cruciais, usados com crueldade por Shaka e seu exército de 40.000 guerreiros, quando submeteram um a um os clãs vizinhos.

Shaka foi assassinado pelos irmãos em 1828. A partir de 1816, o extermínio de milhares de pessoas e a destruição de gado e colheitas numa série de guerras entre grupos étnicos autóctones desestabilizaram a região, forçando muitos angunes a migrar. Esse período, chamado *Mfecane* (os anos de destruição e caminhadas) continuou após a morte de Shaka, até cerca de 1840.

Choque de impérios

Nos anos 1870, o Império Zulu era visto como uma ameaça aos planos britânicos de criar uma federação de estados sul-africanos. Em dezembro de 1878, o rei Cetshwayo (descendente de Shaka) recebeu um ultimato impossível e a guerra logo eclodiu. Em 22 de janeiro de 1879, ocorreram duas batalhas que se tornariam símbolos da resistência africana ao domínio branco e da superioridade militar europeia. Primeiro, as forças britânicas e um exército zulu se chocaram em Isandlwana. Os zulus eram chefiados por Ntshingwayo kaMahole, um veterano militar familiarizado com as táticas europeias. Seu exército aniquilou os britânicos, que perderam mais de 1.000 soldados. Essa foi a primeira vez que tropas britânicas sofreram uma derrota total nas mãos de forças africanas que usavam táticas e armas locais.

No mesmo dia, um regimento zulu, liderado pelo meio-irmão de Cetshwayo, Dabulamanzi kaMpande, atacou uma força britânica muito menor, mas fortemente armada, em Rorke's Drift. Mais de 300 zulus foram massacrados, mas fora da África a ação foi vista como um exemplo heroico da superioridade britânica.

Em 4 de julho, os britânicos infligiram uma derrota decisiva em Ulundi, a capital zulu, matando selvagemente os habitantes e destruindo o Kraal (residência) real. Para alguns europeus, a resistência zulu criou uma visão alternativa à suposta inferioridade dos africanos. Outros louvaram os zulus como a encarnação do "bom selvagem". Essa condição icônica se consolidou no alfabeto de soletração internacional, em que zulu é o código para Z, e na cultura popular branca, onde os zulus são retratados como um povo nobre e corajoso, que acabou sendo dominado, em filmes como *Zulu* (1964) e *Alvorada sangrenta* (1979). ▪

Dois oficiais britânicos resgatam uma bandeira na Batalha de Isandlwana, nesta representação de 1881 que buscou enfatizar a coragem isolada do soldado branco sob intenso ataque zulu.

TERRA DOS LIVRES
A CRIAÇÃO DA LIBÉRIA (1820)

EM CONTEXTO

ONDE
Libéria

ANTES
1462 Exploradores portugueses chegam à costa da atual Libéria e a chamam de Costa da Pimenta.

1819 O Congresso dos EUA aprova uma lei que autoriza a criação de uma colônia africana para os americanos negros ex-escravizados e aloca 100.000 dólares para ajudar a fundá-la.

DEPOIS
1951 A Libéria tem suas primeiras eleições com voto universal. Em eleições anteriores, só descendentes homens de américo-liberianos podiam votar.

1989-2003 Duas guerras civis causam grande carnificina e dividem a Libéria.

2011 Ellen Johnson Sirleaf, reeleita presidenta da Libéria, ganha o Prêmio Nobel da Paz por buscar garantir que as mulheres tenham papel integral na construção da paz.

Em 31 de janeiro de 1820, o barco *Elizabeth* partiu de Nova York com 88 americanos negros em busca de uma vida melhor na África. O grupo seguia para um continente que tinha sido descrito a eles como sua terra natal, apesar de vasta maioria ter nascido na escravidão nos EUA. Alguns esperavam se tornar missionários. A viagem desse grupo pioneiro para o que viria a ser a Libéria foi longa e perigosa. O *Elizabeth* aportou primeiro na ilha Sherbro, na costa da colônia britânica de Serra Leoa, onde um terço dos passageiros morreu de malária. A viagem fora organizada pela Sociedade Americana de Colonização (SAC), uma aliança entre quacres, principalmente, e antigos escravizadores. Eles viam a repatriação como uma solução para a crescente população de negros livres, que, afirmavam, não obteriam direitos iguais nos EUA. Embora alguns negros acreditassem que a emigração poderia melhorar sua

O Senado da Libéria, em Monróvia, num desenho de 1856 de Robert K. Griffin, é a câmara alta do legislativo bicameral liberiano, em grande parte baseado no modelo de governo dos EUA.

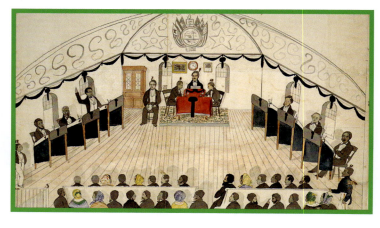

REVOLUÇÃO E RESISTÊNCIA 201

Ver também: Abolicionismo nas Américas 172-179 ▪ A fundação de Serra Leoa 182-183 ▪ Pan-africanismo 232-235 ▪ O Ano da África 274-275

Para marcar a fundação do país por americanos negros, a bandeira liberiana lembra muito a dos EUA. As onze faixas representam os signatários da Declaração de Independência da Libéria em 1847.

situação, a maioria via a repatriação como deportação. Os dissidentes organizaram protestos e encontros para exigir cidadania e direitos no país que havia escravizado seus ancestrais. Os abolicionistas negros também estavam dispostos a confrontar os projetos da colonização.

A colônia costeira

Após dois anos a SAC conseguiu uma faixa de terra na costa da África ocidental, no cabo Mesurado, comprada do governante Zola Duma (rei Peter) em troca de bens e armas. Os povos locais dei e bassa, que negociavam com os europeus desde o século XV, ressentiram-se por entregar sua própria terra.

Em abril de 1822, os colonizadores afinal aportaram no cabo e começaram a construir Monróvia, a nova capital do país, que, em 1824, batizaram como Libéria, do latim *liber* (livre). As relações com as populações locais continuaram hostis, mas os colonizadores eram protegidos pelas marinhas britânica e americana.

Em 1827, números cada vez maiores de pessoas chegavam para povoar as novas colônias costeiras, administradas por agentes de sociedades similares à SAC. Duas colônias se juntaram à Libéria, formando a Comunidade da Libéria em 1838, e outras as seguiram nos anos seguintes.

Independência rápida

A prosperidade crescente da Libéria era alimentada pela receita de taxas alfandegárias impostas aos britânicos e outros comerciantes. Nos anos 1840, os britânicos se recusaram a pagar e o governo americano recusou o pedido de apoio da Libéria. Em 1846, os colonos optaram pelo autogoverno e um ano depois Joseph Jenkins Roberts se tornou o primeiro presidente da Libéria.

Em 1867, a SAC e outras sociedades já tinham enviado cerca de 16.000 americanos negros à Libéria, onde mais vários milhares de negros libertados de navios negreiros também haviam chegado.

Chamados américo-liberianos, os colonos formavam uma minúscula parcela da população da Libéria, mas foram política e economicamente dominantes até 1980, quando Samuel Doe, do povo local krahn, deu um golpe militar. Em 2005, após duas guerras civis, Ellen Johnson Sirleaf se tornou a primeira mulher chefe de estado da África. ∎

Amo a África e não a trocaria pela América.
Rosabella Burke
Colona liberiana
ex-escravizada, 1859

Martha Erskine Ricks

Martha nasceu na escravidão no estado americano do Tennessee em 1817, mas seu pai, George, comprou a liberdade da família. Aos 13 anos, ela foi com os pais e seis dos irmãos para a Libéria, sob os auspícios da Sociedade Americana de Colonização. Como seus companheiros de viagem negros, os Erskines sonhavam com uma vida livre da escravidão, num lugar onde pudessem prosperar. A maior parte da família, porém, sucumbiu a doenças. Só Martha e seu irmão Hopkins chegaram à idade adulta.

Martha se casou com Zion Harris e, após a morte dele, Henry Ricks. Em 1848, viajou para os EUA e o Reino Unido com o primeiro presidente da Libéria, Joseph Jenkins Roberts. Como outros colonos, Martha plantava e criava gado, mas hoje é mais lembrada como uma talentosa bordadeira. Em 1892, realizou um sonho muito antigo. Com a ajuda do embaixador da Libéria no Reino Unido, Edward Blyden, foi a Londres, conheceu a rainha Victoria no Castelo de Windsor e deu à monarca uma colcha com uma intrincada imagem de um cafeeiro em flor liberiano. Martha morreu na Libéria em 1901.

ESPÍRITOS BRANCOS E NEGROS ENGAJADOS EM BATALHA
A REVOLTA DE NAT TURNER (1831)

EM CONTEXTO

ONDE
Estados Unidos

ANTES
1619 A primeira chegada documentada de africanos escravizados aos EUA, na Virgínia.

1739 Um grupo de 20 escravizados organiza um levante nas margens do rio Stono, na Carolina do Sul. Mais de 20 brancos são mortos.

1822 O carpinteiro americano Denmark Vesey é preso e enforcado por planejar executar escravizadores em Charleston, na Carolina do Sul.

DEPOIS
1859 O abolicionista americano John H. Brown lidera um ataque a Harper's Ferry, na Virgínia, e toma o arsenal.

1861 A Guerra Civil Americana começa. Ela se centra no debate não resolvido sobre a abolição da escravidão nos EUA.

A rebelião de escravizados mais mortal da história americana ocorreu no condado de Southampton, na Virgínia, do anoitecer de 21 de agosto de 1831 e até a manhã seguinte. Liderada pelo pregador escravizado Nat Turner, ela deixou 55 homens, mulheres e crianças brancos mortos – o maior número de baixas entre brancos numa revolta.

Turner, um pregador e líder espiritual de seus companheiros escravizados, tinha com frequência visões que acreditava serem mensagens de Deus. Em 1828, ele se convenceu de que uma visão lhe ordenava que vingasse os escravizados liderando uma revolta, e esperou por outro sinal para entrar em ação.

Turner acreditou que um eclipse solar, em 1831, era um sinal de que chegara o momento da rebelião. Uma semana depois, encontrou-se

Nat Turner e seis seguidores fazem um encontro secreto nos bosques da *plantation* do escravizador de Turner, Joseph Travis, horas antes da revolta.

REVOLUÇÃO E RESISTÊNCIA

Ver também: Vida nas *plantations* 122-129 ▪ Os quilombos do Brasil 136-139 ▪ Abolicionismo nas Américas 172-179 ▪ A Revolução Haitiana 184-189 ▪ A guerra pelo fim da escravidão 206-209 ▪ A era dourada da Reconstrução 210-213

Nat Turner

Nascido em 1800 de pais escravizados, numa *plantation* no condado de Southampton, na Virgínia, Nathaniel (Nat) Turner era muito inteligente e aprendeu cedo a ler e escrever. Criado como metodista, passava muito do tempo livre lendo a Bíblia.

Turner se tornou pregador e fazia sermões a outros escravizados. Acreditava que Deus lhe enviava mensagens por visões e que tinha sido escolhido para libertar seu povo da escravização. Suas visões lhe valeram o apelido de Profeta entre os amigos escravizados. Em 1825, Turner teve uma visão de conflitos violentos entre brancos e negros. Três anos depois, acreditou ter recebido uma mensagem para planejar uma revolta. Após um eclipse solar em fevereiro de 1831, Turner e um grupo de apoiadores começaram a se preparar para o levante. Antes do fim do ano, Turner seria condenado à morte e enforcado, em 11 de novembro de 1831.

Obra principal

1831 *As confissões de Nat Turner*

nos bosques com um grupo de escravizados das *plantations* vizinhas e planejou a insurreição. Eles queriam começar pela casa do escravizador de Turner, Joseph Travis, matando-o e, depois, a cada pessoa branca que encontrassem, recolhendo, ao mesmo tempo, armas.

O grupo planejou capturar o arsenal do condado em Jerusalem, na Virgínia, e depois seguir por 48 km para se refugiar no Pântano Great Dismal.

Rebelião e retaliação

Em 21 de agosto, Turner e seis rebeldes foram de uma *plantation* a outra, armados com machados e facas. Conforme foram libertando pessoas, recrutaram cerca de 75 mais para a rebelião.

A revolta durou 12 horas, antes de ser esmagada por mais de 3.000 membros da milícia estadual e civis armados, apoiados por tropas federais. Mais de 100 pessoas foram capturadas e mortas pela milícia. O estado executou, depois, outras 56. Conforme o medo se espalhou entre os brancos da região, multidões atacaram e mataram cerca de 200 pessoas negras mais. Turner conseguiu não ser capturado nos bosques por mais de dois meses, mas acabou sendo preso em 30 de outubro. Foi condenado à morte e enforcado em 11 de novembro.

O impacto de Turner

A revolta de Nat Turner destruiu o mito de que os escravizados estavam satisfeitos na servidão e eram passivos demais para fazer uma rebelião violenta. O levante também levou à decretação de leis que proibiam a educação, mobilidade e reunião de escravizados.

A Virgínia e a vizinha Carolina do Norte impuseram novas restrições para impedir que negros livres e escravizados pregassem e fossem a reuniões religiosas sem supervisão branca. A Virgínia criou um projeto de lei de colonização que tentava remover negros livres do estado, além de outro que negava julgamento com júri aos negros e, quando condenados por um crime, sujeitava-os a venda e realocação.

Os legisladores do sul silenciaram por quase uma década os debates sobre escravidão no Congresso, proibindo, em 1835, a leitura ali de petições antiescravistas. Por outro lado, os abolicionistas do norte usaram a revolta para intensificar seus esforços para acabar com a escravidão. A divisão entre escravizadores e abolicionistas cresceu até o início da Guerra Civil Americana, em 1861. ▪

[...] o Espírito de súbito apareceu a mim e disse [...] Cristo tinha baixado o jugo que carregara pelos pecados dos homens [...] Eu devia pegá-lo e lutar [...]
Nat Turner
As confissões de Nat Turner, 1831

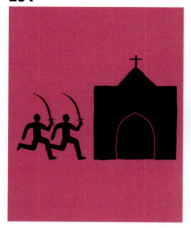

VIVA NAGÔ, MORRA BRANCO!
A REVOLTA DOS MALÊS (1835)

EM CONTEXTO

ONDE
Brasil

ANTES
1694 O Quilombo dos Palmares é destruído pelos portugueses.

1831 É promulgada a Lei Feijó, proibindo o tráfico negreiro no Brasil.

1831 Eclode a Balaiada, revolta de escravizados liderada por Negro Cosme, entre o Maranhão e o Piauí.

1833 Revolta de Carrancas, na Fazenda Campo Alegre, em Minas Gerais.

DEPOIS
1838 Revolta de Manuel Congo, no Rio de Janeiro.

1850 Lei Eusébio de Queiroz, proibindo o tráfico de escravos no Brasil.

1871 Lei do Ventre Livre.

1885 Lei dos Sexagenários.

1888 A princesa Isabel assina a Lei Áurea.

No século XIX, os escravizados constituíam **a maior parte** da população **da Bahia**

Parte da população de escravizados era de **grupos étnicos islamizados,** como os **nagôs** e os **haussás**

Muitos desses escravizados trabalhavam como **escravos de ganho,** com **livre circulação** pela cidade.

Diversas revoltas de escravizados ocorreram na **Bahia** durante o **século XIX.**

A **Revolta dos Malês** foi a mais importante delas. Os revoltosos planejavam **libertar os escravizados muçulmanos e assassinar brancos e mulatos traidores.**

A Revolta dos Malês é considerada uma das maiores rebeliões de escravizados realizada no Brasil. Ela ocorreu em Salvador, cidade que possuía aproximadamente metade da população formada por homens e mulheres escravizados. Eles eram provenientes de diferentes grupos étnicos, inclusive de origem islâmica, como os hauçás e os nagôs.

Parte dos escravizados trabalhava como escravos de ganho. Esse grupo possuía relativa autonomia, podendo circular livremente pela cidade vendendo o seu trabalho, de onde obtinham recursos que possibilitaram a alguns comprar a alforria. Exerciam o trabalho de carpinteiros, alfaiates, artesãos e pequenos comerciantes, entre outras funções. A maioria deles trabalhava na área urbana.

REVOLUÇÃO E RESISTÊNCIA

Ver também: Os quilombos do Brasil 136-139 ▪ O fim da escravidão no Brasil 224-225 ▪ Movimentos negros no Brasil 240-241 ▪ Pan-africanismo 232-235

> A revolta não foi um levante sem direção, um simples ato de desespero, mas sim um movimento político, no sentido de que tomar o governo constituía um dos principais objetivos dos rebeldes
>
> **João José Reis**
> Historiador

A grande concentração de escravos em Salvador tornou a cidade propícia à eclosão de inúmeras rebeliões. Segundo o historiador João José Reis, a Bahia foi palco de trinta revoltas de escravos na primeira metade do século XIX. Metade delas ocorreu na década de 1820. Em uma delas, em 1807, os escravos envolvidos na revolta planejavam atacar igrejas católicas, instalar uma autoridade muçulmana em Salvador e conquistar outras regiões do Nordeste.

No entanto, a Revolta dos Malês foi o levante que marcou a história das rebeliões de escravizados ocorridas no Brasil do século XIX. A participação dos muçulmanos foi decisiva, de modo que a ela se deve o nome da revolta. "Malê" tem origem em "imalê", palavra de origem iorubá que significa "muçulmano". Os malês sabiam ler e escrever em árabe e utilizaram o conhecimento da escrita para organizar a rebelião, bem como a facilidade de locomoção pela cidade.

Nos meses anteriores à revolta, muitos aproveitaram o dinheiro obtido com a venda de quitutes e serviços diversos para comprar armas.

A Revolta

O dia 25 de janeiro de 1835 foi o dia escolhido pelos seus organizadores para iniciar a revolta. A data se justificava pelo fato de esse ser o fim do Ramadã (mês sagrado para os muçulmanos) e o dia de Nossa Senhora da Guia, de importância para os católicos, que estariam envolvidos com as celebrações à santa no momento da eclosão do levante. Entre suas lideranças estavam Manuel Calafate, Pacífico Licutan, Pai Inácio, Elesbão do Carmo ou Dandará, Aprígio, Ahuna, Sule ou Nicobé, Dassalu ou Damalu e Luís Sanim. O objetivo era libertar os negros de origem muçulmana, além de assassinar e tomar os bens de brancos, negros e mulatos considerados traidores. Calcula-se que cerca de 600 escravizados participaram do levante.

A revolta foi denunciada a um juiz de paz por uma negra. Seguiu-se uma perseguição às lideranças, o que antecipou a eclosão da revolta. Os rebelados conseguiram tomar o quartel da cidade, porém, em número inferior e com pouco armamento, foram derrotados e severamente punidos. Setenta revoltosos foram mortos em combate. As penas aplicadas envolviam a prisão, o açoite, a execução e a deportação para a África. Além disso, foi criada uma lei proibindo a circulação de escravos na capital baiana durante a noite.

Ainda que tenha sido derrotada, a Revolta dos Malês contribuiu para enfraquecer o sistema escravista e expôs às elites o potencial de contestação e de rebelião da população escravizada no Brasil. ▪

Negro muçulmano, pintura de Jean-Baptiste Debret, 1835. A participação de escravizados muçulmanos foi decisiva na Revolta dos Malês.

HOMENS DE COR,* ÀS ARMAS!
A GUERRA PELO FIM DA ESCRAVIDÃO (1861-1865)

*Linguagem usada em 1863 (ver p. 4)

EM CONTEXTO

ONDE
Estados Unidos

ANTES
1803 A França vende o território da Louisiana aos EUA. A Compra da Louisiana dobra o tamanho dos EUA e abre a expansão para oeste.

1820 O Congresso dos EUA aprova o Compromisso de Missouri, proibindo a escravidão ao norte da latitude 36°30', com exceção do estado de Missouri.

DEPOIS
1868 A 14ª Emenda à Constituição dos EUA concede direitos civis iguais a todas as pessoas nascidas ou naturalizadas no país.

1870 A 15ª Emenda afirma que o direito de voto não pode ser negado com base em raça.

Em 1861, a Guerra Civil Americana, o episódio mais violento na história do país, eclodiu no estado escravista da Carolina do Sul. O conflito de quatro anos entre os estados do norte e do sul dividiu os EUA, mas a maioria dos americanos negros percebeu que era uma chance de derrubar a instituição da escravidão de uma vez por todas. Em 1863, Frederick Douglass fez um discurso em Rochester, Nova York, conclamando: "Homens de cor, às armas!"

A caminho da guerra
Vários eventos nos anos 1850 contribuíram para a inevitabilidade da guerra. A expansão gradual dos EUA, com os colonizadores brancos migrando para oeste após a Guerra

REVOLUÇÃO E RESISTÊNCIA 207

Ver também: Vida nas *plantations* 122-129 ▪ Abolicionismo nas Américas 172-179 ▪ A Revolução Haitiana 184-189 ▪ A criação da Libéria 200-201 ▪ O fim da escravidão no Brasil 224-225 ▪ Combatentes negros na Segunda Guerra Mundial 254-257

Ativas de 1863 a 1865, as Tropas de Cor dos Estados Unidos tinham 175 regimentos. No fim da Guerra Civil, cerca de 200.000 americanos negros tinham lutado no exército e marinha americanos.

da Independência, ameaçava ampliar a escravidão, uma perspectiva que horrorizava não só os negros e todos os abolicionistas como os fazendeiros do norte, que receavam a competição de produtores capazes de usar trabalho escravo.

Buscando deter as crescentes divisões entre norte e sul, o Congresso introduziu várias leis para aplacar interesses escravistas. A Lei do Escravo Fugitivo, de 1850, obrigava à devolução de escravizados, até de estados livres, e a Lei Kansas-Nebraska, de 1834, permitia a escravidão nesses dois estados, cancelando o Compromisso de Missouri, de 1820, que banira a escravidão em todos os novos territórios ao norte da fronteira sul do Missouri (latitude 36°30').

A Lei Kansas-Nebraska abriu a possibilidade de que novos estados escravistas se formassem no oeste e levou à fundação do Partido Republicano, um grupo de políticos antiescravistas, entre eles Abraham Lincoln, que se opunham à extensão da escravidão.

Em março de 1857, uma decisão crucial da Suprema Corte, conhecida como Decisão Dred Scott, pôs a nu a triste realidade da situação dos negros. Dred Scott e sua mulher, Harriet, um casal de escravizados do Missouri, estavam há vários anos com a família de seus escravizadores no estado livre de Minnesota. A decisão de 1857 definiu que eles não tinham o direito à liberdade ao voltar ao Missouri, apesar da doutrina "uma vez livre, sempre livre" que prevalecera antes no estado. O veredicto por 7 a 2 dos juízes se baseou em que os negros não eram e nunca poderiam ser cidadãos americanos e, portanto, não tinham os mesmos direitos dos brancos, entre eles o de fazer uma petição no tribunal. Dred Scott recebeu um enorme apoio de abolicionistas do norte, e a decisão levou ao cume as tensões entre norte e sul.

A Confederação se forma

Em novembro de 1860, Abraham Lincoln foi eleito 16° presidente dos EUA. Um mês depois, a Carolina do Sul, temendo que Lincoln introduzisse projetos para acabar com a escravidão, se separou da »

Onze estados escravistas se separaram da União, formando a Confederação. A Virgínia Ocidental se juntou aos quatro estados fronteiriços (estados escravistas que ficaram na União) em 1863.

Legenda
- Estados confederados
- Estados da União
- Estados fronteiriços da União (escravistas)
- Territórios que ainda não eram estados
- Linha Mason-Dixon (fronteira entre o norte e o sul), durante a Guerra Civil

208 A GUERRA PELO FIM DA ESCRAVIDÃO

União e, em fevereiro de 1861, seis outros estados escravistas – Mississípi, Flórida, Alabama, Geórgia, Louisiana e Texas – a seguiram. Juntos, formaram a Confederação, liderada por Jefferson Davis, do Mississípi, que deixara o Senado em janeiro.

O país estava à beira da guerra e, em abril de 1861, após um conflito em Fort Sumter, na costa da Carolina do Sul, onde as tropas confederadas atiraram em forças da União, Lincoln convocou os estados do norte a formar uma milícia. Seu fim principal, então, era restaurar a União, e reiterou garantias de que não aboliria a escravidão em estados em que já existia. Alguns dias depois, porém, mais quatro estados escravistas – Virgínia, Arkansas, Tennessee e Carolina do Norte – se juntaram à Confederação. Quatro estados fronteiriços – Kentucky, Delaware, Missouri e Maryland – ficaram na União, e a eles se reuniu depois a Virgínia Ocidental, ao se separar do restante da Virgínia, em 1863.

Em julho de 1861, o risco real de guerra se apresentou quando a Primeira Batalha de Bull Run, na Virgínia, resultou em vitória estrondosa da Confederação. Aos poucos ficou claro para as forças da União que não haveria vitória fácil, apesar de terem tropas muito maiores.

A reação dos americanos negros à guerra variou. No sul, a maioria dos escravizados a via como uma guerra de libertação. No norte, alguns americanos negros diziam que não deveriam pôr a vida em risco sem os direitos e privilégios da cidadania. Frederick Douglass, confiante em que a vitória da União traria a liberdade aos escravizados, logo publicou editoriais em seu jornal *The North Star* incitando os negros a formar milícias – grupos informais de combatentes – para apoiar a União. De início, Lincoln recusou essa ajuda, acreditando que armar milícias negras seria incendiário nos estados fronteiriços leais à União.

O desempenho corajoso dos americanos negros do 54º Regimento de Infantaria de Massachusetts na Segunda Batalha de Fort Wagner, em julho de 1863, provou o valor das tropas negras.

A Proclamação de Emancipação de 1863 do presidente Lincoln, **em teoria, liberta os escravizados**.

Porém, ela só se aplica a **escravizados dos estados confederados**, não aos estados fronteiriços.

A Confederação está em guerra com a União, e **se recusa a reconhecer** a proclamação.

Na verdade, os escravizados nos EUA **só foram libertos em 1865**, com a 13ª Emenda à Constituição.

Novas estratégias

Com a guerra entrando no segundo ano, Lincoln continuava a conclamar os estados rebeldes a voltar à União. Aos estados fronteiriços escravistas ainda na União, ele propôs uma compensação aos escravizadores que libertassem escravizados e o reassentamento dessas pessoas no Haiti ou Libéria. Mas, no verão de 1862, sem o fim da guerra em vista e sob a pressão de elementos mais radicais do partido, a estratégia de Lincoln começou a mudar. Em julho, ele aprovou o alistamento de soldados negros para funções fora de combate, como construir fortificações e guardar linhas de suprimentos. Dois meses depois, encorajado pela vitória da União na Batalha de Antietam, no estado fronteiriço de Maryland, Lincoln emitiu a Proclamação Preliminar de Emancipação. Ela ameaçava libertar todos os escravizados nos estados rebeldes, a menos que estes voltassem à União no Dia de Ano Novo de 1863.

A guerra continuou e o ultimato de Lincoln foi ignorado. Na véspera do Ano Novo, negros americanos de todo

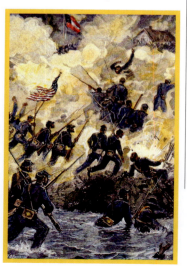

REVOLUÇÃO E RESISTÊNCIA

Cópias de lembrança da Proclamação de Emancipação de 1863 de Lincoln foram amplamente publicadas. Esta versão de 1888 inclui as figuras alegóricas da Justiça (esq.) e da Liberdade (dir.).

o país se reuniram em suas casas e igrejas, ansiosos por saber se Lincoln fizera um anúncio. No dia 1º de janeiro de 1863, ele lançou a Proclamação Final – que todos os escravizados de estados rebeldes "devem ser então, daí em diante e para sempre, livres". As forças da União libertariam os escravizados conforme avançassem no território confederado.

A proclamação não incluía escravizados dos estados fronteiriços leais ou dos estados que já tinham passado ao controle da União, mas os negros ficaram jubilantes. A emancipação era agora um objetivo declarado da guerra e as forças da União se tornaram um exército de libertação obrigado a proteger os escravizados que libertasse. Desprovida de mão de obra livre, a economia dos estados do sul estava fadada ao colapso.

Vitória e abolição

Lincoln também anunciou que os combatentes negros seriam admitidos no exército e na marinha da União, ainda que em regimentos segregados, comandados por brancos. Eles receberam muito menos que os brancos até 1864, quando uma campanha por pagamentos iguais liderada por Douglass foi bem-sucedida. Convencido de que lutar pelo norte levaria à cidadania de seu povo, Douglass agora liderava o recrutamento de tropas negras para o exército e a marinha da União. Seus filhos estavam entre os chamados às armas: Charles se tornou primeiro-sargento do 5º Regimento de Cavalaria e Lewis um major-sargento do 54º Regimento de Infantaria, ambos de Massachusetts. A maré da guerra começou a virar em favor da União, em 1863 e 1864, impulsionada pelo alistamento negro e conduzida com mais agressividade pelos generais da União.

Em 31 de janeiro de 1865, o Congresso aprovou a 13ª Emenda à Constituição dos EUA, abolindo a escravidão. No dia seguinte, Lincoln assinou a emenda e ela foi passada aos estados para ratificação. Lincoln nunca viu isso acontecer. Em 14 de abril de 1865, cinco dias após o fim da guerra, Lincoln foi alvejado por um assassino. Ele morreu no dia seguinte. ∎

Nossa ascensão precisa resultar de esforços próprios e do trabalho de nossas mãos.
Martin Robison Delany
Primeiro oficial de campo americano negro do exército dos EUA (1812-1885)

O PREÇO DO DESASTRE DA ESCRAVIDÃO

A ERA DOURADA DA RECONSTRUÇÃO (1865-1877)

EM CONTEXTO

ONDE
Estados Unidos

ANTES
1861 Irrompe a Guerra Civil entre os estados livres do norte e os estados escravistas do sul dos EUA.

1865 A Guerra Civil Americana termina na derrota do sul. A emancipação de escravizados é garantida pela 13ª Emenda à Constituição dos EUA.

DEPOIS
1877-anos 1950 Os estados do sul aprovam as leis Jim Crow, impondo a segregação racial e a discriminação.

1954-1968 Ativistas dos direitos civis defendem o fim da segregação racial e a proteção dos direitos consagrados na 14ª e na 15ª emendas à Constituição dos EUA.

Depois que o presidente Abraham Lincoln emitiu a Proclamação de Emancipação em 1863, libertando cerca de 4 milhões de pessoas da escravidão, os políticos começaram a debater como os ex-escravizados poderiam ser assimilados na sociedade após o fim da guerra. Propostas anteriores de realocá-los fora dos EUA foram abandonadas, devido ao custo e à crescente oposição de negros e alguns brancos abolicionistas.

A Era da Reconstrução, o período pós-guerra entre 1865 e 1877, foi marcada por iniciativas sociais progressistas para os ex-escravizados e pela introdução de leis destinadas a proteger seus direitos, duramente conquistados. No fim da

Ver também: O Code Noir da Louisiana 166-167 ▪ Abolicionismo nas Américas 172-179 ▪ A criação da Libéria 200-201 ▪ A guerra pelo fim da escravidão 206-209 ▪ Jim Crow 216-221 ▪ O linchamento de Emmett Till 268-269

Um impresso celebra a promulgação da 15ª Emenda. Os três personagens juntos no topo são o abolicionista Frederick Douglass, flanqueado por Martin Robison Delany, o primeiro major negro do exército dos EUA (esq.), e o senador negro Hiram R. Revels.

Reconstrução, cerca de 2.000 americanos negros tinham algum tipo de cargo público. Ao mesmo tempo, porém, os donos de terras do sul buscavam recuperar vantagens econômicas da escravidão, explorando a pobreza de muitos ex-escravizados, que eram também o alvo de multidões de sulistas vingativos.

Opiniões divididas

As condições a ser impostas aos estados rebeldes, antes que fossem readmitidos na União, eram tema de debate entre os políticos. Membros radicais do Partido Republicano propunham um controle rígido pelos EUA sobre os estados do sul e defendiam que, para a readmissão, pelo menos 50% dos votantes sulistas deviam jurar lealdade à União. Porém, Lincoln e Andrew Johnson, que se tornou presidente após o assassinato de Lincoln em abril de 1865, preferiam uma abordagem mais conciliadora, que não fosse inconstitucional (a prioridade de Lincoln) nem despertasse hostilidade dos brancos (a principal preocupação de Johnson, que era simpático ao sul). Os presidentes e os radicais também discordavam sobre quem deveria determinar o tipo e nível de ajuda dada aos ex-escravizados. Os radicais pressionavam por controle federal e Johnson, em particular, acreditava que cada estado deveria tomar suas decisões.

A ânsia por educação

Mesmo antes do fim oficial da Guerra Civil, Lincoln criou a Agência de Refugiados, Libertos e Terras Abandonadas, conhecida como Agência dos Libertos. Financiada pelo governo e apoiada por filantropos e igrejas negras, ela fornecia comida, roupas, cuidados médicos e bilhetes de transporte para que as pessoas pudessem reencontrar a família e buscar trabalho. Criou também escolas para todas as idades, já que antes da guerra a educação de negros era ilegal na maior parte do sul.

Milhares de negros e brancos do norte foram ao sul para montar escolas e lecionar. Atacados com frequência por sulistas hostis que se opunham à melhoria dos ex-escravizados, os professores muitas vezes tinham de ser protegidos por soldados dos EUA. Quando não havia auxílio estatal, as comunidades negras se ajudavam juntando seus escassos recursos para contratar um professor e encontrar uma construção vaga.

Uma das iniciativas mais bem-sucedidas da Era da Reconstrução, o programa de educação criou mais de 1.000 escolas no sul. Alguns alunos seguiram os estudos em escolas superiores para estudantes negros, como a Universidade de Atlanta, fundada pela Agência dos Libertos

Eleito para representar o Mississípi no Senado dos EUA em 1870, Hiram R. Revels era pastor ordenado da Igreja Episcopal Metodista Africana, que estimulou a ascensão de muitos líderes negros.

A ERA DOURADA DA RECONSTRUÇÃO

Reconstrução presidencial *vs* radical

Reconstrução presidencial (Lincoln e Johnson)

- Exigência de que **10% dos votantes** jurem lealdade à União para que o estado seja reintegrado.
- **Perdão** a todos os ex-confederados.
- Os estados **decidem que assistência darão** aos libertos.
- Líderes políticos existentes **buscam/compram o perdão** para continuar nas funções.

Reconstrução pelo Congresso (republicanos radicais)

- Exigência de que **50% dos votantes** jurem lealdade à União para que o estado seja reintegrado.
- Divisão dos estados do sul em **cinco distritos militares** administrados por generais da União.
- **Exigência** de que os estados **forneçam assistência** aos libertos, com moradia e empregos.
- **Substituição** dos líderes políticos existentes.

(Intersecção)
- **Ratificação da 13ª Emenda**, abolindo a escravidão.
- **Adoção** pelos estados sulistas de **novas constituições** que incluam o **voto masculino universal**.

---

em 1865; a Fisk, em Nashville, no Tennessee, de 1866, e o Instituto Augusta (depois chamado Morehouse), criado em Augusta, na Geórgia, em 1867.

Terras do sul

A Agência dos Libertos também organizou contratos entre empregadores e trabalhadores negros quando os libertos achavam trabalho. Durante a guerra, as terras do sul tornaram-se propriedade da União,

pelas Leis de Confisco. Alguns republicanos radicais, como Thaddeus Stevens e Charles Sumner, pensavam que as terras confiscadas deviam ser distribuídas entre os libertos como forma de reparação.

Alguma redistribuição limitada de terras já tinha ocorrido na guerra. Em janeiro de 1865, o general da União William T. Sherman, cuja estratégia militar de "guerra total" devastou vastas áreas do sul, emitiu a Ordem de Campo Especial nº 15, pela qual as terras confiscadas nos estados costeiros de Geórgia, Carolina do Sul e Flórida foram distribuídas entre os libertos. Estabelecendo que "cada família deve ter um lote de terra de não mais que 40 acres [16 hectares] de terra cultivável", o plano foi criado com

Um pastor negro prega em *Uma congregação negra em Washington* (1845). As igrejas negras se expandiram muito após a Guerra Civil e tornaram-se pontos focais da luta por direitos civis.

a ajuda dos religiosos negros da área, a maioria deles também ex-escravizados. Em junho de 1865, cerca de 40.000 libertos da Geórgia receberam terras e uma mula, cada um, para ajudá-los a arar.

Em agosto de 1865, o presidente Johnson reverteu o projeto de "40 acres e uma mula" e devolveu as terras aos antigos donos, sob um plano de anistia para o sul. Os proprietários sulistas logo introduziram um novo modelo econômico chamado de meação para substituir a escravidão. Nesse sistema, os donos de *plantations* alugavam pequenos pedaços de terra aos libertos, e a alguns brancos pobres, em troca de uma parte da colheita — em geral, pelo menos metade. Eles também emprestavam dinheiro aos libertos, muitas vezes a altos juros, para comprar sementes, equipamentos e animais de trabalho. A meação oferecia consideráveis vantagens aos donos das terras, enquanto os trabalhadores, que assumiam os riscos de colheitas fracas, com frequência ficavam presos num ciclo de trabalho esfalfante, dívidas e pobreza.

Os Códigos Negros

Após a Guerra Civil, os libertos podiam trabalhar, assinar contratos e ter propriedades, mas os estados do sul, buscando retomar o poder, começaram a introduzir Códigos Negros, que restringiam os direitos dos americanos negros. Em janeiro de 1866, o Mississípi se tornou o primeiro estado a introduzir leis de vadiagem, pelas quais pessoas sem trabalho podiam ser presas ou multadas. Era comum os donos de terras pagarem essas multas em troca de trabalhos forçados – na verdade, devolvendo libertos à escravidão. Na Carolina do Sul, os negros tinham que pagar uma taxa especial se trabalhassem em outro setor que não a agricultura e o serviço doméstico.

Radicais do Partido Republicano agiam com rapidez para se contrapor à

Uma multidão ataca uma escola de libertos no Massacre Racial de Memphis, em 1866, em que 46 negros foram assassinados, mais de 70 feridos e cinco mulheres negras foram estupradas.

> Quando oportuno e hábil, vamos buscar nosso lugar, às vezes no campo das letras, das artes, das ciências e das profissões.
> **Blanche K. Bruce**
> Discurso no Senado, 1876

erosão dos direitos dos negros, mas eram impedidos por Johnson. Em 1866, a Lei dos Direitos Civis, que reconhecia os americanos negros como cidadãos dos EUA com direitos iguais, passou no Congresso, mas foi vetada por Johnson. Para que esses direitos fossem inscritos na Constituição, a 14ª Emenda foi aprovada no Congresso em junho de 1866, mas todos os antigos estados escravistas, com exceção do Tennessee, se recusaram a ratificá-la até julho de 1868. Como Frederick Douglass disse em 1865, os americanos negros não teriam direitos iguais até "o negro poder votar". Em 1870, a 15ª Emenda, que impedia a privação ao voto "com base em raça, cor ou condição anterior de servidão", foi incluída na Constituição. As mulheres, porém, só começaram a ter esse direito em 1920.

Embora os estados pudessem estipular condições, como nível mínimo de alfabetização, o direito ao voto levou à eleição de negros. Entre 1870 e 1877, 17 negros foram eleitos para o Congresso e dois para o Senado – Hiram R. Revels em 1870 e Blanche K. Bruce em 1874. Apesar disso, a luta por direitos iguais não tinha acabado, como provariam novas restrições impostas no sul a partir de 1877 e a luta pelos direitos civis no século XX. ∎

Linchamentos

Enquanto os políticos debatiam a fundo os direitos legais dos americanos negros, multidões no sul buscavam afirmar a supremacia branca pela força. Elas usavam a intimidação para impedir que os libertos votassem e infligiam punições horríveis a pessoas acusadas de crimes. Esses atos incluíam linchamentos – execuções ilegais, em geral precedidas de mutilações – destinadas a instilar o terror em todos os negros e qualquer branco que os ajudasse. O clima de medo piorou com a remoção das tropas da União do sul, a partir de 1877.

Os linchamentos atraíam multidões de espectadores brancos, às vezes mais de 2.000 pessoas. O número de linchamentos chegou a 292, em 1892. A jornalista negra Ida B. Wells, que perdeu três amigos linchados nesse ano, divulgava os horrores do linchamento, afirmando que era um crime nacional que exigia remédio nacional. A prática continuou no sul por mais 60 anos.

EXPLORAÇÃO DA TERRA E DE SEUS RECURSOS
A CORRIDA DO OURO EM BOTSUANA (1867)

EM CONTEXTO

ONDE
Botsuana

ANTES
c. 800 d.C. O povo de língua banta começa a minerar ferro e cobre no leste de Botsuana.

c. 1800 Colonizadores europeus chegam a Botsuana; a Sociedade Missionária de Londres cria postos missionários lá, nos anos 1840.

DEPOIS
1870 A corrida dos diamantes começa na África, após a descoberta de um diamante por Erasmus Jacobs, o filho de 15 anos de um agricultor da África do Sul; garimpeiros europeus e trabalhadores de Botsuana vão para o sul.

1885 O Reino Unido declara Botsuana protetorado sob controle britânico e o nomeia Bechuanalândia; todos os países africanos, com exceção da Etiópia e da Libéria, são controlados por potências europeias.

O povo africano usou o ouro como mercadoria por centenas de anos, antes de os europeus chegarem ao continente. No distrito Tati, em Botsuana, perto da fronteira com o Zimbábue, a mineração de ouro remonta ao século XIII. As minas eram escavadas em veios de quartzo que continham depósitos auríferos. Em 1867, essas antigas minas foram encontradas pelo colonizador alemão Karl Mauch.

A corrida do ouro africana
As descobertas de Mauch despertaram excitação no mundo todo. Como o território era reivindicado por duas tribos locais, os matabeles e os mangwatos, alguns europeus pediram direitos de mineração a uma tribo e outros se aproximaram de sua rival, esperando que uma delas cedesse apenas para enfurecer a outra. Embora os europeus tenham obtido os direitos que queriam, não conseguiram incitar a guerra entre as tribos.

Rumores de potenciais riquezas atraíram garimpeiros da Europa, Austrália e América, na primeira corrida do ouro. Ela só durou dois anos, pois o ouro era de baixa qualidade, mas com a circulação de notícias de campos de diamantes em Kimberley, no Cabo Setentrional, na África do Sul, a "partilha da África" começou.

Disputando a exploração dos recursos africanos, as nações europeias se apressaram a fundar mais assentamentos e obter concessões de mineração. O futuro da África teria profundas mudanças. ■

O capitalismo europeu tendeu, desde o início, para a competição, a eliminação e o monopólio.
Walter Rodney
Como a Europa subdesenvolveu a África, 1972

Ver também: O Império de Gana 52-57 ▪ A cidade do Grande Zimbábue 76-77 ▪ A partilha da África 222-223 ▪ O *boom* econômico africano 302-303

REVOLUÇÃO E RESISTÊNCIA 215

SOMOS AGORA UMA PARTE DA EUROPA
A CONSTRUÇÃO DO CANAL DE SUEZ (1869)

EM CONTEXTO

ONDE
Egito

ANTES
1850 a.C. Sesóstris III é o primeiro de vários regentes do Egito antigo que se supõe terem iniciado a construção de um canal do rio Nilo ao mar Vermelho.

1789 d.C. Napoleão I ocupa o Egito e considera construir um canal através do istmo de Suez, mas abandona o plano.

DEPOIS
1875 Dívidas forçam o Egito a vender sua parte na Companhia do Canal de Suez ao Reino Unido.

1956 O presidente Nasser, do Egito, nacionaliza o canal, o que desencadeia a Crise de Suez: forças britânicas, francesas e israelenses atacam o Egito e, depois, se retiram em meio à indignação internacional.

2021 Um enorme navio cargueiro bloqueia o canal por seis dias, prejudicando algo em torno de 9,6 bilhões de dólares por dia.

Um dos mais famosos feitos mundiais da engenharia, o Canal de Suez se estende por 193 km no istmo de Suez, no Egito, ligando os mares Mediterrâneo e Vermelho. Ele fornece uma rota marítima direta da Europa à Ásia e tem, assim, enorme valor para o Egito.

As obras do canal começaram em 1859, depois que o diplomata francês Ferdinand de Lesseps obteve a concordância do quediva (vice-rei) do Egito, Sa'id Pasha, e formou a Companhia do Canal de Suez. Sa'id Pasha arrendou o canal à companhia por 99 anos, após os quais o Egito assumiria o controle. Ele também concordou em fornecer operários para o trabalho.

Trabalho forçado
Homens e meninos egípcios escavaram os primeiros trechos do canal com picaretas e pás. Eles trabalhavam em condições horríveis, com pouca ou nenhuma água, instalados em abrigos apinhados e insalubres. Haviam prometido pagamento a eles, mas isso nunca se concretizou. Acredita-se que, de cerca de um milhão de operários egípcios no canal, cem mil morreram.

Em 1863, o novo quediva do Egito, Isma'il Pasha, proibiu os trabalhos forçados e a Companhia do Canal de Suez recorreu a dragas e escavadoras a vapor, operadas por europeus. O canal foi anunciado como uma realização extraordinária do poder colonial e da tecnologia; nas fotografias da construção figuravam impressionantes máquinas, mas poucas mostraram os primeiros trabalhadores. ■

A cerimônia de abertura do Canal de Suez ocorreu em 17 de novembro de 1869, presidida pelo quediva do Egito, Isma'il Pasha. O primeiro barco a passar pelo canal foi um iate imperial francês.

Ver também: Antigo, Médio e Novo Império do Egito 24-29 ■ A conquista muçulmana do Egito 58-59 ■ A partilha da África 222-223

SEPARADOS, MAS IGUAIS
JIM CROW (1877-1964)

218 JIM CROW

EM CONTEXTO

ONDE
Estados Unidos

ANTES
1861 Sete estados do sul deixam os EUA e criam o governo confederado. A Guerra Civil Americana começa ainda naquele ano e mais quatro estados saem dos EUA.

1865 A escravidão é abolida nos EUA após a rendição do exército confederado no fim da Guerra Civil.

DEPOIS
1968 O Congresso assina a Lei dos Direitos Civis em 1968, dando a todos os americanos acesso igual e justo a moradia.

1968 Martin Luther King Jr. é assassinado em 4 de abril, em Memphis, no Tennessee.

2008 Barack Obama se torna o primeiro presidente negro eleito dos EUA. Ele é reeleito em 2012.

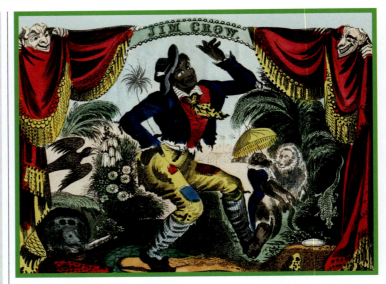

Em 1828, o dramaturgo americano Thomas D. Rice começou a interpretar seu popular papel com o rosto pintado de preto. Seu personagem típico era um escravizado, que chamou de Jim Crow, e que Rice retratava com características ignorantes e preguiçosas. O espetáculo, apresentado primeiro em Louisville, em Kentucky, tornou-se o mais famoso do tipo na época. Em 1838, o nome Jim Crow já era usado como alcunha depreciativa para americanos negros e, mais tarde, designaria o sistema de segregação e discriminação racial que esteve ativo, em especial no sul americano, entre 1877 e meados dos anos 1960.

O fim da Reconstrução

Após o fim da Guerra Civil Americana, em 1865, a escravidão foi abolida nos EUA, mas a luta por direitos iguais para os americanos negros estava longe de acabar. Os antigos estados confederados do sul americano tentaram criar um novo sistema de domínio racial com códigos negros, destinados a substituir os códigos escravistas anteriores e manter a opressão. Os códigos impunham contratos de trabalho baratos aos americanos negros e os restringiam a funções como servos domésticos e trabalhadores rurais. Em resposta, o Congresso Republicano aprovou três emendas constitucionais entre 1865 e 1870, conhecidas como Emendas da Reconstrução. Elas se destinavam a proteger os direitos civis dos negros recém-libertos e proibir a discriminação nos direitos de voto.

Em 7 de novembro de 1876, o dia de eleições terminou com uma

O personagem Jim Crow
– interpretado pelo artista branco Thomas D. Rice com o rosto pintado de preto – propagou estereótipos racistas sobre os americanos negros.

contagem eleitoral contestada com violência, pois os resultados de Louisiana, Carolina do Sul e Flórida eram pouco claros. No início de 1877, o candidato republicano Rutherford B. Hayes fez um acordo, dando autonomia ao sul e removendo tropas federais, que tinham ativamente intervindo na política para apoiar os direitos civis e políticos dos americanos negros. Os estados antes confederados, onde os brancos se ressentiam por negros livres competirem no mercado de trabalho, reagiram rápido instituindo leis de segregação, de início, em meios comuns de transporte.

Decisão da Suprema Corte

Quando o sapateiro americano Homer Plessy entrou num trem em Nova Orleans, na Louisiana, em 7 de junho de 1892, sabia que seria preso.

REVOLUÇÃO E RESISTÊNCIA 219

Ver também: A guerra pelo fim da escravidão 206-209 ▪ A era dourada da Reconstrução 210-213 ▪ Pan-africanismo 232-235 ▪ Brown *vs.* Conselho de Educação 264-267 ▪ O boicote aos ônibus de Montgomery 270-271 ▪ O movimento Black Power 288-289

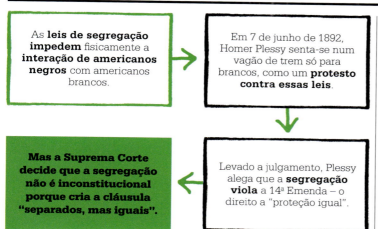

Dois anos antes, o estado tinha aprovado a Lei do Vagão Separado, segregando o transporte público. Plessy, que parecia branco, mas tinha uma bisavó africana, tinha sido recrutado por um grupo local de direitos civis para desafiar essa lei.

Depois que Plessy entrou no vagão para passageiros brancos, um condutor lhe perguntou se era "de cor". Plessy se identificou como um oitavo negro e se recusou a sair do vagão. Foi preso de imediato por um detetive particular que fora contratado pelo grupo de direitos civis para garantir que Plessy fosse acusado, conforme a Lei do Vagão Separado.

O ato de desobediência civil de Plessy foi concebido para levar à Suprema Corte dos EUA o caso como um marco. O tribunal, porém, decidiu em 1896 que os sistemas públicos para pessoas negras e brancas podiam ser "separados, mas iguais". As comportas se abriram e leis segregacionistas se espalharam por todo o sul, em moradias, escolas, parques, hospitais, restaurantes, bebedouros e banheiros públicos. Símbolos de Jim Crow foram afixados sobre entradas e saídas e, em vez de "iguais", as instalações e serviços para os negros quase sempre eram muito inferiores, malconservadas ou totalmente ausentes.

A discriminação racial no direito ao voto era ilegal, pela Constituição dos EUA, mas a partir de cerca de 1890, vários estados do sul tentaram privar os americanos negros desse direito por meio de critérios de motivação racial, como taxas de pesquisa (uma quantia fixa, a despeito da renda) e testes de alfabetização. As leis muitas vezes incluíam uma cláusula de anterioridade, para proteger os brancos das restrições. A cláusula permitia que o solicitante ignorasse outros pré-requisitos para votar, se fosse descendente de votantes antes da Guerra Civil. Em 1904, só 1.342 negros conseguiram atender as novas regras para se registrar como votantes na Louisiana, comparados a 130.334 registrados em 1896.

Normas de etiqueta

Os hábitos de etiqueta de Jim Crow eram regras não escritas que atuavam com as leis de segregação para desestimular interações sociais e sexuais inter-raciais, mantendo os negros em posição mais baixa na hierarquia social. Violações das normas de etiqueta racial podiam levar a espancamento ou linchamento. Os negros eram apresentados aos brancos, nunca o contrário, e eram chamados pelos prenomes ou apenas por "menino" ou »

O escravo ficou livre; ficou um breve momento ao sol; então, voltou de novo rumo à escravidão.
W.E.B. Du Bois

A separação arbitrária de cidadãos, com fundamento em raça [...] não pode ser justificada por nenhuma base legal.
John Marshall Harlan
Juiz da Suprema Corte, discordando da decisão *Plessy vs. Ferguson*, 1896

"menina", a despeito de sua idade. Os brancos, por sua vez, recebiam títulos de cortesia, como "senhor" ou "senhora", e eram referidos como "chefe" ou "capitão". Esperava-se que os negros fossem agradáveis ao conversar com brancos e tirassem o chapéu. Era proibido também aos negros fazer contato visual com mulheres brancas ou oferecer-se para acender o cigarro delas. Além disso, americanos negros e brancos deviam comer separados. Os negros podiam buscar comida em restaurantes para brancos, mas deviam comer fora.

Uma placa Jim Crow em Mobile, no Alabama, indica uma sala de espera segregada. Em 1956, a segregação nos ônibus se tornou ilegal no estado, por decisão judicial.

Violência racial

As leis Jim Crow eram sustentadas por imposição discriminatória da lei e pela violência de brancos impunes.

A forma mais extrema de intimidação eram os linchamentos públicos. Entre 1882 e 1968, pelo menos 3.466 negros foram linchados por pleitear direitos civis ou por acusações de assassinato ou estupro, quando em muitos casos as vítimas tinham apenas infringido a etiqueta Jim Crow ou pessoas brancas as viam como competidoras no trabalho.

Por volta de 90% dos linchamentos ocorreram no sul e a maioria das vítimas foram enforcadas. Grupos de brancos violentos, entre eles a Ku Klux Klan (KKK), também faziam ataques noturnos a casas de americanos negros, visando em especial líderes políticos ou comunitários. As ações envolviam incêndios criminosos e linchamentos.

Fundada em 1865 em Pulaski, no Tennessee, a KKK teve início como um clube social para veteranos confederados da Guerra Civil Americana. Ela cresceu e se tornou um grupo extremista dedicado a resistir às políticas da Reconstrução. Espalhada por quase todos os estados sulistas em 1870, a KKK usava táticas de intimidação contra os negros e seus apoiadores, como incêndios e assassinatos, numa tentativa de restaurar a supremacia branca. Em 1871, o Congresso aprovou a Lei da

A pessoa se sente sempre dual, americana, negra; duas almas, dois pensamentos, duas lutas sem conciliação.
W.E.B. Du Bois

REVOLUÇÃO E RESISTÊNCIA

O nascimento de uma nação foi um filme de propaganda racial sobre a KKK que incitou um ressurgimento do racismo contra os negros no início do século XX.

Terceira Força, que tornou ilegais os crimes de ódio, e a KKK regrediu no fim da Reconstrução, mas teve um renascimento nos anos 1920.

Movimento dos direitos civis

Acabar com as leis Jim Crow exigiu muitos atos individuais de corajosa resistência e a união em protestos de grande escala. Em 1909, a Associação Nacional para o Progresso das Pessoas de Cor (ANPPC) foi criada em Nova York por importantes ativistas de direitos civis, entre eles o sociólogo americano W. E. B. Du Bois e a jornalista americana Ida B. Wells. A associação protestou com firmeza contra as leis Jim Crow e os linchamentos e, em 1917, liderou uma das primeiras manifestações de massa nos EUA contra a violência racial.

Ida B. Wells usou seu ofício de jornalista para escrever sobre política racial nos estados sulistas e condenar os linchamentos. Ela coletou dados, identificou vítimas e

relatou os linchamentos em jornais negros. Wells também tentou desautorizar a mídia convencional, que sugeria falsamente que todas as vítimas eram criminosos.

Du Bois popularizou a expressão "linha de cor" para chamar atenção para a injustiça da decisão legal "separados, mas iguais". Em 1903, descreveu a linha de cor como diferenças de raça sendo "a base para negar a mais de metade do mundo o direito de partilhar, com toda a sua capacidade, as oportunidades e privilégios da civilização moderna". Du Bois também estimulou a comunidade negra a lutar por direitos iguais por meio de agitação política e protestos.

Em 1954, após uma ação legal movida pela ANPPC, a Suprema Corte dos EUA determinou que separar crianças negras e brancas em escolas públicas era inconstitucional. Em 1956, após um ano de boicote aos ônibus em Montgomery, no Alabama, o tribunal também declarou que qualquer lei que exigisse assentos segregados por raça em ônibus era inconstitucional.

Após um verão de protestos, o governo dos EUA aprovou a Lei dos Direitos Civis de 1964, proibindo a discriminação com base em raça. No ano seguinte, milhares marcharam de Selma, no Alabama, a Montgomery, para protestar contra as dificuldades enfrentadas pelos negros para se registrar para votar. A marcha deflagrou a aprovação da Lei dos Direitos de Voto de 1965, tornando ilegais práticas eleitorais discriminatórias, como os testes de alfabetização. ∎

W.E.B. Du Bois

Nascido em 1868 em Great Barrington, em Massachusetts, W. E. B. Du Bois foi o primeiro americano negro a obter um PhD na Universidade Harvard. Em 1897, foi nomeado professor de sociologia da Universidade de Atlanta, na Geórgia, e contratado pela Agência de Estatística do Trabalho dos EUA para fazer estudos sobre os lares negros na Virgínia.

Em *As almas do povo negro* (1903), Du Bois contestou a ideia do educador americano Booker T. Washington de que os americanos negros deviam aceitar a segregação e progredir com trabalho duro e independência econômica. Du Bois afirmava que a agitação política em busca de direitos civis e educação era o único caminho para a igualdade. Ao longo da carreira, também enfatizou a necessidade de educação de nível superior para a comunidade negra. Aos 93 anos, Du Bois foi convidado a mudar-se para Gana, onde morreu dois anos depois, em 1963.

Obras principais

1899 *The Philadelphia Negro*
1903 *As almas do povo negro*
1935 *Black Reconstruction*

DIVIDIR E GOVERNAR
A PARTILHA DA ÁFRICA (1884-1885)

EM CONTEXTO

ONDE
África

ANTES
1444 Africanos são capturados e embarcados para Portugal, iniciando um comércio regular de cargas humanas no Atlântico.

1807-1808 O Reino Unido e os EUA abolem o tráfico escravista internacional. A escravidão continua nas colônias e nos EUA.

Anos 1860 Os europeus descobrem diamantes e ouro na África do Sul e em Botsuana, deflagrando a corrida do ouro e diamantes.

1873 A Terceira Guerra Anglo-Axante começa quando os britânicos tentam ocupar o Império Axante.

DEPOIS
1956 O Reino Unido concede independência ao Sudão; Marrocos e Tunísia se tornam independentes da França.

1960 17 nações africanas obtêm independência no "Ano da África".

Após a Revolução Industrial na Europa e a transição do trabalho braçal para a produção fabril, a atenção europeia passou do tráfico escravista para a busca de matérias-primas para suas florescentes indústrias. Em meados do século XIX, todas as principais nações europeias tinham abolido seu tráfico escravista internacional em favor de "comércio legítimo" – negócios com matérias-primas, produtos agrícolas e recursos naturais. Representantes de várias nações europeias começaram a sondar toda a África, para assegurar direitos de comércio e territoriais. Em muitos casos, os tratados com governantes africanos eram obtidos

A Conferência de Berlim (1884-1885) determinou o destino da África. As nações europeias exploraram recursos naturais e impuseram cotas aos agricultores, destruindo formas tradicionais de produção.

por meios fraudulentos, que os despojavam para sempre de suas terras e recursos.

As nações europeias entraram em conflito ao começar a afirmar sua influência em várias regiões. Em 1885, o rei Leopoldo II da Bélgica obteve acordos no Congo e criou o Estado Livre do Congo como sua propriedade pessoal. Ele disfarçou sua intenção de colonizar o Congo como uma missão filantrópica. Porém, a exploração do

REVOLUÇÃO E RESISTÊNCIA 223

Ver também: A sucessão do manicongo 110-111 ▪ O início do tráfico escravista atlântico 116-121 ▪ A construção do Canal de Suez 215 ▪ A Etiópia desafia o colonialismo 226-227 ▪ O Ano da África 274-275 ▪ O *boom* econômico africano 302-303

país e o sistema de trabalhos forçados que implantou eram muito cruéis e levaram a muitas mortes. A França iniciou a própria corrida por territórios, contrapondo-se aos esforços de Leopoldo. A Alemanha também lançou uma expedição, criando pânico entre seus principais rivais, cujas áreas de controle já eram ameaçadas pela expansão portuguesa e italiana.

Divisão do continente

Para aliviar as crescentes tensões, o chanceler alemão Otto von Bismarck convocou 13 nações europeias e os EUA a uma conferência em Berlim, em 15 de novembro de 1884. O objetivo era definir as esferas de influência de cada nação e delinear regras coletivas de compromisso no continente africano. Eles partilharam os territórios da África entre si, sem consultar representantes de nenhum estado africano. Para minimizar conflitos territoriais, adotaram o conceito de ocupação efetiva, dando a cada país o direito de reclamar uma área se tivesse tratados, bandeiras ou pessoas nela. Dessa maneira, a África foi dividida entre Reino Unido, França, Alemanha, Bélgica, Portugal, Espanha e Itália. Os acordos foram assinados em 26 de fevereiro de 1885, marcando o início da colonização ao longo da África.

Impacto da colonização

Em 1900, a paisagem política e econômica do continente africano tinha mudado drasticamente. Nos anos 1870, só 10% da África estavam sob controle europeu, mas em 1900 eram 90%. À exceção de Etiópia e Libéria, a maioria remanescente do continente estava sob domínio europeu, embora uma porção considerável fosse governada de

Este mapa colonial da África mostra a divisão dos territórios entre as nações europeias. O Reino Unido e a França controlavam as maiores porções do continente.

modo indireto por chefes locais. O desenvolvimento econômico da África estava agora nas mãos da Europa e as terras e recursos eram explorados em benefício dos governantes coloniais, muitas vezes com um significativo custo humano e financeiro. A África se tornou um fornecedor de matérias-primas para as fábricas da Europa, e mercado para o excedente de produção industrial europeia. Sob o domínio colonial, os africanos deixaram seus ofícios tradicionais para trabalhar em minas e outros projetos coloniais, o que resultou no colapso das indústrias locais. A partilha da África criou limites artificiais que fundiram estados e etnias pré-coloniais e dividiu grupos familiares e de povoados. Essas fronteiras foram mantidas mesmo depois que as nações obtiveram independência e, ainda hoje, causam conflitos interétnicos.

A colonização também perturbou o comércio regional. Ligadas à economia global atual como fornecedoras de matérias-primas, e não de produtos acabados, as nações africanas ainda negociam mais com seus antigos colonizadores europeus que entre si. ■

A LEI ÁUREA
O FIM DA ESCRAVIDÃO NO BRASIL (1888)

EM CONTEXTO

ONDE
Brasil

ANTES
1538 O primeiro envio de africanos escravizados para o Brasil chega à província da Bahia.

1549 Portugal permite aos comerciantes vender até 120 africanos a cada colono brasileiro. Isso leva a uma enorme importação de africanos escravizados.

1822 Pedro I se torna o primeiro imperador do Brasil, após o país obter independência de Portugal.

DEPOIS
1889 O Brasil se torna uma república e Pedro II é deposto num golpe militar.

1988 Cem anos após a abolição da escravidão no Brasil, cerca de 5.000 afro-brasileiros marcham no Rio de Janeiro, declarando que a libertação da escravidão ainda tem de ser realizada.

Durante 350 anos, o Brasil teve um papel central no comércio escravista atlântico, primeiro como a maior e mais rica colônia de Portugal, depois como um império independente. Ele importou 4,9 milhões de africanos – quase metade do tráfico atlântico – para trabalhar, de início, em *plantations* de açúcar e depois em minas de ouro e diamantes e na cultura do café. Em 1888, o Brasil se tornou a última nação do hemisfério ocidental a abolir a escravidão.

O Reino Unido encerrou o tráfico escravista atlântico em 1807 e outros países europeus logo o seguiram. O Brasil, porém, continuou a importar cativos, explorando o envio direto e vínculos de comércio que construíra com a África. Quando o país conquistou a liberdade de Portugal, em 1822, o apoio à abolição cresceu, até que, em 1831, o tráfico escravista foi declarado ilegal. A maioria dos escravizadores brasileiros, porém, manteve esse comércio, e o governo relutou em impor a proibição. O Reino Unido, como principal potência naval

O Senado brasileiro, observado por uma multidão, em 12 de maio de 1888, aprova o projeto que aboliu a escravidão no Brasil. Ele se tornou lei no dia seguinte.

REVOLUÇÃO E RESISTÊNCIA 225

Ver também: Os quilombos do Brasil 136-139 ▪ Abolicionismo na Europa 168-171 ▪ Movimentos negros no Brasil 240-241 ▪ A diáspora africana hoje 314-315

Em meados do século XIX, o café ultrapassou o açúcar como a principal exportação brasileira. Isso incentivou o crescimento industrial e o surgimento de uma classe média, em grande parte urbana, que favoreceu a abolição da escravidão no Brasil.

1650 — Açúcar 95%, Café 0%
1850 — Açúcar 25%, Café 40%

Luís Gama

Nascido na província da Bahia em 1830, de mãe ganesa livre, Luís Gama foi escravizado aos 10 anos para pagar dívidas de seu pai aristocrata português. Após trabalhar como "escravo doméstico" por oito anos em São Paulo, integrou-se ao exército, onde também estudou direito. De volta a São Paulo, trabalhou como escriturário e, em 1859, publicou um livro de poemas, *Primeiras trovas burlescas*, que satirizava a monarquia, a aristocracia e as aspirações da classe "mulata" (mestiça).

Nos anos 1860 e 1870, escreveu artigos e periódicos abolicionistas e, em 1872, ajudou a fundar o Partido Republicano de São Paulo, antimonárquico. Embora não fosse um advogado formado, obteve a liberdade de mais de 500 escravizados brasileiros nos tribunais e, em 1881, iniciou um fundo para comprar a alforria de outros. Gama morreu em 1882, sem testemunhar a emancipação plena dos escravizados que defendera.

Obra principal

1859 *Primeiras trovas burlescas*

---

do mundo e sob a pressão de seus abolicionistas, tomou a iniciativa de capturar navios negreiros e atacar portos no Brasil e na África. Isso reduziu o fornecimento de mão de obra escravizada e aumentou os custos, forçando o Brasil a abolir por fim o tráfico escravista em 1851.

Campanhas abolicionistas

Apesar de o tráfico escravista ter acabado, os escravizados brasileiros ainda não eram livres e continuaram a ser explorados. Importantes abolicionistas brasileiros – como Luís Gama, um poeta, advogado, jornalista e ativista negro – se manifestavam cada vez mais, levando a abolição um passo além em 1871, com a aprovação da Lei do Ventre Livre. A medida libertou todas as crianças nascidas de escravizadas, mas também estipulou que essas crianças teriam que trabalhar para os escravizadores de seus pais até a idade adulta. Em 1885, a Lei dos Sexagenários libertou todos os escravizados com mais de 60 anos. O empurrão final para a abolição veio de uma defensora inesperada da emancipação – Isabel, princesa imperial do Brasil, filha do imperador Pedro II, que ocupava a regência durante as viagens regulares de seu pai ao exterior. Em 1888, ela assinou a Lei Áurea, que declarou livres os 700.000 brasileiros escravizados restantes. Ao fazer isso, Isabel sem querer, apressou o fim da monarquia brasileira, deposta em 1889 por um golpe militar, apoiado por donos de *plantations* enfurecidos.

A "abolição inacabada"

Na verdade, para os que eram escravizados, a vida mudou pouco. Raras medidas foram tomadas para ajudá-los a se tornar cidadãos plenos ou ganhar emprego seguro, educação ou terras para se assentar. Sem outras opções, muitos trabalhavam de graça para seus antigos escravizadores. O legado da escravização é sentido até hoje no Brasil, que tem a maior população mundial de descendentes de africanos fora da África. Os afro-brasileiros ainda enfrentam o racismo e a discriminação e muitos continuam a lutar pelo direito à igualdade, e declaram 13 de maio (aniversário da Lei Áurea) o dia da "abolição inacabada". ▪

OS LEÕES CONQUISTADORES DA ABISSÍNIA
A ETIÓPIA DESAFIA O COLONIALISMO (1896)

EM CONTEXTO

ONDE
Etiópia

ANTES
Século I d.C. O reino de Axum, no norte da Etiópia e Eritreia, se estabelece. Seus reis alegam descender do rei Salomão e da rainha de Sabá.

1137 A dinastia Zagwe substitui os axumitas.

1270 Yekuno Amlak se torna imperador da Etiópia, fundando uma nova dinastia Salomônida.

DEPOIS
1975 O Derg, governo etíope comunista, abole a monarquia.

1982-1983 Uma fome devastadora na Etiópia causa 1,2 milhão de mortes.

1991 A Frente Democrática Revolucionária do Povo Etíope toma o poder. Ela vence a primeira eleição multipartidária do país, em 1995.

A Etiópia, conhecida então na Europa como Abissínia, foi um dos dois únicos países africanos (o outro era a Libéria) a não sucumbir à colonização pelas potências europeias no fim do século XIX. Os etíopes enfrentaram tentativas italianas de tomar o país.

Com a abertura do Canal de Suez em 1869, não era mais preciso dar a volta à África para ir do oceano Índico à Europa, e a região do mar Vermelho ganhou enorme importância. O Reino Unido decidiu apoiar as ambições italianas na Etiópia, nem que fosse para fechar o vale do Nilo aos franceses, seus rivais no Egito, ocupado pelos britânicos em 1882. De início, a Etiópia recebeu bem os italianos. A Itália já havia colonizado a Eritreia, que dava acesso ao mar Vermelho, algo que a Etiópia perdera havia muito tempo. Com um país também cristão controlando a Eritreia, a Etiópia esperava recuperar essa vantagem comercial. Governantes regionais também flertaram com a Itália,

A vitória da Etiópia na Batalha de Adua chocou a Europa. O número superior de suas forças e a qualidade de suas armas frustraram as expectativas de domínio branco na África.

REVOLUÇÃO E RESISTÊNCIA

Ver também: O império comercial de Axum 44-47 ▪ O cristianismo chega à África 48-51 ▪ Os judeus etíopes 74 ▪ As igrejas de rocha da Etiópia 84-85 ▪ A partilha da África 222-223 ▪ O movimento Rastafári 253

Menelik II

Nascido Sahle Miriam em 1844, Menelik II foi um dos maiores imperadores etíopes. Seu pai foi o príncipe Hailé Melekot, filho de Sahle Selassié, rei da região semiautônoma de Choa. Sua mãe era uma serva do palácio.

Ao se tornar imperador em 1889, Sahle Miriam assumiu o nome Menelik, de Menelik I, o lendário fundador do país, que se dizia ser filho do rei Salomão e da rainha de Sabá. Menelik II expandiu o Império Etíope até quase as fronteiras atuais. Hábil diplomata, com a reputação na Europa muito ampliada após a vitória em Adua, ele fascinava os emissários estrangeiros e, assim, conseguia armas para seu exército. Menelik se interessava muito por tecnologia e ficou encantado quando a rainha Vitória, do Reino Unido, lhe enviou um fonógrafo com uma mensagem gravada. Ele instalou os primeiros sistemas de telefone e telégrafo da Etiópia, construiu ferrovias e reintroduziu uma moeda nacional (o *birr*). Menelik morreu em 1913, quatro anos após sofrer um derrame que tornou regente sua mulher, a imperatriz Taitu.

pensando obter apoio a suas próprias ambições ao trono etíope.

Em 1889, Menelik II se tornou imperador da Etiópia. Sem perder tempo, a Itália propôs um pacto a Menelik – o Tratado de Wuchale, escrito em italiano e amárico (a língua do grupo étnico dominante na Etiópia). O artigo XVII da versão em amárico dizia que Menelik "podia recorrer aos bons ofícios do governo italiano em seus negócios com outras potências estrangeiras", mas o texto italiano usou a palavra "deve" em vez de "podia", reduzindo a Etiópia a um protetorado. Ao descobrir essa diferença, Menelik renegou o tratado.

Ação decisiva

Sete anos depois, em 1896, a Itália invadiu a Etiópia a partir da Eritreia, na Batalha de Adua. Convencido por agentes secretos eritreus que trabalhavam com Menelik de que a vitória seria fácil, o general italiano Oreste Baratieri decidiu lançar um ataque surpresa. Em 29 de fevereiro de 1896, ele dividiu seu exército em três colunas, que marcharam ao longo da noite. Ao nascer o sol, erros de leitura dos mapas deixaram uma coluna irremediavelmente isolada. Além disso, Menelik foi informado do ataque e suas tropas estavam à espera. Os etíopes destruíram o exército italiano. Dali a meses, a Itália foi obrigada a cancelar o Tratado de Wuchale e reconhecer a independência da Etiópia.

Hailé Selassié

O próximo imperador importante da Etiópia foi Hailé Selassié I. Coroado

Um inimigo que pretende destruir nossa terra natal e mudar nossa religião chegou, cruzando as fronteiras que Deus nos deu.
Menelik II

em 1930, ele substituiu o sistema tradicional de regiões semiautônomas por uma administração central. A primeira constituição moderna etíope, de 1931, deu ao imperador "poder supremo", permitindo que Selassié fizesse reformas, mesmo com a oposição de governos locais. Essas medidas foram interrompidas por uma segunda invasão italiana em 1935, quando o exército etíope foi suplantado por tropas italianas, que ocuparam Adis-Abeba em 1936. Selassié fugiu para o exílio no Reino Unido.

Quando voltou à Etiópia, em 1941, Selassié continuou a modernizar o país, melhorando a educação e o policiamento, e ao mesmo tempo aumentando seu poder pessoal. Isso incluiu o controle sobre a diversidade étnica e a imposição da identidade amárida no país. Rebeliões eclodiram nos anos 1960 e o governo de Selassié começou a fraquejar. Em 1974, falhou no combate a uma grave fome. Entre ferozes protestos de rua, perdeu o apoio do exército e, em setembro de 1974, foi deposto por um comitê militar, encerrando a dinastia Salomônida.

DESCOLO
E DIÁSPO
1900-HOJE

NIZAÇÃO
RAS

230 INTRODUÇÃO

A primeira **Conferência Pan-Africana** acontece em Londres, no Reino Unido, com a presença de notáveis personalidades negras de todo o mundo.

1900

A comunidade totalmente negra de Greenwood é fundada em Tulsa, em Oklahoma, nos EUA, e se torna conhecida como **"Wall Street Negra"** devido a sua prosperidade.

1906

O **jornal afro-brasileiro** *O Menelik* é lançado, dando voz a ativistas políticos negros no Brasil.

1915

Irrompe a Guerra das Mulheres na Nigéria, em que as mulheres protestam contra a taxação direta. Em consequência, a estrutura política colonial é reformada.

1929

1905

Começa a Revolta Maji Maji, na Tanzânia, em que o povo local se rebela contra o domínio alemão. O levante inspira outros africanos a lutar contra o colonialismo.

1912

O **Congresso Nacional Africano é fundado** como um movimento de liberação negra na África do Sul, para garantir o direito ao voto e, depois, eliminar o apartheid.

1918

Após a Grande Migração de 1916, o Harlem, em Nova York, se torna um centro da criatividade americana negra, **levando ao Renascimento do Harlem**.

1939-45

Africanos são recrutados para lutar na Segunda Guerra Mundial. Os nacionalistas africanos aproveitam o enfraquecimento da Europa no pós-guerra para exigir independência.

No início do século XX, a escravidão tinha sido proibida em muitas partes do mundo, mas o preconceito contra os negros continuava arraigado. A maior parte da África estava sob o domínio de um punhado de potências europeias, que tinham dividido o continente em unidades administrativas, onde comunidades díspares eram obrigadas a viver sob o mesmo conjunto de regras. Nos EUA e em outros lugares, a escravidão foi substituída por violência institucionalizada e políticas que promoviam a discriminação racial.

Autodeterminação

Movimentos intelectuais e revolucionários brotavam ao redor do mundo, buscando transformar a ordem política existente de ideologias contrárias aos negros. O movimento do pan-africanismo conclamava todos os descendentes de africanos a se unirem, partilhando suas experiências de opressão e celebrando a história, cultura e tradições africanas. A primeira de uma série de conferências ocorreu em 1900, com a descolonização e a autodeterminação dos negros na agenda. Em escala menor, vários movimentos populares culminaram em levantes contra potências coloniais, como a Revolta dos Mau-Mau no Quênia, quando o Exército de Liberdade e Terra Quenianas (um grupo radical chamado de Mau-Mau pelos britânicos) começou a lutar por liberdade e direitos sobre terras, nos anos 1940.

Enquanto muitos radicais negros militavam, ansiando pela autodeterminação, muitos outros adotaram uma abordagem diversa. No pós-Primeira Guerra Mundial, na Cidade de Nova York, o Renascimento do Harlem, iniciado como um movimento literário americano negro, acabou abrangendo o jazz, o blues e outras expressões artísticas. Seus escritores e artistas buscavam mostrar o que significava ser negro nos EUA, dispensando os estereótipos grosseiros que prevaleciam e alimentando a luta por direitos civis iguais. Mas, apesar de terem ficado famosos, artistas negros como Ethel Waters e Louis Armstrong ainda tinham de usar a porta dos fundos dos clubes de jazz.

O Négritude, um movimento ideológico e literário iniciado em Paris, na França, nos anos 1930, inspirou-se no Renascimento do Harlem e em grupos políticos radicais franceses. Artísticos ou militantes, o que esses movimentos tinham em comum era o orgulho racial e a autoafirmação. Aos poucos, seus esforços começaram a

DESCOLONIZAÇÃO E DIÁSPORAS 231

Cerca de **1.000 pessoas da Jamaica** chegam ao Reino Unido a bordo do *Empire Windrush*. Os migrantes são recebidos com hostilidade e más condições de trabalho.

1948

Inspirado no pan-africanismo, **Kwame Nkrumah conduz Gana à independência** do Reino Unido e se torna seu primeiro presidente.

1957

A França adota uma política de cegueira racial estrita, proibindo referências a identidades raciais, étnicas ou religiosas, numa tentativa de criar igualdade.

1978

Os americanos elegem seu **primeiro presidente negro, Barack Obama**.

2008

1955

A costureira americana negra Rosa Parks se recusa a dar seu assento num ônibus a um passageiro branco, deflagrando o **boicote aos ônibus de Montgomery**.

ANOS 1960

Ao mesmo tempo em que surge o movimento Black Power, **mulheres negras** do mundo todo começam a desenvolver **a própria forma de feminismo**.

1994

Cerca de **800.000 pessoas**, na maioria tútsis, são **mortas por extremistas hutus** em Ruanda, após tensões raciais chegarem a um clímax.

2020

George Floyd é morto por um policial em Minneapolis, em Minnesota, nos EUA, provocando protestos globais contra a violência de cunho racial.

---

compensar. Gana se tornou o primeiro país da África ocidental a obter a independência, em 1957. Só em 1960, 17 países africanos ficaram independentes. Muitos outros se tornaram nações modernas autogovernadas na década seguinte.

Direitos iguais

Enquanto muitas nações africanas se tornavam livres, em outros locais a batalha pela dessegregação só começava. Em 1948, a política do apartheid foi introduzida na África do Sul, legalizando a segregação com base em raça. O Congresso Nacional Africano (CNA) fez uma campanha por décadas, até conseguir acabar com essa prática em 1990. O principal membro do CNA, Nelson Mandela, passou 27 anos na prisão pela causa e acabou se tornando o primeiro presidente negro do país.

Em 1950, Oliver Brown processou o Conselho de Educação de Topeka, em Kansas, nos EUA, por não terem permitido a sua filha se matricular numa escola de brancos. Quatro anos depois, a Suprema Corte dos EUA decretou que a segregação racial em escolas era inconstitucional. Esse marco legal, além da injustiça do veredito de "inocente" no caso do linchamento de Emmett Till em 1955, deu impulso ao crescente movimento dos direitos civis americano. Em 1963, 250.000 pessoas participaram da Marcha de Washington para pedir justiça e igualdade para os americanos negros. Um ano depois, a Lei dos Direitos Civis foi promulgada.

Vidas Negras Importam

Em tempos recentes, a cooperação entre negros tem atravessado fronteiras nacionais, promovendo seu bem-estar coletivo, o orgulho racial e a herança comum, e lutando por um futuro sem racismo. Isso acontece através de colaboração artística, e também em protestos contra a brutalidade policial e outras formas de violência institucionalizada. Embora os protestos de Brixton contra a discriminação policial em Londres, em 1981, tenham se espalhado para outras cidades britânicas, protestos mais recentes têm se expandido bem além de fronteiras nacionais. O movimento Vidas Negras Importam, que começou nos EUA em 2013, logo chamou a atenção do mundo e, em 2020, milhões de pessoas – negras e não negras – tomaram as ruas locais para protestar pela morte de George Floyd usando o lema "Vidas Negras Importam". A magnitude dessa reação indica que as atitudes estão mudando – e talvez marque uma virada para um futuro mais justo. ∎

ESTADOS UNIDOS DA ÁFRICA

PAN-AFRICANISMO (1900)

EM CONTEXTO

ONDE
Ao redor do mundo

ANTES
1816 A Sociedade Americana de Colonização é fundada para reassentar negros livres na África.

1847 A Libéria obtém a independência e cria suas próprias leis como nação soberana.

1863 Abraham Lincoln emite a Proclamação de Emancipação, libertando escravizados dos estados confederados.

DEPOIS
1916-1970 Mais de 6 milhões de negros migram do sul dos EUA para o norte e o meio-oeste na Grande Migração.

1958 A Conferência de Todos os Povos Africanos é criada para impulsionar a independência na África.

1960 Dezessete países africanos obtêm a independência.

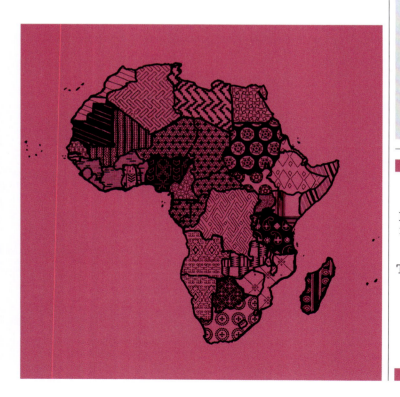

Declaramos todos os homens, mulheres e crianças de nosso sangue em todo o mundo [...] cidadãos livres da África, a Terra-Mãe de todos os Negros.
Declaração dos Direitos dos Povos Negros do Mundo, 1920,
emitida pela APNU

DESCOLONIZAÇÃO E DIÁSPORAS 233

Ver também: Movimentos negros na França 250-251 ▪ O Ano da África 274-275 ▪ O movimento Black Power 288-289 ▪ A diáspora africana hoje 314-315

O pan-africanismo é uma ideologia política que promove a solidariedade e uma consciência comum entre todos os povos de origem africana. Ele tem raízes nas experiências compartilhadas de opressão em toda a diáspora africana. Após a bem-sucedida Revolução Haitiana (1791-1804) e a declaração de independência do Haiti, a ideia de soberania negra se tornou a divisa dos ativistas negros.

Nos EUA, os abolicionistas negros do século XIX, como Frederick Douglass, David Walker e Alexander Crummell, debatiam se a melhor solução para a desigualdade racial seria emigrar para a África ou criar uma nação soberana própria em seu país.

Pouco após o fim da Guerra Civil Americana e a ratificação da 13ª Emenda à Constituição – que abolia a escravidão –, em 1865, houve uma rápida transição para uma articulação mais evoluída do pan-africanismo. Um dos intelectuais mais influentes dessa época era o político liberiano Edward Blyden. Como Crummell, ele dizia que um apelo efetivo à unidade africana exigia que os negros da diáspora voltassem à sua pátria ancestral e trabalhassem com outros africanos para reconstruir o continente.

A Conferência Pan-Africana
No Caribe, H. Sylvester Williams, um advogado de Trinidad, formou a Associação Africana (depois renomeada Associação Pan-Africana) em 1897. Seu objetivo era criar um fórum mais forte, em que os negros pudessem tratar de problemas comuns e se unir para combater o paternalismo, o racismo e o imperialismo. O sucesso da Associação Africana inspirou Williams a convocar a primeira Conferência Pan-Africana em »

A primeira Conferência Pan-Africana, em 1900, em Londres, onde W. E. B. Du Bois fez sua famosa declaração de que o problema do século XX é o problema da linha de cor.

Edward Wilmot Blyden

Nascido nas Índias Ocidentais Dinamarquesas (hoje Ilhas Virgens Americanas) em 1832, Edward Wilmot Blyden foi para os EUA em 1850 para fazer o ensino superior, mas teve a inscrição negada em muitas instituições devido a sua raça. Com a ajuda da Sociedade Americana de Colonização, emigrou para a Libéria em janeiro de 1851 e tornou-se editor de *Liberia Herald*, *The Negro* e *The African World*.

Blyden ia muito aos EUA e estimulava os negros a se livrarem do jugo da opressão, voltando para a África e participando de seu desenvolvimento. Um dos primeiros a pôr em pauta a expressão "personalidade africana", ele a usava para atacar teorias pseudocientíficas sobre inferioridade negra, promovendo, em lugar delas, a igualdade.

As ideias intransigentes de Blyden sobre nacionalismo negro, emigração negra e orgulho negro lhe valeram o título de Pai do Pan-Africanismo. Ele morreu em Serra Leoa em 1912.

Obra principal

1888 *Cristianismo, Islã e a raça negra*.

234 PAN-AFRICANISMO

O pan-africanismo olha acima dos estreitos limites de classe, raça, tribo e religião. Em outras palavras, quer oportunidades iguais para todos.
George Padmore
Pan-Africanism or Comunism, 1956

Londres, em 1900, que iniciou o processo de oficialização do pan-africanismo.

Participaram da conferência muitos negros notáveis da África e de sua diáspora. O mais importante membro da delegação dos EUA era o ativista dos direitos civis W. E. B. Du Bois, cujo discurso, "Às nações do mundo", fechou o encontro. Sua fala terminou com um apelo a que os direitos humanos dos súditos negros de todas as nações fossem respeitados. No fim da conferência, Du Bois organizou o Congresso Pan-Africano, que teve sua primeira reunião em Paris, em 1919, e uma série de outras ao longo de décadas.

A Conferência Pan-Africana e encontros posteriores tiveram um impacto importante na difusão do pan-africanismo em boa parte do século XX. Ela inspirou uma mudança na consciência negra e levou artistas, escritores e acadêmicos negros a usar, cada vez com mais ênfase, seus trabalhos para exaltar sua raça. Isso propiciou estudos que exploraram a história e a cultura do povo negro, e o Renascimento do Harlem – um florescimento da literatura e artes negras nos EUA.

Outros pensadores pan-africanistas surgiram nos anos 1930, como os trinitários C. L. R. James e George Padmore, dois dos mais proeminentes de sua era. Padmore e James migraram para o Harlem, em Nova York, nos EUA, e trocaram ideias com artistas e intelectuais americanos negros. Suas obras influenciaram muitos pan-africanistas do século XX.

No mundo francófono, os pan-africanistas incluíram os estudiosos Cheikh Anta Diop, do Senegal, e Aimé Césaire e Frantz Fanon, da Martinica. Seus textos com frequência usavam filosofias marxistas dentro de uma tradição radical negra para refletir sobre temas como a invasão italiana da Abissínia (Etiópia), em 1935, e o tratamento dado aos soldados negros na Segunda Guerra Mundial. Pan-africanistas dessa era contribuíram para o surgimento de vários movimentos em toda a diáspora africana, como o afrossurrealismo, a Créolité, no Caribe, e o Black is Beautiful, nos EUA. Na África, influenciaram líderes nacionalistas e deram forma à luta pela independência.

Orgulho e liberação

Nos EUA e no Caribe, a ascensão do pan-africanista nascido na Jamaica Marcus Mosiah Garvey e seu estilo de nacionalismo negro, chamado garveyismo, popularizou o pan-africanismo. Fundando a Associação para o Progresso dos Negros Unidos (APNU) em 1914, ele recuperou o movimento "De Volta à África", defendido pelos líderes pan-africanos anteriores. Ele atraiu negros de diversas formações para projetar a beleza da cultura e história negras. Em meados dos anos 1920, a APNU contabilizava entre 6 e 11 milhões de membros no mundo, com mais de 700 divisões nos EUA, além de muitas

O público presente ao 5º Congresso Pan-Africano, em Manchester, no Reino Unido, em 1945. A maior parte da nova liderança desse congresso era africana.

DESCOLONIZAÇÃO E DIÁSPORAS — 235

Dançarinos tradicionais africanos se apresentam num desfile na véspera do Festival Cultural Pan-Africano de 2009, na Argélia.

no Caribe, América do Sul, África, Austrália e Europa. O vermelho, o preto e o verde de sua bandeira foram adotados como as cores do pan-africanismo.

No pós-Segunda Guerra Mundial, o pan-africanismo se concentrou nas demandas por independência no continente africano – lideradas primeiro e, em especial, pelo dirigente ganês Kwame Nkrumah. Após levar seu próprio país à independência em 1957, Nkrumah encabeçou a ação por um continente africano autossuficiente e totalmente libertado. Em 1958, promoveu a primeira Conferência de Todos os Povos Africanos (CTPA) em Gana, em que uma união política e social foi alcançada entre as regiões arábica e negra do continente africano. A CTPA e a posterior Organização da Unidade Africana (OUA) criaram um efeito dominó: 36 países obtiveram a independência entre 1960 e 1970.

O pan-africanismo continua

Ao longo do século XX, o pan-africanismo continuou a ter impacto e deu forma a outras importantes lutas da época, como os movimentos dos direitos civis e do Black Power. Em todo o Caribe, em especial em Trinidad e na Jamaica, intelectuais pan-africanos desafiaram regimes coloniais e defenderam reformas políticas e o direito ao voto. Em 1966, o líder pan-africanista e presidente do Senegal, Léopold Senghor, iniciou o primeiro Festival Mundial das Artes Negras (depois renomeado Festival Mundial de Artes e Cultura Negra e Africana) para promover a unidade negra através das artes. O segundo festival, sediado na Nigéria em 1977, atraiu representantes negros de 48 países. Nos anos 1980 e 1990, as ideologias pan-africanistas deram origem ao movimento afrocêntrico que, destacando pontos de vista, a história e culturas de povos africanos, se opunha à dominação europeia no ensino. Isso influenciou a expressão cultural e a identidade negras, em especial para jovens que começaram a alinhar seus nomes, trajes, linguagem, comida e sistemas de crenças com sua ancestralidade africana.

As ideologias pan-africanistas se mantêm em movimentos atuais, como o Black Lives Matter, e continuam a promover a unidade africana como a chave do desenvolvimento do continente. ■

O pan-africanismo clama pela **unidade e cooperação** entre todos os povos de origem africana.

Os pan-africanistas estimulam os africanos a estudar e **orgulhar-se de sua história, tradições e cultura**.

Os primeiros pan-africanistas **se opunham ao colonialismo na África** e ao racismo experimentado no mundo todo pelos descendentes de africanos.

Esses pan-africanistas tiveram um **papel central na descolonização da África** no século XX.

Os pan-africanistas se concentram hoje na unidade africana como um modo de ajudar o continente a **se desenvolver e prosperar social, política e economicamente**.

A ÁGUA DA VIDA
A REVOLTA MAJI MAJI (1905-1907)

EM CONTEXTO

ONDE
Tanzânia, África oriental

ANTES
1884-1885 A África é dividida na Conferência de Berlim.

1888-1889 Eclode a Revolta de Abushiri contra as ambições territoriais alemãs na costa da África oriental.

1891 O grupo étnico hehe derrota as tropas coloniais alemãs e resiste à colonização por sete anos.

DEPOIS
1919 Após a derrota na Primeira Guerra Mundial, o Tratado de Versalhes tira todas as colônias dos alemães. A África Oriental Alemã é tomada pelos britânicos e renomeada Tanganica.

1961 Tanganica obtém a independência.

1964 Tanganica se une à ilha de Zanzibar, formando a República Unida da Tanzânia.

Após a divisão da África na Conferência de Berlim, em 1885, a Alemanha reivindicou uma área de influência na África oriental (nos atuais Tanzânia, Burundi e Ruanda), declarando-a protetorado, administrado pela Companhia Alemã da África Oriental. Com o fracasso da companhia nessa função, a Alemanha assumiu o controle direto da colônia em 1891. Para consolidar o domínio alemão, os governadores coloniais adotaram a estratégia do terror, com violência contra comunidades inteiras, assassinato de reis e chefes e imposição de altas taxas. Eles também usaram trabalhos forçados para construir estradas e um sistema de cotas que obrigava os africanos a produzir a quantidade desejada de algodão para exportação. Esse regime repressivo derrubou as normas locais, indispôs as comunidades e gerou resistência ao controle alemão.

Em julho de 1905, num período de seca e dificuldades econômicas, o profeta tanzaniano Kinjikitile Ngwale disse ter uma substância, *maji maji*

Soldados africanos – os *askaris* – formavam o grosso do exército militar alemão. Eles são mostrados aqui defendendo o forte em Mahenge quando os *maji maji* atacaram, em agosto de 1905.

DESCOLONIZAÇÃO E DIÁSPORAS

Ver também: Os europeus chegam à África 94-95 ▪ A partilha da África 222-223 ▪ A Revolta dos Mau-Mau 262-263 ▪ O Ano da África 274-275

Prisioneiros maji maji acorrentados. O levante envolveu pessoas em uma área de 25.900 km² e durou dois anos.

(água sagrada), que podia proteger as pessoas das balas. Encorajados pela alegada proteção do *maji maji*, as pessoas da região de Matumbi, na Tanzânia, se empaparam na mistura de água, óleo de castor e sementes de painço e iniciaram uma rebelião contra o governo colonial. Com lanças e flechas, o grupo atacou pequenos entrepostos alemães, destruiu plantações de algodão e retomou territórios ocupados. Quando as notícias se espalharam, outros grupos étnicos da colônia se juntaram ao levante. No fim de agosto de 1905, cerca de 20 grupos étnicos tinham se reunido à luta.

Retaliações alemãs

Em 30 de agosto, um grupo de 20.000 combatentes *maji maji* marcharam contra um forte alemão em Mahenge, na Tanzânia. Eles foram repelidos pelas armas alemãs, que causaram milhares de baixas entre os africanos. Em reação ao ataque, os alemães mobilizaram reforços para sufocar a revolta, que se espalhara pela África Oriental Alemã, apesar do enforcamento recente de Ngwale e da evidente ineficácia da mistura *maji maji*. O governo colonial lançou uma contraofensiva em outubro de 1905, iniciando com um ataque a um acampamento do povo ngoni, que se juntara há pouco à resistência. Centenas de homens, mulheres e crianças ngonis foram mortos. No fim do ano, a Alemanha já tinha recuperado a maior parte dos territórios dos rebeldes, mas a resistência continuou até 1907.

Numa tentativa de dar fim à revolta, o governador colonial Gustav Adolf von Götzen adotou uma tática de terra arrasada e destruiu fazendas e suprimentos de comida, causando fome em toda a colônia. Em agosto de 1907, cerca de 200.000 a 300.000 africanos morreram – o número oficial do governo era de 75.000 mortes – e o último dos *maji maji* tinha sido executado, encerrando a revolta.

Inspiração a nacionalistas

Embora a Revolta Maji Maji tenha falhado em remover o domínio

O *maji* [...] não se destinava a ser de ou para um só grupo, clã ou identidade étnica, mas de e para todas as pessoas.
Gilbert Gwassa
Historiador tanzaniano (1939-1982)

colonial alemão, inspirou outros africanos em luta contra a colonização europeia. Na Tanzânia, criou uma consciência nacional, com diversos grupos étnicos trabalhando juntos por uma causa comum.

A rebelião também forçou a Alemanha a fazer reformas agrárias e econômicas nas colônias. A forma semimilitar de governo foi trocada por outra mais liberal, até a eclosão da Primeira Guerra Mundial e a consequente perda da África Oriental Alemã para o Reino Unido. ▪

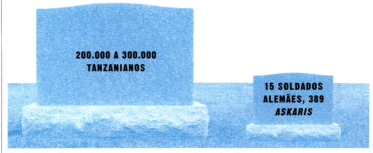

O número de mortos tanzanianos foi muito mais alto que o registrado no lado colonial. Estima-se que algo entre 200.000 e 300.000 tanzanianos morreram em batalha e devido à fome.

FEITO POR NEGROS, PARA OS NEGROS
A WALL STREET NEGRA (1906)

EM CONTEXTO

ONDE
Estados Unidos

ANTES
1738 Negros, na maior parte em busca da liberdade, se instalam em Fort Mose, na Flórida, que se torna a primeira comunidade de pessoas libertas.

1865-1886 Os estados do sul promulgam os Códigos Negros.

DEPOIS
1921 Multidões de brancos atacam Greenwood no que é conhecido como Massacre Racial de Tulsa.

1959 Com a dessegregação, negócios de brancos se mudam para a área de Greenwood e negros saem dali.

1995 É fundado o Centro Cultural de Greenwood, que exibe a herança e a cultura americanas negras.

2020 Um sobrevivente de 105 anos do massacre processa Tulsa, pleiteando reparações por danos aos negócios negros locais.

Greenwood é construída em terras que um rico proprietário negro **só vende para negros**.

→

O distrito se desenvolve como uma **comunidade negra autossuficiente** com **florescentes negócios de pessoas negras**.

↓

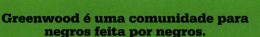

Greenwood é uma comunidade para negros feita por negros.

Após a Guerra Civil Americana e a abolição da escravidão em 1865, a vida continuou difícil para os negros no sul. As crueldades com escravizados ficaram no passado, mas os governos estaduais do sul promulgaram Códigos Negros, restringindo a vida dos americanos negros. Muitos lutavam para obter acesso à educação ou emprego e viviam na pobreza.

Por meio da Lei Dawes, de 1887, o governo federal disponibilizou territórios indígenas para novos colonos, dividindo terras tribais e redistribuindo-as. Com isso, os indígenas americanos perderam o domínio sobre mais de 405.000 hectares. Uma dessas áreas era uma enorme extensão em Oklahoma. Em 1899, o avanço em terras de Oklahoma – uma louca corrida no território recém-aberto – permitiu aos colonos, conhecidos como "*boomers*", reivindicar a posse de terras baratas. Alguns deles eram americanos negros, que criaram mais de 50 comunidades só de negros em Oklahoma. Greenwood, fundado em 1906 no município de Tulsa, floresceu tanto que foi chamado de "Wall Street negra".

Uma comunidade próspera
O distrito de Greenwood foi fundado por um dono de terras americano negro chamado O. W. Gurley. Ele

DESCOLONIZAÇÃO E DIÁSPORAS 239

Ver também: A guerra pelo fim da escravidão 206-209 ▪ A era dourada da Reconstrução 210-213 ▪ Jim Crow 216-221 ▪ O movimento Black Power 288-289

Moradores bem-vestidos de Greenwood posam fora de uma loja. Como em qualquer local em desenvolvimento, as pessoas acreditavam na educação, no trabalho duro e na liberdade.

O.W. Gurley

Nascido em 1868 de pais ex-escravizados em Huntsville, no Alabama, Ottowa W. Gurley se tornou um homem de negócios rico. Ele teve vários empregos antes de se tornar dono de terras, diretor de uma escola e lojista.

Em 1906, Gurley e sua mulher foram para Tulsa. Eles ouviram falar sobre campos de petróleo gigantes e viram ali uma oportunidade. Gurley abriu uma mercearia e comprou terras que dividiu em vários lotes comerciais para pessoas negras. Construiu depois um hotel, cofundou uma igreja e desenvolveu outras propriedades. O amigo empresário J. B. Stradford, que chegara a Tulsa em 1899, tinha planejado uma comunidade negra nos arredores do povoado e os dois passaram a trabalhar juntos.

Após os ataques a Greenwood em 1921, todas as propriedades de Gurley viraram ruínas e ele sofreu enormes perdas financeiras. Ele e a mulher foram para Los Angeles, onde geriram um pequeno hotel. Gurley morreu em 1935, aos 67 anos.

comprou 16,2 hectares, os quais declarou que só venderia a negros, e montou uma mercearia, o primeiro comércio de um negro ali. Ele emprestava dinheiro a americanos negros que queriam começar o próprio negócio, e abriu uma hospedaria. A comunidade era autônoma e autossuficiente – com suas próprias lojas, restaurantes, cinemas e salões de beleza – e assim o dinheiro ficava na comunidade. Em pouco tempo, o distrito tinha seu próprio sistema de transporte, serviço de aviões fretados, correios e jornais.

Sob ataque

Apesar do sucesso, Greenwood também enfrentou tempos conturbados. Após sua entrada na União como 46º estado em 1907, Oklahoma aprovou as leis Jim Crow, que estabeleciam a segregação e outras leis racistas. Em 1919, o estado sofreu os ataques de supremacistas brancos no chamado Verão Vermelho, um período de banhos de sangue, em que protestos raciais ocorreram em diversas cidades dos EUA. Dois anos depois, um negro de Tulsa foi falsamente acusado de abusar de uma mulher branca, o que redundou no ataque a Greenwood por centenas de supremacistas brancos. Casas e negócios foram incendiados e entre 100 e 300 pessoas foram assassinadas. Nenhuma prisão foi feita pelas autoridades.

Os moradores trabalharam para reconstruir o distrito, apesar das enormes perdas financeiras. Nos anos 1950 e 1960, a dessegregação levou brancos para Greenwood e americanos negros começaram a ir embora.

Hoje, Greenwood tem um centro dedicado à história e à cultura americanas negras. O distrito tem um legado duradouro, pois ofereceu um local para os americanos negros levarem uma vida feliz e próspera e serviu como inspiração para o movimento dos direitos civis. ∎

[...] descendentes de escravos libertos [...] consideraram [Oklahoma] um território de esperança e um lugar onde podiam criar suas próprias oportunidades.
Ralph Ellison
Romancista americano negro
(1914-1994)

QUE A VOZ DA IGUALDADE SEJA SEMPRE A NOSSA VOZ
MOVIMENTOS NEGROS NO BRASIL (1889-1964)

EM CONTEXTO

ONDE
Brasil

ANTES
1835 Revolta dos Malês, na Bahia

1850 O tráfico de escravos é proibido.

1888 Assinatura da Lei Áurea, proibindo a escravidão no Brasil.

DEPOIS
1976 Criação do Instituto de Pesquisa de Culturas Negras (IPCN)

1978 É fundado o Movimento Negro Unificado Contra a Discriminação Racial (MNUCDR), depois nomeado como Movimento Negro Unificado (MNU).

2003 O dia 20 de novembro é instituído como o Dia da Consciência Negra.

2012 É aprovada a criação de cotas raciais nas universidades públicas federais.

2021 Pesquisas indicam que os negros têm 1,5 vezes mais probabilidade de morrer por COVID-19 no Brasil.

Em 1888, a lei Áurea considerou extinta a escravidão no Brasil. Entretanto, o fim da escravidão não trouxe melhorias imediatas para o conjunto da população negra do país. Por isso, os negros brasileiros adentraram a República proclamada em 1889 em precárias condições. O novo regime tampouco realizou ações a fim de promover melhorias na vida dos recém-libertos e de seus descendentes. O darwinismo social – com sua pregação sobre a hierarquia entre as raças e a superioridade racial branca – constituía a ideologia das classes dominantes do Brasil.

Para lidar com a ausência de amparo do Estado, foram formados, no final do século XIX, grêmios, associações e clubes compostos por homens e mulheres negros em diferentes estados. Essas associações tinham caráter assistencialista, cultural e recreativo.

Além de formarem associações, foram criados jornais dirigidos e

A Revolta da Chibata foi liderada por João Cândido, ao centro da foto (sexto da esquerda para a direita), em protesto contra os castigos físicos aplicados nos marinheiros.

DESCOLONIZAÇÃO E DIÁSPORAS

Ver também: Os quilombos do Brasil 136-139 ▪ O fim da escravidão no Brasil 224-225 ▪ A Revolta dos Malês 204-205 ▪

escritos por negros para abordar especificamente as questões relacionadas a eles. O jornal *A Pátria – Órgão dos Homens de Cor* (1899) foi o primeiro veículo desse tipo criado no período republicano.

Nas páginas desses jornais eram estampados os diversos problemas enfrentados pela população negra brasileira em relação a habitação, educação, saúde, trabalho e a segregação racial existente em certos hotéis, escolas, clubes, teatro, cinema, na rua e em outros espaços públicos.

A Revolta da Chibata (1910)

A violência racial existente no meio civil também estava presente nas Forças Armadas brasileiras. No início do século XIX, a Marinha brasileira possuía uma grande quantidade de negros em suas fileiras. A eles era aplicado castigo físico caso cometessem algum ato de indisciplina. Em 1910, eles decidiram lutar para acabar com essa punição. A bordo do *Minas Gerais*, sob o comando de João Cândido, os rebelados ameaçaram bombardear a cidade do Rio de Janeiro caso sua demanda não fosse atendida. A reivindicação dos marinheiros foi atendida e os castigos físicos foram extintos. Todavia, suas lideranças foram punidas.

A Frente Negra Brasileira

O movimento negro brasileiro deu um salto organizativo nos anos 1930, após a criação da Frente Negra Brasileira (FNB), em 1931. Com, aproximadamente, 20 mil associados, a FNB mantinha escolas, grupo musical e teatral, time de futebol, departamento jurídico, serviços de atendimento médico e odontológico e cursos de formação política, de artes e de ofícios. Além disso, mantinha um jornal chamado *A Voz da Raça* e contava com grande participação de mulheres negras.

Em 1936, a FNB tentou se transformar em partido político. A influência da conjuntura internacional – notadamente do fascismo e do nazismo – era evidente em seu programa político, que possuía uma conotação conservadora e ultranacionalista. Entretanto, o golpe de 1937 e o início da ditadura do Estado Novo abortaram as pretensões da FNB.

Após o fim do Estado Novo (1945), foram feitas novas tentativas de impulsionar a luta por direitos da população negra no Brasil. Com o golpe de 1964, as incipientes ações realizadas ao longo dos anos 1950 foram prejudicadas, em meio à repressão militar. Por conta disso, muitas lutas e bandeiras só voltariam a retomar seu protagonismo em meados dos anos 1980, junto com o processo de redemocratização do país. ▪

Para reverter [o] quadro de marginalização no alvorecer da República, os libertos, os ex-escravos e seus descendentes instituíram os movimentos de mobilização racial negra no Brasil [...]
Petrônio Domingues
Historiador brasileiro

O Teatro Experimental do Negro (TEN)

"Por que os negros não podem representar a si mesmos no teatro? Por que o negro é representado de modo pitoresco no teatro?" Foi a partir dessas indagações que Abdias do Nascimento (1914-2011) decidiu criar o Teatro Experimental do Negro (TEN), em 1944. O objetivo do TEN era usar a arte, a educação e a cultura para valorizar o negro no Brasil. Para tanto, foram criados cursos de alfabetização e de qualificação profissional voltados para homens e mulheres negros de diferentes categorias profissionais. Desse modo, o TEN formou uma geração de atores e atrizes negros brasileiros.

A primeira peça produzida e encenada pelos atores e atrizes do TEN foi *O Imperador Jones*, do dramaturgo norte-americano Eugene O'Neil. Além disso, ajudou a colocar em xeque a "democracia racial" e a suposta igualdade social entre negros e brancos, que alguns intelectuais e o governo brasileiro afirmavam existir. O golpe de 1964 enfraqueceu as suas atividades, principalmente após a ida de Abdias do Nascimento para o exílio, em 1978.

JOVENS, TALENTOSOS E NEGROS

O RENASCIMENTO DO HARLEM
(c. 1918-1937)

EM CONTEXTO

ONDE
Estados Unidos

ANTES
1895 Paul Laurence Dunbar publica *Majors and Minors*, tornando-se o primeiro poeta americano negro influente.

1903 W. E. B. Du Bois publica *As almas do povo negro*, que explora a identidade negra.

DEPOIS
1948 O presidente dos EUA, Harry S. Truman, escolhe como música de campanha *I'm Just Wild about Harry*, do musical negro *Shuffle along*.

1965 O poeta e dramaturgo Amiri Baraka funda o Movimento das Artes Negras, usando ideias do Renascimento do Harlem.

1993 Toni Morrison se torna a primeira americana negra a vencer o Prêmio Nobel de Literatura.

O Harlem, na Cidade de Nova York, foi a capital cultural do mundo americano negro de cerca de 1918 ao fim dos anos 1930. Ele foi o epicentro do Renascimento do Harlem, também chamado Novo Movimento Negro, que inspirou a criatividade de artistas e intelectuais negros em outras cidades americanas e em Londres, Paris, no Caribe e na África Ocidental.

O coração do movimento era a literatura americana negra. Ao seu redor, o jazz e o blues, as artes visuais e performáticas orbitaram por um período ímpar de produção cultural negra de fundo artístico e político. Alimentando o Renascimento, houve uma grande

DESCOLONIZAÇÃO E DIÁSPORAS **243**

Ver também: A criação de "raças" 154-157 ▪ A era dourada da Reconstrução 210-213 ▪ A Era do Jazz 246-249 ▪ Combatentes negros na Segunda Guerra Mundial 254-257 ▪ Brown *vs.* Conselho de Educação 264-267 ▪ O movimento Black Power 288-289

A filial da 135th Street da Biblioteca de Nova York, no Harlem, se tornou um centro cultural para americanos negros e uma plataforma para os escritores e artistas negros. Foi a primeira biblioteca da cidade a ter bibliotecários negros.

migração no fim do século XIX e início do XX de americanos negros do sul rural para as cidades do norte, buscando escapar dos preconceitos raciais e da pobreza e melhorar suas condições sociais e econômicas.

Uma nova identidade cultural

Após a emancipação dos americanos negros no sul, a inscrição de crianças negras em escolas aumentou muito e o nível de alfabetização foi de 20% em 1870, para 77% em 1920. Surgiram escritores talentosos, que estimularam a busca de uma nova identidade, livre das implicações de um passado de opressão. Muitos estrearam em *The Crisis*, o periódico da Associação Nacional para o Progresso das Pessoas de Cor (ANPPC), fundada em 1909. Sob a editoria do sociólogo W. E. B. Du Bois, além de notícias, cada número incluía poemas, ficção e obras de arte. Ela se tornou a mais lida revista americana negra.

Milhares de americanos negros lutaram pela nação na Primeira Guerra Mundial e esperavam receber maiores direitos civis como reconhecimento a seu patriotismo, mas eles continuaram a ser negados. Os americanos negros eram excluídos de sindicatos e sofriam desemprego crônico. Como lhes recusavam o direito de votar, estavam também fora da política. Com esses caminhos fechados, os promotores do Renascimento – como Du Bois e o sociólogo Charles S. Johnson, um defensor eterno da igualdade racial – acreditaram que distinguir-se nas artes criativas poderia ajudar a influenciar de modo positivo os agentes do poder político brancos e melhorar os direitos políticos negros. »

Eu não me importo [...] com qualquer arte que não seja usada para propaganda. Mas me incomoda quando a propaganda se restringe a um lado, enquanto o outro fica destituído e silencioso.
W.E.B. Du Bois

The New Negro

Numa época em que a maioria dos livros sobre negros eram de americanos brancos, Alain Locke, um americano negro, bolsista de Rhodes, apelidado "reitor" do Renascimento do Harlem, viu a necessidade de uma publicação de americanos negros que analisasse a profundidade e alcance da vida negra. Em 1925, ele publicou *The New Negro*. Parte 1, "The Negro Renaissance", incluía contos de Zora Neale Hurston, poesia de Countee Cullen e Georgia Johnson, peças de Jessie Fauset e Willis Richardson e canções folclóricas americanas negras de Langston Hughes. A Parte 2, "The New Negro in a New World", incluiu debates de sociólogos, cientistas políticos e antropólogos sobre raça nos EUA, desenhos e projetos de Winold Reiss e Aaron Douglas, e imagens de máscaras africanas. A primeira obra dedicada só à autoexpressão negra, *The New Negro* explorou as raízes da criatividade negra e lançou as bases de sua futura produção cultural.

244 O RENASCIMENTO DO HARLEM

Coletivamente, esses escritores e artistas buscaram representar a vida dos americanos negros de modo autêntico e digno, contrapondo-se aos estereótipos grosseiros da mídia popular. Sua representação como bufões e selvagens lúbricos (e da Ku Klux Klan como heróis) no filme sensacionalista *O nascimento de uma nação* (1915), de D. W. Griffith, exasperara a ANPPC, que buscou conseguir que a obra fosse censurada ou proibida. Os conselhos de cinema, quase só de brancos, prestaram pouca atenção.

Herança e identidade

Analisando o que significava ser negro nos EUA, os artistas e escritores do Renascimento do Harlem afirmaram o orgulho por sua herança coletiva cultural africana, que remodelaram como símbolo de esperança e futuro, e não de inferioridade. Os romancistas e poetas criaram prosa e poesia inovadoras, que exploravam as ideias, emoções e vidas dos americanos negros, refletindo a busca maior por significado e identidade. Individualmente, os escritores buscaram conexões significativas com algo maior que si

>
> Nós, artistas negros mais jovens, que criamos agora, queremos expressar nossa individualidade de pele escura sem receio nem vergonha.
> **Langston Hughes**
> *The Negro Artist and the Racial Mountain*, 1926
>

- **Muitos direitos civis** são negados aos americanos negros e eles são **retratados com estereótipos grosseiros** nas artes e na grande mídia.
- Os escritores, artistas e músicos negros representam as **tradições e experiências** dos americanos negros de modo **autêntico e digno**.
- A **produção criativa** do Renascimento do Harlem é **aclamada nacional e internacionalmente**.
- Um novo senso de **orgulho e identidade cultural** entre os americanos negros impulsiona a luta por **direitos civis iguais**.

próprios. Em seu romance *Cane* (1923), Jean Toomer analisou suas raízes sulistas; outros escritores, como Gwendolyn Bennett e Richard Bruce Nugent, buscaram inspiração no continente africano.

Countee Cullen, um poeta talentoso dessa era, chegou ao Harlem aos nove anos e obteve reconhecimento já na faculdade. "Incident", um de seus mais famosos poemas, de *Color* (1925), é um relato em primeira pessoa de um menino, cujos longos meses em Baltimore são marcados por uma só lembrança – o insulto racial recebido num ônibus.

James Langston Hughes, escritor e ativista ardoroso do Renascimento, imbuiu sua poesia de ritmos do jazz e vernáculo americano negro, celebrando a vida diária negra como algo a ser estimado. Com uma carreira que se estendeu por cinco décadas, escreveu nove livros de ficção, dez de poesia, oito infantis, onze peças e duas autobiografias. Cullen, Hughes e outros grandes artistas, como a escritora, cineasta e antropóloga Zora Neale Hurston, descreveram de modo pungente a realidade sombria da vida dos negros no início do século XX nos EUA. Eles também exploraram os fatores políticos, sociais e culturais que os levaram a esse ponto e começaram a construir uma nova identidade americana negra, imbuída de orgulho cultural.

Música e arte

Enquanto os escritores negros criavam o roteiro do Renascimento do Harlem, os músicos de jazz e blues forneciam a partitura. As artes cênicas eram impregnadas de jazz e blues. *Shuffle along*, um musical criado pela dupla de autores negros de comédias, Flournoy Miller e Aubrey Lyles, estreou na Broadway em 1921, com um elenco todo negro, e chegou a mais de 500 apresentações. Ele lançou muitos intérpretes negros e inspirou outras obras com elencos negros, como a ópera *Porgy and Bess* e o musical *Show Boat*.

Vários artistas visuais negros talentosos, como Loïs Mailou Jones,

DESCOLONIZAÇÃO E DIÁSPORAS

Augusta Savage, Aaron Douglas e William H. Johnson, também se destacaram no Renascimento. Jones fez sua primeira apresentação solo aos 18 anos e depois foi para Paris, onde sua arte, que refletia as tradições africanas, teve grande sucesso. Savage foi escultora e educadora. Nos anos 1920, fez bustos de figuras importantes negras, como W. E. B. Du Bois. Ela criou *A harpa* para a Feira Mundial de Nova York de 1939 e, no mesmo ano, abriu sua própria galeria – a primeira americana negra a fazer isso. Douglas pintava murais e fazia ilustrações e capas para publicações negras. Sua maior obra é *Aspectos da vida negra*, em quatro painéis, encomendada pela filial da 135th Street da Biblioteca Pública de Nova York, que representa a história do povo negro nos EUA. Johnson absorveu o modernismo e a arte folclórica quando esteve na França e na Escandinávia, nos anos 1920 e 1930. Ele voltou a Nova York em 1938 e lecionou no Centro de Artes da Comunidade do Harlem.

Influência criadora perene

As aspirações negras foram muitas vezes destruídas durante a Grande Depressão dos anos 1930, quando os trabalhadores americanos negros tinham duas vezes mais chances de perder o emprego que os brancos. Apesar disso, o Renascimento do Harlem estimulou um novo sentimento de orgulho e autodeterminação e teria impacto duradouro em expressões artísticas negras posteriores no mundo todo. Sua rica criatividade lançou as bases do Movimento das Artes Negras nos anos 1960, que por sua vez influenciou muito a expressão artística negra no século XXI. ■

Paisagem do Harlem com igreja (c. 1939-1940), de William H. Johnson, é típica do estilo intencionalmente ingênuo, ousado e colorido que o artista usava para captar a experiência de vida do americano negro na cidade.

Zora Neale Hurston

Nascida no Alabama em 1891, Zora Hurston cresceu em Eatonville, na Flórida, num subúrbio negro de Orlando. Ela tinha 13 anos quando sua mãe morreu e, aos 16, juntou-se a uma trupe de teatro itinerante antes de continuar os estudos. Em 1925, ganhou uma bolsa de antropologia no Barnard College, na Cidade de Nova York, e depois seguiu a pós-graduação na Universidade de Colúmbia. Esses estudos influenciaram muito seus textos, que contêm observações argutas sobre a cultura folclórica negra. Ela escreveu muitos artigos acadêmicos, contos e peças, pelos quais recebeu grande aclamação, mas pouco dinheiro. Mais tarde, Hurston trabalhou como ama para sustentar a escrita e morreu sem dinheiro e esquecida em 1960. Seus textos foram redescobertos pela escritora americana negra Alice Walker, cujo artigo na revista *Ms.*, em 1975, despertou novo interesse pela obra de Hurston.

Obras principais

1935 *Mules and Men*
1937 *Seus olhos viam Deus*
1942 *Dust Tracks on a Road*

A ETERNA BATIDA TUM-TUM NA ALMA NEGRA

A ERA DO JAZZ (ANOS 1920-ANOS 1930)

EM CONTEXTO

ONDE
Nova Orleans, EUA

ANTES
1718 A França funda Nova Orleans e traz à cidade bandas militares e o Mardi Gras.

1719 Os primeiros escravizados chegam da África, trazendo música nova aos ouvidos ocidentais.

1763 A Espanha toma o controle de Nova Orleans.

1803 O período colonial termina quando os EUA compram a cidade, onde negros livres podem tocar sua própria música em público.

DEPOIS
1938-1954 O jazz se afasta de suas raízes em Nova Orleans e aos poucos evolui.

1954-1960 Um gênero novo de inspiração negra, o rock 'n' roll, domina o período.

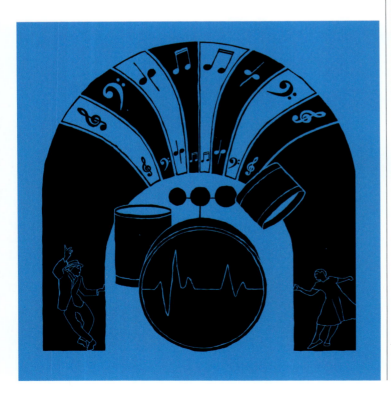

A Era do Jazz foi uma época em que a cultura popular dos EUA foi dominada pelo jazz, um gênero musical vibrante e bastante improvisado, criado pelos americanos negros.

O romancista americano F. Scott Fitzgerald, o primeiro a identificar o período, achou que este abrangia a década de 1920, mas na verdade teve início com o lançamento da primeira gravação de jazz, em 1917, e pode-se dizer que acabou em um auge, no primeiro grande festival ao ar livre de jazz, em 1938.

O jazz era tocado por bandas de instrumentos de sopro e tambores que produziam ritmos contagiantes, embora o piano em geral também

DESCOLONIZAÇÃO E DIÁSPORAS

Ver também: O início do tráfico escravista atlântico 116-121 ▪ Jim Crow 216-221 ▪ O renascimento do Harlem 242-245 ▪ A Marcha de Washington 282-285

Jazz é liberdade. Pense nisso.
Thelonious Monk
Músico de jazz americano negro (1918-1982)

fizesse parte. À diferença da música clássica, era raro haver pauta, e se esperava que os músicos improvisassem e se expressassem ao próprio modo.

Efeitos unificadores do jazz

A liberdade do jazz foi abraçada pelos jovens negros e brancos, que se divertiam dançando essa nova música, ouvida em festas, clubes e, depois, no rádio. Os gângsteres contratavam apresentações de jazz em clubes ilícitos, chamados *speakeasies*, que eles montavam para contornar a lei que proibiu o álcool entre 1920 e 1933.

O jazz tornou celebridades músicos negros como Louis Armstrong e Duke Ellington, e cantoras como Ethel Waters. O gênero foi adotado por líderes de bandas populares brancas, como Paul Whiteman e Benny Goodman. O jazz era uma linguagem que às vezes permitia aos negros falar de igual para igual com os brancos, talvez pela primeira vez desde a escravização, e barreiras começaram a se dissolver.

Porém, apesar de os músicos negros serem a principal atração dos clubes, ainda tinham de entrar e sair pela porta dos fundos e não se permitia que confraternizassem com os clientes. Pior ainda, quando em turnê pelo sul, muitas vezes eles dormiam ao relento após os concertos, por falta de hotéis que os aceitassem.

Origens do jazz

O apelo inter-racial do jazz talvez se deva, em parte, a suas origens em Nova Orleans, uma cidade portuária do sul, na Louisiana, com uma mistura única de tradições musicais. Os colonizadores iniciais franceses introduziram a banda militar, a festa musical do Mardi Gras e os primeiros instrumentos de metal. A maioria dos negros da cidade veio do Caribe, trazendo com eles uma batida com balanço, e os negros da África ocidental acrescentaram os ritmos percussivos. »

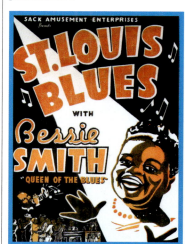

Um cartaz de 1929 mostra a cantora Bessie Smith. Conhecida como Imperatriz do Blues, Smith expressava as esperanças dos americanos negros em suas apresentações.

Louis Armstrong

Nascido de pais pobres em Nova Orleans, em 1901, o trompetista Louis Armstrong definiu o papel do solista no jazz. Apelidado de Satchmo, abreviatura de *satchel mouth* (boca de bolsa) devido à grande boca, Armstrong mergulhou no jazz desde cedo. Uma família judia para a qual fazia pequenos trabalhos o ajudou a comprar sua primeira corneta, aos 10 anos. Na adolescência, ele se juntou a bandas de jazz que tocavam em barcos que desciam e subiam o rio Mississípi, antes de mudar-se para Chicago em 1922, e para a cidade de Nova York em 1929.

A carreira de Armstrong se estendeu por cinco décadas. Seus 55 discos da Okeh Records, entre 1925 e 1928, revelaram seu impressionante virtuosismo e deram a um público maior uma noção dos tons límpidos de seu trompete. Ele foi também um importante cantor. Sua música *Heebie Jeebies*, de 1926, foi uma das primeiras gravações de *scat singing*, a técnica de usar sílabas sem sentido para imitar um instrumento. Sua própria voz rouca se tornou uma das mais icônicas do século xx. Ele estrelou uma série de filmes, como *Alta sociedade* (1957) e *Alô, Dolly!* (1969). Morreu na cidade de Nova York em 1971.

248 A ERA DO JAZZ

Os **spirituals** são um gênero de música popular bíblica fortemente associada aos escravizados do sul americano. Essas músicas os ajudavam a preservar sua cultura.

O **blues** se originou no sul dos EUA nos anos 1860, criado por americanos negros. Ele tem suas raízes nos cantos de trabalho africanos e nos spirituals.

O **jazz** tem raízes no blues e no ragtime, com a improvisação tendo um importante papel. A maior parte do jazz se baseia em síncopes e em geral inclui padrões de chamado e resposta.

A partir de 1817, as autoridades de Nova Orleans permitiram que os escravizados cantassem e dançassem aos domingos num local oficial chamado Congo Square. Lá, eles podiam exibir suas habilidades nos tambores, na improvisação e também no "chamado e resposta", em que uma frase de um cantor ou instrumento é respondida por outro.

Em meados do século XIX, os negros já tinham desenvolvido uma tradição distinta, com várias vertentes: spirituals, música sacra de esperança e redenção; cantos de trabalho, que os ajudavam a terminar um dia duro; e gritos de campo, que se relacionavam aos cantos de trabalho, mas eram canções ritmadas de modo criativo para coincidir com o movimento, por exemplo, de escavar o solo.

Blues e ragtime

Houve duas outras criações negras que atuaram como precursoras do jazz. Primeiro, o blues, que introduziu uma nova escala, em que o som de uma ou mais notas da escala convencional eram bemolizadas ou rebaixadas (as "*blue notes*"). Ele surgiu no sul, em meados do século XIX, e violonistas itinerantes o levaram a Nova Orleans nos anos 1890. A segunda veio do meio-oeste, nos anos 1890, e se chamava ragtime. Seu compositor mais famoso, Scott Joplin, desenvolveu ao piano um estilo de "tempo esfarrapado" ("*ragged time*") – uma síncope, que acentuava as notas fracas do ritmo esperado. A forma se ajustava com perfeição à dança, que deu fama a uma dupla de bailarinos brancos, Vernon e Irene Castle, cujo arranjador musical era outro americano negro talentoso, James Reese Europe. O jazz foi um amálgama de escalas de blues e ragtime, incorporando tudo que se desenvolvera desde o período colonial. A partir do início do século XX, bandas de jazz brotaram em toda Nova Orleans.

Os primeiros astros do jazz

Em 1915, um *créole* de Nova Orleans, Jelly Roll Morton, publicou a primeira partitura de jazz, com o título *Jelly Roll Blues*. Mas foi um conjunto branco, o Original Dixieland Jass Band, que lançou o primeiro disco em 1917, depois que músicos negros

Duke Ellington se apresenta com sua orquestra e a cantora Bette Roche, em 1943. A carreira de Ellington se estendeu por mais de seis décadas e ele ficou conhecido como o maior compositor de jazz da época.

DESCOLONIZAÇÃO E DIÁSPORAS

O **swing** nasceu do jazz e foi popular nos anos 1930 e 1940. Algumas bandas de jazz tornaram-se grupos maiores de músicos, e ficaram conhecidas como bandas de swing.

O **soul** combina música gospel, blues e jazz. Tornou-se popular na comunidade americana negra nos anos 1950 e 1960 e é marcado pelo uso de vocais fortes.

supostamente perderam a oportunidade. O lado A, um marco, era *Dixieland Jass Band One-Step*. Depois disso, o jazz se tornou obsessão nacional, influenciando tudo, desde o famoso concerto de 1924, em que George Gershwin estreou *Rhapsody in Blue*, em Nova York, com a orquestra de jazz de Paul Whiteman e solo de piano, até o primeiro filme falado de Hollywood, *O cantor de jazz*, de 1927.

Mas foram os americanos negros que impeliram e sintetizaram essa era. Louis Armstrong se tornou o principal trompetista de jazz. Duke Ellington escreveu, em 1932, a canção que melhor captou o espírito do jazz, *It Don't Mean a Thing (If It Ain't Got that Swing)*. Ethel Walters cantou de modo provocador o insinuante *My Handy Man* (1928). James P. Johnson escreveu a música da dança definidora da era, o charleston, em 1923, e no Savoy Ballroom, no Harlem, surgiu a outra famosa dança do período, o Lindy hop, em 1928.

Auge e declínio

O jazz logo ganhou aficionados no mundo todo – mas em especial na França, o país que ajudara a lançar as sementes do jazz em Nova Orleans, dois séculos antes. Em 1918, nos últimos meses da Primeira Guerra Mundial, o antigo arranjador de ragtime, James Reese Europe, levou o jazz à França. Liderando uma banda de regimento negra, ele iniciou uma turnê no país como parte do esforço de guerra, tocando jazz para animar as multidões.

Nos anos 1930, a forma original do jazz tinha sido substituída pelo swing nos EUA, em parte devido à popularidade do suave swing jazz, de Benny Goodman. Em 1935, Goodman se tornou o primeiro jazzista branco a convidar músicos negros a tocar com ele no palco.

Em 1938, quando a era chegava ao fim após a Grande Depressão dos anos 1930, o primeiro festival de jazz ao ar livre aconteceu no estádio de Randall Island, em Nova York, assistido por cerca de 24.000 jovens negros e brancos. Houve 25 apresentações, entre elas as de Goodman e Ellington, com um público misto dançando nos corredores. O jazz foi uma realização americana negra, e não seria a última. Nos anos 1950, quando o grande apelo do jazz tinha sido eclipsado por big bands e crooners, a música uniria de novo os jovens, com outra variante do blues, o rock 'n' roll. ∎

Josephine Baker

Nascida nos EUA em 1906, Josephine Baker teve pouco sucesso no início da carreira de dançarina até ser descoberta num papel menor, num espetáculo no Harlem, em Nova York. A americana residente em Paris, Caroline Reagan, buscava artistas negros para um show sobre a Era do Jazz, *Revue Nègre*, que queria levar à França. Ela contratou Baker, que se tornou a estrela da produção ao estrear em Paris, em 1925. Seu desempenho provocativo do charleston, a dança rápida da Era do Jazz, tornou-a o assunto da cidade.

Baker ficou impressionada com a integração racial em Paris, e tornou a cidade seu lar. Logo, ela era parte de uma comunidade americana de expatriados de elite, que incluía F. Scott Fitzgerald e Ernest Hemingway.

Em 1937, Baker se tornou cidadã francesa e, na Segunda Guerra Mundial, trabalhou para a Resistência Francesa. Foi uma decidida ativista, defendendo os direitos civis nos anos 1960 com Martin Luther King e discursou na Marcha de Washington, em 1963. Morreu em Paris em 1975.

QUEREMOS SER CIDADÃOS
MOVIMENTOS NEGROS NA FRANÇA (ANOS 1920)

EM CONTEXTO

ONDE
França

ANTES
c. 1918 Começa o Renascimento do Harlem, em Nova York, nos EUA.

1919 A França sedia o segundo Congresso Pan-Africano, em Paris.

1920 O ativista jamaicano Marcus Garvey apresenta a "Declaração dos Direitos dos Povos Negros do Mundo" na Cidade de Nova York.

DEPOIS
1929 As irmãs martinicanas Paulette, Jeanne e Andrée Nardal abrem um salão em Paris, onde os intelectuais negros se reúnem.

1931-1932 O influente periódico francês *Revue du Monde Noir* (Revista do Mundo Negro) é publicado.

1960 O cofundador do Négritude, Léopold Sédar Senghor, se torna o primeiro presidente do Senegal independente.

Para os intelectuais e radicais negros que viviam em Paris, o fim da Primeira Guerra Mundial era o momento de negociar melhorias para as pessoas de origem africana nas colônias ultramarinas francesas. Esses ativistas desenvolveram uma forma distinta de pan-africanismo – a ideia de união dos descendentes de africanos – nos anos 1920.

Manifestar-se
Grande número de migrantes da África Ocidental Francesa e das Antilhas foram forçados a integrar o exército francês, mas tiveram cidadania negada quando a guerra acabou, em 1918. Várias organizações políticas populares se espalharam em Paris. A primeira a ganhar significativo apoio foi a Ligue Universelle pour la Défense de la Race Noire (LUDRN, ou Liga Universal de Defesa da Raça Negra), fundada em 1924 pelo advogado Kojo Tovalou Houénou, nascido no Daomé. Ele criou também o primeiro jornal negro na França, *Les Continents*.

Falando na Liga contra o Imperialismo em Bruxelas, na Bélgica, em 1927, o líder do CDRN Lamine Senghor (sexto a partir da esquerda) condenou o colonialismo, afirmando: "Não mais escravos".

DESCOLONIZAÇÃO E DIÁSPORAS

Ver também: Pan-africanismo 232-235 ▪ O renascimento do Harlem 242-245 ▪ O Ano da África 274-275 ▪ A diáspora africana hoje 314-315

Durante e após a Primeira Guerra Mundial, **migrantes coloniais negros chegam à França** em grande número.

Surgem **organizações políticas** que buscam **o progresso das pessoas negras**.

A **oposição do estado francês** e diferenças ideológicas resultam na **supressão desses grupos**.

A **teoria do** Négritude surge, vindo a desempenhar um papel importante na **rejeição ao colonialismo**.

Os objetivos da LUDRN eram defender os direitos dos negros no mundo todo, desenvolver a solidariedade na população negra e permitir a "evolução da raça" pela educação. A organização condenava os abusos do domínio colonial francês e lutava pela naturalização dos súditos franceses. Mas em 1924, a LUDRN foi envolvida num caso de difamação, após um artigo em *Les Continents* descrever Blaise Diagne, o primeiro deputado africano eleito para a Assembleia Nacional Francesa, como um agente do colonialismo. Em 1916, ela estava sepultada.

Promoção da independência

A LUDRN levou à fundação de um grupo mais radical, o Comitê de Défense de la Race Nègre (CDRN, ou Comitê para Defesa da Raça Negra), dirigido por Lamine Senghor, um ativista senegalês. O CDRN fazia críticas diretas à política colonial francesa e militava na defesa do nacionalismo – a independência das colônias da França. Essas demandas anticoloniais enfureceram o governo francês, e Senghor foi preso em 1927. Ele foi libertado, mas morreu naquele ano, e a organização teve de se reinventar.

O militante sudanês Tiemoko Garan Kouyaté, um dos fundadores do CDRN, se encarregou de reconstruir o grupo como Ligue de la Défense de la Race Nègre (LDRN ou Liga de Defesa da Raça Negra) em 1928. A LDRN era ainda mais militante que a antecessora nas tentativas de influenciar a administração francesa, e sob Kouyaté desenvolveu ligações comunistas. A dispensa de Kouyaté em 1931, unida à hostilidade do governo, enfraqueceu muito a organização. Em 1933, ela deixou de funcionar.

Esses grupos não alcançaram muito em termos de agenda anticolonial, mas foram influentes no desenvolvimento do pan-africanismo. Talvez mais importante, abriram caminho para o Négritude, que buscou despertar a consciência negra na África e em sua diáspora. ∎

Négritude

Nascido na rica cena intelectual de Paris nos anos 1930 e 1940, o Négritude foi um movimento literário negro, cujos principais nomes foram os poetas Léopold Sédar Senghor, Aimé Césaire e Léon Damas. Nas palavras de Césaire, o Négritude é o "reconhecimento do fato de sermos negros, a aceitação desse fato e de nosso destino como negros, de nossa história e cultura". Embora tenha começado entre escritores africanos e caribenhos de fala francesa como um protesto contra o domínio colonial francês e a política de assimilação, o Négritude foi um movimento internacional. Ele estimulava os africanos a buscar em sua própria herança cultural os valores mais úteis no mundo moderno. Surgindo logo antes dos movimentos de independência africanos, o Négritude contribuiu para a rejeição do colonialismo. Nos anos 1960, seus objetivos políticos e culturais tinham sido atingidos na maioria dos países africanos.

O artista cubano Wifredo Lam, do Négritude, combinou a cultura africana com elementos surrealistas e cubistas em *Autorretrato III* (1938).

SUA MÃE FOI CONTADA?
A GUERRA DAS MULHERES DE 1929

EM CONTEXTO

ONDE
Nigéria

ANTES
1912 Frederick Lugard, governador britânico dos Protetorados do Norte e do Sul da Nigéria, cria um sistema de governo indireto, em que oficiais coloniais supervisionam as estruturas de poder existentes.

1916 Chefes delegados eram nomeados para governos locais no sul da Nigéria, destituindo conselhos locais tradicionais.

1928 Homens igbos são taxados pela primeira vez.

DEPOIS
1938 Protestos por impostos acontecem em Ngwaland, no sudeste da Nigéria, inspirados na Guerra das Mulheres de 1929.

1959 A Nigéria promove sua primeira eleição nacional.

1960 A Nigéria obtém a independência do Reino Unido.

A primeira grande revolta contra o domínio colonial britânico na Nigéria, a Guerra das Mulheres de 1929, ou *Ogu Umunwanyi*, na língua igbo, foi deflagrada por uma discórdia num censo em Oloko, um povoado no sul da Nigéria, em novembro de 1929. Excluídas das decisões políticas e irritadas com as crescentes taxas aduaneiras, as mulheres da região começaram a achar que logo sofreriam taxação direta – apesar da dependência financeira aos maridos, que já eram taxados.

Milhares de mulheres afluíram a Oloko para se juntar aos protestos, liderados por uma mulher de fala igbo chamada Madame Nwanyeruwa. Elas realizaram o tradicional ritual de "calar" o chefe delegado local – um modo de humilhar uma pessoa cantando e dançando ao seu redor.

O oficial britânico distrital logo cedeu às demandas, mas em dezembro mulheres de outras áreas se rebelaram. Fábricas e prédios do governo foram destruídos e houve choques violentos entre mulheres e oficiais. Acredita-se que cerca de 25.000 mulheres se juntaram à guerra e mais de 50 delas foram mortas antes que acabasse, em janeiro de 1930.

Em resposta aos protestos, uma nova administração britânica buscou reformar a estrutura política colonial na Nigéria, abolindo o sistema de chefes delegados e permitindo que as mulheres fossem indicadas para tribunais locais. A Guerra das Mulheres também abriu caminho para movimentos posteriores anticoloniais e de independência na Nigéria. ∎

As mulheres não vão pagar taxas até que o mundo acabe.
Madame Nwanyeruwa
Declaração sobre os resultados da Guerra das Mulheres

Ver também: As guerreiras do Daomé 164-165 ▪ Pan-africanismo 232-235 ▪ Surge o feminismo negro 276-281

DESCOLONIZAÇÃO E DIÁSPORAS

UM REI NEGRO SERÁ COROADO
O MOVIMENTO RASTAFÁRI (ANOS 1930)

EM CONTEXTO

ONDE
Jamaica, Etiópia

ANTES
1920 Marcus Garvey prevê a coroação de um rei negro e proclama que o "dia da libertação" logo virá.

1930 Hailé Selassié I é coroado imperador da Etiópia.

DEPOIS
1966 Hailé Selassié visita a Jamaica. Ele convida os rastáfaris a mudar-se para Shashamane, na Etiópia, e cerca de 2.000 deles emigram. A data da visita, 21 de abril, se torna um dia santo rastafári conhecido como Grounation Day.

1974 Hailé Selassié é deposto por um golpe militar e assassinado um ano depois.

2019 Há cerca de 1 milhão de rastafáris no mundo todo. Dos que foram da Jamaica para a Etiópia restam cerca de 200.

O Rastafári – um movimento político e religioso influenciado por histórias bíblicas e ideias pan-africanas – surgiu na Jamaica nos anos 1930. Os rastafáris creem que a escravização forçada de africanos por europeus no século XIX, que levou ao exílio daqueles ao redor do mundo, resultou numa "pressão para baixo" (opressão) dos negros. Quando essa subjugação terminar, eles acreditam, todos os africanos voltarão à sua terra-mãe – a Etiópia.

Um "Messias negro"

Em 1920, o líder político jamaicano Marcus Garvey declarou que um "rei negro" seria coroado e que ele seria um "Redentor". Dez anos depois, Hailé Selassié I se tornou imperador da Etiópia. Tanto a profecia de Garvey como a posse de Selassié levaram à fundação do movimento Rastafári, de Ras Tafari, nome de Hailé Selassié antes de ser coroado imperador. Os adeptos o consideram o "Messias negro", enviado para "salvar o povo africano".

O Rastafári se espalhou pelo

A coroação de Hailé Selassié em 1930 foi vista por muitos jamaicanos como a realização de uma profecia. Apesar de sua morte em 1975, após um golpe militar, o Rastafári continua popular.

mundo através da música reggae, graças em grande parte ao músico jamaicano rastafári Bob Marley. Além de um sistema de crenças, é um modo de vida que tem a paz como o foco principal e inclui meditação e oração, o uso de cabelos longos e naturais (com frequência em dreadlocks) e uma dieta "I-tal" (natural, livre de carne e comidas processadas). ∎

Ver também: Os *maroons* jamaicanos 146-147 ▪ A Etiópia desafia o colonialismo 226-227 ▪ Pan-africanismo 232-235 ▪ A migração Windrush 258-259

ESTÁVAMOS COM O MESMO UNIFORME

COMBATENTES NEGROS NA SEGUNDA GUERRA MUNDIAL (1939-1945)

EM CONTEXTO

ONDE
Ao redor do mundo

ANTES
1861-1865 Mais de 200.000 americanos negros lutam na Guerra Civil Americana.

DEPOIS
1945 Três integrantes do primeiro batalhão americano negro feminino no além-mar são enterradas no Cemitério Americano da Normandia.

1948 Veteranos em Acra (atual Gana) protestam por não receber os benefícios por servir na Segunda Guerra Mundial.

2017 Em Londres, é inaugurado um memorial de guerra aos soldados africanos e caribenhos das duas Guerras Mundiais.

2021 Autoridades britânicas se desculpam por não ter honrado como devido os veteranos africanos e indianos da Primeira Guerra Mundial.

A pós a derrota da Alemanha e seus aliados na Primeira Guerra Mundial, a Alemanha começou a se rearmar em 1933, sob Adolf Hitler, líder do Partido Nazista. Em 1936, Hitler selou tratados com o Japão e a Itália e iniciou a invasão dos vizinhos europeus da Alemanha. Não houve reação à agressão até 1º de setembro de 1939, quando a Alemanha invadiu a Polônia. Dois dias depois, o Reino Unido e a França declararam guerra, marcando o início da Segunda Guerra Mundial entre as potências do Eixo e os Aliados.

Os países do Eixo eram a Alemanha, a Itália e o Japão, e os Aliados incluíam o Reino Unido, os

DESCOLONIZAÇÃO E DIÁSPORAS

Ver também: Jim Crow 216-221 ▪ A Etiópia desafia o colonialismo 226-227 ▪ A migração Windrush 258-259 ▪ Gana declara independência 272-273 ▪ O Ano da África 274-275 ▪ O movimento Black Power 288-289

EUA, a União Soviética, a Polônia e a França, entre outros. Com a ampliação das frentes de batalha, os países europeus recorreram ao trabalho e soldados de suas colônias para sustentar os esforços de guerra.

Forças coloniais

As nações europeias relutaram em colocar soldados negros contra pessoas brancas, mas a escala e as demandas da guerra, além do tributo humano que exigia, levaram à mobilização de tropas negras. Colônias britânicas, francesas e belgas lutaram com os Aliados, e as italianas com as potências do Eixo.

Os britânicos mobilizaram soldados de seus regimentos coloniais – a Força de Fronteira da África

Soldados do exército britânico da Costa do Ouro (Gana) foram importantes ao ajudar os Aliados a tomar o controle da colônia da África Oriental Italiana, em 1941.

Ocidental e os Fuzileiros Africanos do Rei. As tropas foram destacadas para frentes no teatro de guerra China-Birmânia-Índia, sob a 81ª Divisão. Cerca de 23.000 africanos ocidentais foram também enviados para o Chifre da África e para o outro lado do oceano Índico como combatentes. No teatro europeu, o Reino Unido repetiu a política da Primeira Guerra Mundial de não destacar soldados africanos contra europeus brancos. Em vez disso, usou as tropas em funções fora do combate.

Entre 1939 e 1940, a França recrutou cerca de 300.000 soldados norte-africanos e 197.000 africanos ocidentais em suas colônias. À diferença das britânicas, algumas unidades africanas foram destacadas para frentes europeias, no interior da Itália, na Sicília e na Alemanha, e cerca de 63.000 soldados africanos lutaram na França. Eles também serviram na frente norte-africana e no oeste da Ásia.

Na Europa, os soldados africanos serviram nas linhas de frente, mais vulneráveis. Eles eram o alvo de execução em massa por unidades alemãs, que consideravam – como na Primeira Guerra Mundial, em que a Alemanha foi derrotada e perdeu suas colônias e tropas africanas – que o destacamento de unidades africanas na Europa contra soldados brancos era uma desonra.

Após a ocupação da França em 1940, a Alemanha repatriou numerosos soldados africanos. Muitos se juntaram ao exército francês quando da derrota alemã na Síria e no Líbano, alistando-se na 1ª Divisão Francesa Livre. Esta se tornou a divisão francesa mais condecorada da guerra, fundamental para a libertação do sul e do leste da França. Em 1945, porém, o governo francês repatriou soldados africanos para "branquear" o exército.

Heróis de guerra não cantados

Nem a França nem o Reino Unido reconheceram as contribuições das tropas africanas a suas vitórias. »

Soldados negros das colônias francesas na África viajam para a França para ajudar os Aliados em 8 de junho de 1944 – dois dias após os desembarques do Dia D para libertar o noroeste europeu.

Quando saí, não me deram nada. Fomos abandonados exatamente assim.
Eusebio Mbiuki
Veterano de guerra queniano

256 COMBATENTES NEGROS NA SEGUNDA GUERRA MUNDIAL

> Em 1942, *The Pittsburgh Courier* criou a "campanha Duplo V", para **vitória sobre os inimigos no exterior e os inimigos em casa**.

> *The Courier* comparou o **tratamento dado aos cidadãos negros pelos** EUA ao tratamento dado aos judeus pela Alemanha nazista.

> A campanha **estimulava o alistamento** de americanos negros relacionando a luta na guerra à **luta contra a discriminação racial**...

> ... e compartilhava histórias sobre **1 milhão de americanos negros** que serviam na Segunda Guerra Mundial.

> Em 1946, o "Duplo V" foi substituído por um simples "V", assinalando a **necessidade de continuar a combater a discriminação** nos EUA.

Após a guerra, pagamentos, pensões e benefícios pela desmobilização foram negados a muitos veteranos nas colônias britânicas e francesas. Além disso, o exército britânico havia pagado até três vezes menos aos combatentes negros que a soldados brancos de patente similar, durante a guerra.

O Regimento Caribenho
Durante a Primeira Guerra Mundial, o preconceito racial sofrido por soldados negros das Antilhas motivou motins contra a autoridade militar. Isso deixou uma impressão duradoura no Departamento de Guerra Britânico de que não se podia confiar nos soldados das Antilhas como soldados leais. Apesar da discriminação vivida, os cidadãos negros das colônias do Reino Unido no Caribe se uniram à causa britânica após a eclosão da Segunda Guerra Mundial.

O Departamento de Guerra hesitou em restaurar o Regimento das Antilhas, temendo que os soldados antilhanos negros mais bem pagos pudessem fomentar rebelião entre as tropas africanas britânicas. O Departamento das Colônias, porém, queria a todo custo evitar o

Milhares de voluntários caribenhos se juntaram à Força Aérea Real Britânica na Segunda Guerra Mundial como pilotos, navegadores e atiradores aéreos, ou em equipes de terra.

desastre político que poderia resultar das contínuas recusas a destacar soldados caribenhos dispostos. Os dois ministérios debateram o tema até 1944, quando o Departamento de Guerra afinal recrutou soldados dos territórios britânicos nas Antilhas, formando o Regimento Caribenho do exército britânico. A unidade foi destacada para a frente do Mediterrâneo, mas limitada a funções gerais, como escoltar prisioneiros de guerra, detectar minas e preparar carregamentos de equipamento militar.

Os soldados americanos negros
Umas das mais conhecidas unidades americanas negras na Primeira Guerra Mundial foi o 369º Regimento de Infantaria, popularmente chamado Harlem Hellfighters (Guerreiros Infernais do Harlem). Ele passou mais tempo nas trincheiras da linha de frente e sofreu mais perdas que

DESCOLONIZAÇÃO E DIÁSPORAS 257

qualquer outra unidade americana, com mais de 1.400 mortes. Porém, quando os EUA entraram na Segunda Guerra Mundial, em 1941, os únicos protocolos do Departamento de Guerra sobre soldados negros consistiam em recrutá-los para trabalho braçal e manter as tropas segregadas. Quando os teatros de guerra se expandiram, em 1942, as tropas negras foram destacadas para o Caribe, Ásia e Europa. No fim da guerra, 1,2 milhão de americanos negros tinham servido no conflito. Nas frentes de guerra as leis Jim Crow americanas de segregação racial eram aplicadas em cada seção. A maioria dos soldados negros ia para unidades de trabalho e serviços e os que ascendiam a posições de comando se limitavam a liderar unidades negras. A Associação Nacional para o Progresso das Pessoas de Cor (ANPPC) e os jornais negros destacavam a hipocrisia de os EUA lutarem em defesa da democracia e manterem a segregação em suas próprias forças. Com cada vez mais baixas em 1944, os EUA destacaram o 761º Batalhão de Tanques, a primeira divisão americana negra a lutar na Europa, essencial para a libertação da França ocupada. No mesmo ano, também foram mobilizados os Aviadores de Tuskegee, um grupo de aeronautas militares negros. Porém, as unidades militares continuaram segregadas, com uma notável exceção. Na Batalha das Ardennes, uma ofensiva alemã na Bélgica que foi de 16 de dezembro de 1944 a 25 de janeiro de 1945, gerou uma necessidade desesperada de efetivo e fez os comandantes fundirem as unidades.

> Devo sacrificar minha vida para viver como meio americano? Vale a pena defender o tipo de América que conheço? A América vai ser uma democracia real e pura depois desta guerra? Essas e outras questões precisam de respostas.
> **J.G. Thompson**
> *Pittsburgh Courier*, 1942

Rumo à igualdade
Após a volta aos EUA, os veteranos negros enfrentaram turbas de brancos que os viam como uma ameaça às normas de segregação racial. Muitas vezes lhes eram negados os benefícios do pós-guerra. Enquanto serviam na Europa, os americanos negros conheceram sociedades sem uma linha de cor formal. No Reino Unido, por exemplo, não havia restrições aos lugares que podiam visitar e alguns soldados negros socializaram com mulheres brancas — um tabu nos EUA. Ao voltar, muitos soldados se uniram à ANPPC e participaram de movimentos pelos direitos civis.

Na África, os veteranos negros espalharam ideias de igualdade e tiveram um papel nos movimentos de independência e organizações políticas. Muitos concorreram a cargos políticos, como o poeta senegalês Léopold Senghor, que se tornou o primeiro presidente do Senegal.

Com a Guerra Fria, as unidades militares americanas segregadas na Alemanha se tornaram uma vergonha cada vez maior. A propaganda soviética e alemã retratava os EUA como uma nação racista para desacreditá-la como liderança global. Em 26 de julho de 1948, o presidente Harry Truman autorizou a integração racial nas forças armadas dos EUA. ■

Os Aviadores de Tuskegee

Em 1941, após pressões de ativistas para que soldados negros atuassem em combate, cerca de mil americanos negros pioneiros foram treinados como pilotos no Aeródromo do Exército de Tuskegee, no Alabama. Eles foram enviados para várias partes da Europa e norte da África para escoltar e proteger bombardeiros de ataques inimigos.

Em 1944, vários esquadrões de combate negros foram combinados, formando a 332ª Divisão. O grupo escoltava bombardeiros pesados da 15ª Força Aérea em área inimiga com aviões de cauda pintada de vermelho, o que lhes valeu o apelido "Caudas Vermelhas". Sua taxa de sucesso foi a melhor entre os grupos de escolta da 15ª Força Aérea, ajudando a destruir o mito de que os negros não serviam para funções de combate. Após a guerra, muitos aviadores negros continuaram na carreira militar.

Em 2007, mais de 300 Aviadores de Tuskegee sobreviventes receberam do presidente George W. Bush a Medalha de Ouro do Congresso, em reconhecimento a seus serviços aos EUA.

ELES DIZEM A VOCÊ QUE É A TERRA-MÃE
A MIGRAÇÃO WINDRUSH (1948)

EM CONTEXTO

ONDE
Caribe, Reino Unido

ANTES
1939-1945 Cerca de 16.000 homens e mulheres caribenhos lutam pelo Reino Unido na Segunda Guerra Mundial. Mais de 40.000 se juntam ao esforço de guerra civil nos EUA.

1948 A Lei de Nacionalidade concede cidadania britânica plena aos súditos da Commonwealth e o direito a migrar e se fixar no Reino Unido.

DEPOIS
1962 A Lei de Imigração da Commonwealth exclui o direito automático de seus cidadãos a se fixar no Reino Unido.

1971 A Lei de Imigração do Reino Unido, em vigor em 1973, permite apenas residência temporária, se imigrantes da Commonwealth não tiverem vínculos estreitos com o Reino Unido.

Enfrentando **falta de mão de obra** após a Segunda Guerra Mundial, o governo britânico convida **cidadãos das colônias da Commonwealth** a ajudar a reconstruir o Reino Unido.

Com a promessa de **trabalho** e **nacionalidade britânica**, milhares de migrantes caribenhos chegam ao Reino Unido, **esperando ser bem recebidos** em sua "terra-mãe".

Na verdade, os recém-chegados encontram **más condições de trabalho, clima adverso** e **hostilidade e preconceito crescentes** dos moradores brancos.

Os caribenhos se juntam para **combater o racismo** e **organizar eventos comunitários** para levantar os ânimos.

Após a Segunda Guerra Mundial, o Reino Unido sofreu falta de mão de obra e buscou ajuda para reconstruir a nação. Apelando às colônias da Commonwealth, o governo exortou os cidadãos a irem para a "terra-mãe", prometendo emprego e o direito legal de fixar-se no Reino Unido. Nos anos seguintes, milhares de caribenhos chegaram; muitos viam a oferta para trabalhar e morar no Reino Unido como uma potencial mudança de vida. Era comum famílias juntarem recursos para comprar uma passagem e garantir que um membro fizesse a viagem transatlântica.

Os primeiros navios com os novos trabalhadores migrantes chegaram em 1947. Mas foi no HMT *Empire*

DESCOLONIZAÇÃO E DIÁSPORAS 259

Ver também: O início do tráfico escravista atlântico 116-121 ▪ Os *maroons* jamaicanos 146-147 ▪ Os garifunas 162-163 ▪ Combatentes negros na Segunda Guerra Mundial 254-257

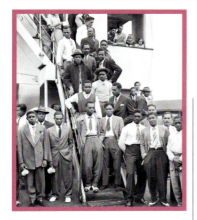

Windrush que mais de 1.000 passageiros vindos da Jamaica aportaram em Tilbury, em Essex, em 1948, e por isso os migrantes caribenhos ficaram conhecidos como Geração Windrush.

Trabalho, mas também dificuldades

Embora a maioria dos caribenhos tenha se empregado, a vida não era fácil. O salário era baixo e muitos que tinham deixado a família não conseguiam economizar o bastante para trazê-la ao Reino Unido. Os invernos britânicos, muitas horas e más condições de trabalho, além das diferenças culturais, eram um choque em comparação com o clima agradável e ritmo calmo do Caribe. Muitos se decepcionaram com a sujeira e miséria onde viviam.

A chegada de caribenhos despertava cada vez mais hostilidade entre os colegas brancos e as pessoas em geral. Em 1958, houve confrontos em Notting Hill, em Londres, e atritos similares em Nottingham, quando turbas de trabalhadores brancos atacaram moradores antilhanos, que reagiram

Passageiros caribenhos se preparam para desembarcar na Inglaterra do *Empire Windrush*, um antigo vapor de transporte de tropas alemão. Os 1.027 passageiros oficiais incluíam 539 da Jamaica, 139 de Bermudas e 73 de Trinidad.

com vigor. Em 1959, o assassinato do antiguano britânico Kelso Cochrane por uma gangue de jovens brancos londrinos aumentou a tensão racial; seus assassinos nunca foram apanhados.

A comunidade caribenha se uniu diante do racismo aberto e seu ativismo e influência levou à Lei das Relações de Raça de 1965, que proibiu a discriminação com base em "cor, raça ou origem étnica ou nacional".

O escândalo da deportação

De 1962 em diante, sucessivas leis passaram a limitar a imigração da Commonwealth para o Reino Unido, encerrando a entrada de caribenhos em larga escala, no início dos anos 1970. Mais de 50 anos depois, porém, o nome *Windrush* voltou às manchetes com um escândalo. Em 2018, o governo do Reino Unido teve de admitir que muitos caribenhos da geração Windrush e posteriores tinham sofrido uma grave injustiça. Devido à perda de papelada ou à falha em reconhecer que não era preciso documentação quando os primeiros migrantes e seus parentes chegaram, muitos caribenhos foram presos por engano, seus direitos foram negados e eles foram ameaçados de deportação, ou deportados de fato.

Em março de 2020, uma análise independente do governo concluiu que o tratamento dado à geração Windrush e seus filhos, pelo Departamento do Interior, revelou "uma profunda falha institucional" e foi prometida compensação aos elegíveis. ▪

O Carnaval de Notting Hill

Para animar os espíritos e mostrar solidariedade diante da crescente tensão racial, a ativista Claudia Jones, nascida em Trinidad, organizou o primeiro Carnaval Caribenho em janeiro de 1959 no St. Pancras Town Hall, em Londres. Eventos fechados similares ocorreram no início dos anos 1960, mas o moderno Carnaval de Notting Hill começou com uma ideia de entreter as crianças locais, em 1966.

Os ativistas comunitários Rhaune Laslett e Andre Shervington iniciaram o evento de rua de agosto, convidando o popular músico trinitário Russell Henderson e sua banda de metais a participar de um cortejo por Notting Hill. Em 1974, as fantasias coloridas e a música caribenha do Carnaval já atraíam mais de 100.00 pessoas, incluindo logo depois reggae jamaicano, música dub e ska, além de soca e o tradicional calipso.

O evento de dois dias no feriado de agosto se tornou uma instituição cultural, com mais de 2 milhões de participantes em anos recentes, e continua a ser um espaço de coesão e celebração da comunidade.

Com trajes coloridos de temas jamaicanos, os participantes desfilam no Carnaval de Notting Hill de 2019.

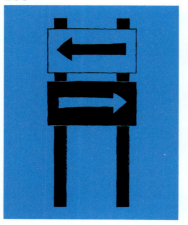

NÃO HÁ CAMINHO FÁCIL PARA A LIBERDADE
NELSON MANDELA E O MOVIMENTO ANTI-APARTHEID (1949)

EM CONTEXTO

ONDE
África do Sul

ANTES
1652 A África do Sul é colonizada primeiro pelos holandeses.

1797 Os britânicos restringem os sul-africanos negros da Colônia do Cabo, forçando-os a usar passaportes internos.

1910 Com a Lei da África do Sul, os sul-africanos brancos obtêm controle político total sobre outros grupos raciais.

1912 O Congresso Nacional Africano (CNA) é fundado.

DEPOIS
1993 Nelson Mandela e F. W. de Klerk recebem juntos o Prêmio Nobel da Paz por lançar as bases da democracia na África do Sul.

1996 Nelson Mandela instala a Comissão de Reconciliação e Verdade para tratar de agressões aos direitos humanos no regime do apartheid.

Em 1948, o Partido Nacional (PN) foi eleito na África do Sul e adotou uma política de apartheid, um sistema de segregação racial. Regras extremas foram aprovadas para tirar direitos dos sul-africanos negros, como a Lei de Registro da População, de 1950, que classificava as pessoas em quatro grupos raciais – brancos, negros, "indianos" (indianos e paquistaneses) e "de cor" (mestiços). Isso levou ao "Pequeno Apartheid" – a segregação de áreas públicas e eventos sociais – e ao "Grande Apartheid" – limites no acesso dos sul-africanos negros a terras, direitos políticos, moradia, emprego e cidadania.

Resistência interna
Embora o apartheid fosse definido em lei, muitos se opunham, entre eles Nelson Mandela. Aos 26 anos, Mandela se tornou o mais jovem líder do Congresso Nacional Africano (CNA), um partido político e grupo de liberação negra que combatia o apartheid. Em 1949, o CNA adotou o "Programa de Ação", convocando seus membros a fazer greves, boicotes e outras formas de resistência não violenta. Como uma das figuras principais, Mandela fazia discursos e defendia protestos não violentos.

Hendrik Verwoerd, primeiro-ministro desde 1958, levou mais adiante a política do apartheid. Em 1959, foi adotado o "Sistema das Homelands", criando dez *homelands* (pátrias) independentes, os bantustões, onde os sul-africanos negros eram obrigados a viver. De 1961 a 1994, mais de 3,5 milhões de pessoas foram forçadas a sair de suas casas e ir para *homelands* em áreas pobres rurais. Em alguns casos, famílias eram separadas à força, se

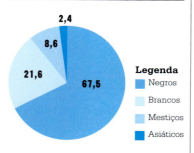

A maioria dos sul-africanos eram negros, como se vê nesta distribuição racial da população entre 1904 e 1960. A segregação racial do sistema de apartheid forçou 80% da população a viver em apenas 13% do país.

Legenda
■ Negros
■ Brancos
■ Mestiços
■ Asiáticos

DESCOLONIZAÇÃO E DIÁSPORAS

Ver também: Abolicionismo nas Américas 172-179 ▪ Jim Crow 216-221 ▪ A partilha da África 222-223 ▪ Pan-africanismo 232-235 ▪ O Ano da África 274-275 ▪ O movimento Black Power 288-289

Nelson Mandela

Nelson Mandela nasceu em Mvezo, na África do Sul, em 1918, e recebeu o nome de Rolihlahla. Seu pai, Henry Mandela, era conselheiro de um chefe do clã Madiba, a família governante do povo tembu, de língua xhosa.

Em 1941, Mandela foi para Johannesburgo para seguir a carreira em direito. Seu interesse por política e história africana, além da paixão pela igualdade para os sul-africanos negros, levou-o a se tornar o jovem líder do Congresso Nacional Africano (CNA). Mandela foi uma figura ativa no CNA, combatendo a política do apartheid. Em 1955, ajudou a delinear a Carta da Liberdade – um documento que pedia a igualdade racial para os sul-africanos negros.

Mandela foi preso muitas vezes, condenado à prisão perpétua em 1964 por "sabotagem". Passou cerca de 27 anos preso, dos quais 18 foram na ilha Robben. Após ser solto, em 1990, tornou-se o primeiro chefe de estado negro da África do Sul, em 1994. Quando morreu, em 2013, mais de 100.000 pessoas fizeram fila para homenageá-lo e prantear seu corpo.

pais e filhos fossem identificados e registrados como pertencentes a grupos raciais diversos.

Em 1960, 69 pessoas desarmadas foram mortas a bala pela polícia, quando protestavam no distrito negro de Sharpeville, numa manifestação não violenta do grupo anti-apartheid Congresso Pan-Africanista. Mandela e outros membros do CNA abandonaram sua posição anterior, a favor da não-violência, e defenderam protestos não pacíficos contra as forças sul-africanas. Ele foi preso em 1962 por criar uma ala militar no CNA, acusado de planejar uma luta de guerrilhas e atos de sabotagem. Em seguida, ele foi condenado à prisão perpétua com trabalhos forçados na ilha Robben.

Pressão internacional

Apesar da prisão de Mandela, a influência do CNA cresceu, com mais sul-africanos protestando contra o apartheid, e partidos políticos pedindo que os sul-africanos negros tivessem direitos democráticos. A percepção internacional sobre o tratamento dado aos sul-africanos negros e a prisão de Mandela também estava aumentando.

Em 1976, o Conselho de Segurança da ONU votou pela imposição de um embargo à venda de armas à África do Sul e, em 1980, exigiu a soltura de Mandela. Em 1986, a comunidade internacional, incluindo Reino Unido e EUA, impôs sanções econômicas à África do Sul, numa tentativa de forçar o fim do apartheid. Cidadãos ao redor do mundo se juntaram aos protestos.

Democracia na África do Sul

F. W. de Klerk foi eleito líder do PN e presidente da África do Sul, em 1989. Ele surpreendeu o país com rápidas medidas para acabar com o apartheid. Em 11 de fevereiro de 1990, Nelson Mandela foi libertado e passou a trabalhar com De Klerk numa transição pacífica à democracia.

Em 27 de abril de 1994, milhões de sul-africanos fizeram fila para exercer o recém-conquistado direito de votar, na primeira eleição totalmente democrática da África do Sul. Mandela foi eleito presidente, tornando-se chefe do Governo de Unidade Nacional, em que partidos minoritários tinham representação. ▪

Um cartaz anti-apartheid de 1985, de San Francisco, nos EUA, onde estivadores se recusaram a descarregar navios com cargas da África do Sul.

NÃO QUEREMOS GUERRA, QUEREMOS JUSTIÇA
A REVOLTA DOS MAU-MAU (1952)

EM CONTEXTO

ONDE
Quênia, África oriental

ANTES
1902 Colonizadores europeus recebem direitos sobre quaisquer terras no Quênia que pareçam desocupadas, a despeito da propriedade de africanos.

1913 Locações por 999 anos de áreas entregues aos europeus criam um monopólio no uso da terra.

1932-1934 A Comissão de Terras do Quênia fracassa em ressarcir africanos desalojados.

DEPOIS
1956 O Reino Unido concede representação aos quenianos no Conselho Legislativo.

1963 O Quênia promove eleições e se torna independente.

2011 Sobreviventes do Mau-mau processam o Reino Unido por torturas e abusos em campos de detenção. Os britânicos admitem os crimes, pagando compensações a 5.228 vítimas.

Regras impostas pelos britânicos **reduzem os quenianos originais**, entre eles o povo quicuio, à pobreza.

Os quicuios são **empurrados para reservas** e se tornam assalariados em **terras que antes eram deles**.

A pobreza e o descontentamento levam a **resistência radical a se avolumar**, culminando na Revolta dos Mau-Mau.

O governo britânico cede ao Quênia **direitos maiores à terra** e **mais autonomia política**.

Enquanto a maior parte da África era dividida entre potências europeias, o Reino Unido reivindicou formalmente o Quênia, em 1895, e declarou-o colônia da coroa em 1920. Nesse período, colonizadores europeus se mudaram para o Quênia e tomaram as terras férteis do Grande Vale do Rift e das montanhas, desalojando as comunidades locais que possuíam e cultivavam essas áreas. A maioria dos atingidos pertencia ao povo quicuio, o maior grupo étnico do Quênia.

Apesar dos pedidos de reforma agrária, distribuição de terras e representação política dos quenianos, nada foi feito. A falta de mudanças fez surgir um grupo radical, o

Não podíamos mais aceitar que um *mzungu* (europeu) fosse melhor que um africano.
Bildad Kaggia
Político queniano (1921-2005)

DESCOLONIZAÇÃO E DIÁSPORAS

Ver também: Os europeus chegam à África 94-95 ▪ A partilha da África 222-223 ▪ A Etiópia desafia o colonialismo 226-227 ▪ A Revolta Maji Maji 236-237 ▪ A Guerra das Mulheres de 1929 252 ▪ O Ano da África 274-275

Supostos mau-mau presos num campo de detenção no Quênia, em 1952. Os veteranos mau-mau relataram depois torturas e abusos sofridos nas mãos dos soldados britânicos nesses campos.

Exército de Liberdade e Terra Quenianas (ELTQ), formado em especial pelos povos quicuio, kamba, embu e meru. No fim dos anos 1940, o ELTQ, chamado pelos britânicos de Mau-Mau, iniciou uma luta militante por direitos à terra e liberdade.

A terra e a liberdade

Para garantir a lealdade entre os membros, os mau-mau faziam juramentos de submissão à causa. Sob a chefia do líder rebelde Dedan Kimathi, eles se dividiam em exércitos que faziam investidas de guerrilha. A partir de seus locais na floresta, eles atacavam fazendas de brancos e apoiadores do governo.

Em reação aos distúrbios, o governo colonial declarou estado de emergência no Quênia em outubro de 1952, prendendo vários supostos líderes mau-mau. Eles também começaram a divulgar no Quênia e no exterior que os mau-mau eram selvagens violentos, irracionalmente tomados de impulsos bestiais. Em 1953, as operações militares britânicas se expandiram, com ataques aéreos a possíveis campos mau-mau, levando a prisões em massa, encarceramento e assassinato de apoiadores dos rebelados. Em 1955, cerca de 11.000 mau-mau tinham sido mortos, 1.090 condenados tinham sido enforcados e mais de 80.000 pessoas estavam em campos de detenção, enquanto 1.819 quenianos leais ao governo britânico e 32 europeus tinham morrido nas mãos dos mau-mau. O estado de emergência durou até 1960, embora os mau-mau fossem considerados derrotados desde a prisão de Kimathi, em 21 de outubro de 1956.

O legado mau-mau

A revolta levou o governo britânico a adotar algumas reformas políticas e agrárias pedidas pelos nacionalistas quenianos. Em 1956, terras quicuias foram ampliadas e leis anteriores que só permitiam aos europeus plantar café – a principal cultura do Quênia – foram revogadas. Os britânicos aumentaram o número de assentos para membros quenianos no Conselho Legislativo e se comprometeram com um autogoverno de transição baseado no controle da maioria. Em dezembro de 1963, o Quênia se tornou independente, com o líder nacionalista da União Africana do Quênia, Jomo Kenyatta, como primeiro presidente.

Hoje, em termos amigáveis com o Reino Unido, o governo de Kenyatta manteve o banimento aos mau-mau no Quênia. Quando ela foi afinal eliminada, em 2003, eles foram reconhecidos oficialmente como heróis nacionalistas e arquitetos da independência do país. Desde então, relatos de prisões ilegais, castrações e abusos sexuais por soldados britânicos e colonizadores começaram a emergir. ▪

O povo quicuio se reúne no Estádio Ruring'u, em Nyeri, no Quênia, em 1963, num gesto simbólico de rendição após o fim da Revolta dos Mau-Mau.

POR QUE NOSSAS CRIANÇAS TÊM DE IR A UMA ESCOLA TÃO LONGE?
BROWN VS. CONSELHO DE EDUCAÇÃO (1954)

EM CONTEXTO

ONDE
Estados Unidos

ANTES
1868 A Cláusula de Proteção Igual da 14ª Emenda à Constituição dos EUA afirma que a lei deve tratar de modo igual a todos os indivíduos.

1896 A Suprema Corte dos EUA decide que a segregação racial e a doutrina "separados, mas iguais" são constitucionais.

DEPOIS
1960 Aos seis anos, Ruby Nell Bridges é a primeira estudante americana negra a entrar numa escola fundamental, antes só para brancos, no sul dos EUA.

1964 A Lei dos Direitos Civis extingue a segregação em locais públicos e proíbe a discriminação com base em raça, cor, religião, sexo ou origem nacional.

Em 1954, a Suprema Corte dos EUA decidiu que a segregação racial de crianças em escolas públicas era inconstitucional. O caso, conhecido como Brown *vs.* Conselho de Educação de Topeka, criou o precedente segundo o qual a decisão da Suprema Corte no caso Plessy *vs.* Ferguson, de 1896, endossando a doutrina "separados, mas iguais", era inconstitucional e a segregação de pessoas negras e brancas era uma afronta aos direitos civis dos americanos negros.

Antes da decisão da Suprema Corte, muitos estados nos EUA tinham leis que exigiam a segregação, obrigando americanos negros e brancos a usar espaços e serviços

DESCOLONIZAÇÃO E DIÁSPORAS

Ver também: Jim Crow 216-221 ▪ O linchamento de Emmett Till 268-269 ▪ O boicote aos ônibus de Montgomery 270-271 ▪ Surge o feminismo negro 276-281 ▪ A Marcha de Washington 282-285

A **14ª Emenda** à Constituição dos EUA afirma que todos os cidadãos devem ter a proteção igual das leis.

A Suprema Corte dos EUA decide que a **segregação racial é constitucional**, desde que as instalações e serviços fornecidos a cada raça tenham **qualidade igual**.

Várias ações são movidas em nome de crianças, argumentando que escolas segregadas são **inerentemente desiguais** porque são **prejudiciais à autoestima das crianças negras**.

A Suprema Corte concorda e ordena que os distritos escolares façam a integração.

---

públicos segregados, como banheiros e vagões de trem, e as crianças a frequentar escolas públicas separadas, desde que com igual qualidade – o que muitas vezes era inverídico.

Pressões crescentes

O caso que levou à decisão da Suprema Corte em 1954 teve início em 1950, quando Oliver Brown processou o Conselho de Educação de Topeka, no Kansas, porque a inscrição de sua filha de oito anos, Linda Brown, fora negada numa escola apenas de brancos a sete quarteirões de sua casa. Em vez disso, ela tinha sido forçada a frequentar uma escola segregada para negros a vários quilômetros de distância, passando pela escola branca para pegar o ônibus. Os advogados de Brown alegaram que, mesmo que a escola segregada tivesse padrão igual, tal discriminação racial era prejudicial ao desenvolvimento emocional e psicológico das crianças negras americanas.

Brown foi um dos 18 pais de Topeka que contestaram a legalidade da decisão "separados, mas iguais". Na mesma época, quatro casos similares surgiram em escolas públicas em outros lugares dos EUA: Briggs *vs.* Elliot, no condado de Clarendon, na Carolina do Sul, em 1949; um caso no condado de Prince Edward, na Virgínia, em 1951; Bolling *vs.* Sharpe, em Washington, DC, em 1951, e um caso em Wilmington, em Delaware, em 1952. A Suprema Corte decidiu juntar todos esses casos em uma ação coletiva – Brown *vs.* Conselho de Educação de Topeka.

O caso

Thurgood Marshall, diretor jurídico do Fundo Educacional e de Defesa Legal da Associação Nacional para o Progresso das Pessoas de Cor (ANPPC) foi o advogado-chefe dos requerentes. Marshal também tinha sido o principal advogado no caso Briggs *vs.* Elliot, na Carolina do Sul. George E. C. Hayes e James M. Nabrit, advogados no caso Bolling *vs.* Sharpe, também atuaram no caso. Juntos, eles alegaram que escolas segregadas por raça não eram e não poderiam ser iguais e que tal sistema privava, assim, as crianças negras de seu direito a proteção igual sob a lei. Eles afirmaram também que escolas segregadas eram uma violação direta à Cláusula de Proteção Igual da 14ª Emenda à Constituição, segundo a qual a lei deve tratar todos os indivíduos de modo igual. »

No campo da educação pública, a doutrina "separados, mas iguais" não tem lugar.
Juiz Earl Warren
Suprema Corte dos EUA, 1954

BROWN VS. CONSELHO DE EDUCAÇÃO

Sentada nos degraus da Suprema Corte e segurando um jornal com a manchete de que o tribunal proibiu a segregação nas escolas públicas, Nettie Hunt explica o significado dessa decisão a sua filha Nikie.

negra. Os Clarks concluíram desses resultados que o preconceito, a discriminação e a segregação criavam um sentimento de inferioridade entre as crianças negras, afetando sua autoestima.

Decisão final

Em 17 de maio de 1954, a Suprema Corte dos EUA emitiu sua decisão final sobre o caso Brown *vs.* Conselho de Educação. Os nove juízes foram unânimes – a segregação nas escolas públicas do país era inconstitucional e instalações educacionais separadas eram inerentemente desiguais.

A decisão foi uma grande vitória para as crianças americanas negras e seus pais, mas os americanos brancos do sul logo protestaram. A resistência foi tão ampla que a Suprema Corte emitiu uma segunda decisão em 1955, conhecida como Brown II, ordenando que os distritos escolares fizessem a integração "com a máxima rapidez". No entanto, a Suprema Corte nunca

Marshall e os outros advogados recorreram a evidências sociológicas para provar os efeitos nocivos da segregação. O psicólogo Kenneth Clark, por exemplo, citou um experimento chamado teste da boneca, que ele idealizara com sua mulher, Mamie Clark, também psicóloga, para avaliar as percepções raciais de crianças entre três e sete anos. Quando lhes mostravam duas bonecas exatamente idênticas, com exceção da cor, a maioria das crianças negras (10 a cada 16) preferiam as bonecas brancas e lhes atribuíam características positivas. Onze crianças sustentaram percepções negativas sobre a boneca

Thurgood Marshall

O advogado americano negro e ativista dos direitos civis, Thurgood Marshall, chefiou a assistência ao requerente no caso Brown *vs.* Conselho de Educação. Sócio do destacado advogado negro Charles Hamilton Houston, ele acreditava na lei como instrumento de mudança social.

Nascido em Baltimore, Maryland, em 1908, Thoroughgood Marshall, filho de um porteiro de ferrovia e uma professora do ensino fundamental, mudou legalmente seu nome para Thurgood na infância. Após se graduar com honras na Universidade Lincoln, para negros, na Pensilvânia, estudou direito na Universidade Howard (onde foi aluno de Hamilton Houston), após ser rejeitado na Universidade de Maryland, só de brancos. Em 1936, como advogado qualificado, citou a 14ª Emenda para vencer o caso Murray *vs.* Pearson, que obrigou a Universidade de Maryland a aceitar o estudante negro Donald Murray no curso de direito.

Em 1967, treze anos após Brown *vs.* Conselho de Educação, Marshall se tornou o primeiro juiz americano negro da Suprema Corte. Morreu em Bethesda, Maryland, em 1993, aos 84 anos.

DESCOLONIZAÇÃO E DIÁSPORAS

Ela apenas marchou em frente como um soldadinho, e nós todos ficamos muito orgulhosos dela.
Charles Burks
Ex-agente policial, sobre Ruby Bridges, 1960

tinha especificado como as escolas deviam ser integradas e não dera instruções sobre como os distritos escolares locais deviam impor as novas ordens de integração.

Assim, a vitória legal no caso Brown vs. Conselho de Educação não transformou de imediato o país. Muitos distritos escolares continuaram segregados por anos após a decisão, apesar das tentativas da ANPPC de inscrever alunos negros em escolas segregadas brancas em cidades de todo o sul.

Novos conflitos
Em 1957, um grupo de nove estudantes negros apelidado de Os Nove de Little Rock foi oficialmente inscrito na Central High School, antes só de brancos, em Little Rock, no Arkansas. Em 4 de setembro, primeiro dia de aulas, o governador do estado, Orval Faubus, ordenou que a guarda nacional do Arkansas impedisse Os Nove de Little Rock de entrar na escola. Ele dizia que se recusava a obrigar "seu povo a integrar-se contra a vontade". O distrito escolar de Little Rock condenou as ações do governador Faubus e convocou um culto de orações em toda a cidade. O presidente Dwight D. Eisenhower tentou atenuar a crise encontrando-se com o governador e estimulando-o a seguir a decisão da Suprema Corte.

Em 23 de setembro, após contínua resistência do governador Faubus, o presidente Eisenhower federalizou a guarda nacional do Arkansas para escoltar os alunos negros até a escola. A crise em Little Rock polarizou os americanos, com alguns favoráveis aos esforços de integração e outros, na maior parte sulistas brancos, veementemente contrários.

Com tamanha resistência à integração dos sistemas escolares no sul, a mudança foi lenta. Algumas escolas criaram exames de admissão para estudantes negros, para limitar suas possibilidades. Em 1960, Ruby Bridges se tornou a primeira criança americana negra a dessegregar uma escola fundamental branca em Nova Orleans, na Louisiana. Ela tinha passado nos exames de admissão para alunos negros, com quatro outros, e sua mãe, diversamente dos outros pais, mais receosos, decidiu que Ruby assumiria seu lugar. Por todo um ano, Ruby foi a única aluna em sua classe, porque os pais brancos se recusaram a permitir que seus filhos fossem ensinados ao lado dela.

Catalisador de mudanças
Apesar da resistência, a decisão Brown vs. Conselho de Educação de Topeka encorajou – e chamou a atenção nacional para – o florescente movimento dos direitos civis e sua luta para dessegregar outras áreas da vida, como instalações públicas e instituições de ensino superior. O caso criou um precedente legal que seria usado para anular outras leis que impunham a segregação em ambientes públicos. Em 1964, foi aprovada a Lei dos Direitos Civis, uma das conquistas legislativas mais significativas do movimento dos direitos civis. Ela extinguiu a segregação em locais públicos e proibiu a discriminação de emprego com base em raça, cor, religião, sexo ou origem nacional. ∎

Policiais escoltam Ruby Bridges ao sair da escola, para protegê-la de protestantes brancos. A menina de seis anos foi instruída a manter os olhos para diante, para evitar ver a raiva maldosa da multidão escarnecedora.

QUE AS PESSOAS VEJAM
O LINCHAMENTO DE EMMETT TILL (1955)

EM CONTEXTO

ONDE
Estados Unidos

ANTES
1865 A Guerra Civil Americana termina e a escravidão é abolida nos EUA.

1865 A Ku Klux Klan é fundada no Tennessee.

1877 As leis Jim Crow começam a promover a segregação e direitos limitados para americanos negros.

1919 Os linchamentos de americanos negros aumentam, com 97 ataques no sangrento "Verão Vermelho".

DEPOIS
1963 Uma explosão a bomba numa igreja negra em Birmingham, no Alabama, revolta todo o país.

1964 A Lei dos Direitos Civis proíbe formas de discriminação e segregação racial.

2020 O Departamento de Justiça encerra o caso Emmett Till sem acusações.

Acredita-se que o termo "linchamento" derive de Charles Lynch, um americano que liderou ataques justiceiros a legalistas britânicos após a Revolução Americana (1775-1783). No linchamento, uma multidão assume o papel da Justiça e mata um acusado com as próprias mãos, em geral torturando-o antes.

Acusações e terror
Em 1865, a escravidão foi abolida, mas os americanos negros continuaram a ser hostilizados pelos americanos brancos. Após a formação da Ku Klux Klan (KKK) no mesmo ano e a introdução das leis Jim Crow, o linchamento se tornou um método para aterrorizar os negros. Multidões acusavam americanos negros de atividades criminosas antes de executá-los, em geral enforcando-os. Muitos americanos brancos tratavam os linchamentos como diversão. Entre 1882 e 1968, houve mais de 4.700 linchamentos, e em 3.446 deles (cerca de 73%) as vítimas eram negras. Nos Seis Linchamentos de Newberry, em 1916, seis americanos negros foram cercados e enforcados por apenas conhecer um negro acusado de um crime.

Em 1955, Emmett Till, de 14 anos, foi linchado quando estava com a família no Mississípi. Ele foi acusado de flertar com uma branca, Carolyn Bryant, numa loja onde ela era caixa. Till era de Chicago e pode não ter entendido bem a segregação estrita ou a extensão do racismo que ainda havia nos estados do sul. O marido de Carolyn, Roy Bryant, e seu meio-irmão, J. W. Milam, sequestraram Till da casa de seu tio-avô, o espancaram e torturaram, depois atiraram nele e jogaram seu corpo no rio Tallahatchie. O corpo de Till foi recuperado três dias depois, e só pôde ser identificado por um anel. Sua mãe, Mamie Till Mobley, decidiu manter o caixão aberto no

E o fato de que aconteceu com uma criança – isso faz toda a diferença do mundo.
Mamie Till Mobley
Entrevista, 1996

DESCOLONIZAÇÃO E DIÁSPORAS

Ver também: A era dourada da Reconstrução 210-213 ▪ Jim Crow 216-221 ▪ O boicote aos ônibus de Montgomery 270-271 ▪ O movimento Black Power 288-289

Uma comunidade americana negra se reúne na Igreja de Sharp Street, em Baltimore, Maryland, para protestar pela morte de Emmett Till em 1955.

Mamie Till Mobley

Nascida no Mississípi em 1921, Mamie Till Mobley dedicou a vida a buscar justiça para o assassinato de seu filho. Emmett Till era seu filho único e depois que ela se separou do pai dele, Louis, os dois foram para o South Side de Chicago.

Após a morte de Till, Mamie decidiu mostrar ao mundo a brutalidade que ele sofrera. Cerca de 50.000 pessoas visitaram seu corpo exposto na Igreja de Deus do Templo de Roberts, em Chicago. A cobertura da mídia chamou a atenção da nação inteira para a violência racial que havia no sul. Mamie discursou para multidões em todo o país, inspirando apoio à justiça racial. Suas ações ajudaram a estimular o movimento de direitos civis, que vinha ganhando impulso.

Mamie continuou a protestar e se manifestar, e até escreveu ao presidente pedindo ajuda para obter justiça para seu filho.

Ela morreu em Chicago, em 2003. Suas memórias, publicadas um ano depois, descrevem como ela transformou a tragédia em ação.

Obra principal

2004 *Death of Innocence*

---

funeral, exposto por cinco dias, para mostrar a crueldade infligida a seu filho. A cobertura da mídia levou à indignação nacional.

A injustiça incita uma causa

Menos de duas semanas após o funeral de Till, Bryant e Milan foram a julgamento pelo assassinato. Em menos de uma hora, foram absolvidos de todas as acusações por um júri masculino e branco. Meses depois, eles confessaram a culpa. Essa injustiça, após muitas outras, inflamou o movimento pelos direitos civis e, em 1964, a Lei dos Direitos Civis tornou ilegal a discriminação com base em raça. O FBI reabriu o caso Till duas vezes, em 2004 e depois em 2018, após Carolyn Bryant admitir, em 2017, que Till na verdade não a havia tocado nem assediado. Hoje o caso está oficialmente encerrado.

Até fevereiro de 2021, os EUA não criaram leis contra linchamentos. Houve 12 casos desde o de Emmett Till, e 11 das vítimas eram negras. Em 2020, o assassinato de Ahmaud Arbery, um negro inocente perseguido e alvejado por uma turba de brancos, foi declarado um linchamento. Além disso, aumentou o número de enforcamentos de negros, por suicídio ou homicídio, levando muitos a pensar que o legado dos linchamentos nos EUA ainda está muito vivo. ∎

A ÚNICA COISA DE QUE ME CANSEI FOI DE DESISTIR
O BOICOTE AOS ÔNIBUS DE MONTGOMERY (1955)

EM CONTEXTO

ONDE
Estados Unidos

ANTES
1953 Em junho, os moradores negros de Baton Rouge, na Louisiana, fazem um boicote de oito dias aos ônibus da cidade, segregados por raça.

1955 Em 2 de março, a adolescente negra Claudette Colvin é presa por se recusar a ceder o assento a um passageiro branco num ônibus em Montgomery.

DEPOIS
1957 O reverendo Martin Luther King Jr. e outros pastores criam a Conferência da Liderança Cristã do Sul (CLCS) para ajudar a coordenar protestos contra a segregação racial.

1963 No Reino Unido, ativistas negros boicotam serviços da Companhia de Ônibus de Bristol, após ela barrar motoristas e cobradores negros em sua equipe.

Nos anos 1950, a segregação racial reforçou a supremacia branca em todo o sul dos EUA, humilhando os americanos negros. Isso incluía a segregação de pessoas no transporte público. Na cidade de Montgomery, no Alabama, funcionários brancos aprovaram leis que exigiam assentos separados para negros e brancos nos ônibus da cidade e delegavam aos motoristas a execução da lei. Os brancos se sentavam na frente do ônibus, mas se essa parte se enchesse, os passageiros negros tinham de dar seus assentos aos brancos. Fazer isso, pagando o mesmo que um branco, era aviltante para os americanos negros, que muitas vezes se recusavam a sair quando lhes mandavam.

Em 1º de dezembro de 1955, Rosa Parks, uma costureira negra, foi presa ao ir do trabalho para casa por se recusar a sair de seu assento num ônibus da cidade. Parks não foi a primeira pessoa a ser presa, mas seu

O incidente no ônibus com Rosa Parks

Uma vez no ônibus, Parks toma o assento do corredor, numa fileira com mais três passageiros negros.

Após três paradas, o motorista diz aos quatro passageiros dessa fileira que abram espaço para um homem branco de pé. Três dos passageiros negros vão para o fundo do ônibus, mas Parks se recusa e muda para o assento da janela, onde é presa.

Área para negros

Motorista

Área para brancos

Após pagar, os passageiros negros usam a porta de trás para entrar no ônibus.

Os passageiros negros pagam na frente, mas depois têm de sair e andar até a traseira do ônibus.

DESCOLONIZAÇÃO E DIÁSPORAS

Ver também: Jim Crow 216-221 ▪ O renascimento do Harlem 242-245 ▪ A Era do Jazz 246-249 ▪ Combatentes negros na Segunda Guerra Mundial 254-257 ▪ Brown *vs.* Conselho de Educação 264-267 ▪ O movimento Black Power 288-289

Rosa Parks

Nascida Rosa Louis McCauley em Tuskegee, no Alabama, em 1913, Parks foi viver com os avós em Pine Level, nos arredores de Montgomery, também no Alabama, após a separação dos pais. Em 1932, casou-se com Raymond Parks, um ativista da seção local da Associação Nacional para o Progresso das Pessoas de Cor (ANPPC), mas só se tornou ativa na política negra no início dos anos 1940. Ela então se juntou à seção de Montgomery da ANPPC, tornando-se sua secretária. Nessa função, ela ajudou a organizar campanhas de registro de votantes e por fim registrou-se ela também para votar, em abril de 1945.

Após o boicote de ônibus, Parks se mudou para Detroit, em Michigan, onde trabalhou com o congressista local John Conyers Jr., de 1965 a 1988. Ela também fundou o Instituto de Autodesenvolvimento Rosa e Raymond Parks, para estimular estudantes a aprender a história americana e dos direitos civis. Recebeu a Medalha Presidencial da Liberdade (1996) e a Medalha de Ouro do Congresso (1999). Parks morreu em 2005.

ativismo e o respeito que sua comunidade tinha por ela deram aos grupos de negros a representante que buscavam para extinguir a segregação nos ônibus por meio de ação positiva.

Apoio a um boicote

Jo Ann Robinson, líder do Conselho Político de Mulheres (CPM), um grupo negro de direitos civis de Montgomery, distribuiu uma série de panfletos na cidade, conclamando os passageiros a não entrar nos ônibus na segunda-feira, 5 de dezembro – data do julgamento de Rosa Parks. Nesse dia, a maior parte dos negros se recusou a viajar de ônibus, levando os líderes negros locais a apoiar o boicote. Eles criaram a Associação para o Progresso de Montgomery (APM) para coordenar o boicote, negociar com os funcionários municipais e organizar caronas. Martin Luther King Jr., então pastor na Igreja Batista da Dexter Avenue, foi eleito presidente da organização.

Cerca de 75% dos passageiros de ônibus de Montgomery eram negros, e sem suas passagens a companhia perdia renda, assim como as lojas do centro que atendiam compradores negros. Sabendo dos prejuízos causados, a APM negociou com funcionários municipais e homens de negócios brancos durante todo o inverno, mas suas exigências – como o princípio de que o primeiro a entrar no ônibus tinha direito ao assento e o tratamento imparcial aos passageiros negros – eram sempre recusadas. Em janeiro de 1956, a casa de Martin Luther King Jr. foi bombardeada e, em março, King foi preso por violar um estatuto de 1921 do Alabama que proibia boicotes a negócios.

Os passageiros negros continuaram a se recusar a usar os ônibus e, em maio, a APM levou seu caso contra a segregação à corte federal do Alabama. Em junho de 1956, o tribunal decidiu que a segregação nos ônibus do estado era inconstitucional, o que foi confirmado pela Suprema Corte dos EUA. O boicote de 13 meses dos ônibus terminou, por fim, em 20 de dezembro.

Bases para o ativismo

Pode-se dizer que o boicote foi o primeiro protesto não violento bem-sucedido e de larga escala, de americanos negros, no início do movimento pelos direitos civis. O heroísmo de tantos trabalhadores negros inspirou jovens ativistas do começo dos anos 1960, que utilizariam a desobediência civil não violenta para contestar a segregação racial. O boicote também colocou Martin Luther King Jr. nos holofotes nacionais, atraindo maior atenção a temas de direitos civis e estabelecendo-o como um líder influente da luta negra por igualdade e justiça. ■

Um grupo de americanos negros usa um sistema de caronas organizado, como alternativa de transporte durante o boicote de Montgomery. Do outro lado da rua, um ônibus da cidade está vazio.

GANA ESTÁ LIVRE PARA SEMPRE!
GANA DECLARA INDEPENDÊNCIA (1957)

EM CONTEXTO

ONDE
Gana

ANTES
1874 O Reino Unido declara a Costa do Ouro colônia da coroa.

1945 Nkrumah participa do quinto Congresso Pan-Africano, em Manchester, no Reino Unido.

1946 Reformas constitucionais limitadas frustram a elite educada da Costa do Ouro.

1948 Manifestantes ganeses são alvejados por tropas britânicas. Irrompem levantes generalizados.

DEPOIS
1960 Gana se torna uma república, com o PCP como único partido político.

1966 Nkrumah é deposto por um golpe liderado pelo exército e líderes policiais. Três outros golpes ocorrem em dez anos.

1981 O líder militar Jerry Rawlings depõe o governo pela segunda vez, estabelecendo uma democracia estável.

Os britânicos dominaram a costa da África ocidental por cerca de 150 anos antes da independência de Gana, em 6 de março de 1957. Esta foi, em grande parte, alcançada pelo político Kwame Nkrumah, mas houve depois golpes militares e democracias fracassadas. Apesar disso, a independência de Gana inspirou movimentos similares em todo o continente.

Gana foi o primeiro país da África ocidental a obter independência, promovida por movimentos nacionalistas iniciados por volta de 1918, devido à anexação de terras. No começo do século XIX, Gana não era um estado coeso, mas diversos reinos autônomos. Em 1874, o Reino Unido criou a colônia da Costa do Ouro, que a princípio era uma faixa de 100 km de costa, mas se expandiu, englobando todo Gana atual em 1918. Isso incluía o território do povo

Kwame Nkrumah é carregado por funcionários do governo celebrando a independência de Gana. O símbolo nacional é uma águia, que representa uma proteção vigilante sobre o país.

DESCOLONIZAÇÃO E DIÁSPORAS

Ver também: O Império de Gana 52-57 ▪ O surgimento do Império Axante 148-151 ▪ Pan-africanismo 232-235 ▪ O Ano da África 274-275

Nossa independência não tem significado a menos que se ligue à liberação total do continente africano.
Kwame Nkrumah

axante, que lutou quatro guerras contra os britânicos.

Em meados do século XX, enfraquecidas pela Segunda Guerra Mundial, as potências europeias tinham cada vez mais dificuldade em manter o controle das colônias. A Índia ficou independente em 1947 e, para compensar a perda econômica, o Reino Unido intensificou o controle sobre a África.

Em janeiro de 1948, os ganeses boicotaram produtos importados da Europa com preços inflacionados. Em fevereiro, um grupo de veteranos desarmados empobrecidos, que tinham lutado pelo Reino Unido na Segunda Guerra Mundial, marchou até o governador britânico com uma lista de queixas, como salários não pagos, preços inflacionados e alto custo de vida. Os soldados britânicos abriram fogo sobre os manifestantes, matando três veteranos, e rebeliões irromperam em todo o território.

O PCP

Quando Kwame Nkrumah apoiou o protesto dos ex-soldados, os britânicos o prenderam e a outros líderes nacionalistas. Isso levou a mais manifestações. Na prisão, Nkrumah criou o Partido da Convenção do Povo (PCP) em 1949, cujo lema era: "Autogoverno agora!" O partido foi eficaz na mobilização de massa, ligando as dificuldades econômicas à luta por independência política.

O movimento era não violento, focado em greves e boicotes. Apesar disso, Nkrumah foi preso de novo. Nas eleições de 1951 para a nova assembleia legislativa, Nkrumah concorreu de sua cela. O PCP obteve 34 dos 38 assentos e Nkrumah foi solto para liderar a nova administração da Costa do Ouro. Após vencer as eleições gerais em 1954 e 1956, o PCP obteve o reconhecimento do país, renomeado Gana, como membro independente da Commonwealth e da ONU.

Fissuras no regime

O discurso de Nkrumah no Dia da Independência foi cheio de esperança, não só para o futuro de Gana, mas da África toda. Porém, logo começaram a aparecer fissuras no novo regime. O principal partido de oposição, o Partido do Congresso de Gana (PCG) recrutou vários dissidentes do PCP, decepcionados com as atitudes autoritárias e messiânicas de Nkrumah. Ele reagiu fundando uma república em 1960, com o PCP como único partido político do país.

Em 1966, a corrupção, a enorme dívida externa e a queda no padrão de vida já tinham corroído o sonho de socialismo pan-africano de Nkrumah. Em 24 de fevereiro ele foi deposto pelo Conselho de Liberação Nacional, chefiado pelo general Joseph Ankrah. Muitos golpes e décadas depois, Gana afinal se tornaria uma democracia estável em 1981. ∎

Kwame Nkrumah

Nascido em 1909, Kwame Nkrumah foi um político radical e o arquiteto da independência de Gana. Após estudar nos EUA e no Reino Unido, Nkrumah voltou à Costa do Ouro pronto a lutar pelo direito de autogoverno da colônia.

Nkrumah também tinha planos maiores. Ele pensava que outras colônias africanas podiam ser estimuladas pela independência de Gana. Nkrumah ansiava por criar um estado socialista pan-africano, do qual se via no comando. Ele até sonhava em inspirar os americanos negros a alcançar a emancipação racial.

Porém, as tendências autocráticas de Nkrumah alarmaram os ganeses. Depois que ele cassou os partidos de oposição em 1960, houve várias tentativas de assassiná-lo. Quando foi deposto, seus seguidores o deixaram e ele se exilou na Guiné. Nkrumah morreu de câncer em 1972 e foi enterrado em sua cidade natal de Nkroful.

Obras principais

1963 *Africa Must Unite*
1968 *Handbook of Revolutionary Warfare*
1968 *Dark Days in Ghana*

HOJE É UM NOVO DIA NA ÁFRICA
O ANO DA ÁFRICA (1960)

EM CONTEXTO

ONDE
África

ANTES
1918 O presidente dos EUA, Woodrow Wilson, define os Catorze Pontos, considerando vitais para a paz o livre comércio, a democracia e a autodeterminação das colônias, após o choque entre impérios na Primeira Guerra Mundial.

1945 Semanas após o fim da Segunda Guerra Mundial, o quinto Congresso Pan-Africano, em Manchester, exige a independência das colônias na África, Ásia e Antilhas.

1947 A colônia mais populosa do século XX, a Índia, se separa do Reino Unido.

DEPOIS
1976 As Seychelles são o último território africano britânico a declarar independência.

1977 O Djibouti rompe com a França e é a última colônia africana a obter autonomia de uma potência europeia.

No extraordinário ano de 1960, 17 colônias africanas se tornaram nações independentes. Foi uma impressionante inversão de uma tendência histórica. Em grande parte dos treze séculos anteriores, houve muita intervenção nas questões africanas, primeiro por árabes, com o tráfico escravista transaariano, e depois por europeus, com o tráfico escravista atlântico.

Multidões celebram nas ruas de Nouakchott, na Mauritânia, a independência do país da França, em novembro de 1960. A Mauritânia se tornou membro da ONU em 1961.

Quando o último navio negreiro oficial saiu da África, em 1866, esperava-se que, com o fim do tráfico escravista, a interferência estrangeira acabasse. Porém, as principais nações europeias dividiram todo o continente na Conferência de Berlim, na Alemanha, em 1884-1885. Em 1908, a África já estava retalhada em 50 colônias, que forneciam acesso direto a suas abundantes matérias-primas.

O início de um sonho
Apesar da firme resistência, as nações africanas não conseguiram expulsar os europeus, mas no primeiro Congresso Pan-Africano, promovido em Londres em 1900, o sonho de nações negras se

DESCOLONIZAÇÃO E DIÁSPORAS 275

Ver também: O comércio escravista transaariano 60-61 ▪ O início do tráfico escravista atlântico 116-121 ▪ A partilha da África 222-223 ▪ Pan-africanismo 232-235 ▪ Gana declara independência 272-273

Após a Segunda Guerra Mundial, as nações europeias e os EUA se sentiram pressionados a cumprir as promessas que tinham feito de garantir apoio à África. Os 17 países africanos que ficaram independentes em 1960 deram esperança aos que ainda lutavam pela autonomia.

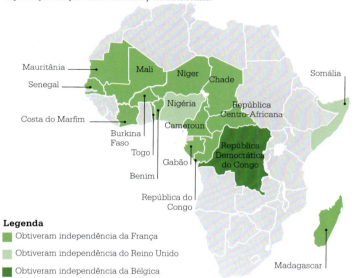

Legenda
- Obtiveram independência da França
- Obtiveram independência do Reino Unido
- Obtiveram independência da Bélgica

tornarem independentes foi articulado. A primeira colônia africana a realizá-lo foi o Egito, que obteve a independência do Reino Unido em 1922.

Em 1941, os Estados Unidos e o Reino Unido pactuaram a Carta do Atlântico, para o tempo de guerra, que apoiava a autodeterminação de todos os povos. O primeiro-ministro britânico Winston Churchill tentou argumentar que isso não se aplicava às colônias britânicas, mas a Índia se separou do Reino Unido em 1947. Depois, em 1957, o presidente pan-africanista Kwame Nkrumah levou Gana à independência do Reino Unido.

O ano da independência

Os fatos de 1960 foram na verdade precipitados pela constituição francesa de 1958, do presidente De Gaulle, que dava às colônias francesas um caminho para a independência. A Guiné Francesa logo tomou esse rumo, mas a maioria dos países esperou um pouco mais.

O governo britânico previu o que ia acontecer. O chefe de informações do Ministério das Colônias, Owen Morris, declarou: "1960 será o ano da África". Em cascata, 14 colônias francesas declararam independência: Cameroun, Togo, Madagascar, Benim, Níger, Burkina Faso (na época, Alto Volta), Costa do Marfim,

Mulheres somalis acenam com a bandeira nacional numa cerimônia que festeja o aniversário da independência da Somália. A Somalilândia britânica e a Somalilândia italiana foram unificadas em 1960.

Chade, República Centro-Africana, República do Congo, Gabão, Senegal, Mali e Mauritânia. Num golpe só, o Império Francês quebrara.

Os britânicos não ficaram muito atrás. O primeiro-ministro Harold Macmillan, numa visita à África do Sul em fevereiro, disse que "o vento da mudança" soprava no continente. Duas colônias britânicas, Somália e Nigéria, se juntaram às 14 francesas em julho e outubro. O Congo Belga obteve independência em junho, tornando-se a República Democrática do Congo (RDC).

Para os pan-africanistas de todas as partes, o futuro parecia brilhante. Em dezembro, a ONU declarou que era preciso extinguir o colonialismo, mas ainda havia muitos problemas pela frente. O domínio da minoria branca só acabou em 1979 na Rodésia e em 1994 na África do Sul. E a autodeterminação africana se distinguiria, muitas vezes, por grupos militares, regimes brutais e longas ditaduras. Mas, naquele momento, a esperança era exaltada. Foi à época em que Kwame Nkrumah podia dizer, como fez em 23 de setembro de 1960: "Este é um novo dia na África". ■

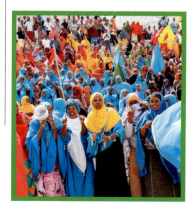

NÃO HÁ JUSTIÇA DE GÊNERO SEM JUSTIÇA RACIAL

SURGE O FEMINISMO NEGRO (ANOS 1960-ANOS 1970)

SURGE O FEMINISMO NEGRO

EM CONTEXTO

ONDE
EUA, Reino Unido, ao redor do mundo

ANTES
1851 Sojourner Truth insiste na igualdade das mulheres negras em discurso na Convenção dos Direitos das Mulheres em Ohio.

1964 Nos EUA, a Lei dos Direitos Civis proíbe discriminação no emprego com base em raça, religião, origem nacional ou sexo.

1973 O Grupo de Mulheres Negras de Brixton é formado, no sul de Londres, para despertar a consciência sobre questões que as atingem.

DEPOIS
1985 Beverley Bryan, Suzanne Scafe e Stella Dadzie lançam *The Heart of the Race*, com testemunhos orais de mulheres negras no Reino Unido.

2013 O movimento Black Lives Matter é criado nos EUA pelas queers negras Opal Tometi, Alicia Garza e Patrisse Khan-Cullors.

A **corrente principal do feminismo** se preocupa principalmente com que mulheres brancas e homens brancos tenham direitos iguais.

As mulheres negras precisam de **sua própria forma de feminismo** porque estão submetidas a **opressão com base em raça** além de **opressão com base em gênero**.

Não há justiça de gênero sem justiça racial.

Na segunda metade do século XX, as mulheres de muitas partes do mundo começaram a analisar e a expor mais os muitos modos com que os homens e o sistema patriarcal as controlavam nas esferas pública e privada. Elas publicaram livros e revistas feministas, criaram grupos de conscientização e organizaram protestos públicos para exigir mudanças. De início, o Movimento de Libertação das Mulheres, em grande parte branco, estava focado em gênero, sem considerar as lutas particulares enfrentadas pelas mulheres negras, ou os modos com que as mulheres ocidentais brancas se beneficiavam de uma estrutura supremacista branca.

Poder negro

Em paralelo a mobilização das mulheres, o movimento Black Power crescia nos EUA e no Reino Unido. As organizações Black Power promoviam o orgulho negro e a autoconfiança e exigiam o controle por negros dos sistemas de saúde, moradia e educação para negros. A princípio, eles reforçaram os papéis de gênero tradicionais, dizendo às integrantes mulheres que ficassem atrás — e não ao lado — de seus irmãos negros.

A marxista e feminista Angela Davis discursa num comício Black Power em Raleigh, na Carolina do Norte, em 1974. O radicalismo de Davis afastou muitas feministas brancas.

DESCOLONIZAÇÃO E DIÁSPORAS

Ver também: Abolicionismo nas Américas 172-179 ▪ Pan-africanismo 232-235 ▪ A Marcha de Washington 282-285 ▪ O movimento Black Power 288-289

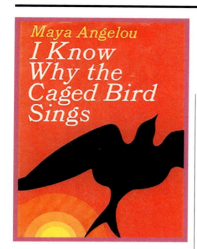

Eu sei por que o pássaro canta na gaiola, de Maya Angelou (1969), descreve a violência racial e sexual que a autora viveu como menina americana negra, crescendo no Sul Profundo.

Embora essas atitudes tenham sido depois contestadas, e os líderes dos Panteras Negras britânicos tenham incluído uma mulher, Althea Jones-Lecointe, no início dos anos 1970, a justiça de gênero era secundária para a causa do Black Power. Ainda eram homens que definiam a agenda e tomavam decisões.

Experiências únicas
A opressão dupla de ser negra e mulher não era abordada nem pelo movimento feminista nem pelo Black Power. De modo similar, as mulheres das nações da África e Ásia recém-independentes se viam submetidas pelos homens em suas organizações, mesmo quando tinham lutado ombro a ombro nas lutas pela libertação. Feministas brancas de classe média nos EUA e na Europa com frequência estereotipavam essas mulheres como pobres, analfabetas e vulneráveis, e tentavam impor seu próprio tipo de feminismo a elas, sem considerar suas necessidades e condições particulares. Algumas feministas negras, como a ativista americana Angela Davis, identificaram isso como um novo tipo de imperialismo.

Mulherismo
O descaso das feministas brancas por questões raciais, além da percepção das lutas de gênero como algo que criava divisão e era contrário aos homens, impediu que muitas das mulheres negras se identificassem como feministas. Reconhecendo isso, a escritora e poeta americana negra Alice Walker cunhou em 1979 o termo "mulherista" para descrever uma feminista negra que rejeitava a segregação de gêneros promovida por muitas feministas brancas.

Em 1989, a estudiosa feminista americana Kimberlé Crenshaw criou a palavra "interseccionalidade" para descrever como uma pessoa pode vivenciar camadas sobrepostas de opressão. O termo foi usado desde então para descrever como diferentes aspectos de identidade, como raça, sexualidade, classe, riqueza, deficiência e religião, interagem. »

As ferramentas do dono nunca vão demolir a casa do dono.
Audre Lorde
Poeta, mãe, lésbica e guerreira americana negra (1934-1992)

Alice Walker

A mais nova de oito irmãos, Alice Walker nasceu em Eatonton, na Geórgia, em 1944. Após frequentar a única escola para negros na cidade, estudou no Spelman College, em Atlanta, e no Sarah Lawrence College, em Bronxville, no estado de Nova York. Ela conheceu Martin Luther King Jr. no Spelman, e ele a convenceu a se juntar ao movimento dos direitos civis.

Após graduar-se, Walker se tornou escritora-residente de várias instituições de ensino superior, e em 1970 lançou seu primeiro romance, *A terceira vida de Grange Copeland*. Publicou depois contos, ensaios, poesia e romances, entre eles *A cor púrpura*, que lhe valeu o Prêmio Pulitzer em 1982. Ambientada no Sul Profundo, nos anos 1930 e 1940, a obra acompanha a vida de uma jovem negra numa sociedade supremacista branca.

Obras principais

1981 *You Can't Keep a Good Woman Down*
1982 *A cor púrpura*
1983 *Em busca dos jardins de nossas mães*

Desigualdade de salários

Remuneração igual é uma questão feminista, mas as mulheres negras sofrem uma perda dupla – por serem mulheres e por serem negras. Em 2018, o Censo dos EUA reportou que, em média, as mulheres negras ganhavam 62 centavos para cada dólar que um homem branco recebia, enquanto as mulheres brancas ganhavam 79 centavos. Nos EUA, quase 80% das mães negras são a principal fonte de renda da família. Sem a diferença de pagamento, elas sustentariam melhor suas crianças.

HOMENS BRANCOS

MULHERES BRANCAS

MULHERES NEGRAS

O Coletivo Combahee River

Criado em 1974, em Boston, Massachusetts, o Coletivo Combahee River é um ramo da Organização Feminista Negra Nacional. Seu objetivo era tratar das múltiplas discriminações sofridas pelas mulheres. Em 1977, o grupo lançou a Declaração do Coletivo Combahee River, apresentando o impacto dos sistemas sobrepostos de opressão sobre as mulheres negras. Estes incluíam racismo, sexismo, imperialismo e capitalismo. O documento de 3.800 palavras usou pela primeira vez a expressão "política de identidade" – a busca política dos interesses particulares de um grupo.

A declaração se tornou um pilar dos eventos de conscientização de mulheres negras, entre eles os retiros organizados pelo coletivo. O grupo se desfez em 1980, mas sua declaração se mantém como uma das exposições mais claras e poderosas das múltiplas formas de opressão sistêmica.

Organizações feministas negras começaram a surgir nos anos 1970. Em 1974, o Coletivo Combahee River, uma organização socialista lesbiana feminista negra, foi criado em Boston, Massachusetts, em reação ao fato de que os movimentos de direitos civis e feministas brancos tinham falhado em tratar de necessidades específicas das mulheres negras.

A ascensão das mulheres negras

Importantes pensadoras e ativistas feministas negras começaram a surgir nos EUA, como as escritoras Angela Davis, Audre Lorde e Maya Angelou, e a integrante do Exército de Liberação Negra Assata Shakur. Elas deram contribuições fundamentais à teoria crítica da raça – a crença de que as instituições legais são inerentemente racistas, criadas para promover os interesses dos brancos e agravar a marginalização dos negros. A intenção era fornecer um referencial para a "abolição" dessa injustiça com foco na ajuda mútua, em vez do encarceramento e punição.

Em 1981, a ativista e escritora americana negra bell hooks publicou

A feminista britânica negra Olive Morris protesta ao lado da Biblioteca de Brixton, em Londres, em 1978. Importante integrante dos Panteras Negras britânico, ela cofundou depois a OMAAA.

E eu não sou uma mulher? – Mulheres negras e feminismo, cujo título remete ao discurso "Não sou uma mulher?" da abolicionista e sufragista negra Sojourner Truth, na Convenção dos Direitos das Mulheres em Akron, em Ohio, em 1851. O livro explora como o legado da escravidão e os movimentos de classe média pelo voto feminino, liderados por brancos, ainda afetavam a vida das mulheres negras nos anos 1970. Foi seminal para a escola de pensamento feminista negra.

No Reino Unido, a ativista antilhana Claudia Jones protestou contra o racismo no emprego, educação e moradia. Deportada dos EUA por atividades comunistas e antirracistas, a jornalista, nascida em Trinidad, chegou ao Reino Unido em 1956. Em 1958, fundou a *West Indian Gazette*, o primeiro periódico militante negro do Reino Unido. No mesmo ano, ela organizou uma festa da cultura caribenha na área de Camden, em Londres, para obter fundos para pagar advogados para os

DESCOLONIZAÇÃO E DIÁSPORAS

jovens negros presos nos protestos de Notting Hill – ataques brancos durante cinco noites a pessoas e negócios negros na região. A festa acabou se tornando o Carnaval de Notting Hill, um dos maiores festivais anuais do Reino Unido.

Os anos 1970 viram surgir o movimento das mulheres negras no Reino Unido, com marchas, greves, ocupações e outras manifestações. Entre os grupos de base havia o Grupo de Mulheres Negras de Brixton e a Organização de Mulheres da África e de Ascendência Africana (OMAAA), alterada depois para "de Ascendência Africana e Asiática", em consideração ao racismo sofrido por mulheres asiáticas no Reino Unido.

A agenda da OMAAA destacava temas específicos das mulheres negras, muitas vezes questões de sobrevivência: remuneração justa para trabalhos fora de casa, como limpeza, em que os direitos das negras em geral não eram protegidos, e a oferta de instalações de cuidado infantil reconhecidas pelo governo para trabalhadoras negras. A OMAAA também lutou contra testes médicos em mulheres negras, a violência policial e o uso perverso da lei da imigração.

Ativistas e manifestantes negras como Olive Morris, Beverly Bryan e Stella Dadzie se destacaram na época, no Reino Unido. Enquanto isso, na Europa continental, o afrofeminismo cresceu, buscando contextualizar experiências de mulheres negras que viviam em países com história colonial. Grupos como o Coletivo Pan-Africano Mwasi, atualmente ativo na França, e o Coletivo Ironias Cruéis, nos Países Baixos, brotaram do movimento afrofeminista dos anos 1970.

Novas necessidades

As organizações de mulheres negras nem sempre receberam bem as lésbicas, como se evidenciou na conferência de 1981 da OMAAA, em que planos de um *workshop* lesbiano encontraram hostilidade e insultos. As feministas lésbicas negras começaram a abrir espaços distintos para si próprias. No Reino Unido, o Grupo Lesbiano Negro foi criado em 1982, a Rede de Apoio Lesbiana Negra em 1983 e a Zami I, a primeira conferência lesbiana negra nacional, aconteceu em Londres em 1985.

Nos EUA, a Salsa Soul Sisters, formada em 1974, foi uma das primeiras organizações

> Enquanto mulheres usarem o poder de classe ou raça para dominar outras mulheres, a irmandade feminista não poderá ter realização plena.
> **bell hooks**
> **Feminista americana negra (1952-)**

explicitamente lesbianas multiculturais. Voltada a mulheres americanas e latinas negras, ela surgiu das tensões entre as feministas negras lésbicas e heterossexuais, além de pessoas brancas da comunidade LGBTQ+.

As feministas negras continuam a lutar por direitos e interesses específicos delas, expondo injustiças como salários menores e índices piores de saúde. Escritoras como Reni Eddo-Lodge, do Reino Unido, que publicou em 2017 *Por que eu não converso mais com pessoas brancas sobre raça*, continuam a expor o racismo estrutural. Mulheres negras e a opressão que enfrentam não se ajustam bem à corrente principal dos movimentos sociais e políticos. Espera-se que elas deixem partes essenciais de si mesmas e apoiem ou justiça de gênero ou justiça racial. Estudiosos e organizações feministas negras buscam criar referenciais para entender as mulheres negras em sua totalidade. Desde a escravização até hoje, as mulheres negras resistem a um caminho reducionista para a liberdade. ∎

A escritora britânica Reni Eddo-Lodge (esq.) e a filósofa e feminista brasileira Djamila Ribeiro dividem um painel no Festival Mulheres do Mundo, no Rio de Janeiro, Brasil, em 2018.

EU TENHO UM SONHO
A MARCHA DE WASHINGTON (1963)

EM CONTEXTO

ONDE
Estados Unidos

ANTES
1948 Os EUA encabeçam a Declaração Universal dos Direitos Humanos da ONU, mas ela tem pouco impacto imediato sobre os americanos negros.

1955 Rosa Parks é presa por se recusar a dar seu assento no ônibus a um passageiro branco em Montgomery, no Alabama.

1960 Na Carolina do Norte, estudantes negros iniciam uma ocupação pela dessegregação num balcão de lanchonete da Woolworth.

DEPOIS
1964 A Lei dos Direitos Civis garante direitos de emprego iguais para todos, proíbe a segregação em todos os locais públicos e a discriminação em testes de qualificação para votar.

1965 O presidente Lyndon B. Johnson assina a Lei dos Direitos de Voto, que proíbe todas as práticas discriminatórias que impeçam cidadãos americanos de exercer o direito de votar.

1968 A Lei de Moradia Justa proíbe a discriminação na venda, aluguel e financiamento de casas nos EUA.

Em 28 de agosto de 1963, cerca de 250.000 americanos, entre eles defensores dos direitos civis, líderes religiosos e celebridades brancos e negros, se reuniram em frente ao Memorial a Lincoln, em Washington, DC, para participar de uma marcha para proclamar os direitos dos

DESCOLONIZAÇÃO E DIÁSPORAS

Ver também: Jim Crow 216-221 ▪ Brown vs. Conselho de Educação 264-267 ▪ O movimento Black Power 288-289 ▪ Campanhas antirracismo globais 306-313

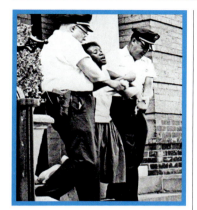

Pelo "crime" de protestar contra a segregação racial numa biblioteca reservada a brancos em Albany, Nova York, uma mulher negra é presa em 1962 e levada por policiais.

americanos negros a emprego e liberdade.

Nos anos anteriores à marcha, as leis discriminatórias Jim Crow continuavam a limitar gravemente as oportunidades econômicas e políticas dos americanos negros. Apesar de algumas vitórias judiciais, como a decisão da Suprema Corte de que a segregação em escolas era inconstitucional (Brown vs. Conselho de Educação, 1954), a maioria das crianças negras ainda ia a escolas segregadas e os negros em todo o país continuavam vítimas de segregação, pobreza e mortes por motivos raciais.

Pouco tinha mudado

Os dados de 1959 do governo americano mostravam que 54,9% dos americanos negros viviam na pobreza. Já na população como um todo, esse índice era de 20%. Escolas segregadas continuavam a existir porque o governo federal tinha poucos mecanismos para impor a lei quando distritos escolares e municipalidades se recusavam a cumpri-la.

Os linchamentos tinham caído no fim dos anos 1950, mas a violência contra os negros não desaparecera. Poucos podiam esquecer a morte de Emmett Till, de 14 anos – espancado, mutilado e alvejado por dois homens brancos em 1955, por supostamente ter ofendido uma mulher branca numa mercearia. Herbert Lee, um ativista da Associação Nacional para o Progresso das Pessoas de Cor (ANPPC) foi baleado por um legislador estadual do Mississípi, em setembro de 1961. Em maio de 1963, a polícia atacou crianças durante uma manifestação pelos direitos civis em Birmingham, no Alabama. Em julho, seis semanas antes da marcha, Medgar Evers, um funcionário da ANPPC, foi assassinado em Jackson, no Mississípi. Esses eventos alimentaram a cólera do público, enquanto o dia da marcha se aproximava.

Fazer acontecer

Os dois organizadores principais da marcha eram os ativistas de direitos civis Bayard Rustin e A. (Asa) Philip Randolph, que era também um sindicalista veterano. Em 1963, suas vozes veementes e as de outros da »

Não somos uma turba. Somos a vanguarda de uma enorme revolução moral por empregos e liberdade.
A. Philip Randolph
Discurso na Marcha de Washington

Bayard Rustin

Nascido em 1912 em West Chester, Pensilvânia, Rustin foi criado pelos avós maternos, cujas ideias políticas e religiosas moldaram depois seu ativismo. Em 1936, quando estudava na Cidade de Nova York, participou por pouco tempo da Liga Comunista Jovem. Nos anos 1940, comprometeu-se com a não violência e entrou na Fraternidade da Reconciliação, cofundou o Congresso da Igualdade Racial e estudou os ensinamentos de Gandhi na Índia. O pacifismo de Rustin o levou à objeção de consciência. Ele foi preso na Segunda Guerra Mundial por se recusar a servir nas Forças Armadas dos EUA. De 1953 a 1965, foi secretário executivo da Liga de Resistência à Guerra. A partir de meados dos anos 1950, tornou-se próximo de Martin Luther King Jr. e estrategista-chefe da Marcha de Washington. Nos anos 1970 e 1980, trabalhou como advogado de direitos humanos e de direitos de homossexuais. Rustin morreu em 1987.

Obras principais

1943 *Interracial Primer*
1971 *Down the Line*
2012 *I must resist: Bayard Rustin's Life in Letters*

284 A MARCHA DE WASHINGTON

> A raiva cresce entre os americanos negros, que enfrentam **pobreza desproporcional** e **segregação contínua**.

> Em 1963, líderes dos direitos civis organizam uma **grande marcha** para enfatizar a necessidade de uma **legislação efetiva de direitos civis**.

> O **assassinato** do ativista Medgar Evers e os **ataques policiais** a jovens manifestantes pelos direitos civis no Alabama **aumentam** ainda mais **a irritação do público**.

> A marcha reúne **250.000 pessoas** pedindo **justiça e igualdade** para os americanos negros.

> O protesto poderoso influencia muito a **opinião pública** e a aprovação da **Lei dos Direitos Civis** em 1964.

comunidade negra começaram a ser ouvidas na colina do Capitólio.

Em março de 1963, o procurador-geral Robert Kennedy discutiu relações de raça com o escritor americano negro James Baldwin e outros destacados autores e pensadores negros. Em 11 de junho, o presidente John F. Kennedy declarou que faria pressão por novas leis de direitos civis. Onze dias depois, porém, Kennedy chamou os líderes de direitos civis tentando dissuadi-los de liderar a marcha, que ele sentia poder terminar em violência. Randolph, Rustin e outros líderes se recusaram a capitular. O presidente por fim endossou a marcha, e seu irmão Robert uniu-se aos organizadores para ajudar a garantir que fosse um evento pacífico.

Vozes poderosas

O enorme encontro foi apoiado e patrocinado por todas as principais organizações de direitos civis, entre elas o Congresso da Igualdade Racial, a ANPPC, a Liga Nacional Urbana, o Conselho do Trabalho para o Americano Negro, a Conferência da Liderança Cristã do Sul (CLCS) e o Comitê Coordenador Estudantil Não Violento (CCENV). Eles definiram dez reivindicações, entre elas a dessegregação de distritos escolares, um salário-mínimo nacional e políticas justas de emprego e moradia. Rustin era o principal organizador e suplente de Randolph, o diretor da marcha.

Nos preparativos para o evento principal, artistas famosos, como Joan Baez, Bob Dylan e a cantora gospel Mahalia Jackson, se apresentaram para as multidões. Odetta, que ajudou a inspirar o renascimento da música folk no fim dos anos 1950 e 1960, cantou um spiritual americano negro marcante, com o público acompanhando-a no refrão: "E antes de ser um escravo,

Uma multidão de manifestantes se reúne no National Mall de Washington, DC, enquanto Martin Luther King Jr. e outros oradores importantes apresentam sua poderosa retórica no Memorial a Lincoln.

serei enterrado em meu túmulo. E irei para casa, para meu Senhor, e serei livre". À tarde, Randolph apresentou uma série de oradores – ativistas de direitos civis e sindicalistas negros e brancos, além de líderes religiosos católicos, protestantes e judaicos, e apenas duas mulheres – a artista francesa nascida nos EUA Josephine Baker e a jornalista Daisy Bates. Alguns eram relativos recém-chegados à luta pela igualdade negra. Outros se opunham ao racismo há décadas. Dois oradores – John Lewis, do CCENV, e Martin Luther King Jr., da CLCS – eletrizaram o público.

Em sua fala, Lewis fez uma denúncia pungente dos políticos da época, criticando o projeto de direitos civis discutido no Congresso, que ele taxou de fraco demais. A seu ver, ele não oferecia proteção aos defensores dos direitos civis, presos em todo o sul pelo ativismo, nem assistência aos trabalhadores negros mais pobres da nação. Lewis estimulou o público a participar de modo pleno da revolução política que varria a nação e prometeu continuar seu protesto pacífico se um projeto sólido de direitos civis não fosse aprovado.

Uma visão esperançosa

Martin Luther King Jr. foi o último orador do dia. Há anos ele discursava para grupos menores, apresentando versões anteriores de "Eu tenho um sonho", mas esse momento seria aquele que todos iriam lembrar. King observou que, apesar da abolição da escravidão um século antes, os negros dos EUA ainda estavam acorrentados pela opressão econômica e política, e lhes eram negadas oportunidades iguais e seus direitos constitucionais.

Nas cidades mais ao norte, americanos negros sofriam em guetos isolados e segregados. No sul, se exasperavam sob leis Jim Crow que os impediam de participar da política eleitoral. King declarou que o único caminho que lhes sobrara eram as manifestações diretas não violentas. Seu discurso não apresentava sugestões ou diretivas, mas encorajava a audiência a se comprometer de novo com o ativismo político ao voltar para casa. Mais importante, oferecia uma visão esperançosa do que os EUA poderiam ser – um país em que pessoas de todas as raças, culturas e religiões poderiam participar com igualdade e se beneficiar do contínuo experimento democrático.

A Marcha de Washington por Emprego e Liberdade foi o clímax do movimento dos direitos civis nos EUA. Brancos e negros, 250.000 manifestantes declararam que as barreiras à participação plena dos americanos negros na política eleitoral e as desigualdades nas oportunidades econômicas deveriam ser removidas. Eles provaram também que manifestações não violentas em enorme escala podem ser uma arma poderosa na luta por justiça social.

Ainda um sonho

A maioria dos americanos negros hoje têm plenos direitos de voto, mas ainda lutam com outras dificuldades. Apesar do aumento do número de milionários e bilionários negros, em 2019 os negros representavam 12,2% da população americana, mas 23,8% dos que viviam na pobreza. A renda média dos lares americanos negros ainda está bastante atrás das de outras etnias. Em 2018, os americanos negros eram 33% da população carcerária – quase o triplo de sua parcela de 12% da população geral. No fim de 2020, a possibilidade de um negro ser morto pela polícia era o dobro da de um branco.

O sonho de King talvez ainda seja elusivo e os negros ainda têm de conquistar todos os objetivos buscados pelos oradores da Marcha de Washington. Porém, o evento teve um enorme impacto na nação e em seus políticos, influenciando membros do Congresso a apoiar a Lei dos Direitos Civis de 1964 e a Lei dos Direitos de Voto no ano seguinte, ajudando a dar aos americanos negros mais igualdade na terra que chamam de pátria. ∎

> Agora é a hora de levantar-nos do vale desolado e sombrio da segregação para o caminho ensolarado da justiça racial.
> **Martin Luther King Jr.**
> Discurso na Marcha de Washington

Martin Luther King Jr

Nascido em Atlanta, na Geórgia, em 1925, numa importante casa batista negra, King estudou teologia na Universidade de Boston. Em 1955, tornou-se pastor em Montgomery, no Alabama, e liderou uma ação de massa por um ano que deu fim à segregação racial nos ônibus da cidade. Em 1957, cofundou a Conferência da Liderança Cristã do Sul (CLCS), uma associação de ministros negros comprometidos com a justiça social. No mesmo ano, a CLCS e outros grupos de direitos civis negros organizaram a Peregrinação de Oração pela Liberdade, pedindo a imposição da decisão Brown *vs.* Conselho de Educação, de 1954. Franco opositor da guerra e da pobreza, King recebeu o Prêmio Nobel da Paz de 1964, por seu ativismo antirracista. Foi assassinado em 1968, enquanto dava apoio a operários de saneamento em greve em Memphis, no Tennessee.

Obras principais

1958 *Stride Toward Freedom*
1959 *The Measure of a Man*
1963 *Letter from Birmingham Jail*
1964 *Por que não podemos esperar*

QUE BLOCO É ESSE?
DITADURA E REDEMOCRATIZAÇÃO NO BRASIL

EM CONTEXTO

ONDE
Brasil

ANTES
1888 A Lei Áurea é assinada.

1910 Eclode a Revolta da Chibata.

1931 É criada a Frente Negra Brasileira.

1944 É fundado o Teatro Experimental do Negro.

DEPOIS
1978 Fundação do Movimento Negro Unificado.

1983 É realizado o I Encontro de Mulheres Negras do Rio de Janeiro.

2003 O governo cria a Secretaria de Políticas de Promoção da Igualdade Racial.

2012 Criação de cotas raciais para ingresso nas universidades públicas

2021 Negros formam o maior número de vítimas da covid-19 no Brasil

A ditadura instaurada em 1964 representou um duro golpe para o movimento negro brasileiro. Manifestações artísticas, políticas e culturais com o intuito de denunciar o racismo no Brasil e promover iniciativas voltadas à valorização do negro no país sofreram com a censura e a repressão. Os militares acusavam o movimento negro de promover o racismo no país, algo que, segundo eles, não existia no Brasil.

Documentos históricos tornados públicos recentemente, pelo trabalho de historiadores, mostram a extrema vigilância exercida pelos órgãos oficiais responsáveis pela repressão sobre as mais diferentes formas de atuação negra no país. O bloco de carnaval Ilê Aiyê, os bailes de *soul music* realizados na periferia carioca e o I Encontro de Mulheres Negras do Rio de Janeiro são exemplos de ações que foram alvo dessa vigilância.

O Movimento Negro Unificado (MNU)

Apesar disso, o movimento negro se organizou. Em 1978, foi fundado o Movimento Negro Unificado Contra a Discriminação Racial (MNUCDR), posteriormente renomeado para apenas Movimento Negro Unificado (MNU). O ato de fundação do MNU ocorreu nas escadarias do Theatro Municipal de São Paulo. A indignação causada pela morte sob tortura do feirante Robson Luz, considerado suspeito, segundo a polícia, de roubar uma fruta, e pela proibição de que quatro atletas negros entrassem no Clube de Regatas Tietê motivaram sua criação. No mesmo dia, dias antes do ato que marcou a criação do MNU, o operário Nilton Lourenço foi assassinado pela polícia militar.

O MNU exerceu um papel importante de denúncia da pobreza em que vivia a maioria da população negra no Brasil, da violência policial e

[...] uma pessoa negra que tem consciência de sua negritude está na luta contra o racismo. As outras são mulatas, marrons, pardos etc.
Depoimento de Lélia Gonzalez, em 1988

Ver também: Dividir e governar 222–23 ▪ Estados Unidos da África 232–3 ▪ A diáspora africana hoje 314-15 252 ▪ A diáspora africana hoje 314-15

do mito da democracia racial. Para enfrentar esses problemas, o movimento defendia ações como o ensino da história e da cultura africana e afro-brasileira nas instituições de ensino brasileiras e a criação do Dia da Consciência Negra, no dia 20 de novembro, para substituir o 13 de Maio como data de celebração pela contribuição da população negra para a formação do país.

O negro no Brasil após a redemocratização

Após o fim da ditadura, algumas personalidades do movimento negro brasileiro que se destacaram na luta antirracista do período anterior deram importantes contribuições para a Assembleia Nacional Constituinte. Uma delas foi a inclusão do crime de racismo na Constituição de 1988.

Novas conquistas foram alcançadas durante o período democrático. Entre as mais importantes, destacam-se: a lei 10.639/2003, que estabeleceu a obrigatoriedade do ensino de História e Cultura africana e afro-brasileira nos estabelecimentos de ensino; a criação, em 2011, do Dia da Consciência Negra, no dia 20 de novembro, como feriado nacional; e a criação, em 2012, da lei de cotas raciais nas universidades públicas brasileiras.

Ainda que tenham ocorrido avanços importantes no sentido da valorização da contribuição afro-brasileira para a formação histórica do Brasil e da criação de mecanismos de promoção de oportunidades para melhorar a vida de negras e negros no país, ainda existem muitos desafios a serem enfrentados. O alto índice de desemprego, de encarceramento, de assassinato e de mortes por covid-19 entre homens e mulheres negras são apenas algumas dimensões da predominância do racismo estrutural na sociedade brasileira. ■

Manifestação do Movimento Negro Unificado contra a Lei Afonso Arinos e Caminhada por Zumbi nas ruas do centro da cidade de São Paulo, em 1980.

Sueli Carneiro

Nascida em 1950, em São Paulo, a filósofa, escritora e ativista Sueli Carneiro é um dos nomes mais importantes do feminismo negro no Brasil. Em 1988, integrou o Conselho Nacional da Condição Feminina, em Brasília. No mesmo ano, fundou o Geledés – Instituto da Mulher Negra, o primeiro instituto feminista e independente de São Paulo.

Junto a outros nomes importantes do movimento negro brasileiro, como Abdias do Nascimento e Lélia Gonzalez, Sueli Carneiro teve uma atuação importante na inscrição do racismo como crime inafiançável e imprescritível na Constituição de 1988. Em 2010, foi uma das principais vozes em defesa da criação das cotas raciais nas universidades brasileiras como uma forma de reparação histórica à população negra no Brasil.

A ausência de mulheres negras nos cargos políticos, as desigualdades sociais e a precariedade da inserção desse grupo no mercado de trabalho são algumas das temáticas que constituem sua atuação acadêmica e de ativista feminista e antirracista.

UMA NOVA SOCIEDADE PRECISA NASCER
O MOVIMENTO BLACK POWER (1966-1974)

EM CONTEXTO

ONDE
Estados Unidos

ANTES
1954 O nome "Black Power" aparece impresso pela primeira vez como título de uma obra do americano negro Richard Wright. Em 1966, o ativista negro Stokely Carmichael o adota como grito de guerra.

1962 O desfile de moda Naturally 62, no Harlem, Nova York, apresenta só modelos negras e dá início ao movimento Black is Beautiful.

DEPOIS
1976 O escritor americano negro Alex Haley publica *Negras raízes*, que inspira grande interesse pela história americana negra.

1977 Andrew Young se torna o primeiro embaixador americano negro na ONU.

1984 Jesse Jackson concorre à indicação presidencial, atraindo mais americanos negros à política.

O movimento dos direitos civis americano, dos anos 1950 e 1960, removeu muitas barreiras legais à igualdade dos americanos negros. Em meados dos anos 1960, eles podiam votar em estados que, por gerações, tinham lhes negado esse direito. Eles também derrubaram leis Jim Crow locais e estaduais que amparavam a segregação racial, mas o racismo institucionalizado se manteve. As oportunidades econômicas e educacionais ainda estavam além do alcance de milhões de americanos negros, que vivenciavam a violência policial, políticas de empréstimo discriminatórias nos bancos, escolas deterioradas e alto desemprego em guetos urbanos superlotados. Com o movimento Black Power, de 1966 a 1974, milhares de americanos negros, muitos deles em idade universitária, buscaram demolir o racismo sistêmico e criar um poder político, econômico e social próprio "pelos meios que fossem necessários".

Política e cultura
Politicamente, os grupos Black Power eram influenciados pelo ministro muçulmano e ativista dos direitos humanos Malcolm X, cujas ideias nacionalistas sustentavam que os negros, por sua história, cultura e comunidades em grande parte apenas negras, formavam uma nação dentro dos EUA. Apesar da ideologia comum, os grupos Black Power eram locais e descentralizados. A Organization US, na Califórnia, buscava promover valores culturais africanos, como o estudo de história e línguas africanas. Outros, como a Republic of New Africa, queriam criar uma república negra independente nas "terras subjugadas" do sul americano. O objetivo inicial do Partido dos Panteras Negras era proteger as comunidades negras na área da baía de São Francisco da violência policial, mas, antes de seu declínio nos anos 1970, tornou-se um grupo marxista mais militante e

[...] o homem negro deveria controlar a política e os políticos de sua própria comunidade.
Malcolm X
"The Ballot or the Bullet", 1964

DESCOLONIZAÇÃO E DIÁSPORAS

Ver também: Jim Crow 216-221 ▪ O renascimento do Harlem 242-245 ▪ Brown vs. Conselho de Educação 264-267 ▪ O boicote aos ônibus de Montgomery 270-271

revolucionário. Socialmente, os ativistas Black Power afirmavam que a cultura americana negra devia ser usada como instrumento de libertação e ajudar os negros a vencer e substituir sentimentos de inferioridade, engendrados por séculos de estereótipos grosseiros da mídia branca. Os artistas negros responderam com entusiasmo. Em 1968, James Brown – apelidado de Padrinho do Soul – lançou *Say It Loud, "I'm Black and I'm Proud"* (Diga alto: "Sou negro e tenho orgulho"), que se tornou o hino do movimento Black Power. Douglas Q. Barnett fundou o Black Arts West em Seattle, Washington, em 1969 e, por quase 11 anos, apresentou espetáculos teatrais sobre a identidade e a política negras. Como muitos outros artistas visuais negros, Barkley Hendricks contestou a estética ocidental. Notando a ausência de figuras negras em retratos, ele criou pinturas de grande escala sobre amigos negros, em obras como *Birth of Cool* (1973).

Novo empoderamento

O movimento Black Power redefiniu o que significava ser uma pessoa de origem africana nos EUA e em outros lugares, onde os brancos ditavam o gosto e a cultura popular. Os negros deixaram de ser tratados de modo ofensivo – não estavam mais isolados, sem poder e definidos pela escravidão e pelo racismo branco. O empoderamento tornou-os um povo autodefinido, conectado a uma diáspora africana maior. ∎

Com a saudação Black Power nos Jogos Olímpicos de 1968, os medalhistas dos 200 metros Tommie Smith (ouro) e John Carlos (bronze) marcam posição contra a injustiça racial.

Malcolm X

Nascido em Omaha, Nebraska, em 1925, Malcolm Little era filho de Louise, uma ativista americana granadina, e Earl, um pregador itinerante e membro ativo da Associação Universal para o Progresso Negro. Preso após anos de pequenos delitos e abuso de drogas, ele se juntou à Nação do Islã (NI) e mudou seu nome para Malcolm X. No fim dos anos 1950, tornou-se o porta-voz nacional da NI, mas saiu da organização e formou a Mesquita Muçulmana, Inc. em 1964 – ano em que abraçou o Islã sunita, após fazer uma peregrinação a Meca e adotar o nome Hajj Malik el-Shabazz. No ano seguinte, fundou a Organização de Unidade Afro-Americana.

Em 21 de fevereiro de 1965, Malcolm X foi assassinado na Cidade de Nova York, mas suas ideias sobre nacionalismo negro sobreviveram, fornecendo um referencial ideológico aos ativistas do Black Power. Três membros da NI foram condenados por seu assassinato.

Obras principais

1964 "The Ballot or the Bullet" ("O voto ou a bala", discurso)
1965 *The Autobiography of Malcolm X*, com Alex Haley

NEGAR A RAÇA SIGNIFICA NEGAR A REALIDADE
POLÍTICAS DE CEGUEIRA RACIAL NA FRANÇA (1978)

EM CONTEXTO

ONDE
França

ANTES
1848 O lema nacional da França se torna *Liberté, égalité, fraternité* (Liberdade, igualdade, fraternidade).

Anos 1940 Milhões de imigrantes chegam à França para preencher vagas de trabalho entre o fim dos anos 1940 e os anos 1970.

DEPOIS
1983 Acontece a primeira manifestação antirracismo na França.

2010 Véus no rosto são proibidos em locais públicos.

2016 Protestos Vidas Negras Importam irrompem em toda a França, após o cidadão negro Adama Traoré morrer em custódia policial.

2018 A Assembleia Nacional Francesa vota a remoção da palavra "raça" da Constituição da França.

As políticas de cegueira racial – que **não levam em conta a raça** – objetivam assegurar **a igualdade e a integração** entre os cidadãos de um país.

Porém, **o fato de não reconhecer a raça** torna mais difícil aos governos lidar com a **discriminação racial sistêmica**.

Negar a existência da raça significa negar a realidade da discriminação racial.

Em 1978, a Assembleia Nacional Francesa aprovou uma lei que proibia a coleta de dados pessoais que revelassem origem étnica e racial dos cidadãos. Com isso, a política de estado francesa rejeitava qualquer referência a minorias raciais, étnicas ou religiosas. Essa política de cegueira racial tem raízes nos ideais republicanos franceses de universalismo, pelos quais se espera que os cidadãos se identifiquem com a nação, sem olhar para identidades étnicas ou religiosas. Ela também se baseia no princípio francês de laicidade, que proíbe introduzir a religião em questões públicas.

Política de assimilação

Com a maior população de negros (cerca de 1,8 milhão), minorias não brancas, muçulmanos e judeus da Europa, a França é sem dúvida uma sociedade multirracial e multicultural. Durante a Revolução Industrial Francesa (1810-1870), milhares de trabalhadores migrantes norte-africanos foram recrutados para preencher vagas de emprego. Nos anos entre as duas guerras mundiais, quase 3 milhões de pessoas, ou 6% da população, chegaram como imigrantes.

Para lidar com uma demografia em rápida mudança, o governo francês adotou uma política estrita de assimilação e leis de cegueira racial. Eles pensavam que removendo as referências a identidades étnicas ou religiosas específicas ajudariam a criar igualdade. Em 2004, foram proibidos nas escolas estatais

DESCOLONIZAÇÃO E DIÁSPORAS 291

Ver também: O Code Noir da Louisiana 166-167 ▪ Movimentos negros na França 250-251 ▪ Combatentes negros na Segunda Guerra Mundial 254-257 ▪ Campanhas antirracismo globais 306-313 ▪ A diáspora africana hoje 314-315

Manifestantes queimaram prédios e carros nos protestos de 2005. Em 8 de novembro foi declarado estado de emergência nacional.

Os protestos franceses de 2005

Iniciados em 27 de outubro em Clichy-sous-Bois, um *banlieue* (subúrbio) de Paris, os protestos franceses de 2005 duraram três semanas. Na noite do dia 27, a polícia foi chamada para investigar a possível invasão de um local em obras, onde encontraram um grupo de adolescentes. Perseguidos pela polícia, três deles correram e se esconderam numa subestação elétrica para não ser interrogados. Dois foram eletrocutados e morreram. O terceiro sofreu graves queimaduras. O incidente inflamou tensões já existentes entre jovens de minorias dos *banlieues* e a polícia, da qual eles muitas vezes se sentiam injustamente alvo. De início confinados a Paris, os protestos se espalharam, afetando todas as 15 grandes áreas urbanas da França. Uma pessoa morreu e houve perdas de 200 milhões de euros por danos a propriedades. Cerca de 2.900 manifestantes foram presos. Muitos consideraram as questões raciais e a discriminação na França como a causa das agitações.

símbolos religiosos evidentes, como os véus islâmicos, e em 2010, véus que cobriam o rosto todo foram banidos em locais públicos.

Demandas por mudança

Apesar dos esforços da França em se livrar de "políticas identitárias", há muita discriminação racial no país, com significativo impacto sobre as minorias.

Muitas minorias são segregadas na França em complexos habitacionais públicos, nos *banlieues* (subúrbios) pobres ao redor das cidades. A polícia com frequência monitora os *banlieues* e, segundo um estudo de 2016 da organização pública independente Defensor dos Direitos, os jovens negros e árabes têm 20 vezes mais chances de ser parados pela polícia que qualquer outro grupo.

A contradição clara entre as políticas de cegueira racial e a realidade vivida causa indignação entre os negros na França. Protestos irromperam em 1983, nos anos 1990, em 2005, 2016 e 2020, em resposta à discriminação racial e à violência policial.

Um efeito importante da política de cegueira racial na França foi apagar os grupos minoritários nas negociações nacionais. A França tem significativos problemas de racismo, discriminação e desigualdade social e econômica, mas instrumentos limitados para avaliá-los e corrigi-los. Como diz a ativista e escritora francesa negra Rokhaya Diallo, a política de cegueira racial "acaba tirando de estudiosos e ativistas uma ferramenta poderosa para estudar as implicações do racismo". Os grupos minoritários na França estão exigindo que o governo repense suas políticas, já que o país continua se tornando mais diverso e cresce a discriminação racial. ∎

Sibeth Ndiaye, porta-voz do governo francês, faz uma declaração em maio de 2020, exortando o governo a coletar dados com base em raça, para ajudar a descobrir sua resposta à pandemia de Covid-19.

VIM, VI E VENCI. É UM BALL
A CULTURA BALL NOS ESTADOS UNIDOS (ANOS 1980)

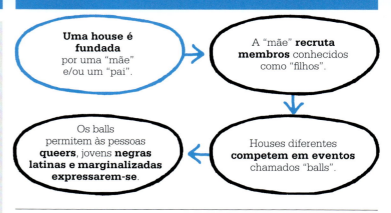

EM CONTEXTO

ONDE
Estados Unidos

ANTES
Anos 1870 O termo "drag" é usado pela primeira vez no Reino Unido para designar atores homens interpretando mulheres – suas longas saias se arrastam ("*drag*") no chão.

Anos 1920 Bailes de drags acontecem no Harlem, em NY.

1969 A rebelião de Stonewall começa em Nova York, quando a polícia ataca a comunidade LGBTQ+.

Anos 1970 Os bailes de drags passam a receber também a comunidade latina.

1972 Crystal LaBeija funda a primeira house da Cidade de Nova York, a House of LaBeija.

DEPOIS
1990 É lançado o clipe de *Vogue*, de Madonna, com movimentos de dança da cena ballroom de Nova York.

2018 *Pose*, um programa de TV baseado na cultura ball dos anos 1980, vai ao ar.

A família não é definida por sangue, diz Hector Xtravaganza, um integrante original da House of Xtravaganza, da cultura ball de Nova York: "Sua família são aqueles com quem você compartilha o bom, o mau e o feio e, no fim, ainda se amam". Uma família escolhida e a house (casa) que você cria com ela estão entre os temas centrais da cultura ball (baile), também chamada cena ou cultura ballroom (sala de baile). A cultura ball surgiu nos EUA para criar solidariedade entre jovens queers negros e latinos, excluídos de suas próprias comunidades e das cenas gays brancas convencionais nos anos 1980 em Nova York. A cena ballroom oferecia um espaço seguro e de compreensão para esses jovens.

Raízes urbanas
A vibrante vida noturna negra do Harlem nos anos 1920 e 1930 era um local de experimentação. Homens negros punham roupas femininas e mulheres se vestiam como homens em aparatosos drag balls (bailes de drags), onde pessoas brancas eram convidadas a assistir.

Evoluindo nos anos 1970 e 1980, os drag balls passaram a se voltar menos aos espectadores e mais ao apoio a comunidades gays e trans. A segregação racial nas cidades dos EUA

DESCOLONIZAÇÃO E DIÁSPORAS

Ver também: O renascimento do Harlem 242-245 ▪ A Era do Jazz 246-249 ▪ Surge o feminismo negro 276-281 ▪ Campanhas antirracismo globais 306-313

O documentário de Jennie Livingston *Paris is Burning* (1991) chamou atenção para a cultura ball, mas os críticos a acusaram de lucrar com a comunidade, na maioria pessoas negras e latinas pobres.

fazia as comunidades negra e latina serem desconsideradas, e as pessoas LGBTQ+ muitas vezes enfrentavam discriminação e violência em seu meio altamente patriarcal e heteronormativo. Rejeitadas pelas famílias e pela emergente cena gay branca, elas acharam reconhecimento e identidade no ballroom.

Faça uma pose

Os anos 1980 definiram a cultura ball, com houses destacadas se instalando em Nova York e outras cidades dos EUA. Elas se distinguiam por promover competições, ou "balls". Os participantes competiam numa passarela em categorias baseadas em identidades de gênero ou sexo, apresentação do corpo e moda, e pelo "voguing" – um estilo de dança que imita poses de modelos. Os integrantes de cada house não só praticam e competem, mas muitas vezes vivem juntos. Cada "família" é chefiada por uma "mãe", em geral uma "butch queen" ou "femme queen", de apresentação feminina, e o "pai", uma "butch queen" de apresentação masculina. Quando a epidemia global de AIDS se espalhou, nos anos 1980, os trabalhadores da saúde usaram o sistema das houses para distribuir informações e recursos de saúde. Em 1986, a House of Latex foi criada para oferecer testes de HIV e educação à comunidade ballroom.

A cultura ball da Cidade de Nova York se expandiu desde então, com grupos no mundo todo, oferecendo espaços seguros para que jovens da comunidade LGBTQ+ negra se desenvolvam abertamente como si próprios num mundo que ainda não os aceitou. ∎

A drag queen Shea Coulée, ex-competidora da *RuPaul's Drag Race*, em apoio à pré-candidata à presidência dos EUA Elizabeth Warren em 2019.

A drag moderna

A drag é uma parte vital da cultura ball, permitindo às pessoas expressar sua identidade em performances e experimentações. Os artistas drag modernos usam roupas e maquiagens que os transformam de masculino em feminino ou o inverso. As drag queens e kings em geral usam indicadores extravagantes de uma gama de gêneros e suas apresentações com frequência incluem canto dublado ou ao vivo, dança e a participação do público. Originadas no século XIX, as apresentações de drags são hoje uma parte evidente da cultura pop. Um exemplo é *RuPaul's Drag Race*, concurso para encontrar "A próxima superestrela drag da América" estreado na TV dos EUA em 2009. RuPaul, uma drag queen negra, iniciou sua carreira no circuito ballroom. As drags modernas têm ligações claras com a cultura ball – suas apresentações muitas vezes usam o formato de categorias dos balls, com movimentos de dança do voguing. A prevalência de drags modernas na corrente principal da cultura estimulou o ativismo LGBTQ+ e inspirou discussões sobre gênero.

BASTA!
OS PROTESTOS DE BRIXTON (1981)

EM CONTEXTO

ONDE
Londres, Reino Unido

ANTES
1948 O antigo navio do exército *Empire Windrush* leva 492 migrantes afro-caribenhos para o Reino Unido. A maioria deles se fixa em Brixton, Londres.

1980 Um levante ocorre no distrito de St. Paul, em Bristol, devido a um ataque policial a um café popular entre jovens negros.

DEPOIS
1999 O Relatório Macpherson sobre o assassinato de motivação racial do londrino negro Stephen Lawrence acusa a polícia de "racismo institucional".

2020 Pessoas marcham em cidades do mundo todo em apoio ao movimento Black Lives Matter e contra o racismo policial.

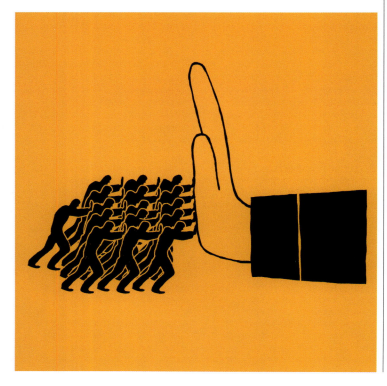

Em 1981, cerca de meio milhão de antilhanos negros viviam há várias décadas no Reino Unido, para onde migraram entre 1948 e os anos 1960. Eles tinham empregos estáveis, cumpriam suas obrigações como pais e tinham poucos problemas com a polícia. Nesse período, enfrentaram preconceito racial, más condições de moradia, oportunidades de emprego restritas e, às vezes, violência. A maioria desses novos britânicos, porém, instalados em Londres e outras cidades do Reino Unido, resistiam às tormentas econômicas e políticas.

As crianças negras que chegaram à idade adulta no fim dos anos 1970 — um período de longo declínio

DESCOLONIZAÇÃO E DIÁSPORAS   295

Ver também: O movimento Rastafári 253 ▪ A migração Windrush 258-259 ▪ A agressão policial a Rodney King 298 ▪ O Relatório Macpherson 299 ▪ Campanhas antirracismo globais 306-313

Uma viatura policial tombada queima numa rua de Brixton coberta de pedras, no segundo dia dos protestos, 11 de abril de 1981. Mais de 100 veículos da polícia foram danificados em três dias.

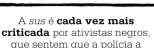

As leis do Reino Unido dão à polícia o direito de prender qualquer pessoa **com base apenas em uma suspeita** – ou "*sus*".

A *sus* é **cada vez mais criticada** por ativistas negros, que sentem que a polícia a **usa de modo injusto**, direcionando-a aos negros.

Após uma **ação concatenada da polícia** em Brixton, Londres, **parando e revistando**, jovens negros **explodem num protesto violento**.

A *sus* é abolida menos de quatro meses depois dos protestos de Brixton.

---

industrial e econômico no país – tinham perspectivas bem diferentes. Em 1980, uma recessão nacional golpeava com força os distritos em que eles tinham crescido. Quase 50% dos homens negros de 16 a 24 anos estavam sem emprego. Alguns se desviaram para o crime e foram responsáveis por uma parcela crescente de assaltos, roubos em casas e delitos relacionados a drogas nas ruas. Os jovens negros começaram então a se ver em conflito com uma força policial decidida a derrubar a alta taxa de crimes. Isso iniciou uma cadeia de eventos que, em abril de 1981, culminou com um fim de semana de protestos sem precedentes em Brixton – um distrito no bairro londrino de Lambeth que era o centro da comunidade caribenha negra no Reino Unido.

Ação por suspeita

Desde o início, lidar com o crime que se desenvolvia em algumas partes de comunidades negras nas cidades criava um desafio especial para as forças policiais do Reino Unido, ainda totalmente brancas. Sem contatos nessas comunidades e sem informações para prosseguir, a polícia decidiu lançar uma ampla ação que apanhava inocentes e culpados. Para tanto, parava e revistava qualquer pessoa negra nas ruas, apenas por suspeita, com base numa norma que datava da Lei de Vadiagem de 1824.

O uso dessa "lei dos suspeitos" – ou *sus* – indispôs muitos negros, que julgavam que policiais preconceituosos a usavam para abusar deles injustamente. Surgiram então grupos de pressão negros, como a campanha Descarte a Sus, criada em 1977 no distrito de Lewisham, no sul de Londres, por um grupo de mães. Elas estavam exasperadas com o modo com que seus filhos eram seguidamente parados pela Polícia Metropolitana de Londres (a Met). A ativista local Mavis Best representava as mães, visitando postos policiais em seu nome e pedindo a libertação de seus filhos. Ela também fez petições a parlamentares britânicos pela extinção da lei *sus*, auxiliada por Paul Boateng, um jovem procurador negro e futuro membro do parlamento britânico pelo Partido Trabalhista (ver boxe, p. 297).

Em 19 de janeiro de 1981, a Descarte a Sus venceu a batalha contra a Met. No parlamento, William Whitelaw, secretário de Estado do governo conservador, anunciou a intenção de revogar a lei *sus* com um novo Projeto sobre Tentativas de Crime. A Met, porém, não estava »

O artista negro Denzil Forrester, nascido em Granada em 1956, pintou *Brixton Blue* em 2019. A obra reflete a vida da comunidade negra de Brixton no início dos anos 1980, com sua cena musical vibrante e pesada presença policial.

disposta a aceitar tão rápido a derrota e manteve sua estratégia de parar e revistar enquanto a lei antiga estivesse em vigor.

Brixton explode

Na segunda, 6 de abril, num último e desafiador uso da *sus*, a Met escolheu Brixton como o lugar para iniciar uma onda de buscas e revistas. Como que para provocar ainda mais os moradores negros, nomeou a operação "Atoleiro 81", aludindo à afirmação da primeira-ministra Margaret Thatcher de que a população branca do Reino Unido não queria "ser posta num atoleiro por pessoas de uma cultura diferente". A operação visava deter o sensível aumento dos crimes de rua em Brixton e, em poucos dias, cerca de 950 pessoas foram revistadas. Houve pouco mais de 100 prisões e ainda menos acusações, a maioria sem ligação com crimes de rua.

Aos olhos da comunidade negra, a polícia revistara centenas de pessoas negras sem razão. Os jovens negros retaliaram na sexta, 10 de abril, com um contra-ataque feroz que durou três dias. Eles atacaram os policiais com tijolos, pedras e coquetéis Molotov, os perseguiram pelas ruas e causaram tumultos no distrito, incendiando veículos e construções e saqueando lojas. A polícia só retomou o controle na madrugada de 13 de abril, quando os agitadores se cansaram e aos poucos desapareceram por ruas laterais.

Começa a mudança

Após o pior protesto no Reino Unido em um século, ficou claro que a última tentativa da Met de provar a eficácia da *sus* tinha falhado. Os choques deixaram centenas de policiais e dezenas de outras pessoas feridas, mais de 200 veículos policiais e privados destruídos e cerca de 150 propriedades danificadas, queimadas ou saqueadas. Foi preciso cerca de 7.000 policiais para reprimir por volta de 1.000 agitadores que se juntaram no protesto, dos quais em torno de 250 foram presos.

Um William Whitelaw chocado visitou a área no domingo, 12 de abril. As pessoas em Brixton zombavam dele pelos cantos. Para um dos jovens agitadores, Alex Wheatle, depois um romancista de sucesso, o problema era bem sintetizado pelo nome do secretário de Estado. "William *White Law* [Lei Branca]. Era a isso que o governo estava disposto. White. Law."

Whitelaw nunca criticou em público a ação policial antes, durante e após os protestos, mas estava ciente de que a *sus* era o problema central. Em 27 de julho de 1981, seu Projeto sobre Tentativas de Crime tornou-se lei, extinguindo a *sus* e garantindo que o policiamento da população negra do Reino Unido nunca mais seria o mesmo. Ele também instaurou de imediato um inquérito sobre os protestos de Brixton, encabeçado por um juiz, lorde Scarman.

Em seu relatório, publicado em 25 de novembro, Scarman chamou o Atoleiro 81 de "erro grave" e fez recomendações destinadas a melhorar a prestação de contas da força policial. Scarman sugeriu a criação de comitês de contato e agências consultivas para dar ao

Pela primeira vez, pessoas negras como eu se tornaram líderes de conselhos, políticos e ativistas comunitários.
Alex Wheatle
Romancista britânico (1963-)

DESCOLONIZAÇÃO E DIÁSPORAS

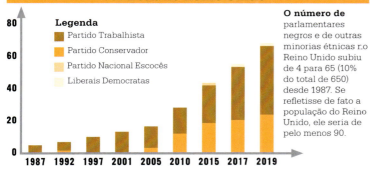

Parlamentares negros e de minorias étnicas no Reino Unido

Legenda:
- Partido Trabalhista
- Partido Conservador
- Partido Nacional Escocês
- Liberais Democratas

O número de parlamentares negros e de outras minorias étnicas no Reino Unido subiu de 4 para 65 (10% do total de 650) desde 1987. Se refletisse de fato a população do Reino Unido, ele seria de pelo menos 90.

Políticos negros pioneiros

Na época dos protestos de Brixton, não havia parlamentares negros no Reino Unido. Em 1983, um grupo de ativistas do Partido Trabalhista, o Black Sections, buscou aumentar a representação de minorias étnicas no partido e no Parlamento. Três membros negros – Paul Boateng, Diane Abbott e Bernie Grant – conquistaram assentos parlamentares na eleição geral de 1987. Boateng (1951-) e Abbott (1953-) nasceram no Reino Unido. Boateng se tornou o primeiro membro negro do gabinete britânico em 2002. Abbott era agente de liberdades civis e pesquisadora de TV, antes de ser eleita a primeira parlamentar negra. Grant (1944-2000), nascido na Guiana Inglesa, foi para a Inglaterra em 1963 e, a partir de 1985, foi líder do Conselho de Haringey, no norte de Londres. John Stewart, filho mestiço de um dono de *plantation*, tornou-se o primeiro parlamentar conservador negro em 1832. O segundo, Adam Afriyie, filho de mãe inglesa e pai guianês, foi eleito 173 anos depois, em 2005.

Bernie Grant, Paul Boateng e Diane Abbott – e Keith Vaz, o primeiro parlamentar de origem asiática desde os anos 1920 – posam com Neil Kinnock, líder do Partido Trabalhista, na reunião do partido em Brighton, em 1987.

público mais informações sobre a condução de operações policiais. Ele também pediu agilização no recrutamento de policiais negros e treinamento de policiais brancos para que pudessem entender melhor as áreas multirraciais onde atuavam.

Embora só trechos das recomendações do relatório tenham sido implementados pelo governo conservador de Margaret Thatcher, houve algumas mudanças importantes – consagradas na Lei de Polícia e Evidência Criminal de 1984. Esta exigia que os policiais tivessem "suspeitas razoáveis" de encontrar algo incriminador antes de se aproximar de uma pessoa e que seguissem códigos estritos de comportamento ao parar, revistar, interrogar ou prender indivíduos.

Novas vozes negras

Os protestos de Brixton não foram os únicos de 1981. A violência eclodiu em outras cidades britânicas, como Liverpool e Manchester. Eventos diversos causaram cada conflagração, mas todas foram alimentadas por um ressentimento antigo com as táticas de parar e revistar da polícia. As tensões entre a polícia e as comunidades negras também não cessaram com a abolição da *sus*. Protestos graves irromperam de novo em 1985 em Brixton e em Tottenham, no norte de Londres, e em Leeds em 1987.

O relatório de Scarman estava longe de resolver os problemas de discriminação racial, mas iniciou um debate maior, que continua hoje, sobre o impacto do desfavorecimento racial. Políticos e líderes de comunidades, negros e brancos, se esforçam para achar os melhores modos de melhorar as condições em Brixton e outras áreas urbanas e dar oportunidades iguais de educação e emprego a jovens negros insatisfeitos.

Em especial, os protestos de Brixton forneceram a plataforma sobre a qual uma geração nascente de políticos negros do Partido Trabalhista construiu suas reputações. Nos dias após os eventos de Brixton, Paul Boateng, um procurador de direitos civis negro, apareceu em programas de notícias explicando os motivos dos agitadores contra a *sus*. Seis anos depois, ele estava entre os três primeiros candidatos negros eleitos ao parlamento do Reino Unido, desde o século XIX. Pela primeira vez, desde a chegada do *Empire Windrush* em 1948, os negros afinal tinham voz direta na elaboração das leis de seu país, um direito que antes estivera só nas mãos de brancos. ∎

NÃO TEMOS CERTEZA SE A POLÍCIA ESTÁ LÁ PARA NOS PROTEGER
A AGRESSÃO POLICIAL A RODNEY KING (1991)

EM CONTEXTO

ONDE
Los Angeles, EUA

ANTES
1946 O sargento do exército negro Isaac Woodard perde a visão após ser mutilado por um delegado numa prisão na Carolina do Sul. O delegado é absolvido por um júri só de brancos.

1967 O taxista negro John Smith tem as costelas quebradas pela polícia após ser parado numa rua de Newark, em New Jersey. O ataque leva a quatro dias de protestos. Os policiais presos não são acusados.

DEPOIS
2009 Oscar Grant, um homem negro, é morto a tiros pela polícia numa plataforma do trem rápido da baía de Oakland, na Califórnia. O policial agressor é condenado a dois anos.

2020 George Floyd é sufocado por um policial ajoelhado sobre seu pescoço em Minnesota. O assassinato desperta indignação global.

Muitas vezes, nos Estados Unidos, a polícia usa força excessiva contra suspeitos negros desarmados. Mas a real extensão disso só foi mais conhecida na madrugada de 3 de março de 1991.

De uma varanda em Los Angeles, um cinegrafista amador filmou quatro agentes de polícia golpeando com porretes impiedosamente Rodney King, de 25 anos, no chão. A filmagem chocou o público das TVs pelo mundo. Pela primeira vez, via-se com brutal clareza o que ocorria com frequência aos americanos negros sob custódia policial.

Tribunal e protestos
Depois de pará-lo por excesso de velocidade, os policiais atingiram King duas vezes com uma arma de choque, deram chutes e bateram nele mais de 50 vezes em 81 segundos. Ele teve ossos quebrados, várias fraturas no crânio, ferimentos na testa e em vários lugares e danos ao cérebro, pelos quais recebeu 3,8 milhões de dólares como reparação. A filmagem prenunciou a era dos smartphones, que levaram passantes a registrar regularmente excessos policiais – uma vigilância aberta que não mudou o modo de agir da polícia, como o assassinato do segurança negro George Floyd mostraria uma geração depois. A gravação tampouco melhorou o sistema judiciário. Os quatro policiais foram absolvidos por um júri quase todo branco em abril de 1992, causando seis dias de protestos em Los Angeles.

King não apoiou os protestos. Ele perguntou: "Podemos todos nos entender?" Com a continuação da violência policial, essa é uma pergunta que ainda está no ar. ∎

Não é mais possível [...] ver o espancamento de King como uma exceção.
Tom Bradley
Prefeito de Los Angeles (1973-1993)

Ver também: Os protestos de Brixton 294-297 ▪ O Relatório Macpherson 299 ▪ Campanhas antirracismo globais 306-313

DESCOLONIZAÇÃO E DIÁSPORAS **299**

TOLERÂNCIA ZERO AO RACISMO
O RELATÓRIO MACPHERSON (1999)

EM CONTEXTO

ONDE
Londres, Reino Unido

ANTES
1959 O carpinteiro antiguano Kelso Cochrane é esfaqueado por uma gangue de brancos em Londres. A polícia insiste que o motivo foi roubo e nunca encontrou os assassinos.

1965 O governo trabalhista aprova a Lei das Relações de Raça, a primeira do Reino Unido a tornar ilegal a discriminação racial.

1967 No livro *Black Power*, o ativista de direitos civis Stokely Carmichael (Kwame Ture) cunha a expressão "racismo institucional" para designar atitudes e práticas contra os negros.

DEPOIS
2005 O estudante negro Anthony Walker é morto por dois jovens brancos abusadores raciais perto de Liverpool. A polícia logo rastreia os suspeitos e, naquele ano, eles são condenados à prisão perpétua.

O assassinato racista de um jovem britânico negro em 1993 mudou de modo fundamental o padrão das relações de raça no Reino Unido. Em abril de 1993, Stephen Lawrence esperava o ônibus em Eltham, no sudeste de Londres, quando foi esfaqueado até a morte por uma gangue de cinco jovens brancos que foram ouvidos gritando expressões racistas. Apesar da ampla circulação dos nomes dos cinco e de uma campanha do jornal *Daily Mail*, a polícia de Londres não apresentou um só suspeito à justiça.

Um inquérito marcante

O governo trabalhista da época instaurou o Inquérito Stephen Lawrence, chefiado por um juiz aposentado, William Macpherson. O relatório dele, de 1999, foi um marco. Ele atribuiu as falhas da polícia ao racismo institucional em seu interior. Sua definição de racismo institucional foi: "A falha coletiva de uma organização em fornecer um serviço adequado e profissional às pessoas devido à sua cor, cultura ou origem étnica".

Doreen e Neville Lawrence foram tratados com desrespeito pela polícia durante as investigações após a morte de seu filho. Eles continuam a lutar por justiça para Stephen.

As recomendações do relatório foram quase totalmente implementadas e levaram à condenação de dois membros da gangue, Gary Dobson e David Norris, em 2012. Macpherson foi além. Ele pretendia que todas as instituições fossem avaliadas pelo parâmetro do racismo institucional e, apesar de várias objeções ideológicas a seu relatório, este estabeleceu o referencial para as relações de raça, desde então, no Reino Unido. ■

Ver também: Os protestos de Brixton 294-297 ▪ A agressão policial a Rodney King 298 ▪ Campanhas antirracismo globais 306-313

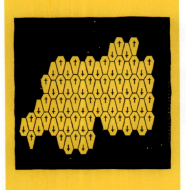

QUEREMOS INFORMÁ-LO QUE AMANHÃ SEREMOS MORTOS

O GENOCÍDIO DE RUANDA (1994)

EM CONTEXTO

ONDE
Ruanda

ANTES
1959 Uma violenta revolução hutu faz Ruanda passar de colônia belga, com uma monarquia tútsi, a república dominada por hutus.

1990 Forças do governo e o grupo rebelde Frente Patriótica Ruandesa (FPR) se chocam numa guerra civil de grandes proporções, encerrada em 1994.

DEPOIS
1996 A Primeira Guerra do Congo eclode quando o governo ruandês invade o Zaire (hoje República Democrática do Congo), perseguindo grupos rebeldes no exílio.

1994-2015 O Tribunal Criminal Internacional de Ruanda, instalado pelo Conselho de Segurança da ONU, declara 61 pessoas culpadas por genocídio e faz a primeira condenação por estupro como arma de guerra.

Em 100 dias, em 1994, cerca de 800.000 pessoas em Ruanda foram mortas por extremistas hutus. As vítimas eram em geral da comunidade minoritária tútsi e alguns hutus que se recusaram a participar do genocídio.

Tensões raciais
Na Ruanda pré-colonial, os primeiros a se fixar na região foram os twas, caçadores-coletores pigmeus. No século V, agricultores hutus começaram a chegar, seguidos por pastores tútsis. A população formou clãs e, por fim, vários pequenos reinos. Em 1899, Ruanda foi colonizada pelo Império Alemão, que favoreceu o povo tútsi. Quando os belgas tomaram Ruanda, em 1918, foram criados cartões de identificação racial e os tútsis receberam tratamento preferencial, com acesso privilegiado a educação e emprego.

Em 1959, o povo hutu se rebelou e depôs a monarquia tútsi, forçando mais de 300.000 tútsis a exilar-se. Os refugiados tútsis em Uganda formaram um grupo rebelde

Os refugiados hutus, após o genocídio, incluíram funcionários do governo e milicianos que usaram os campos de refugiados no Zaire para lançar ataques a Ruanda.

DESCOLONIZAÇÃO E DIÁSPORAS 301

Ver também: Os europeus chegam à África 94-95 ▪ A sucessão do manicongo 110-111 ▪ A criação de "raças" 154-157 ▪ A partilha da África 222-223 ▪ O Ano da África 274-275

No censo de 1991, os tútsis eram 8,4% da população ruandesa. No genocídio de 1994, 77% dos tútsis e cerca de 33% dos twas foram mortos.

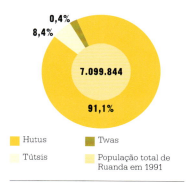

- Hutus
- Twas
- Tútsis
- População total de Ruanda em 1991

conhecido como Frente Patriótica Ruandesa (FPR), que invadiu Ruanda em 1990. Um acordo de paz foi selado em 1993, mas muitos hutus, entre eles funcionários do governo, ainda viam a minoria tútsi em Ruanda como uma ameaça. Eles formaram milícias e começaram a treiná-las para eliminar o povo tútsi.

A causa imediata do genocídio foi a queda do avião que levava o presidente ruandês Juvénal Habyarimana – um hutu – em 6 de abril de 1994. A nave foi atingida por um míssil, matando todos a bordo. Um comitê de crise chefiado por Théoneste Bagosora tomou de imediato o poder e iniciou massacres de larga escala, poucas horas após a morte de Habyarimana.

Os líderes hutus organizaram milícias chamadas Interahamwe ("os

Este vitral do Memorial do Genocídio em Kigali, Ruanda, é conhecido como "Janela da esperança". Ele homenageia as vítimas do genocídio ruandês.

que trabalham juntos") e Impuzamugambi ("os que têm o mesmo objetivo"). Listas de "traidores" a serem mortos eram passadas às milícias e rádios estatais divulgavam propaganda do ódio para incitar os cidadãos comuns a participar do genocídio.

Um dia após a morte de Habyarimana, dez belgas da força de paz da ONU foram assassinados. A maioria das tropas estrangeiras se retirou e a imprensa mundial criticou a ONU pela inação e por não impedir o genocídio.

As consequências

Após 100 dias, a FPR derrotou as forças governamentais de Ruanda. Cerca de 2 milhões de hutus se refugiaram no vizinho Zaire (hoje República Democrática do Congo). O líder da FPR, Paul Kagame, tornou-se chefe do país e consta que ordenou o assassinato vingativo de dezenas de milhares de hutus. ∎

A comunidade internacional falhou em relação a Ruanda, e isso deve nos deixar sempre com um amargo arrependimento e permanente tristeza.
Kofi Annan
Secretário-geral da ONU, 2004

O RENASCIMENTO AFRICANO ESTÁ LOGO ALI

O *BOOM* ECONÔMICO AFRICANO (2000-)

Os anos 1980 foram uma década turbulenta para a África. Muitos de seus países ficaram independentes nas duas décadas anteriores e se empenhavam em construir estados modernos após anos de colonialismo debilitante. Até os anos 1990, grande parte do continente foi devastado por choques nos preços do petróleo e outras crises de recursos naturais, conflitos interétnicos, colapsos de infraestrutura pública, doenças, falta de alimentos e erosão de direitos humanos. Milhares de profissionais treinados saíram do continente em busca de oportunidades. Apesar dos esforços internos e externos para lidar com a questão do desenvolvimento, os problemas, em aparência insolúveis, levaram alguns analistas a chamar a África de "continente sem esperanças".

A ascensão da África

A maré econômica da África começou a virar nos anos 1990. Lideranças autocráticas, militares ou não, responsáveis por má administração, falta de confiança, abuso de poder e violência, começaram a ceder espaço a governos mais democráticos. Nos 20 anos após 1990, o número de democracias na África mais que dobrou, trazendo relativa estabilidade e a libertação do controle totalitário social e político. Ao mesmo tempo, diminuiu o número de conflitos – em especial guerras civis – que drenavam pessoas e recursos da África desde os anos 1960.

Entre 2000 e 2008, o PIB africano subiu uma média de 5% ao ano – o dobro dos anos 1980 e 1990. Uma forte elevação nos preços de commodities, como petróleo e minérios, fortaleceu as exportações, e as novas liberdades estimularam iniciativas empresariais em telecomunicações, turismo, bancos e outros setores. Isso se acompanhou

---

EM CONTEXTO

ONDE
África

ANTES
1960 No "Ano da África", 17 países africanos declaram independência.

1971 O governo nigeriano nacionaliza a indústria do petróleo, que no fim da década responde por 93% das exportações do país.

Anos 1980 As economias africanas têm mau desempenho, na chamada "década perdida".

DEPOIS
2002 A União Africana, formada por 53 estados do continente, é lançada para estimular o crescimento econômico, a paz e a cooperação entre eles.

2020 Um relatório da Organização Meteorológica Mundial alerta que a mudança climática pode afetar as colheitas africanas e encolher a economia de 2,25% a 12%, até 2050.

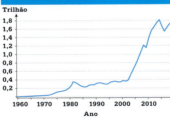

Retomada econômica

Na África subsaariana, o valor total de bens e serviços produzidos, conhecido como PIB, ou produto interno bruto, subiu devagar após 1960, flutuou nos anos 1980 e 1990 e decolou no século XXI.

DESCOLONIZAÇÃO E DIÁSPORAS

Ver também: A partilha da África 222-223 ▪ Pan-africanismo 232-235 ▪ O Ano da África 274-275 ▪ A diáspora africana hoje 314-315

de esforços governamentais para o desenvolvimento econômico, entre eles privatização de empresas estatais, redução de impostos corporativos e melhoria dos sistemas legais.

Um futuro brilhante

As diversas histórias, culturas e povos da África tornaram o caminho para o crescimento desigual, com alguns países ricos em recursos naturais, como Nigéria e África do Sul, se saindo melhor que outros. Em 2019, a

A pobreza cai, as oportunidades sobem e a estabilidade melhora. A confiança está de volta.
Pascal Lamy
Diretor-geral da Organização Mundial do Comércio, 2013

A Grande Represa da Retomada Etíope, iniciada em 2011. Essencial à infraestrutura de uma das economias de mais rápido crescimento da África, a hidrelétrica fornecerá energia para 65 milhões de etíopes.

África já tinha seis das dez economias de mais rápido crescimento do mundo e um aumento anual do PIB de 6%.

Além da estabilidade política, o crescimento da África é sustentado por um recurso vital – uma população de quase 1,4 bilhão de pessoas que também é a mais jovem do mundo, com metade abaixo de 25 anos. É provável que uma população tão jovem ajude a impulsionar uma rápida industrialização e urbanização. Embora a agricultura ainda seja o maior setor, respondendo por 14% a 15% do PIB, novas tecnologias vêm crescendo, com o acesso às mídias globais. Estas estão alimentando o crescimento de indústrias como a bancária, do turismo, cinema e música, ajudando a economia da África a tirar o foco da exploração de seus recursos naturais. ▪

Nairóbi, no Quênia

O Quênia é uma das seis maiores economias da África e sua capital, Nairóbi, é a usina econômica da África Oriental. A cidade foi fundada em 1899 como um entroncamento ferroviário colonial e logo ultrapassou o porto de Mombaça como centro administrativo da então África Oriental Britânica.

O Quênia obteve a independência em 1963, e desde então a população de Nairóbi foi de cerca de 360.000 para 5 milhões, com projeção de chegar a 6 milhões em 2030. Muitas pessoas da cidade trabalham em indústrias que processam bens produzidos pelos mais de 40% de quenianos ainda empregados na agricultura.

Nairóbi é o coração bancário da África oriental e a base africana de companhias globais como Google e IBM. Quando as condições econômicas melhoraram, após 2000, a cidade abraçou as tecnologias digitais, tornando-se o centro da chamada "savana do silício". Desde 2010, iniciativas inovadoras levaram a centenas de start-ups tecnológicas e a um surto de novos centros de tecnologia pela África.

Os arranha-céus de corporações no distrito empresarial de Nairóbi refletem a importância da cidade como centro bancário e comercial.

SIM, NÓS PODEMOS!
A ELEIÇÃO DE BARACK OBAMA (2008)

EM CONTEXTO

ONDE
Estados Unidos

ANTES
1968 Shirley Chisholm é a primeira mulher negra a ser eleita para o Congresso.

1972 Chisholm concorre à presidência; é a primeira mulher negra a fazer isso.

DEPOIS
2013 O movimento Black Lives Matter surge após o americano branco George Zimmerman ser inocentado do assassinato do adolescente americano negro Trayvon Martin.

2015 O número de negros empregados cresce, mas os americanos negros ainda têm muito menos chances de ser empregados que os americanos brancos.

2021 Kamala Harris é a primeira americana negra, a primeira americana asiática e a primeira mulher a assumir a vice-presidência dos EUA.

Em 4 de novembro de 2008, após uma campanha de dois anos, o senador pelo Illinois e candidato democrata Barack Obama foi eleito o 44º presidente dos Estados Unidos da América – e o primeiro presidente americano negro na história da nação.

Antes de entrar na política, Obama era advogado e professor da Escola de Direito da Universidade de Chicago, em Illinois. Em 1996, foi eleito para o Senado de Illinois, onde elaborou leis sobre assistência médica, reforma da justiça criminal e bem-estar social, antes de ser eleito para o Senado dos EUA em 2004. Naquele ano, seu discurso de abertura na Convenção Nacional Democrata lhe valeu aclamação internacional. Ele falou sobre sua jornada pessoal – como os sonhos de seus pais e avós e a fé deles numa América generosa o tinham levado

A posse de Barack Obama como 44º presidente dos EUA no Capitólio, em Washington, DC, com a mulher e duas filhas a seu lado, em 2009. Cerca de 1,8 milhão de pessoas foram ao evento.

DESCOLONIZAÇÃO E DIÁSPORAS

Ver também: A era dourada da Reconstrução 210-213 ▪ A marcha de Washington 282-285 ▪ O movimento Black Power 288-289 ▪ Campanhas antirracismo globais 306-313

Barack Obama

Nascido no Havaí em 1961, de pai queniano e mãe americana, Barack Obama passou a infância na Indonésia e no Havaí, antes de se mudar para o continente americano, onde frequentou a universidade em Nova York. Após trabalhar como pesquisador empresarial e depois como organizador comunitário em Chicago, ele foi para a Escola de Direito de Harvard.

Obama conheceu sua futura mulher, Michele Robinson, na empresa de advocacia de Chicago onde ambos trabalhavam. Em 1996, iniciou a carreira na política como senador em Illinois, e em 2004 conquistou um assento no Senado dos EUA. Foi presidente por dois mandatos, período em que ganhou o Prêmio Nobel da Paz por diplomacia internacional.

Após deixar o cargo, em 2017, Obama criou a Fundação Obama, uma entidade sem fins lucrativos que dá apoio a pessoas do mundo todo com orientação, educação e oportunidades de trabalho.

Obras principais

1995 *Sonhos do meu pai*
2006 *A audácia da esperança*
2020 *Uma terra prometida*

até ali – e o tema da unidade – a ideia de que os americanos estão "todos ligados como um povo".

Em fevereiro de 2007, Obama anunciou que concorreria à presidência em 2008. Seus discursos carismáticos e as promessas de mudança no sistema político sensibilizaram a minoria étnica e os votantes mais jovens e o levaram a vencer Hillary Clinton pela nomeação do Partido Democrata. Obama escolheu o experiente senador Joe Biden como colega de chapa.

Não viemos para temer o futuro. Viemos para dar forma a ele.
Barack Obama
Discurso na sessão conjunta do Congresso sobre a reforma do sistema de saúde, 2009

As declarações de Obama contra a guerra repercutiram entre muitos que se opunham à decisão do presidente George W. Bush de fazer guerra ao Iraque e ao Afeganistão, e seus planos de assistência médica acessível agradaram aos votantes pobres. Essa forte campanha levou Obama a garantir 53% do voto popular. Em janeiro de 2009, ele assumiu o cargo.

Presidente em exercício

Durante seus dois mandatos, Obama tentou reverter muitas decisões da administração Bush. Os decretos que Obama assinou incluíram a proibição dos métodos excessivos em interrogatórios, usados pelas agências de inteligência dos EUA após os ataques terroristas de 11 de setembro, e a retomada das relações com a Rússia, que se deterioraram na presidência de Bush. Ele também reformou a assistência médica com a Lei dos Cuidados Acessíveis de 2010, que buscava reduzir o custo dos seguros de saúde para cobertura de tratamentos. Porém, foi criticado por seu fracasso em fechar o campo de detenção da baía de Guantánamo – apesar da polêmica global sobre o tratamento aos presos – e pela lentidão em melhorar a economia e as taxas de desemprego.

Quando fez seu discurso de despedida, em janeiro de 2017, Obama pediu ao público que acreditasse "não em minha habilidade de fazer mudanças – mas na sua". Ele terminou com as palavras que usou primeiro em 2008: "Sim, nós podemos". ∎

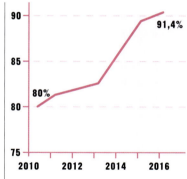

As reformas do sistema de saúde, apelidadas Obamacare, se destinavam a tornar os cuidados médicos acessíveis a mais pessoas. O número de americanos com seguro de saúde subiu mais de 10%.

VIDAS NEGRAS IMPORTAM

CAMPANHAS ANTIRRACISMO GLOBAIS (2013)

CAMPANHAS ANTIRRACISMO GLOBAIS

EM CONTEXTO

ONDE
EUA, ao redor do mundo

ANTES
1985 Uma mulher negra, Cherry Groce, é alvejada por engano pela polícia em sua casa no sul de Londres, o que inicia um novo levante em Brixton.

1990 Nelson Mandela sai da prisão na África do Sul após 27 anos. O sistema de apartheid racista do país começa a ser desmontado.

1993 O adolescente britânico negro Stephen Lawrence é esfaqueado num ataque de motivo racial. Dois dos agressores são afinal condenados por assassinato em 2012.

1998 O ex-paraquedista do exército britânico Christopher Alder fica sem atendimento por dez minutos antes de morrer, em custódia policial.

2008 O angolano Jimmy Mubenga morre num avião numa pista de Heathrow, em Londres, enquanto três agentes de imigração o restringiam.

DEPOIS
2014 Nos EUA, entra em vigor a Lei do Relatório de Morte em Custódia revisada. No fim de 2020, nenhum dado federal foi publicado.

2020 Nos EUA, Europa e outros lugares, apoiadores do BLM atacam estátuas de figuras que apoiaram a escravidão e outras formas de racismo.

2021 Derek Chauvin, um ex-policial branco de Minneapolis, é condenado pelo assassinato de George Floyd.

Em 2013, um júri na Flórida, EUA, inocentou o vigilante George Zimmerman de assassinato em segundo grau e homicídio culposo por ter matado a tiros o americano negro desarmado Trayvon Martin, de 17 anos, no ano anterior. A decisão provocou protestos em mais de 100 cidades nos EUA. Para expressar sua indignação, as organizadoras comunitárias Alicia Garza, Patrisse Cullors e Opal Tometi usaram a hashtag #BlackLivesMatter nas mídias sociais, levando ao lançamento da rede Black Lives Matter (BLM; Vidas Negras Importam).

#BlackLivesMatter logo se tornou um grito de guerra internacional (no Brasil, também como #VidasNegrasImportam), que mobilizou milhões de pessoas em protestos contra o racismo contra negros e a violência policial nos EUA e ao redor do mundo.

Revolta crescente

A absolvição de Zimmerman não foi algo novo para os americanos negros. Nos séculos XIX e XX eles tinham protestado por muitos linchamentos e outros crimes, com pouco efeito. A Lei dos Direitos Civis e a Lei dos Direitos

Milhares de pessoas tomaram as ruas da Cidade de Nova York e marcharam para o Harlem sob um calor abrasador, no maior de muitos protestos por todo o país contra a absolvição de George Zimmerman.

de Voto dos anos 1960 reduziram algumas disparidades entre votantes dos EUA negros e brancos, mas os americanos negros ainda enfrentavam considerável discriminação racial no sistema de justiça criminal e sabiam que suas vidas eram tratadas como menos valiosas.

As comunidades negras na Europa sofriam problemas similares. No Reino Unido, uma pesquisa pública em 1999 concluíra que a polícia metropolitana de Londres era institucionalmente racista. Num levantamento alemão de 2004 sobre grupos étnicos, as pessoas negras relataram muito mais eventos de discriminação que qualquer outro grupo. Na França, um estudo de 2012 revelou que as mulheres de origem subsaariana tinham risco cinco vezes maior de morte precoce que qualquer francesa nativa.

Ferguson instiga o fervor BLM

#BlackLivesMatter começou sua transformação, de hashtag de mídia

DESCOLONIZAÇÃO E DIÁSPORAS

Ver também: Jim Crow 216-221 ▪ O linchamento de Emmett Till 268-269 ▪ O boicote aos ônibus de Montgomery 270-271 ▪ O Relatório Macpherson 299

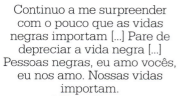

Continuo a me surpreender com o pouco que as vidas negras importam [...] Pare de depreciar a vida negra [...] Pessoas negras, eu amo vocês, eu nos amo. Nossas vidas importam.
Alicia Garza
"Uma carta de amor às pessoas negras", 2013

social em movimento social e político, no verão de 2014. Duas mortes amplamente televisionadas provocaram grandes protestos de costa a costa. Em 17 de julho, em Staten Island, Nova York, policiais abordaram o americano negro Eric Garner, de 43 anos, e o acusaram de vender ilegalmente cigarros. Garner negou, mas os policiais o detiveram e prenderam no chão. Um deles colocou Garner numa chave de braço. Gravações de vídeo mostram Garner dizendo em desespero aos policiais onze vezes: "Não consigo respirar", antes de perder a consciência e morrer.

Três semanas depois, em 9 de agosto, a cidade de Ferguson, no Missouri, atraiu a atenção nacional por um incidente similar – o assassinato do americano negro Michael Brown, de 18 anos, por um policial do estado de Missouri. O policial deu doze tiros, atingindo Brown seis vezes e ferindo-o mortalmente. Algumas testemunhas disseram que Brown havia levantado as mãos para mostrar que estavam vazias e gritara: "Não atire!" Sua morte, aliada à indignidade por seu corpo ter sido deixado no meio da rua por mais de quatro horas, incendiou a comunidade negra da cidade. Protestos e atos se seguiram pela maior parte do mês, com a polícia usando toques de recolher, tropas de »

Nos protestos em Ferguson pela morte de Michael Brown, Edward Crawford Jr. devolve um cilindro de gás lacrimogêneo atirado pela polícia, que tentava dispersar a manifestação.

Alicia Garza

Nascida em 1981 na Califórnia, Garza tinha só 12 anos quando lançou sua primeira campanha, para que anticoncepcionais fossem fornecidos nas enfermarias das escolas de seu distrito. Por toda a adolescência, dedicou-se a questões de justiça social, entre elas as que afetam pessoas negras trans e queers; ela mesma se identifica como queer. Garza se graduou em 2002 na Universidade da Califórnia, em San Diego, e estagiou na Escola de Unidade e Liberação, um programa de treinamento em justiça social que ensina as habilidades que depois ela usaria ao organizar comunidades locais.

Em 2018, cinco anos após cofundar o Black Lives Matter, Garza lançou o Black Futures Lab, que busca estimular legisladores e organizações de advogados a apoiar políticas locais, estaduais e federais que fortaleçam as comunidades negras. Garza também dirige projetos especiais na Aliança Nacional de Trabalhadores Domésticos.

Obra principal

2020 *O propósito do poder*

CAMPANHAS ANTIRRACISMO GLOBAIS

> Usando a hashtag **#BlackLivesMatter**, ativistas antirracismo ressaltam a **absolvição de um vigilante** que matou um americano negro desarmado.

> A **poderosa campanha em mídias sociais** ganha apoio por toda parte nos EUA, em especial em comunidades negras que **desconfiam** profundamente **do sistema judiciário do país**.

> **#BlackLivesMatter ganha impulso** ao divulgar uma **horrível série de mortes de negros** nas mãos da polícia americana.

> **Manifestantes de outros lugares** abraçam a mensagem do BLM e **protestam contra as mortes de negros** em seus próprios países nas mãos da polícia e em prisões.

> #BlackLivesMatter desperta a **consciência do público para as injustiças racistas** no mundo todo e **leva a importantes reformas** nos EUA e em outros locais.

choque e gás lacrimogêneo para controlar os distúrbios.

Os fundadores do BLM organizaram a Jornada do Black Lives Matter a Ferguson, o primeiro protesto ao vivo do grupo. Mais de 500 membros do BLM de todo o país participaram, refletindo a difusão do movimento em seu primeiro ano. "Mãos para cima, não atire", e as últimas palavras de Eric Garner, "Não consigo respirar" se tornaram os gritos de guerra dos manifestantes.

O BLM se torna global

Nos dez meses entre agosto de 2014 até o fim da primavera de 2015, os protestos de massa aumentaram, enquanto mais pessoas negras, como Tamir Rice, Laquan McDonald, Walter Scott e Freddie Gray, morriam nas mãos da polícia americana. Suas mortes alimentaram as crescentes críticas do público ao uso excessivo de força pela polícia contra os americanos negros.

Uma das primeiras marchas internacionais em solidariedade ao BLM ocorreu em novembro de 2014 em Oxford, no Reino Unido, em protesto pelo assassinato de Michael Brown alguns meses antes. Em março de 2016, a hashtag #BlackLivesMatter tinha aparecido no Twitter quase 11,8 milhões de vezes.

Diversos países adotaram o apelo do Black Lives Matter em relação a suas próprias experiências. Em julho e setembro de 2015, os ativistas do BLM fecharam ruas em Toronto, no Canadá, para protestar pelas mortes de dois negros, Andrew Loku e Jermaine Carby, ambos alvejados pela polícia. Em agosto de 2015, os ativistas do BLM bloquearam estradas em três cidades britânicas e pararam o trânsito fora do Aeroporto de Heathrow, em Londres, num protesto antirracismo e também em tributo ao quinto aniversário da morte de Mark Duggan, morto a tiros pela polícia em Tottenham, Londres, em 2011. Na Austrália, o caso da aborígine Julieka Ivanna Dhu, que morreu em custódia policial em 2014, provocou uma manifestação BLM em Melbourne em 2016, na qual 3.500 pessoas protestaram contra os maus-tratos aos australianos aborígines.

Paradas e revistas

No Reino Unido, as questões levantadas pelo Black Lives Matter despertaram sérias análises – não só sobre o uso indevido de força para deter pessoas negras, como sobre a adoção desproporcional da prática de parar e revistar pessoas com base na seção 60 da Lei de Ordem Pública e Justiça Criminal de 1994. Dados de 2019 e 2020 revelaram que na Inglaterra e País de Gales era quase nove vezes mais provável um negro

Nós compreendemos que Ferguson não era uma exceção, mas na verdade uma clara referência ao que acontecia com as comunidades negras em toda parte.
Vidas Negras Importam

DESCOLONIZAÇÃO E DIÁSPORAS

Eli Harold (58), Colin Kaepernick (7) e Eric Reid (35), do San Francisco 49ers, ajoelham-se antes do jogo com o Dallas Cowboys, em 2016.

Apoio num joelho

Em agosto de 2016, Colin Kaepernick, capitão do San Francisco 49ers, da Liga Nacional de Futebol Americano (LNFA), ficou abaixado durante o hino nacional para protestar pela violência policial contra homens e mulheres negros. Kaepernick declarou que não se levantaria para mostrar orgulho pela bandeira de um país que oprimia negros e outras minorias étnicas.

Alguns condenaram a ação como impatriótica, mas outros defenderam o ato de Kaepernick contra o racismo. Aconselhado pelo ex-soldado Nate Boyer, Kaepernick se apoiou em um dos joelhos durante o hino na semana seguinte e fez isso no resto da temporada.

O protesto de Kaepernick ganhou impulso quando outros atletas, profissionais, universitários e escolares, seguiram seu exemplo. Em setembro de 2017, mais de 200 jogadores da LNFA se apoiaram num joelho em protesto por Donald Trump ter dito que deviam ser despedidos. Em 2021, atletas dos principais eventos esportivos do mundo se apoiaram num joelho em solidariedade à luta do Black Lives Matter contra o racismo.

---

ser abordado que um branco. O jornal *The Guardian* relatou que os jovens negros do sexo masculino em Londres tinham 19 vezes mais chances de ser parados e revistados que outras pessoas. Em 2020, entre os abordados em Londres houve duas figuras eminentes – a atleta olímpica negra Bianca Williams e o político negro do Partido Trabalhista Dawn Butler. Esses incidentes despertaram mais argumentos públicos sobre o racismo contra os negros.

O assassinato de George Floyd

Em maio de 2020, a morte do americano negro desarmado George Floyd nas mãos da polícia, quando era acusado de ter comprado cigarros com uma nota falsa de 20 dólares, despertou a atenção da mídia e a condenação mundial da violência policial.

Imagens chocantes de um celular mostraram o agente do Departamento de Polícia de Minneapolis Derek Chauvin ajoelhado sobre o pescoço de Floyd por quase nove minutos, enquanto ele dizia: "Não consigo respirar!" Os colegas de Chauvin ficaram de guarda e não interferiram. Os protestos BLM se espalharam por toda a nação e em mais de 60 países pelo mundo, da Cidade do Cabo, na África do Sul, a Tóquio, no Japão, apesar das restrições impostas durante a pandemia de coronavírus (Covid-19). Nos EUA, até 26 milhões de pessoas participaram das manifestações – o maior protesto já ocorrido no país. Nos 13 dias após a morte de Floyd, #BlackLivesMatter foi tweetado 47,8 milhões de vezes – quase 3,7 milhões de vezes por dia.

Apesar da comoção, a morte de Floyd não foi o último desses incidentes em 2020. Em agosto, filmagens postadas em mídias sociais mostraram a polícia de Kenosha, em Wisconsin, atirando no americano negro Jacob Blake sete vezes, enquanto ele tentava entrar num carro onde estavam seus três filhos pequenos. Os tiros paralisaram Blake, mas não o mataram. Milhões de pessoas agora queriam mostrar apoio ao BLM, entre elas atletas olímpicos e muitos outros esportistas internacionais, homens e mulheres, que começaram a usar camisetas BLM e apoiar-se num dos joelhos antes dos jogos.

Legado social e legal

Destacando as injustiças contra as pessoas negras e despertando a consciência pública sobre elas, o BLM e outros ativistas de direitos civis negros influenciaram várias reformas na justiça criminal e na polícia dos EUA. Após a morte de Floyd em 2020, o presidente Donald Trump assinou o decreto Policiamento Seguro para Comunidades Seguras, que, entre outras medidas, proíbe chaves de braço a menos que "força mortal seja exigida por lei". Aos olhos dos críticos, porém, isso não é suficiente e as chaves de braço deviam ser proibidas de vez. Diversos estados e distritos dos EUA também introduziram reformas em 2020, muitos também banindo chaves de braço e vários exigindo o uso de câmeras de corpo e proibindo, ou »

Há muito petróleo no chão, esperando por uma faísca [...] foi uma explosão que estava para acontecer.
Gary Younge
Entrevista à New Economics Foundation, 2020

limitando, o de gás lacrimogêneo. Louisville, no Kentucky, instaurou a lei Breonna, para acabar com os mandados sem aviso prévio, após Breonna Taylor, uma americana negra desarmada, ser morta com pelo menos cinco tiros quando policiais forçaram a entrada em sua casa, em março de 2020, sem anunciar quem eram, para investigar suposto comércio de drogas (eles foram à casa errada). O namorado dela, pensando que estavam sendo roubados, trocou tiros com a polícia, e Breonna morreu.

BLM *vs.* polícia

Em dezembro de 2014, policiais dos EUA responderam às crescentes críticas dos ativistas BLM com #BlueLivesMatter (Vidas Azuis Importam). Lançada após o assassinato de dois policiais de Nova York, a hashtag pedia que quem fosse condenado por matar um policial enfrentasse leis mais duras de crimes de ódio. As opiniões nos EUA ficaram cada vez mais polarizadas. Os defensores direitistas da ordem pública em geral não questionavam as ações policiais contra os negros, mas números crescentes de apoiadores do BLM exigiam justiça social e o fim do preconceito racial e do uso de força excessiva pela polícia. Nas manifestações do BLM em 2020, muitos defenderam a redução do financiamento à polícia. A premissa principal dessa proposta era que as cidades redirecionassem o dinheiro para as comunidades, para financiar serviços que ajudariam a combater as causas profundas do crime. Com isso, as principais cidades de estados como Califórnia, Minnesota e Texas começaram a cortar recursos da polícia. O orçamento do Departamento de Política de Nova York foi reduzido em 1 bilhão de dólares, realocados para agências da cidade envolvidas com educação, saúde mental e cuidado a desabrigados.

Organizações comunitárias

As 40 seções do BLM nos EUA, Reino Unido e Canadá são afiliadas à Black

Algumas das vidas perdidas por violência policial

A violência policial é uma das principais causas de morte de jovens nos EUA. Um estudo de 2019 estima a probabilidade de um homem americano negro, a cada mil, morrer nas mãos da polícia. No Reino Unido, as pessoas negras são cerca de 3% da população, mas representam 8% das mortes em custódia. O problema está mais espalhado, como mostra esta lista de algumas mortes de negros que chegaram às manchetes internacionais, embora sejam só uma fração dos mortos de forma ilegal.

- Dorothy "Cherry" Groce, Reino Unido, 1985
- Christopher Alder, Reino Unido, 1998
- Kathryn Johnston, EUA, 2006
- Sean Rigg, Reino Unido, 2008
- John T. Williams, EUA, 2010
- Mark Duggan, Reino Unido, 2011
- Rekia Boyd, EUA, 2012
- Jonathan Ferrell, EUA, 2013
- Eric Garner, EUA, 2014
- Julieka Ivanna Dhu, Austrália, 2014
- Michael Brown, EUA, 2014
- Jermaine Carby, Canadá, 2014
- Laquan McDonald, EUA, 2014
- Tamir Rice (12 anos), EUA, 2014
- Mya Hall, EUA, 2015
- Walter Scott, EUA, 2015
- Freddie Gray, EUA, 2015
- Mitch Henriquez, Países Baixos, 2015
- Andrew Loku, Canadá, 2015
- Samuel Dubose, EUA, 2015
- India Kager, EUA, 2015
- Kisha Michael, EUA, 2016
- Alton Sterling, EUA, 2016
- Philando Castile, EUA, 2016
- Hervé Mandundu, Suíça, 2016
- Jordan Edwards (15 anos), EUA, 2017
- Stephon Clark, EUA, 2018
- LaShanda Anderson, EUA, 2018
- Trevor Smith, Reino Unido, 2019
- Kumanjayi Walker, Austrália, 2019
- Breonna Taylor, EUA, 2020
- João Pedro Matos Pinto (14 anos), Brasil, 2020
- Tony McDade, EUA, 2020
- George Floyd, EUA, 2020
- Andre Hill, EUA, 2020
- Patrick Lynn Warren, EUA, 2021

DESCOLONIZAÇÃO E DIÁSPORAS

Lives Matter Global Network Foundation, sem fins lucrativos. Elas funcionam de modo em geral independente, com líderes mais locais promovendo manifestações regulares para proclamar seus objetivos. Alguns ativistas de direitos civis mais velhos afirmam que descentralizar e confiar só em organizações locais levou com frequência a desordem e informações desencontradas, mas o BLM discorda, acreditando no igualitarismo e no desejo de que todos os envolvidos ascendam e se tornem líderes. O movimento BLM também rechaçou críticas dos que declaram #AllLivesMatter (Todas as Vidas Importam), explicando que pede apenas igualdade e condições equitativas para pessoas vulneráveis. A declaração de missão do BLM diz que seu objetivo é afirmar e apoiar homens e mulheres negros onde quer que estejam no espectro de gênero e em qualquer circunstância – queers, trans, deficientes, sem documentos ou com antecedentes criminais –, num esforço por aqueles que a sociedade marginalizou.

Um despertar global

Os protestos do BLM fizeram muitos analisarem seus próprios preconceitos e abraçarem as causas negras. Em

> "Se uma das reivindicações centrais do movimento é que parem de nos matar, e eles ainda estão nos matando, também não temos de parar."
> **Brittany Packnett**
> "Black Lives Matter: nascimento de um movimento", Wesley Lowery, 2017

Uma estátua de Leopoldo II na Bélgica, vandalizada pelo BLM em 2020 em Gent, é removida. As atrocidades marcaram seu domínio sobre o Estado Livre do Congo (hoje República Democrática do Congo).

2020, Walmart, Disney e Facebook estavam entre centenas de empresas que apoiaram o BLM com declarações públicas e doações. Muitas também se comprometeram a examinar seus próprios preconceitos raciais e corrigir desigualdades de salários e lideranças, e promover uma cultura corporativa mais diversa e representativa. Após os ataques a monumentos de opressores dos negros nos EUA e no mundo, alguns países removeram estátuas. Algumas cidades dos EUA retiraram bandeiras e monumentos confederados que apoiavam a escravidão negra. Em 2020, o Congresso concordou que dez bases do exército dos EUA com nomes de líderes militares confederados fossem renomeadas. O movimento BLM provocou um despertar nacional e global para problemas dos negros de séculos. Os protestos iniciados nos EUA estão levando agora outros países a examinar suas questões de raça e trabalhar pela mudança. ∎

Vidas trans negras importam

Essencial ao movimento BLM é o desejo de garantir que membros negros da comunidade LGBTQ+ sejam incluídos na luta contra a discriminação. #BlackTransLivesMatter (Vidas Trans Negras Importam) busca destacar a violência desproporcional contra as pessoas trans negras – impactando em especial as mulheres trans negras – e o desrespeito mostrado com frequência na mídia. Em 2020, estatísticas na Inglaterra e no País de Gales revelaram que as pessoas trans têm mais de duas vezes a chance de ser vítimas de crimes que o restante da população. O Transrespect.org relacionou 350 pessoas trans assassinadas no mundo em 2019-2020, a maioria delas no Brasil (152), México (57) e EUA (28); 79% das vítimas nos EUA eram negras. Em junho de 2020, o assassinato de duas mulheres trans negras, Riah Milton e Dominique "Rem'mie" Fells, provocaram manifestações do Black Trans Lives Matter nos EUA e Reino Unido.

A artista drag Brenda Continental Milan se apresenta em frente a uma foto de Chynal Lindsey, uma mulher trans assassinada em 2019.

NOSSOS ANCESTRAIS VIVEM CONOSCO
A DIÁSPORA AFRICANA HOJE

EM CONTEXTO

ONDE
Ao redor do mundo

ANTES
650-1600 O tráfico escravista transaariano envia cerca de 5.000 africanos por ano a mercados de escravizados no norte da África, Oriente Médio e Europa.

1510 Começa o tráfico escravista atlântico entre África e Américas.

Século XVII Comunidades *maroons* de africanos em busca da liberdade surgem no Caribe e no Brasil.

2003 A União Africana reconhece a Diáspora Africana como sua sexta região.

DEPOIS
2100 Segundo a ONU, a população da África deve chegar a 4,2 bilhões (eram 800 milhões em 2000). Quase dois quintos da população mundial serão africanos.

A diáspora africana – pessoas de ascendência africana dispersas pelo mundo – inclui 170 milhões de pessoas. Fenômeno moderno e também histórico, ela é definida como as pessoas que migraram da África, em especial para as Américas, a Europa e a Ásia.

O êxodo africano

Hoje a migração interna excede a que se dirige para fora da África, mas a diáspora ainda tem um efeito significativo sobre o continente. Várias forças – voluntárias e impostas – impeliram e continuam a impelir essa migração, desde mudanças climáticas, escravização e guerra à busca de oportunidades econômicas e educacionais ou de maior liberdade política. As maiores dispersões africanas resultaram do tráfico escravista transaariano, atlântico e no oceano Índico, envolvendo o transporte de

Desfile de escola de samba no Carnaval do Rio de Janeiro. O ritmo foi criado nas comunidades africanas do país e hoje é um importante símbolo da cultura brasileira.

DESCOLONIZAÇÃO E DIÁSPORAS 315

Ver também: O comércio escravista transaariano 60-61 ▪ O início do tráfico escravista atlântico 116-121 ▪ Os *maroons* jamaicanos 146-147 ▪ Os garifunas 162-163 ▪ A Revolta da Chibata 240-241 ▪ Movimentos negros na França 250-251

A migração moderna da África tem efeitos positivos e negativos sobre o continente. Por exemplo, pode haver uma fuga de cérebros ou, se os migrantes forem principalmente homens, um desequilíbrio de gêneros. Os países que recebem os migrantes se beneficiam de suas habilidades, conhecimento e pagamento de impostos.

GANHOS
- Remessas
- Redução do desemprego
- Oportunidades comerciais
- Novas ideias
- Ligações culturais
- Oportunidades educacionais

PERDAS
- Habitantes
- Desequilíbrio de gênero
- Habilidades
- Conhecimento
- Cultura
- Estabilidade política

Efeitos na África

A emigração de países africanos desde 2000 cresceu mais rápido que em qualquer outra parte do mundo. Isso tem efeitos maléficos e benéficos sobre a África. Por um lado, alguns dos mais brilhantes talentos africanos, nas universidades, em tecnologia, esportes e cuidados médicos, deixam o continente. Por outro, as remessas – dinheiro enviado para casa por membros da diáspora – dão significativa contribuição à riqueza da África. Só os nigerianos enviam mais de 21 bilhões de dólares por ano a seu país. Os membros da diáspora africana também influem no desenvolvimento político da África. As obras de pessoas como o escritor americano negro W. E. B. Du Bois e os pensadores e escritores caribenhos C. L. R. James, Frantz Fanon, Aimé Césaire, George Padmore e Walter Rodney incentivaram o movimento de descolonização africano.

cerca de 25 a 30 milhões de africanos. Os países com maior porcentagem de pessoas de origem africana são os que receberam mais escravizados pelo tráfico atlântico, como os EUA, o Brasil e países do Caribe, além dos que colonizaram grandes partes da África, como Reino Unido e França.

Os membros da diáspora em geral têm uma identidade racial, étnica ou religiosa que transcende fronteiras geográficas. São muito conscientes de sua dispersão e podem compartilhar o senso de opressão e estranhamento, e talvez resistência, nos países onde vivem. Eles também podem expressar uma ligação emocional à ideia da África como terra natal e articular o desejo de retornar.

Reinvenção de identidades

Os africanos transplantados e seus descendentes misturaram em suas vidas as tradições africanas a culturas europeias e indígenas, criando uma nova identidade local. Esse processo com frequência é chamado de criulização. Africanos escravizados e seus descendentes forjaram culturas vibrantes e variadas por toda a América e a Europa. Sua comida, língua, religião, música, dança e arte mostram influências africanas. Religiões do Novo Mundo, como o vodu no Haiti, a santería em Cuba, se basearam em religiões da África ocidental que existiam muito antes de cristãos e islâmicos colonizarem o continente. Comidas e receitas da diáspora têm fortes raízes africanas. Pratos como vatapá, *gumbo* e *jambalaya*, do sul dos EUA, foram criados adaptando comidas tradicionais e métodos de cozinha africanos.

Em quase todos os aspectos da vida na diáspora, podem-se traçar ligações com o continente africano. Assim como a África ajuda a moldar a diáspora africana, esta leva as culturas africanas para o restante do mundo. ▪

A África é nosso centro de gravidade, nossa mãe e pai cultural e espiritual, nosso coração pulsante, não importa onde vivamos na face desta Terra.
John Henrik Clarke
Historiador americano negro
(1915-1998)

OUTROS NOMES IMPORTANTES

Há uma vasta gama de pessoas influentes e movimentos negros que ampliaram horizontes e abriram caminhos a outras gerações. Embora seja impossível incluir todos os nomes e histórias no corpo principal deste livro, algumas de suas contribuições são destacadas aqui. Entre eles, há ativistas que lutaram e continuam a lutar por maior igualdade para as pessoas negras, além de renomados cientistas, políticos, escritores, astronautas e atletas. Do aclamado romancista Alexandre Dumas ao boxeador de fama mundial Muhammad Ali, suas conquistas fizeram história. Os movimentos negros, incluindo religiões, filosofias, ideologias e greves trabalhistas, continuam a ter influência em todo o globo, celebrando a rica herança cultural das pessoas negras de todas as nacionalidades.

PESSOAS

A DAMA DE BEACHY HEAD
c. 200-c. 300 d.C.

Uma das primeiras africanas conhecidas a viver na Inglaterra, a dama de Beachy Head ganhou esse nome ao ser descoberto seu esqueleto em 1953, em Beachy Head, Eastbourne, na costa sul. Análises forenses identificaram depois sua origem subsaariana. Dadas as excelentes condições de seus restos mortais e o prestígio de Eastbourne romana no século III, ela poderia ter alto status – talvez fosse filha de um comerciante rico. Ela morreu por volta dos 30 anos, de causas ignoradas.
Ver também: Os romanos chegam à África 38-39 ▪ "Mouros negros" na Inglaterra dos Tudors 104-107

YASUKE
c. 1579

O primeiro guerreiro samurai estrangeiro do Japão, consta que Yasuke foi de Moçambique a Kyoto com um jesuíta italiano, em 1579. Apesar do choque inicial com sua altura maior e cor diferente de pele, Yasuke logo ficou fluente em japonês, e Oda Nobunaga, um poderoso daimio (senhor feudal) que buscava unificar o Japão, tornou-o samurai. Após Nobunaga ser traído, consta que Yasuke viveu o resto da vida no exílio.
Ver também: A China Ming negocia com a África oriental 102-103

DIDO ELIZABETH BELLE
1761-1804

A herdeira britânica negra Dido Elizabeth Belle é mais famosa por um retrato com uma prima, lady Elizabeth Murray. Seu pai era oficial naval e a mãe uma ex-escravizada nas Antilhas. Belle foi levada ao Reino Unido e criada em Kenwood House por seu tio-avô, lorde Mansfield, presidente da Suprema Corte, cujo decreto de 1772 proibiu que escravizadores tirassem escravizados à força do país. Belle continuou em Kenwood House até a morte dele, em 1793, e se casou então com um mordomo, John Davinier, com o qual teve três filhos.
Ver também: Abolicionismo na Europa 168-171

DANIEL COKER
1780-1846

Em 1816, Daniel Coker ajudou a fundar a Igreja Episcopal Metodista Africana, a primeira denominação negra independente nos EUA. Ele se chamava Isaac Wright e frequentou a escola apesar de ser escravizado, antes de ir de Maryland para Nova York e trocar de nome. Ordenado ministro, comprou sua liberdade, combateu a escravidão e estimulou os metodistas negros a fundar a própria igreja. Foi dos EUA para a Libéria em 1820 com outros 84 negros americanos. Fixando-se na colônia britânica de Serra Leoa, criou uma igreja em Freetown e continuou a ser um líder espiritual até morrer.
Ver também: Abolicionismo nas Américas 172-179 ▪ A fundação de Serra Leoa 182-183 ▪ A criação da Libéria 200-201

OUTROS NOMES IMPORTANTES 317

NANA ASMA'U
1793-1864

Poeta, estudiosa do Corão e educadora pioneira, Asma'u era filha de Usman dan Fodio, fundador do califado Sokoto, no norte da Nigéria. Estudando desde pequena, tornou-se uma especialista em línguas e literatura clássicas e uma prolífica escritora. Após o exílio de seu pai, seu meio-irmão se tornou califa e Asma'u aconselhava-o em temas cruciais. Em 1830, criou uma comunidade de professoras que ensinavam literatura e religião a mulheres em suas casas, em especial nas áreas rurais, mais pobres.
Ver também: A conquista fulani 196-197

ALEXANDRE DUMAS
1802-1870

Um dos mais famosos escritores da história francesa, Alexandre Dumas era filho de um general negro do exército de Napoleão e neto de uma mulher escravizada de Saint-Domingue (Haiti). Escreveu muitas peças, romances e contos, antes de obter renome internacional e riqueza com dois romances de aventuras, *O conde de Monte-Cristo* e *Os três mosqueteiros*. Desde então, suas obras foram traduzidas em mais de 100 línguas e adaptadas em inúmeros filmes.
Ver também: A Revolução Haitiana 184-189

MARY SEACOLE
1805-1881

Nascida na Jamaica, Mary Seacole aprendeu medicina tradicional com a mãe curandeira. Na adolescência, descobriu a medicina europeia no Reino Unido e depois voltou à Jamaica. Após a morte do marido, em 1844, foi ao Panamá como enfermeira durante uma epidemia de cólera, retornando à Jamaica em 1853 para cuidar de vítimas de febre amarela. Quando eclodiu a Guerra da Crimeia, naquele ano, ela instalou o Hotel Britânico para soldados doentes. Sua autobiografia, *The Wonderful Adventures of Mrs Seacole in Many Lands*, de 1857, tornou-se um bestseller.
Ver também: Os *maroons* jamaicanos 146-147

MACHADO DE ASSIS
1839-1908

Um dos escritores mais influentes do Brasil, Machado de Assis trabalhou como aprendiz de tipógrafo, escrevendo nas horas livres, até ter seus poemas, romances e contos publicados. Seu romance *Memórias póstumas de Brás Cubas*, de 1881, é considerado uma obra literária revolucionária e consolidou sua reputação. Em 1896, tornou-se o primeiro presidente da Academia Brasileira de Letras, posto que manteve até o fim da vida.
Ver também: O fim da escravidão no Brasil 224-225

GEORGE WASHINGTON CARVER
1864-1943

Um dos mais importantes cientistas negros do século XX, o cientista agrícola e inventor George Washington Carver nasceu na escravidão e foi criado por uma família negra que lhe ensinou o uso de ervas medicinais. O primeiro americano negro a se bacharelar em ciências, ele ingressou no Instituto Tuskegee, onde criou centenas de produtos usando amendoim, batata-doce e soja, além de ter sido pioneiro na rotação de culturas. Mais tarde, Carver foi para o sul promover a harmonia racial e também à Índia, para debater nutrição com Mahatma Gandhi, entre outros.
Ver também: Abolicionismo nas Américas 172-179

ARTHUR WHARTON
1865-1930

Jogador da liga inglesa, Arthur Wharton foi um dos primeiros futebolistas profissionais negros do mundo. Ele se mudou de Gana para o Reino Unido na adolescência e estudou para ser missionário antes de experimentar, com muito sucesso, vários esportes. Tornou-se o homem mais rápido do Reino Unido em 1886, ao vencer as 100 jardas da competição nacional da Associação Atlética Amadora. Foi depois goleiro de muitos times de futebol, entre eles o Darlington Football Club e o Sheffield United.

MADAME C. J. WALKER
1867-1919

Considerada a primeira milionária negra americana, madame C. J. Walker foi empresária, ativista e filantropa. Ela se chamava Sarah Breedlove e seus pais eram ex-escravizados que se tornaram meeiros na Louisiana. Órfã aos sete anos, mudou-se para Missouri como mãe solteira e de novo para Denver, no Colorado, em 1905. Lá, ela lançou uma linha de produtos para cabelos e alisadores para mulheres negras feitos em casa, conhecida como "Madam Walker's Wonderful Hair

OUTROS NOMES IMPORTANTES

Grower". Empregando mais de 40.000 pessoas, ela doou grande parte de sua riqueza à ACM, à ANPPC e outras organizações que faziam campanhas contra o linchamento e apoiavam pessoas americanas negras.

Ver também: A Wall Street negra 238-239 ▪ O renascimento do Harlem 242-245 ▪ O linchamento de Emmett Till 268-269

SAMUEL COLERIDGE-TAYLOR
1875-1912

O compositor, regente e ativista político britânico Samuel Coleridge-Taylor foi um dos músicos clássicos mais talentosos do fim do século XIX. Filho de mãe britânica e pai de Serra Leoa, ele aprendeu violino quando menino e se inscreveu no Conservatório Real de Londres aos 15 anos. Aprimorando sua arte, incorporou poesia a seus arranjos, além de buscar inspiração na música tradicional africana. Seus sons originais e únicos lhe valeram elogios e até um convite à Casa Branca pelo presidente Theodore Roosevelt. Apesar disso, os compositores recebiam muito pouco na época. Acredita-se que as dificuldades financeiras contribuíram para sua má saúde, e ele morreu de pneumonia aos 37 anos.

Ver também: A fundação de Serra Leoa 182-183

DOUTOR HAROLD MOODY
1882-1947

Um dos iniciadores dos primeiros movimentos por direitos civis britânicos, o doutor Harold Moody foi um médico e ativista britânico nascido na Jamaica. Ele chegou em 1904 ao Reino Unido e estudou medicina no King's College de Londres. Várias vezes recusado em empregos por discriminação racial, Moody abriu seu próprio consultório em Peckham, no sul de Londres. Em 1931, fundou a Liga das Pessoas de Cor, que lutou pela igualdade racial não só no Reino Unido como no mundo todo.

Ver também: Os *maroons* jamaicanos 146-147 ▪ A migração Windrush 258-259

PAUL ROBESON
1898-1976

Filho de um ex-escravizado que se tornou pregador, Paul Robeson foi cantor, ator e ativista de direitos civis americano. Jogador de futebol de destaque na Universidade Rutgers, também se graduou em direito na Universidade de Colúmbia. Com dificuldades em seu escritório de advocacia devido ao racismo, trocou-o pelo palco e, em 1928, sua interpretação de *Ol' Man River* lhe valeu aclamação internacional. Robeson se tornou um conhecido ativista, combatendo o racismo e o fascismo, e insistiu em interpretar papéis dignos em teatro e cinema. Quando lhe recusaram trabalho por suas opiniões, fez turnês além-mar, mas adoeceu e voltou aos EUA, em 1963.

Ver também: O renascimento do Harlem 242-245 ▪ A Era do Jazz 246-249 ▪ A Marcha de Washington 282-285

CHARITY ADAMS EARLEY
1918-2002

Na Segunda Guerra Mundial, Adams se tornou a primeira oficial negra do Corpo Auxiliar do Exército Feminino Americano e foi encarregada de um batalhão de mais de 800 mulheres negras. Ela fazia mestrado em psicologia ao decidir se alistar. Após se tornar a primeira tenente-coronel feminina do exército americano, deixou a vida militar em 1946, concluiu o mestrado, casou-se, teve duas crianças e foi decana no Tennessee A&I College e na Georgia State, duas UFHNs (universidades e faculdades historicamente negras).

Ver também: Combatentes negros na Segunda Guerra Mundial 254-257 ▪ Surge o feminismo negro 276-281

JACKIE ROBINSON
1919-1972

Nascido na Geórgia, nos EUA, Jackie Robinson foi um astro esportivo na escola, destacando-se no basquete, beisebol, atletismo e futebol. Tornou-se jogador de futebol americano semiprofissional e serviu como tenente na Segunda Guerra Mundial. Em 1944, foi processado por se recusar a dar o lugar num ônibus segregado, mas depois absolvido. Em 1947, tornou-se o primeiro atleta negro a jogar na Liga Principal de Beisebol. Ao aposentar-se, tinha estabelecido um recorde na liga e era o atleta mais bem pago da história de seu time. Participou também da ANPPC até 1967, pressionando pela integração racial no esporte.

Ver também: O boicote aos ônibus de Montgomery 270-271

STORMÉ DELARVERIE
1920-2014

A ativista pioneira Stormé DeLarverie era filha de pai americano branco e mãe americana negra, e viveu na Louisiana até sua família se mudar para a Califórnia. Ela depois se apresentou numa trupe itinerante drag e consta que deu o primeiro

OUTROS NOMES IMPORTANTES

soco na rebelião de Stonewall, em Nova York, em 1969, catalisadora do movimento pelos direitos dos homossexuais. Fundadora da Associação de Veteranos de Stonewall, continuou a trabalhar como cantora e segurança, combatendo o racismo e a homofobia até tarde na vida.
Ver também: Surge o feminismo negro 276-281 ▪ A cultura ball nos Estados Unidos 292-293

SERETSE KHAMA
1921-1980

Neto do chefe de uma tribo, Seretse Khama despertou controvérsia por seu casamento inter-racial com Ruth Williams no Reino Unido, em 1948. A África do Sul lhe negou entrada e o Reino Unido suspendeu seus direitos de chefe. Khama desistiu das pretensões de seus filhos ao título em 1956, voltou a sua terra natal e fundou o Partido Democrático da Bechuanalândia. Após a independência, Khama foi eleito o primeiro presidente da nova república (renomeada Botsuana) em 1966. Ele introduziu a educação gratuita universal e fortaleceu a economia. Foi reeleito duas vezes.
Ver também: A corrida do ouro em Botsuana 214 ▪ O Ano da África 274-275

RUTH DE SOUZA
1921-2019

Nascida no Rio de Janeiro, a atriz iniciou sua carreira no Teatro Experimental do Negro. Foi a primeira atriz brasileira a ser indicada a um prêmio internacional de cinema, no Festival de Veneza (1954), por sua atuação em Sinhá Moça. É considerada a primeira atriz negra a entrar em cena no Teatro Municipal do Rio de Janeiro. Estudou nos Estados Unidos durante um ano, na Universidade de Harvard e na Academia Nacional do Teatro Americano, em Nova York, com bolsa da Fundação Rockefeller. Atuou no cinema, em radionovelas, em teleteatros e em telenovelas.
Ver também: Movimentos negros no Brasil 240-241

AMILCAR CABRAL
1924-1973

O revolucionário nacionalista e pan-africano Amilcar Cabral cresceu em Guiné-Bissau e Cabo Verde, onde testemunhou a seca e a fome. Foi estudar agronomia em Lisboa, onde lutou contra a ditadura fascista em Portugal. Voltando para casa para trabalhar como agrônomo, fundou o Partido Africano para a Independência da Guiné e Cabo Verde. Após uma greve dos doqueiros de Bissau, criou um braço militar com Angola e Moçambique, abrindo guerra aos portugueses em 1963. Antes de ser assassinado, Cabral escreveu muito sobre agricultura e política e é visto como um dos mais originais pensadores da África.
Ver também: Pan-africanismo 232-235 ▪ O Ano da África 274-275

NICOMEDES SANTA CRUZ
1925-1992

Um dos mais importantes pensadores afro-latinos e poetas peruanos do século XX, Nicomedes Santa Cruz nasceu em Lima e começou jovem a escrever poesia. Falando sobre racismo e discriminação e celebrando a cultura, história e tradições folclóricas negras, ele publicou numerosos livros, contos, ensaios, poemas, artigos e álbuns. Após a ascensão de um regime militar conservador no Peru, foi para a Espanha, onde escreveu sua obra mais famosa, *La decima en el Peru*, em 1982.
Ver também: Ditadura e redemocratização no Brasil 286-287

FRANTZ FANON
1925-1961

O reverenciado pensador Frantz Fanon nasceu e cresceu em Martinica, serviu no Exército Francês Livre na Segunda Guerra Mundial e ficou na França para estudar psiquiatria e medicina. O trabalho na Argélia o levou a se interessar pelos efeitos físicos e psicológicos do colonialismo e ele participou do movimento de libertação do país. Dois livros, *Pele negra, máscaras brancas* e *Os condenados da Terra*, são textos-chave sobre racismo e colonização, combinando filosofia da negritude, existencialismo e psicanálise. A visão de Fanon da "Revolução Africana" defendia a libertação total da África e de todos que viviam sob sistemas coloniais.
Ver também: Movimentos negros na França 250-251 ▪ O Ano da África 274-275

ALTHEA GIBSON
1927-2003

Nascida na Carolina do Sul, a estrela do tênis Althea Gibson se mudou criança para Nova York. Ela foi a primeira americana negra a ganhar o Open da França, em 1956, e a primeira negra a vencer em Wimbledon, em 1957. Ela mostrou cedo talento para o tênis e continuou a jogar quando era bolsista de atletismo na Universidade Florida

OUTROS NOMES IMPORTANTES

A&M, uma UFHN. Ainda como estudante, tornou-se a primeira americana negra a jogar o US Open, em 1950, e venceu depois numerosas competições internacionais nos EUA, Jamaica, França, Itália e Reino Unido. Em 1971, foi eleita para o Hall da Fama Internacional do Tênis.

CHINUA ACHEBE
1930-2013

Conhecido como o pai da ficção africana, o romancista nigeriano Chinua Achebe começou cedo a escrever. Seu primeiro livro, *O mundo se despedaça* (1958), fez tanto sucesso que foi traduzido para 45 línguas. Durante a Guerra de Biafra (1967-1970), Achebe produziu poesia e contos alusivos a política e sociedade. Em 1994, fugiu do regime repressivo da Nigéria para os EUA, onde se tornou professor. Quando morreu, já tinha recebido mais de 30 prêmios e honrarias acadêmicas.

TONI MORRISON
1931-2019

A primeira americana negra a receber o Prêmio Nobel de Literatura, Toni Morrison nasceu em Ohio e trabalhou como professora e editora de livros antes de seu terceiro romance, *Song of Solomon*, lhe valer tamanha aclamação que ela se tornou escritora em tempo integral. Seu romance *Amada*, de 1987, tornou-se um bestseller, ganhou um Prêmio Pulitzer e foi adaptado num filme com Oprah Winfrey. Nomeada professora da Universidade Princeton em 1989, Morrison também recebeu a Medalha Presidencial da Liberdade em 2012.
Ver também: Surge o feminismo negro 276-281

LÉLIA GONZALEZ
1935-1994

Formada em História e Filosofia, foi professora da educação básica, lecionando na rede pública e na rede privada. Mestra em Comunicação Social e doutora em Antropologia, foi professora da Pontifícia Universidade Católica do Rio de Janeiro, entre 1978 e 1994. Participou da criação do MNU e foi pioneira nas formulações teóricas a respeito das relações entre classe, raça e gênero. Em 1976, fundou o Instituto de Pesquisas das Culturas Negras, na Universidade Cândido Mendes. Seus escritos tomam por base a realidade das mulheres negras brasileiras e latino-americanas. Candidatou-se a deputada federal pelo PT (1982) e a deputada estadual (1986) pelo PDT.
Ver também: Surge o feminismo negro 276-281 ▪ Ditadura e redemocratização no Brasil 286-287

MILDRED LOVING
1939-2008

Nascida Mildred Dolores Jeter e criada numa área multicultural da Virgínia, Mildred tinha ascendência americana negra e indígena. Seu casamento com o branco Richard Loving infringiu a Lei de Integridade Racial da Virgínia de 1924 e eles foram expulsos do estado. Mudaram-se para Washington, DC, mas em 1963, após Mildred escrever para o procurador-geral Robert Kennedy, eles contestaram a interdição a casamentos inter-raciais da Virgínia. A decisão da Suprema Corte, em 1967, extinguiu a proibição em todos os estados, permitindo aos Lovings viver como casados na Virgínia. O Loving Day, 12 de junho, celebra sua conquista.

Ver também: Jim Crow 216-221 ▪ A Marcha de Washington 282-285

MARIA BEATRIZ DO NASCIMENTO
1942-1995

Nascida em Sergipe, a historiadora, professora, ativista antirracista e poeta brasileira, destacou-se por sua pesquisa pioneira que desenvolveu na Universidade Federal Fluminense, em que relacionava os quilombos às favelas de algumas cidades do Brasil. Foi defensora da demarcação das terras quilombolas no Brasil e chamou a atenção para a subalternidade da mulher negra no mercado de trabalho. O racismo na educação também era tema de seus escritos. Ela ficou conhecida pelo documentário *Ôrí* (1989), dirigido por Raquel Gerber, em que narra os percursos do movimento negro brasileiro nos anos 1970 e 1980. Foi assassinada em 1995, ao defender uma amiga de um companheiro violento.
Ver também: Os quilombos do Brasil 136-139 ▪ Ditadura e redemocratização no Brasil 286-287

MUHAMMAD ALI
1942-2016

Chamado antes Cassius Clay Jr., este boxeador americano negro, apelidado "O Maior", nasceu em Louisville, no Kentucky. Ele começou a treinar na infância, ganhou uma medalha de ouro olímpica no boxe em 1960 e o título de campeão mundial peso-pesado, em 1964. Aderiu então ao grupo Nacionalista Negro, o Nação do Islã, e anunciou que a partir daí se chamaria Muhammad Ali. Destacou-se por resistir à

convocação para a Guerra do Vietnã, um crime pelo qual foi condenado, mas apelou com sucesso à Suprema Corte em 1967.
Ver também: O movimento Black Power 288-289

BENEDITA DA SILVA
1942-

A primeira mulher afro-brasileira a ser eleita para o Congresso brasileiro, Benedita da Silva nasceu no Rio de Janeiro. Integrante do Partido dos Trabalhadores (PT), foi a primeira mulher negra a participar da Assembleia da cidade do Rio, em 1982. Eleita deputada federal em 1986 e 1990 e senadora em 1994, tornou-se em 2002 a primeira mulher negra a ser governadora do Rio de Janeiro e, em 2003, ministra da Assistência e Promoção Social. Ao longo de sua carreira, lutou pelo reconhecimento e representatividade das mulheres afro-brasileiras e da história brasileira negra.
Ver também: Os quilombos do Brasil 136-139 ▪ O fim da escravidão no Brasil 224-225 ▪ Ditadura e redemocratização no Brasil 286-287

MARSHA P. JOHNSON
1945-1992

Figura destacada do ativismo LGBTQ+, Marsha P. Johnson foi uma ativista americana negra, drag queen e artista performática. O "P" de seu nome representa "Pay It No Mind" ("não ligue para isso"), sua rejeição à binariedade de gênero. Uma das protagonistas da rebelião de Stonewall em 1969 contra a violência do Departamento de Polícia de Nova York (DPNY), Marsha ajudou a organizar marchas de liberação dos homossexuais (mais tarde chamadas Orgulho) e fundou o STAR (Street Transvestite Action Revolutionaries), com Sylvia Rivera. Após seu desaparecimento em 1992, sua morte foi considerada suicídio, mas em 2012 o caso foi reaberto pelo DPNY como possível caso de assassinato.
Ver também: A cultura ball nos Estados Unidos 292-293

IKA HÜGEL-MARSHALL
1947-

Mais conhecida por sua autobiografia, *Daheim unterwegs* (Mulher invisível), Ika Hügel-Marshall é escritora, editora e ativista antirracismo. Filha de mãe bávara e pai americano negro estacionado na Alemanha na Segunda Guerra Mundial, Hügel-Marshall teve uma infância difícil depois que seu pai voltou aos EUA e sua mãe se casou com um oficial nazista. Mandada a um orfanato onde sofreu enormes abusos, Hügel-Marshall estudou e depois trabalhou num lar de crianças. Envolveu-se com o ativismo na comunidade afro-germânica e ajudou a fundar a ADEFRA, um fórum cultural e político para mulheres negras na Alemanha.
Ver também: Combatentes negros na Segunda Guerra Mundial 254-257 ▪ Surge o feminismo negro 276-281 ▪ Campanhas antirracismo globais 306-313

LINTON KWESI JOHNSON
1952-

Pai da "poesia dub", o ativista e poeta britânico Linton Kwesi Johnson nasceu na Jamaica, foi para Londres em 1963 e se juntou aos Panteras Negras britânicos ainda na escola. Após o sucesso de sua obra de estreia, *Voices of the Living and the Dead* (1974), uniu música e versos, lançando gravações como uma forma de "poesia dub", gênero do qual foi pioneiro. Sua obra explora a política, relações de raça, sua herança caribenha, a vida no Reino Unido, a violência policial e mais.
Ver também: A migração Windrush 258-259 ▪ Os protestos de Brixton 294-297 ▪ O Relatório Macpherson 299

OPRAH WINFREY
1954-

A executiva de mídia, apresentadora de *talk show* e atriz Oprah Winfrey nasceu em meio humilde no Mississípi, nos EUA, e se tornou a primeira americana negra bilionária do país em 2003. Quando ainda estava na faculdade, aos 19 anos, tornou-se a mais jovem e primeira americana negra âncora de notícias de uma estação local de TV da CBS. Depois, foi a estrela de seu próprio *talk show* de sucesso, *The Oprah Winfrey Show*. Ela era popular pela abordagem pessoal e seu programa, no ar por 25 anos, tornou-se o *talk show* de TV de maior audiência dos EUA. Winfrey o expandiu em um império de negócios, lançando um canal de TV, o OWN, em 2011. Em 2013, recebeu a Medalha Presidencial da Liberdade do presidente Obama por seu trabalho filantrópico e por ampliar as perspectivas das mulheres jovens.
Ver também: O movimento Black Power 288-289

MAE C. JEMISON
1956-

A astronauta da NASA, médica e engenheira, Mae C. Jemison entrou no programa de treinamento da NASA em 1987 e foi escolhida para uma missão em 1992, tornando-se a primeira americana negra a viajar no espaço. Após deixar a NASA, lançou várias iniciativas, como um acampamento espacial internacional para jovens chamado The Earth We Share e o projeto 100 Year Starship, para tornar as viagens espaciais além do sistema solar possíveis nos próximos 100 anos. Jemison recebeu vários prêmios e honrarias acadêmicas e foi incluída no Hall da Fama Nacional de Mulheres e no Hall da Fama Internacional do Espaço.

MAY AYIM
1960-1996

Filha de mãe alemã e pai ganês, a ativista, educadora, escritora e poeta May Alyim foi criada por uma família adotiva. Ela se tornou ativa nos movimentos feminista e afro-germânico aos vinte e poucos anos e instituiu a Iniciativa para Pessoas Negras na Alemanha. Suas coletâneas de poemas e outras obras abordavam sua herança africana e a comunidade alemã negra, dando voz às alemães marginalizados, em especial os criados pelo sistema de assistência social, e influenciou escritores do movimento afro-germânico no mundo todo. Diagnosticada com esclerose múltipla, suicidou-se aos 36 anos.

JEAN-MICHEL BASQUIAT
1960-1988

Conhecido no mundo da arte como Basquiat, Jean-Michel foi um artista nascido na Cidade de Nova York, de pai haitiano e mãe americana de Porto Rico. Ele amava a arte desde pequeno e aos 6 anos já era membro júnior do Museu de Arte de Brooklyn. Basquiat ficou conhecido primeiro pelos grafites com o colega artista Al Diaz, sob o nome SAMO, e pela banda experimental Gray, que tocava por toda a cidade de Nova York. Sua maior realização como artista de galeria ocorreu nos anos 1980, quando, aos 22 anos, tornou-se o mais jovem artista a expor na Bienal Whitney. Suas obras expressionistas misturavam grafite e pintura abstrata e com frequência aludiam a figuras históricas americanas negras.

CHIMAMANDA NGOZI ADICHIE
1977-

A autora nigeriana Chimamanda Ngozi Adichie publicou seu primeiro romance, *Hibisco roxo*, em 2003, com sucesso de crítica. Seu livro seguinte, *Meio sol amarelo* (2006), foi um bestseller internacional, depois adaptado para o cinema. Outras publicações incluem o premiado *Americanah* e a coletânea de contos *No seu pescoço*. Sua TED Talk "Todos devemos ser feministas", em 2012, deflagrou um debate mundial sobre feminismo, que Adichie mais tarde publicou como o livro *Para educar crianças feministas – Um manifesto*.
Ver também: Surge o feminismo negro 276-281

MARIELLE FRANCO
1979-2018

Socióloga e política brasileira, Marielle iniciou sua militância política em um pré-vestibular comunitário. Coordenou a Comissão de Cidadania e Direitos Humanos da Assembleia Legislativa do Rio de Janeiro (ALERJ) e atuou em diversos coletivos feministas, negros e de favelas. Foi a quinta vereadora mais votada do Rio de Janeiro nas eleições municipais de 2016, pelo Partido Socialismo e Liberdade (PSOL). Sua trajetória foi brutalmente interrompida em 2018, quando foi assassinada junto ao motorista Anderson Gomes. Até o momento não se sabe quem foram os mandantes de seu assassinato.
Ver também: Surge o feminismo negro 276-281 ▪ Ditadura e redemocratização no Brasil 286-287

MOVIMENTOS

SANTERÍA
c. 1600-

Originada em Cuba, a santería ("caminho dos santos") é uma religião afro-caribenha baseada em crenças espirituais iorubás trazidas para o Novo Mundo em navios negreiros e influenciada pelo catolicismo romano, uma importação do colonialismo. Ela promete poder e sabedoria aos seguidores que enfrentam dificuldades na vida. Os rituais da santería incluem dança, tambores e a prática de se comunicar e comer com os espíritos: durante a cerimônia bembé, os orixás – espíritos mortais – são convidados com dança e canto a se unir à comunidade. Praticada antes em segredo, a santería hoje é mais respeitada e se espalhou dentro e fora das Américas, com até 100 milhões de adeptos no mundo todo.
Ver também: O início do tráfico escravista atlântico 116-121 ▪ Vida nas *plantations* 122-129

BOMBA
c. 1600-

Originada em Porto Rico, a bomba é uma apresentação tradicional de dança e música realizada a princípio

OUTROS NOMES IMPORTANTES 323

por escravizados em *plantations* de açúcar. Com letras satíricas, muitos escravizados usavam a bomba como uma forma de autoexpressão e liberação. Ela em geral começa com uma dançarina chamando o tocador de tambor, que responde com um ritmo, com o qual ela dança. Homens e mulheres dançam a bomba, mas em geral não juntos. Popular desde o século XIX, ela continua a ser uma dança que muitos porto-riquenhos praticam hoje, em homenagem a seus ancestrais africanos.
Ver também: O início do tráfico escravista atlântico 116-121 ▪ Vida nas *plantations* 122-129

CANDOMBLÉ
c. 1800-

Enraizado em crenças espirituais iorubás, fons e bantas e influenciado pelo catolicismo, o candomblé ("dança em honra dos deuses") é uma religião nascida nas comunidades africanas escravizadas no Brasil. Seus seguidores creem num deus poderoso chamado Olodumarê, servido por divindades menores chamadas orixás – cada pessoa tem seu próprio orixá, que controla seu destino e a protege. Como a santería, o candomblé é uma tradição oral, sem escritura sagrada, com a dança e a música como rituais centrais. Seus adeptos enfrentaram mais hostilidade até os anos 1970, mas continuam a sofrer com o preconceito. Hoje, o candomblé tem mais de 2 milhões de seguidores no mundo todo.
Ver também: Os quilombos do Brasil 136-139

UFHNS
1837-

As universidades e faculdades historicamente negras (UFHNS) são reconhecidas nos EUA como estabelecimentos de ensino superior abertos a todas as raças, mas existem com a missão de dar acesso à educação superior aos americanos negros. A Universidade Cheyney, na Pensilvânia, criada em 1837 como Instituto para Jovens de Cor, é a mais antiga escola historicamente negra. Na época em que a segregação barrava americanos negros em outras universidades, as UFHNS se tornaram portos seguros para movimentos ativistas, com ex-alunos como Martin Luther King Jr., Oprah Winfrey e Toni Morrison.
Ver também: Jim Crow 216-221 ▪ *Brown vs.* Conselho de Educação 264-267 ▪ A Marcha de Washington 282-285

A GREVE DAS LAVADEIRAS DE ATLANTA
1881

Em julho de 1881, lavadeiras negras de Atlanta, nos EUA, formaram um sindicato para obter pagamento maior e autonomia na organização do trabalho, e iniciaram uma greve. Em três semanas, passaram de vinte grevistas a três mil. O movimento recebeu a solidariedade das lavadeiras brancas e de outros trabalhadores domésticos. Apesar das multas e prisões, a greve continuou até conseguirem salários mais altos, reconhecendo a importância de seu trabalho e melhorando os direitos dos trabalhadores domésticos negros por muitos anos.
Ver também: A Guerra das Mulheres de 1929 252 ▪ A Marcha de Washington 282-285

AFROCUBANISMO
anos 1920-anos 1930

Rejeitando a moda e as tendências artísticas eurocêntricas, o afrocubanismo se concentrou em representações estilizadas da cultura negra e em expressões de inspiração africana na música, dança, artes visuais e literatura em Cuba, contestando ideias de superioridade cultural e racial. Muitos artistas negros usaram o movimento para mudar as visões sobre as pessoas negras na arte, e a cultura operária negra se tornou uma forma legítima de manifestação nacional na sociedade cubana. O movimento entrou em declínio no fim dos anos 1930, mas foi pioneiro na globalização da cultura nacional e continua a dominar a expressão cubana hoje.
Ver também: O renascimento do Harlem 242-245

NOIRISMO
c. 1930-

Originado no Haiti em 1934, quando a ocupação militar americana acabou, o noirismo promovia um retorno à cultura haitiana e o respeito aos legados africanos. Seus seguidores, os noiristas, se opunham à classe dominante mestiça minoritária e defendiam maior controle político pela maioria negra oprimida. Sua influência ajudou a substituir o presidente Élie Lescot pelo noirista Dumarsais Estimé em 1946, levando a mais oportunidades para negros na política, cultura e sociedade haitianas até que o domínio totalitarista tomou o poder, dos anos 1960 aos 1980.
Ver também: A rebelião em Hispaniola 130-131 ▪ A Revolução

OUTROS NOMES IMPORTANTES

Haitiana 184-189 ▪ O renascimento do Harlem 242-245

R&B
1947-

O *rhythm and blues* (R&B) engloba múltiplos estilos de música popular originados em comunidades americanas negras. O termo foi cunhado em 1947 na revista de música popular *Billboard* e designava músicas baseadas em especial no blues, derivadas do soul ou gospel e que adaptavam a forma usando melodias animadas e letras de tom emotivo. De início, eram típicas as grandes bandas acompanhadas de vocalistas. Muitos músicos importantes foram depois influenciados pelo R&B, como Elvis Presley e os Rolling Stones. Hoje o R&B continua a se adaptar e se combina ao funk, hip-hop e pop.

Ver também: A Era do Jazz 246-249

ESTUDOS AFRICANOS
c. 1960-

Também chamados estudos negros, os estudos africanos designam a abordagem multidisciplinar no ensino americano às experiências dos povos negros na África e na diáspora. Durante o movimento dos direitos civis dos anos 1960, os protestos de massa nos campi questionaram a falta de pessoal negro nas faculdades e o eurocentrismo de seus currículos. Demandas por atendimento melhor aos negros levaram à introdução de departamentos de estudos africanos e depois de estudos étnicos e estudos da mulher. Focados em classe, gênero, raça e sexualidade, os estudos africanos definiram o planejamento de muitas escolas de ensino superior no modo como combinaram humanidades com temas de ciências sociais.

Ver também: Brown *vs.* Conselho de Educação 264-267 ▪ A Marcha de Washington 282-285 ▪ O movimento Black Power 288-289 ▪ A diáspora africana hoje 314-315

O MOVIMENTO DO CABELO NATURAL
anos 1960-

Focado em estimular as mulheres de origem africana a usar e admirar seu cabelo natural de textura afro, o movimento do cabelo natural é uma campanha global. Em lugar dos ideais de beleza eurocêntricos e de práticas prejudiciais como o alisamento e o relaxamento, ele promove estilos de cabelo naturais como dreadlocks e tranças variadas, como braids e nagôs. O movimento surgiu na época dos direitos civis e do Black Power, quando muitos americanos negros usaram o cabelo afro natural como um símbolo de rebeldia e independência cultural, e continua a contestar a discriminação e os estigmas em torno do cabelo natural.

Ver também: O movimento Rastafári 253 ▪ O movimento Black Power 288-289

O MOVIMENTO DAS ARTES NEGRAS
1965-1975

Fundado pelo poeta Imamu Amiri Baraka, o Movimento das Artes Negras foi criado quando ele abriu o Repertório das Artes Negras no Harlem, com enorme impacto em Nova York. O movimento era comprometido politicamente, inspirado nos movimentos de independência africanos e de direitos civis, e se difundiu no país e fora dele. Os artistas e acadêmicos negros se uniram para debater e criar arte, peças, música e poesia radicais, celebrando sua cultura e história, com foco na identidade e liberação negras. Membros importantes, como Gil Scott-Heron, James Baldwin e Maya Angelou alcançaram depois enorme sucesso.

Ver também: O renascimento do Harlem 242-245 ▪ O Ano da África 274-275 ▪ A Marcha de Washington 282-285 ▪ O movimento Black Power 288-289

KWANZAA
1966-

Realizada de 26 de dezembro a 1º de janeiro, a Kwanzaa é uma celebração americana negra da vida. Criada pelo doutor Maulana Karenga como uma alternativa não comercial ao Natal, ela deriva seu nome de *kwanza*, "primeiro", em suaíli, e dá as boas-vindas à primeira colheita da casa, em geral com um banquete. Há sete princípios centrais na Kwanzaa – trabalho coletivo, economia cooperativa, criatividade, fé, propósito, autodeterminação e unidade. Seus símbolos são sete velas, um candelabro, milho, frutas frescas, pequenas toalhas de cores específicas entrelaçadas, a taça da unidade e presentes. Outras formas de celebração da Kwanzaa incluem música, contação de histórias e danças.

Ver também: A ascensão das cidades-estados suaílis 62-63

ALIANÇA DAS MULHERES DO TERCEIRO MUNDO
1968-c. 1980

Uma aliança de libertação feminina criada para apoiar mulheres negras

OUTROS NOMES IMPORTANTES

e pobres, a Aliança das Mulheres do Terceiro Mundo foi fundada pela feminista e ativista americana negra Frances M. Beal. Chamada a princípio Movimento de Liberação das Mulheres Negras, ela nasceu do movimento dos direitos civis, insistindo que a liberação das mulheres não poderia ser alcançada sem considerar raça e classe. Questionou temas como mortalidade infantil, esterilização abusiva, salários, assistência social e a política externa dos EUA, que afetava a vida das pessoas em países em desenvolvimento.
Ver também: Surge o feminismo negro 276-281

BLAXPLOITATION
anos 1970

Nos anos 1970, foram lançados vários filmes com atores negros que ficaram conhecidos como obras de blaxploitation – uma combinação das palavras "*black*" (negro) e "*exploitation*" (exploração). Os filmes eram criticados por mostrar em geral personagens negros em papéis estereotipados como cafetões, profissionais do sexo e vigaristas – mas às vezes são também elogiados por escalar atores negros para papéis centrais, o que era raro em Hollywood até então. Mais de 200 desses filmes foram lançados nos anos 1970, com *Shaft*, *Sweet Sweetback's Baadasssss Song*, *Super Fly* e *Coffy*, entre os mais populares. Alguns cineastas atuais, como Spike Lee, com *Faça a coisa certa*, homenagearam filmes blaxploitation, assim como muitos artistas do hip-hop.
Ver também: O movimento Black Power 288-289

FILOSOFIA NEGRA
anos 1980

Amplamente conhecida como filosofia africana, a filosofia negra foi reconhecida por entidades profissionais como a Associação Filosófica Americana, a partir dos anos 1980. Hoje a filosofia negra engloba as filosofias africana, americana negra e afro-caribenha e existe para oferecer reflexões significativas sobre experiências individuais e coletivas de pessoas na África e em sua diáspora. Criticando a filosofia e o domínio europeus e afirmando o empoderamento do povo negro no mundo todo, ela tem como fim último a liberação do povo negro da opressão.
Ver também: A Marcha de Washington 282-285 ▪ O movimento Black Power 288-289 ▪ A diáspora africana hoje 314-315

RAP
anos 1980

O rap é um estilo musical em que palavras rimadas são faladas com acompanhamento musical, em vez de cantadas. Ele tem raízes na tradição dos griôs, uma mistura de poesia, contação de histórias, música e canto originária da África ocidental. Esta por sua vez influenciou o "toasting" jamaicano em meados do século XX, que depois evoluiu no rap entre caribenhos nos EUA, em especial na Cidade de Nova York, nos anos 1970 e 1980. Usando sistemas de som em festas de rua, DJs mixam discos e usam amostras digitais enquanto falam em cima da batida hip-hop. Muitas vezes discutindo temas políticos e criticando o estado, o rap continuou a se desenvolver, graças ao sucesso de artistas como Run D. M. C. e Grandmaster Flash.

Ver também: A Era do Jazz 246-249 ▪ A diáspora africana hoje 314-315

TEORIA CRÍTICA DA RAÇA
1989-

Cunhada pelo estudioso de direito americano Derrick Bell, a teoria crítica da raça remete a um movimento intelectual que afirma que a raça é socialmente construída, sem base biológica, e foi inventada para oprimir, subjugar e explorar os negros. Destacando as raízes históricas do racismo, como a escravidão e a segregação, os teóricos da crítica da raça acreditam que o racismo institucional existe para sustentar desigualdades econômicas, políticas e sociais entre brancos e não brancos, e continua a impactar a vida dos negros.
Ver também: A criação de "raças" 154-157 ▪ O movimento Rastafári 253 ▪ O movimento Black Power 288-289

AFROFUTURISMO
1993-

Criado em 1993, o afrofuturismo remete a uma ideologia introduzida por ativistas, artistas, músicos e acadêmicos que buscam reconstruir culturalmente a noção de "negritude". Seu objetivo principal envolve imaginar uma sociedade livre da opressão que fere as pessoas negras. Ele olha para o futuro, pelas lentes da ficção científica, por exemplo em filmes como *Black Panther*, e examina o passado, para melhorar a vida dos negros no presente. Estimula o empoderamento negro na sociedade por meio de arte e tecnologia. Com a liberação negra em seu âmago, o afrofuturismo renasceu em movimentos sociais como Stonewall e Black Lives Matter.
Ver também: O movimento Black Power 288-289

ÍNDICE

Números de página em **negrito** remetem a referências principais.

1ª Divisão Francesa Livre 255

A

Abássida, califado/Império 66, 72, 73
Abbott, Diane 297
Abd al-Rahman I, emir de Córdoba 65, 67
Abdallah ibn Yasin 78
Abissínia, reino da 17, 93
 ver também Etiópia
abolicionismo 12, 121, 160-161, 192, 222
 na Europa **169-171**
 nas Américas **172-179**, **224-225**
 ver também escravidão; países individuais por nome
aborígines australianos 310
Abu Abdallah Muhammad XII (Boabdil) 66, 67
Abu Bakr ibn Umar 57, 79
Abu Bakr Keita I do Mali 90
Abu Bakr, califa 59
Abuna Yemata Guh, igreja em caverna 46, 85
Abushiri, Revolta de 236
abuso sexual 263
acã, povo 114, 115, 147, 148-151
Achebe, Chinua **320**
açúcar, *plantations* de 119, 124, 130-131, 133, 136, 137, 138, 171, 179, 186, 187, 224
Adal, sultanato 84
Adão e Eva 155
Adichie, Chimamanda Ngozi **322**
Adua, Batalha de 226, 227
Adulis 44, 45, 47
Afonso I do Congo 110-111
Afonso II do Congo 111
África
 Ano da África 222, 231, **274-275**, 302
 boom econômico **302-303**
 combatentes na Segunda Guerra Mundial 254, 255-256
 cristianismo chega à 42, **48-51**
 diáspora **314-315**
 Europeus chegam à **94-95**
 migração humana da **20-21**
 pan-africanismo **232-235**
 partilha de 13, 62, 94, 101, 161, **222-223**, 274
 população 314
 primeiros seres humanos 12, **18-19**
 religião autóctone **51**
 romanos chegam à **38-39**
 tráfico escravista atlântico 114, **116-121**
 tráfico escravista transaariano 42, 43, 55, **60-61**, 80, 81, 118, 119, 274, 314

 ver também África central; África ocidental; África oriental; norte da África; sul da África
África central
 migração banta **32-33**
 cristianismo 48
 Império Kanem **80-81**
 sucessão do manicongo **110-111**
 rainha Nzinga e os portugueses **140-145**
África do Sul
 diamantes e ouro 214, 215
 domínio da minoria branca 275
 economia 303
 Guerras Xhosas **180-181**
 Mandela e anti-apartheid 231, **260-261**
 primeiros seres humanos 19, 20
 zulus 181, **198-199**
África ocidental
 assentamento na Libéria **200-201**
 cidades-estados de Hauçalândia **96-97**
 conquista fulani **196-197**
 cristianismo 48
 descoberta de Serra Leoa **182-183**
 difusão do Islã 59, 92
 Gana declara independência **272-273**
 Gana se converte ao Islã **78-79**
 Guerra das Mulheres 252
 Império Axante **148-151**
 Império de Gana **52-57**
 Império do Mali **86-91**
 Islã 56-57, **78-79**
 mulheres guerreiras do Daomé **164-165**
 origens do Império Songai **75**
 primórdios de Benim **82-83**
África oriental
 ascensão das cidades-estados suaílis **62-63**
 comércio com a China de Ming **102-103**
 difusão do Islã **93**
 Etiópia desafia o colonialismo **226-227**
 genocídio de Ruanda **300-301**
 império comercial de Axum **44-47**
 migração dos massais **98-99**
 movimento Rastafári **253**
 Revolta dos Mau Mau **262-263**
 Revolta Maji Maji **236-237**
 sociedade 103
Afriyie, Adam 297
afro-brasileiros 224, 225
afrocêntrico, movimento 235
afrocubanismo **323**
afrofeminismo 281
afrofuturismo **325**
afro-mexicanos 133, 134
afrossurrealismo 234
Agaja do Daomé 164
Agência dos Libertos 211-212
Agostinho, santo 39, 50
Ahmad Gran 44

AIDS/HIV 293
Aiúbida, dinastia 60
Akenten, Oti 149
Al-Andalus 43, **64-67**, 71
al-Bakri, Abu Ubayd 55-56, 57, 75
Albéniz, Isaac 66
Alder, Christopher 308
Alemanha
 Black Lives Matter 308
 colônias africanas 223, 236-237, 255
 nazistas e racismo científico 157
 Primeira Guerra Mundial 254, 255
 Segunda Guerra Mundial 254
Alexandre, o Grande 17, 26, 36
Alexandria 49, 58, 59
 Biblioteca Perdida de 17, **36-37**
alfabetização 213, 217, 221, 243
alfabeto fenício **34**
al-Fazari 79
algodão, *plantations* de 124, 125, 126, 175, 179
Aliança das Mulheres do Terceiro Mundo **324-325**
Aliança Nacional de Trabalhadores Domésticos (EUA) 309
Ali ibn Muhammad 70, 72-73
Ali ibn Wali Asma, sultão de Ifat 93
Ali Yaji de Kano 97
al-Jahiz, Abu Uthman 18
al-Kanemi, Abu Ishaq Ibrahim 81
al-Majriti, Maslama 66
al-Malik al-Nasir do Egito 90
al-Maniah 73
al-Mansur, Ahmad 54
Almóada, califado 78
Almorávida, dinastia 14, 54, 57, 70, 78-79, 88
al-Muhallabi 75
al-Mukhtar 73
al-Mutamid, califa 73
al-Muwaffaq 73
al-Sahili, Abu Ishaq 91
al-Umari 88
Alvarez, Pero 105
al-Walid, califa 47
al-Yaqubi, Ahmad 96
al-Zahrawi, Abu Al-Qasim 66
al-Zuhri, Mohammad 79
ambundo, povo 142-143
Amda Seyon da Abissínia 93
Amenófis I, faraó 28
Amenófis III, faraó 28, 29
América Latina
 abolição da escravidão 179
 vida nas *plantations* **124-129**
 ver também Brasil
americanos negros
 Black Lives Matter **308-313**
 eleição de Barack Obama **304-305**
 Era da Reconstrução **210-213**
 Guerra Civil Americana **206-209**
 Marcha de Washington **282-285**
 movimento Black Power **288-289**
 negócios **238-239**
 segregação racial **270-271**

vida nas *plantations* **122-129**
américo-liberianos 200, 201
ameríndios 162-163
amhara, povo 84
Amina, rainha de Zazzau **97**
Amósis I, faraó 28
Amratiana, cultura (Nagada I) 23
Amr ibn al-As 42, 59, 92
Angelou, Maya 280
Anglo-Axantes, Guerras 222
Anglo-Zulu, Guerra 198, 199
Angola 110-111, 121
 rainha Nzinga 114, 115, **140-145**
angune, povo 180, 198, 199
Aníbal 38
Ankrah, Joseph 273
Annan, Kofi 301
Annerby, Walter 107
Ano da África 222, **274-275**, 302
Anoun, Abd el-Ouahed ben Messaoud ben Mohammed 107
Antietam, Batalha de 208
Antigo Império 16, 22, 26, **27-28**, 51
Antioquia 58
antirracismo, campanhas globais **306-313**
Antônio, santo 49
Antônio I Nvita a Nkanga do Congo 111
apartheid 231, **260-261**
Apuleio 39
Aquenáton, faraó 29
árabes
 conquistas no norte da África 26, 29, 36, 38, 42-43, 47, 48, 51, 55, **58-59**, 75, 78, 84, 88, 102
 tráfico escravista **60-61**
Arábia Saudita, escravidão na 60, 72
Arbery, Ahmaud 269
Aristóteles 66
Arku, *mai* de Kanem 80, 81
Armstrong, Louis 230, **247**, 249
arte/artesanato
 banto **33**
 bronzes de Benim 83, **100-101**
artes 13
 Era do Jazz **246-249**
 Teatro Experimental do Negro 241
 Renascimento do Harlem **242-245**
Ashanti (colônia da coroa britânica) 151
Askia, dinastia 70, 75
Asma'u, Nana **317**
Assaradão da Assíria 22
assimilação na França 290
assírios 17, 22, 26, 29, 74
Associação Africana 233
Associação Nacional para o Progresso das Pessoas de Cor (EUA) 219, 243, 244, 257, 265, 271, 283, 284
Associação para o Progresso de Montgomery (EUA) 271
Associação para o Progresso dos Negros Unidos (APNU) 234-235
Assurbanipal 26

ÍNDICE

astecas 132, 133
Ato da África do Sul (GB, 1910) 180, 260
Ato de Registro da População (África do Sul, 1950) 260
Atoleiro 81 296
Austrália
    Black Lives Matter 310
    marinheiros suaílis na 63
Australopithecus afarensis 19
autodeterminação 230-231
autoestima de crianças negras 265, 266
Axante, Império 115, **148-151**, 222
axante, nação 147, 151
axante, povo 148-149, 150, 273
Axum, reino de 30, 42, 43, **44-47**, 50-51, 58, 84, 85, 93, 226
Ayim, May **322**

B

Badariana, cultura 22-23
Bagdá 72
Bagosora, Théoneste 301
Baker, Josephine **249**
Baldwin, James 284
ball, cultura **292-293**
Bambara, Império 88
banlieues (França) 291
banta, migração 17, **32-33**, 198
banto, falantes de 16, 32-33, 62, 72, 98, 180, 214
Baqt, Tratado de 43, 60
Baquaqua, Mahommah 121
Baraka, Amiri 242
Baratieri, general Oreste 227
Barbados, código escravista de 166, 167
Barnett, Douglas Q. 289
Basileia, Paz de 188
Basquiat, Jean-Michel **322**
Basra 73
Beachy Head, dama de **316**
Bechuanalândia 214
beduínos, povos 73
Beirute 34
bejas, tribos 47
Bélgica
    Black Lives Matter 313
    colônias africanas 13, 222-223, 275, 300, 301
Belize 162, 163
Bell, Dido Elizabeth **316**
Beltrán, Gonzalo Aguirre 134
Benim
    bronzes 70, 71, **100-101**
    Cidade de Benim 82, 83, 100
    desculpas pelo tráfico escravista 118, 121
    independência 275
    mulheres guerreiras do Daomé **164-165**
    primórdios do reino de 70, 71, **82-83**
Bennett, Gwendolyn 244
berberes 38, 39, 54, 57, 59, 65, 78, 88
Berlim, Conferência de 13, 161, 222, 223, 236, 274
Bernier, François 115, 154-155
Best, Mavis 295
Beta Israel 74

Biblos 34
Bida **79**
Biden, Joe 305
bini, povo 82
Biram 96, 97
Birmingham, no Alabama 268
Bismarck, Otto von 223
Bizantino, Império 43, 47, 51, 58-59, 60
Black Futures Lab 309
Black is Beautiful, movimento 234, 288
Black Lives Matter 13, 231, 235, 278, 290, 294, 304, **306-313**
Black Lives Matter Global Network Foundation 312
Black Power, movimento 235, 278, **288-289**
Black Trans Lives Matter **313**
Blake, Jacob 311
Blanke, John 106
blaxploitation **325**
blues, música 248
Blumenbach, Johann Friedrich 156
Blyden, Edward Wilmot 201, **233**
Boa Esperança, cabo da 95, 180
Boamponsem 115, 149, 150
Boas, Franz 156-157
Boateng, Paul 295, 297
bôeres 180-181
boicotes 121, 171, 179, 221, 260, 270-271, 273
Bolling vs. Sharpe 265
Bolsonaro, Jair 139
Bomba **323**
boom econômico africano **302-303**
Bornu 80, **81**
Botsuana, corrida do ouro de 161, **214**, 222
Boyer, Nate 311
Brasil
    abolição da escravidão 139, 179, **224-225**, 240
    escravidão/tráfico escravista 120, 121, 125, 127, 174, 175, 176, 179, 315
    independência 136, 179
    movimentos negros 230, **240-241**, **286-287**
    quilombos 114, 115, **136-139**
    Revolta da Chibata **240**
    Revolta dos Malês **204-205**
Bridges, Ruby Nell 264, 267
Briggs vs. Elliot 265
Bristol
    Black Lives Matter 270
    levante em St. Paul 294
    tráfico escravista 169
Brixton, protestos de 231, **294-297**
bronzes de Benim 83, **100-101**
Brougham, lorde Henry 168
Brown vs. Conselho de Educação de Topeka 13, 231, **264-267**, 283, 285
Brown, James 289
Brown, John 179
Brown, John H. 202
Brown, Linda 265
Brown, Michael 309, 310
Brown, Oliver 231, 265
Bruce, Blanche K. 213
Bryan, Beverley 278, 281
Bryant, Carolyn 268, 269
Bryant, Roy 268, 269
bulala, povo 80, 81

Bull Run, Primeira Batalha de 208
Burke, Edmund 170
Burkina Faso 275
Burundi 236
Bush, George W. 257, 305
Butler, Dawn 311

C

Cabo Verde 119
Cabral, Amílcar **319**
caçadores-coletores 32, 300
caçadores de escravos 193
Cafraria 181
cafres 180
Cairo 58, 59
Calcedônia, Concílio de 46
Calímaco 36
Cameroun 275
campos de detenção 262, 263, 305
Canadá
    Black Lives Matter 310, 312
    Ferrovia Subterrânea 178, **190-195**
candomblé **323**
Cann, Rebecca 18
Cão, Diego 110
capacidade mental das pessoas negras 156
capitães do mato 139
caravanas de camelos 42, 47, 54, 55, 78, 81, 90
Carby, Jermaine 310
Caribe
    combatentes nas guerras mundiais 254, 256
    garifunas (São Vicente) **162-163**
    maroons jamaicanos **146-147**
    migração Windrush **258-259**, 294
    movimento Rastafári **253**
    nacionalismo e independência 234-235
    produção de açúcar 130, 131, 138, 163, 186, 187
    rebelião de escravizados em Hispaniola **130-131**
    Revolução Haitiana 171, **184-189**
    tráfico escravista atlântico 61, **118-125**, 168, 175, 315
    vida nas *plantations* **124-128**
caribes 162-163
Caribes, Primeira e Segunda Guerras 160, **163**
Carlos, John 289
Carlos V, imperador (Carlos I da Espanha) 114, 120, 133
Carmichael, Stokely 288 299
Carneiro, Sueli 287
Carta do Atlântico 275
Cartago/cartagineses 17, **34-35**, **38-39**, 48, 49-50, 94
Carver, George Washington **317**
casamento
    entre escravizados **129**
    misto 133
Castle, Vernon e Irene 248
castração 263
Catão, o Velho 39
Catarina de Aragão 106
Católica Romana, Igreja 133, 167
cavernas, igrejas etíopes em **85**
Cecil, Robert 106
cegueira racial, política de (França)

290-291
censos 133, 252
cera perdida, método da 100
cerâmica
    banta 33
    egípcia antiga 22, 23
cérebro, capacidade/tamanho 156, 157
Césaire, Aimé 234, 251, 315
César, Júlio 36-37
Cetshwayo, rei 199
Chade
    independência 275
    Império Kanem 70, 71, **80-81**
Changamire, dinastia 153
Chatoyer, Joseph 163
Chauvin, Derek 311
Chavannes, Jean-Baptiste 186
Chibata, Revolta da 240
chifres de búfalo, formação de batalha 153, 198-199
China, comércio com a África oriental 71, **102-103**
Chisholm, Shirley 304
Choa 93, 227
Christophe, general Henry 188-189
Churchill, Winston 275
Cidade de Benim 82, 83, 100
cidades de pedra 63
cidades-estados
    Al-Andalus 66
    suaílis 43, **62-63**
cimarrones 130, 131, 134
Cipriano, são 49-50
Cirilo, bispo de Alexandria 37
Clark, Kenneth 266
Clark, Mamie 266
Clarkson, Thomas 169
classificação racial 155-157
Clemente VII, papa 111
Cleópatra VII do Egito 26, 29, 36-37, 38
Clinton, Hillary 305
cobre 34, 35, 45, 76, 214
Cochrane, Kelso 259, 299
Code Noir (Louisiana) **166-167**
códigos da Ferrovia Subterrânea **194**, 195
códigos escravistas 160, **166-167**
Códigos Negros 213, 216, 238
Coker, Daniel **316**
Coleridge-Taylor, Samuel **318**
Coletivo Combahee River **280**
Coletivo Ironias Cruéis 281
Coletivo Pan-Africano Mwasi 281
Collins, Bill 129
Colombo, Cristóvão 64, 118, 124, 130, 146, 186
Colombo, Diego 131
Colônia do Cabo 180-181, 260
colonialismo
    descolonização 161, 230, 235, 274-275, 315
    Etiópia resiste ao **226-227**
    e tropas para a Segunda Guerra Mundial 255
    partilha da África 13, 161, **222-223**
    ver também nações coloniais por nome
Colvin, Claudette 270
comércio
    África subsaariana 95
    Benim 82, 83

328 ÍNDICE

cartagineses 34, 35
China Ming e África oriental **102-103**
cidades-estados suaílis 62, 63
Congo 111
Egito antigo 23, 26, 29, 30, 31
Grande Zimbábue 76
Império Axante 149
império comercial de Axum **44-47**
transaariano **54-57**, **60-61**, 71, 78, 79, 80, 81, 89, 90, 96, 97, 118, 119
 ver também escravização
comércio escravista
 ver tráfico escravista atlântico; tráfico escravista transaariano
comércio transaariano **54-57**, 71, 78, 79, 80, 81, 89, 90, 96, 97
 ver também tráfico escravista transaariano
Comissão de Reconciliação e Verdade (África do Sul) 260
Comissão de Terras da Quênia 262
Comitê Coordenador Estudantil Não Violento (EUA) 284
Comitê de Amparo aos Pobres Negros (GB) 182-183
Comitê de Défense de la Race Nègre 250, 251
comitês de contato 296
Commonwealth 258, 259, 273
Companhia Alemã da África Oriental 236
Companhia Britânica das Índias Orientais 72
Companhia Britânica do Sul da África 152
Companhia Holandesa das Índias Ocidentais 144, 180
Compromisso de Missouri 206, 207
comunitária, vida nas *plantations* 128-129
concubinas 60
condutores da Ferrovia Subterrânea 194, 195
confederados, estados 207-209, 211, 216
 remoção de bandeiras e monumentos 313
Conferência da Liderança Cristã do Sul (EUA) 270, 284, 285
Conferência de Todos os Povos Africanos 232, 235
Conferência Pan-Africana 13, 230, 234
Congo, Primeira Guerra do 300
Congo, reino do 142, 144
 sucessão do manicongo **110-111**
Congo, República Democrática do (RDC) 19, 275
Congo, República do 32, 275
Congo Belga 13, 275
Congresso da Igualdade Racial (EUA) 283, 284
Congresso Nacional Africano (CNA) 230, 231, 260, 261
Congresso Pan-Africano 234, 250, 272, 274
conquistadores 186
Conselho de Liberação Nacional (Gana) 273
Conselho do Trabalho Americano Negro 284
Conselho Político de Mulheres (EUA) 271

Copta, Igreja 42, 43, 49
cor da pele
 egípcios antigos **23**
 e criação da raça 115, 154-157
 evolução 21
Córdoba, califado de 65-66, 67
Córsega 38
Cortés, Hernán 133
Cosmas Indicopleustes 44-45
Costa do Marfim 275
Costa do Ouro 54, 55, 95, 148, 151, 272-273
Couleé, Shea 293
Covid-19, mortes de negros por 240, 287
Créolité 234
Crépissage (revestidura), festa em Djenné 92
criação de animais 32
crime 295
crimes de ódio 219
crioulo, povo 183
cristianismo
 chega à África 42, **48-51**
 em Al-Andalus 65, 66
 na Etiópia 43, 44, 46-47, 70, 74, **84-85**, 95
 no Congo 71, 110-111
 no Egito e na Síria 37, 43, 58
 no norte da África romano 39
 no reino de Ndongo 143
 reconquista da Espanha 64, 66-67
Crummell, Alexander 233
Cruzadas 58, 94
Cruz e Sousa, João da 179
Cuba, escravidão 118, 121, 175, 179
Cudjoe, capitão 146
Cugoano, Ottobah 120, 170
Cullen, Countee 243, 244
Cullors, Patrisse 278, 308
cultura
 diáspora africana 13, 315
 grupos bantos 33
 mouros ibéricos 66, **67**
 ver também arte/artesanato; artes; literatura; música
cunhagem em Axum 45-46
Cuxe/cuxitas 17, **30-31**, 35, 42, 46

D

Dã, tribo de 74
Dabulamanzi kaMpande 199
Dadzie, Stella 281
Damas, Léon 251
Damasco 65
Danangombe 152, 153
dança na Era do Jazz 248, 249
dan Fodio, Usman 96, 196, **197**
Daomé, reino do 118
 mulheres guerreiras do 160, 161, **164-165**
Darwin, Charles 18
datação por radiocarbono 20
Daura 96, 97
Davis, Angela 278, 279, 280
Davis, Jefferson 208
Décio, imperador 39
Declaração dos Direitos do Homem e do Cidadão 170, 186
Declaração dos Direitos dos Povos Negros do Mundo 250

Declaração Universal dos Direitos Humanos 282
Deffufas do Leste e do Oeste **31**
de Gaulle, Charles 275
de Klerk, F. W. 260, 261
Delany, Martin Robison 209, 211
Delarverie, Stormé **318-319**
delta do Níger 32
Demétrio de Falero 36, 110-111
Denkyira 115, 149, 150
deportações da geração Windrush 259
Derg 226
Descarte a Sus, campanha 295
desemprego 295, 304
desertificação 33
desigualdade de salários 280
Dessalines, general Jean-Jacques 189
Dez Tribos Perdidas 70, 74
Dia da Consciência Negra 286-287
Diagne, Blaise 251
Diallo, Rokhaya 291
diamantes 214, 222
Dias, Bartolomeu 180
diáspora africana
 criação da 114
 hoje **314-315**
 pan-africanismo **232-235**
Dido, rainha de Cartago *ver* Elissa, princesa
dinamarqueses, tráfico escravista 114, 118, 120, 121
Dinga Cisse de Gana 54
Diogo I do Congo 111
Diop, Cheikh Anta 23, 26, 234
direito de voto
 de americanos negros 213, 216, 217, 221, 243, 282, 285, 308
 de mulheres 278
direitos civis, movimento dos (EUA) 13, 206, 210, 213, 219, 231, 235, 244, 257, 267, 271, **282-285**, 288
direitos humanos 170, 234, 260, 282, 284, 288, 302
direitos sobre terras
 dos quilombos 139
 quicuios 262-263
 massais 98, 99
Djebel Irhoud 16, 19
Djenné 56, 71, 75, 88
 Grande Mesquita 70, 71, **92**
Djibouti, independência do 274
Djinguereber, Mesquita (Tombuctu) 70, 71, 91, 92
Djoser, faraó 27
D'mt, reino de 44
DNA mitocondrial 18
Doe, Samuel 201
doenças
 em navios negreiros 120-121
 escravizados morrem de novas 124, 133
 na população indígena brasileira 136-137
dogon, povo 51
Dombo, Changamire 115, **152-153**
Douglas, Aaron 243, 245
Douglass, Charles 209
Douglass, Frederick 161, 174, **175**, 176-178, 179, 206, 208, 209, 211, 213, 233
Douglass, Lewis 209
drags 292, **293**
Drake, Francis 107

Dred Scott, Decisão 207
Du Bois, W. E. B. 217, 218, 219, 234, 242, 243, 245, 315
Dugawa, dinastia 80
Duggan, Mark 310
Dugu, *mai* de Kanem 80
Dumas, Alexandre **317**
Dunama II, *mai* de Kanem 81
Dunbar, Paul Lawrence 242
Dutty, Boukman 187

E

Earley, Charity Adams **318**
Earley, Charity Adams **318**
Eddo-Lodge, Reni 281
Edésio 50
edo, povo 82, 83, 100
educação
 oportunidades 211-212, 243, 287, 288, 297
 para escravizados 203
 segregação 13, 219, 231, **264-267**, 283
efa, povo 82
Egito
 Antigo, Médio e Novo Império 16-17, **24-29**
 biblioteca perdida de Alexandria 17, **36-37**
 Canal de Suez 215
 comércio com Axum 45
 conquista muçulmana 47, **58-59**, 60, 88, 92
 cristianismo 37, 43, 48-49
 e Núbia 30-31
 independência 275
 pré-dinástico 16, **22-23**
 tomado por Roma 26, 29, 38
Eisenhower, Dwight D. 267
Elissa, princesa 34-35, 38
Elizabeth I da Inglaterra 106, 107
Elle Ameda de Axum 50
Ellington, Duke 247, 249
Ellison, Ralph 239
Elmina, Castelo (Gana) 119
embu, povo 263
emigração
 migração Windrush **258-259**
 para Serra Leoa 183
Empire Windrush, HMT 231, 259, 294, 297
emprego
 de policiais negros 297
 discriminação 216, 218, 267, 270, 282, 288, 297
Endubis de Axum 45
Equiano, Olaudah 127, 160, 161, 170, **183**
Era da Reconstrução (EUA) **210-213**, 216, 218, 219
Era do Jazz 230, **246-249**
Eritreia 44, 226, 227
Escócia, mouros negros na 104, 106
Escolástico, Sócrates 46
escravização
 assentamento na Libéria **200-201**
 Barbados 166
 Congo 111
 e cristianismo 48
 e diáspora africana 314-315
 Era da Reconstrução (EUA)

ÍNDICE 329

210-213
Estados Unidos 118, 120, 121, **124-129**, **174-179**, 202-203, **206-209**, 315
Ferrovia Subterrânea **190-195**
garífunas de São Vicente **162-163**
Guerra Civil Americana **206-209**
Inglaterra dos Tudors 107
interceptação de navios negreiros 182
justificativa racial para 115, 156, 157
Louisiana **166-167**
maroons jamaicanos **146-147**
pessoas que buscaram libertar-se 114-115, 137-138, 139, **192-195**
quilombos do Brasil **136-139**
rebelião de escravizados em Hispaniola 128, **130-131**
rebelião de escravizados mexicana **132-135**
rebelião de escravizados zanjes **72-73**
remoção de monumentos a apoiadores da 313
repatriação de americanos negros 176, 200-201, 232
Revolta dos Malês **204-205**
Revolta de Nat Turner **202-203**
Revolução Haitiana 178, 186-189
tráfico escravista atlântico 12, 61, 94, 95, 114, **116-121**, 160, 168-169, 174, 175, 222, 314
tráfico escravista de Zanzibar 62, 63, 160
tráfico escravista transaariano 42, 43, 55, **60-61**, 80, 81, 118, 119, 274, 314
vida nas *plantations* **122-129**
ver também abolicionismo; países individuais por nome
escrita 23, 34
Espanha
abolicionismo 171, 175
código escravista 166, 167
colônias africanas 223
colônias americanas 142
invasão dos Almorávidas 104
mouros em Al-Andalus 43, **64-67**, 71, 94, 104
rebelião de escravizados em Hispaniola 114, **130-131**
reconquista cristã 64, 66-67
Revolução Haitiana 186, 187
romana 39
tráfico escravista 118-120, 121, 124, 129, 131, 133-135, 146, 168
especiarias, comércio de 45
esporte se manifesta contra o racismo 311
Essuatíni 19, 198
Estado Livre do Congo 222-223
Estado Novo (Brasil) 241
Estados Unidos
abolicionismo 121, 129, 169, **172-179**, 192, 195, 202, 203, 207-209, 210, 216, 222, 232, 233, 234, 268
agressão policial a Rodney King 298
assentamento na Libéria **200-209**
Black Lives Matter 304, **308-313**
boicote aos ônibus de Montgomery **270-2711**

Brown *vs.* Conselho de Educação 231, **264-267**
Code Noir de Louisiana **166-167**
códigos negros **213**
combatentes negros na Guerra Civil 207, 209
combatentes negros na Segunda Guerra Mundial 254, 256-257
Constituição 129, 176, 177, 179, 195, 206, 208, 209, 210, 213, 216, 217, 264, 265, 266, 278
cultura ball **292-293**
eleição de Barack Obama 231, **304-305**
Era da Reconstrução **210-213**
Era do Jazz **246-249**
escravismo/tráfico escravista 118, 120, 121, **124-129**, **174-179**, **206-209**, 315
feminismo negro 278-281
Ferrovia Subterrânea 161, **190-195**
Guerra Civil **206-209**
leis Jim Crow **216-221**
linchamento de Emmett Till **268-269**
Marcha de Washington **282-285**
movimento Black Power **288-289**
pessoas de ascendência garifuna 162, 163
racismo 157, **216-219**, 239, 257, **264-267**, **268-269**, **270-271**, **282-285**, 288
Renascimento do Harlem **242-245**
Revolta de Nat Turner 161, **202-203**
vida nas *plantations* 115, **124-129**
Wall Street negra 230, **238-239**
estereótipos 230, 244
estudos africanos **324**
estupro 126
Etiópia
cristianismo 43, 46-47, 48, 50-51, 70, **84-85**, 95
desafia o colonialismo 161, 223, **226-227**, 234
economia 303
escravizados 70
igrejas de rocha de Lalibela **84-85**
império comercial de Axum 42, 43, **44-47**
judeus 70, 71, **74**
movimento Rastafári **253**
muçulmanos atacam 44
primeiros seres humanos 18, 19
sultanato de Ifat **93**
Etiópia-Adal, Guerra 84
etiqueta Jim Crow 217-218
eugenia 157
eunucos 60
Europa
abolicionismo na **168-171**
ver também países individuais por nome
Europe, James Reese 248, 249
Evers, Medgar 283, 284
Evian de Benim 82
evolução humana **18-19**, 21
Eweka de Benim 83
Ewuare (o Grande) de Benim 71, 82, 100-101
Exército de Liberação Negra 280
Exército de Liberdade e Terra

Quenianas 230, 262-263
expectativa de vida nas *plantations* 125
Ezana de Axum 42, 43, 46, 47, 50-51, 74, 84

F

Faitlovitch, Jacques 74
Faium B 22
Fanon, Frantz 234, 315, **319**
faraós 17, 26-29
Fatímida, califado 51, 58
Faubus, Orval 267
Fauset, Jessie 243
Fells, Dominique "Rem'mie" 313
fenícios 17, 34, 35, 38, 77
Ferguson, em Missouri 309-310
Fernando II de Aragão 67, 104, 114, 119
ferramentas de pedra 19, 21, 22
ferro 32, **33**, 45, 62, 63, 76, 214
Ferrovia Subterrânea 161, 178, **190-195**
Festival Mundial de Artes e Cultura Negra e Africana 235
Filipe I de Ndongo 143, 144
Filipe III da Espanha 104
Fillis, Mary 107
filme 244
filosofia negra **325**
Firmina dos Reis, Maria, *Úrsula* **179**
fisiologia das pessoas negras 156
fitna 66
Fitzgerald, F. Scott 246, 249
Floyd, George 231, 298, 311
fogo, uso do 18, 20
fome 47, 226, 227, 237
Força de Fronteira da África Ocidental 255
Fort Sumter, Batalha de 208
Fort Wagner, Segunda Batalha de 208
fósseis 16, 18-19, 20
Fox, William 171
França
abolicionismo 121, 166, 170-171, 176, 186, 188, 189
Black Lives Matter 290, 308
Code Noir 166, 167
colônias africanas 88, 222, 223, 250, 251, 274, 275
colônias na América 166-167, 246, 247
colônias no Caribe 138. 163
Constituição 290
Daomé 164-165
diáspora africana 315
exploradores 95
feminismo negro 281
movimentos negros **250-251**
políticas de cegueira racial 231, **290-291**
Revolução Haitiana 130, 171, **186-189**
soldados coloniais na Segunda Guerra Mundial 255-256
territórios na América do Norte 166, 206
tráfico escravista 114, 118, 120, 124, 168
protestos (2005) **291**

Franco, Marielle 322
Fraternidade da Reconciliação 283
Frente Democrática Revolucionária do Povo Etíope 226
Frente Negra Brasileira 241
Frente Patriótica Ruandesa (FPR) 300, 301
Frumêncio 46, 50-51
fulani
conquista **196-197**
povo 88, 96
Futa Jallon 196
Fuzileiros Africanos do Rei 255

G

Gabão 275
gado
massai 98-99
xhosa **181**
Gama, Luís 179, **225**
Gama, Vasco da 62, 95, 102
Gana
comércio de ouro 54-57, 95, 148
conversão ao Islã 70, 71, **78-79**
declaração de independência 54, **272-273**
Império Axante 115, **148-151**
Império de 42, **52-57**, 70, 88, 89, 92
independência 13, 231, 235, 275
tráfico escravista 119
veteranos da Segunda Guerra Mundial 254
Gao, Império 75
garamantes 60
garífunas 160, **162-163**
Garima, evangelhos de 43, 49, 51
Garner, Eric 309, 310
Garnet, Henry Highland 178, 179
Garrett, Thomas 194
Garrison, William Lloyd 177, 178
Garvey, Marcus 234-235, 250, 253
Garza, Alicia 278, 308, **309**
Gedi (Quênia) 62
Gelásio I, papa 39
Geledés 287
gênero, questões de
cultura ball **292-293**
feminismo negro **276-281**
genética 157
genocídio em Ruanda 231, **300-301**
George III do Reino Unido 170, 175
Gershwin, George 249
Gerzeana, cultura (Nagada II) 23
Ghezo de Daomé 164-165
Gibraltar (Djabal Tarik) 64
Gibson, Althea **319-320**
Gobineau, Joseph-Arthur 157
Gobir 96, 97, 196, 197
gokomere, povo 76
Gonzalez, Lélia 287, 320
Goodman, Benny 247, 249
Götzen, Gustav Adolf 219
Governo de Unidade Nacional (África do Sul) 261
Granada, rendição de 66, 67
Grande Biblioteca de Alexandria **36-37**
Grande Depressão 245, 249
Grande Migração 230, 232, 243
Grandes Lagos, região (África oriental) 32, 33, 63

330 ÍNDICE

Grande Zimbábue 63, 70, **76-77**, 152
Grant, Bernie 297
Grant, Oscar 298
Gray, Freddie 310
Greenwood, em Oklahoma 238-239
gregos antigos e cartagineses 34, 35, 38
Greve das Lavadeiras de Atlanta **323**
Griffith, D. W. 244
Grupo Antiescravista Americano 174
Grupo de Mulheres Negras de Brixton 281
Grupo Lesbiano Negro 281
grupos de idade, sistema de (massai) 99
Guantánamo, baía de 305
Guatemala 162, 163
gudalas, berberes 78
Guerra Civil Americana 12, 128, 129, 161, 175, 179, 193, 195, 202, 203, **206-209**, 210, 216, 233, 254, 268
Guerra das Mulheres 13, 230, **252**
Guerra dos Sete Anos 163, 183
Guerra do Trono de Ouro 151
Guerra Fria 257
Guerra Luso-Holandesa 144-145
Guerra México-Estados Unidos 132
Guerra Revolucionária Americana 163, 168, 174, 182, 268
Guerras de Fronteira do Cabo/ Guerras Cafres 180
Guerras Franco-Daomeanas 165
Guerras Xhosas 160, **180-181**
guerrilha 114, 134, 135, 144, 145, 147, 261, 263
guetos 285, 288
Guiné-Bissau 95
Guiné Francesa 275
Gurley, Ottowa W. 238, **239**
Gyakari, Ntim 149, 150

H

Habyarimana, Juvénal 301
Hadani, Eldad 70, 74
Hailé Selassié I da Etiópia 44, 227, 253
Haiti
    proposta de reassentamento no 208
    Revolução Haitiana 12, 130, 131, 160, 171, 178, **184-189**, 233
Haley, Alex, *Negras raízes* 288
Hamilton Houston, Charles 266
Hangbe, rainha do Daomé 164
Harlan, John Marshall 217
Harlem
    drag balls 292
    Renascimento do 230, **242-245**, 250
Harlem Hellfighters 256
Harold, Eli 311
Harris, Kamala 304
Hatshepsut, rainha do Egito 28-29
hauçá-fulani, povo 196-197
Hauçalândia, cidades-estados da 71, **96-97**, 160, 196
Hawkins, John 107
Hawwa, rainha de Kanem 70, 81
haya, povo 62
Hayes, George E. C. 265
Hayes, Rutherford B. 216

hehe, grupo étnico 236
Heliópolis, Batalha de 59
Hemingway, Ernest 249
Henderson, Russell 259
Hendricks, Barkley 289
Henrique, o Navegador, de Portugal 95
Henrique VII da Inglaterra 104, 105, 106
Henrique VIII da Inglaterra 106
Heráclio, imperador 58
Hernández de Córdoba, Francisco 132
Heródoto 54
Herrera, Pedro González de 135
Heyrick, Elizabeth 168
hicsos 28
hierática, escrita 23
hieroglífica, escrita 23, 26, 34
Himiar, reino de 45, 47
Hipácia, assassinato de **37**
Hipócrates 154
Hipona 38, 39
Hispaniola 118, 124, 186
    rebelião de escravizados 12, 114, 128, **130-131**, 132
    tráfico escravista 119, 124
hititas 29
Hitler, Adolf 157, 243
Hodgson, Frederick Mitchell 151
Homo erectus 19, 20
Homo habilis 16, 19
Homo heidelbergensis 16, 18
Homo sapiens 16, 18-21
Honduras 162, 163
hooks, bell 280, 281
Houegbadja do Daomé 164
Houénou, Kojo Tovalou 250
houses, sistema de (cultura ball) 292, 293
Hublin, Jean-Jacques 19
Hügel-Marshall, Ika **321**
Hughes, Langston 243, 244
Hume, David 156
Hurston, Zora Neale 243, 244, **245**
Hussein, Saddam 72
hutu, povo 231, 300-301

I

Ibn Battuta 57, 63, 95
Ibn Hawqal 54
Ibn Khaldun 88, 90
Ibn Nusayr, Musa 65
Ibn Rushd (Averróis) 66
Ibn Ziyad, Tarik 43, 64, **65**
Idade do Ferro 33
Idris Alooma de Kanem-Bornu 80
Iêmen
    escravização 60, 72
    Império Axum 45
Ifat, sultanato de **93**
Ifé, reino de **83**, 100
igbo, povo 252
Igodo 82
Igodomigodo 82
Igreja Ortodoxa Etíope 47
igrejas
    em Axum 46
    de rocha em Lalibela **84-85**
igualdade na França 290-291
Iluminismo 160, 170-171, 186, 189

imbangalas 143, 144
Imhotep 27
imigração
    França 290
    Reino Unido **258-259**
Império Britânico
    África do Sul 180, 181, 260
    América do Norte 129, 168, 174, 175, 176, 192
    Barbados 166, 167
    Bechuanalândia 214
    Benim 82, 100, 101
    Caribe 124, 138, 167, 171, 175, 187, 188, 256, 258
    Gana 54, 148, 151, 255, 272-273, 275
    Jamaica 146, 147, 167, 171
    movimentos de independência 274-275
    Nigéria 13, 96, 97, 196, 197, 252, 275
    população africana no século XVIII 182
    Quênia 98, 99, 230, 262-263, 303
    Rodésia do Sul 76, 152
    Santa Lúcia 91
    São Vicente 162, 163
    Serra Leoa 176, 182, 183, 200
    Seychelles 274
    Somália 275
    Sul da África 160, 198-199, 214, 222
    Tanganica 236
    ver também Reino Unido
incêndio criminoso 218
independência, movimentos de 235, 274-275, 302
Índia
    busca de rotas marítimas para 95
    combatentes nas guerras mundiais 254
    independência 274
Índico, início do comércio no oceano 62
indígenas americanos 166, 238
Inglaterra
    exploradores e mercadores 182
    mouros negros **104-107**
    obtém o controle do Caribe 115
    ver também Reino Unido
iniciação, ritos de 33, 99
Inquisição espanhola 67
interrogatório, métodos das agências de inteligência dos EUA 305
iorubá, povo 51, 82, 83, 100, 204-205
Iraque, rebelião de escravizados zanjes 70, 71, **72-73**
Isabel, princesa imperial do Brasil 225
Isabel I de Castela 67, 104
Isandlwana, Batalha de 199
Islã
    conquista fulani 160, **196-197**
    e escravização **60**
    em Al-Andalus 64-67
    na África central **80-81**
    na África ocidental 56-57, 59, 70-71, **78-79**, 88, 89, 90-91, 92, 96, **196-197**
    na África oriental 84, **93**
    no norte da África 26, 29, 36, 42-43, 47, 48, 51, **58-59**, 64, 75, 78, 88, 92

Isma'il Pasha 215
Israel, Lei do Retorno 74
Itália
    colônias africanas 223
    e Etiópia 226-227, 234

J

Jabir ibn Aflah (Geber) 66
Jackson, Jesse 288
Jacobs, Erasmus 214
Jaime I da Inglaterra 107
Jaime IV da Escócia 106
Jamaica
    código escravista 167
    maroons 114, 115, **146-147**, 171, 183
    movimento Rastafári **253**
Jama kaNdaba 198
James, C. L. R. 234, 315
Jamestown, na Virgínia 115, 174
Jaquoah, John 107
Jemison, Mae C. **321-322**
Jerusalém, conquista muçulmana de 84-85
Jetto, Henrie Anthonie **105**
jihad 196-197
Jil ibn Sikuma, rei bulala 81
Jim Crow, leis 12, 13, 161, 210, **216-221**, 239, 268, 283, 285, 288
João I do Congo 71, 110
João III de Portugal 111
joelho, apoiar-se num **311**
Jogos Olímpicos 289, 311
Johnson, Andrew 211, 212, 213
Johnson, Charles S. 243
Johnson, Georgia 243
Johnson, Linton Kwesi **321**
Johnson, Lyndon B. 282
Johnson, Marsha P. **321**
Johnson, William H. 245
Johnston, Kathryn 308
Jones, Claudia 259, 280
Jones, Loïs Mailou 245
Jones-Lecointe, Althea 279
Jonson, Ben 106
Joplin, Scott 248
judaísmo
    em Al-Andalus 65, 66
    na Espanha 67
    na Etiópia 70, 71, **74**
júri, julgamento com 203

K

Kaepernick, Colin 311
Kaffirs 180
Kagame, Paul 301
Kaleb de Axum 47
kalliponam/kallinago ver caribes
kamba, povo 263
Kanem, Império 70, 71, 75, **80-81**
Kanem-Bornu, Império 80, 81, 96
Kangaba 88, 89
Kano/Império de Kano 71, 96, 97
Kant, Immanuel 171
Katsina 96, 97
Keita, dinastia 70, 88-90
Kennedy, John F. 284
Kennedy, Robert 284
kente, tecido **149**

ÍNDICE **331**

Kenyatta, Jomo 263
Kerma, reino de 17, **30-31**
Khalifa do Mali 90
Khama, Seretse **319**
Khami 76
kharijismo 70, 73
Khuzistão 73
Kia Samba, Ngola 142 143
Kilwa/sultanato de Kilwa 43, 62, 63
Kimathi, Dedan 263
King, Rodney **298**
King Jr., Martin Luther 154, 216, 249, 270, 271, 279, 284, **285**
Kirina, Batalha de 70, 88
Koi Konboro de Djenné 92
Kouyaté, Tiemoko Garan 251
Kufuor, Assensu 150
Kufuor, John 149
Ku Klux Klan 218-219, 244, 268
Kumbi Saleh 54, 56, 57, 78, 79, 88, 89
Kwaman 14
Kwanzaa **324**
KwaZulu 198
KwaZulu-Natal 32, 198
Kyerematen, A. 151

L

LaBeija, Crystal 292
Lafayette, Gilbert du Motier, marquês de 170, 171
laicidade na França 290
Lalibela, igrejas na rocha 70, **84-85**
Lalibela da Etiópia 84, 85
Lam, Wilfredo 251
lamtunas, berberes 79
La Negra, Toña 134, 135
Larabanga, Mesquita 71, 79
lascares 182-183
Laslett, Rhaune 259
latão 45, 83, 100-101
latina, comunidade 292, 293
Laveaux, general Étienne 188
Lawrence, Stephen 294, 299
Leakey, Richard 19
Leão, o Africano 94
Leclerc, general Charles Victor Emmanuel 188, 189
Lee, Herbert 283
legalistas negros 182, 183
lei 10.639 (Brasil, 2003) 287
Lei Áurea (Brasil) 225
Lei das Relações de Raça (GB, 1965) 13, 259, 299
Lei das Tentativas de Crime (GB, 1981) 295, 296
Lei da Terceira Força (EUA, 1871) 219
Lei Dawes (EUA, 1887) 238
Lei de Abolição da Escravidão (GB, 1833) 176
Lei de Abolição do Tráfico de Escravos (GB, 1807) 171
Lei de Imigração (GB, 1971) 258
Lei de Imigração da Commonwealth (GB, 1962) 258
Lei de Limite à Escravidão (Alto Canadá, 1793) 192
Lei de Moradia Justa (EUA, 1968) 216, 282
Lei de Ordem Pública e Justiça Criminal (GB, 1994) 310
Lei de Polícia e Evidência Criminal (GB, 1984) 297
Lei de Repartição (GB, 1842) 146
Lei de Vadiagem (GB, 1824) 295
Lei do Relatório de Morte em Custódia (EUA, 2014) 308
Lei dos Cuidados Acessíveis (EUA, 2010) 305
Lei dos Direitos Civis (EUA, 1866) 213
Lei dos Direitos Civis (EUA, 1964) 219, 231, 264, 267, 268, 269, 278, 282, 284, 285, 308
Lei dos Direitos Civis (Lei do Acesso Justo a Moradia) (EUA, 1968) 216, 282
Lei dos Direitos de Voto (EUA, 1965) 221, 282, 285, 308
Lei dos Sexagenários (Brasil, 1885) 179, 225
"lei dos suspeitos" (sus) 295-297
Lei do Vagão Separado (Louisiana, 1890) 217
Lei do Ventre Livre (Brasil, 1871) 179
Lei Kansas-Nebraska (EUA, 1854) 207
Leis de Confisco (EUA) 212
Leis do Escravo Fugitivo (EUA, 1793/1850) 178, 179, 192, 207
Leopoldo II da Bélgica 13, 222-223, 313
lésbicas 280, 281
Les Continents (jornal negro) 250, 251
Lesseps, Ferdinand de 215
Lew, Jack 192
Lewis, Cudjoe 121
Lewis, John 284
LGBTQ+, comunidade
 Black Lives Matter **313**
 cultura ball **292-293**
 e feminismo negro 280, 281
Libby, Willard 20
Li Shimin 102
Libéria 223, 226, 232
 assentamento na 12, 161, **200-201**, 208
Liga contra o Imperialismo 250
Liga das Nações 148
Liga Nacional Urbana (EUA) 284
Ligue Universelle pour la Défense de la Race Noire 250, 251
linchamentos 124, **213**, 218, 219, 268-269, 283, 308
Lincoln, Abraham 161, 175, 179, 207-209, 210, 211, 212, 232, 233
Lineu 155-156
linha de cor 219
literatura 13, 230
 no norte da África romano 39
 poesia suaíli **63**
 Renascimento do Harlem 242-245
Little, Malcolm *ver* Malcolm X
Liverpool 169
Liyongo, Fumo 63
Locke, Alain 243
Loku, Andrew 310
Londres
 Brixton, protestos de **294-297**
 escravização 169, 170
Lorde, Audre 279, 280
Louisiana
 Code Noir do 160, **166-167**
 Compra do 166, 206
Louverture, François Dominique Toussaint 171, 178, **186**, 187-189
Loving, Mildred **320**
Luanda 142, 143
Lugard, Frederick 252
Luís XV da França 166
Luís XVI da França 187
Lyles, Aubrey 244
Lynch, Charles 268

M

Machado de Assis **317**
Macmillan, Harold 275
Macpherson, William/ Relatório Macpherson 294, **299**
Madagascar 275
Madeira 95, 124
Madonna 292
Magrebe 55, 65, 89
Mahenge, forte 236, 237
Maitland, Thomas 188
Maji Maji, Revolta 230, **236-237**
Makana, chefe 181
Makandal, François 186
Makhzumida, dinastia 93
Malcolm X 288, **289**
Malês, Revolta dos **204-205**
Mali
 Grande Mesquita de Djenné 70, **92**
 Império do 54, 57, 70-71, 75, 78, 79, **86-91**, 96, 97
 independência do 275
Malindi 71, 103
malinquê, povo 88, 90
Malocello, Lanzaroto 94
Mambo Chuoko, da dinastia Mutapa 152
mamelucos 36, 60
Mandela, Nelson 180, 198, 231, 260, **261**
Mandinga, Gonzalo 131
mangwatos, tribo dos 214
mani (profeta persa) 44
manicongo, sucessão do 110-111
Mansa Musa do Mali 70-71, 75, 89, 90-91, 95
manumissão 105, 127, 133
Maomé, o Profeta 47, 58, 59, 64
Mapungubwe, reino de 76, 77
Marcha de Washington 231, **282-285**
Marcos, são 42, 49
marfim 44, 45, 63, 76, 83, 89, 101, 103
marginalizados, povos 313
Marley, Bob 253
Marlowe, Christopher 106
maroons
 Brasil 314
 de barlavento 146, 147
 de sotavento 146
 Hispaniola 131
 Jamaica 114, 115, 138, **146-147**, 183
 México 134, 135
 Saint-Domingue 186
Marrocos 16, 19, 75, 78, 79, 88, 107
 independência do 222
Marshall, Thurgood 265, **266**
Martin, Trayvon 304, 308
mártires africanos 49
masaesylis, berberes 38, 39
Masekesa 153
massacre racial
 Memphis 213
 Sharpeville 261
 Tulsa 238, 239
massais, migração dos 71, **98-99**
Massangano, cerco de 144
massyliis, berberes 38, 39
Mastros, Batalha dos 58
Masuch, Karl 76
matabele, tribo 214
Matamba, reino de 115, 142, 144-145
matérias-primas 222, 274, 303
Mauch, Karl 161, 214
Mau-Mau, Revolta dos 230, **262-263**
Maungwe, Batalha de 115, 153
mauris, berberes 38, 39
Mauritânia 39, 54, 60, 65, 118, 119, 274, 275
Mbande, Ngola 143
Mbanza Congo 110
Mbwila, Batalha de 111
McDonald, Laquan 310
meação 212-213
Meca 58, 59, 78, 81, 89, 90, 93
Médio Império 26, **28**
Memphis 22, 26
 Massacre Racial de 213
Mendoza, Antonio de 133
Menelik, O 230
Menelik I da Etiópia 74
Menelik II da Etiópia 226, **227**
Mentuhotep II, faraó 28
Merinde 22
Méroe 17, 32, 33, 43, 46
Meropo 50
meru, povo 263
Messias negro 253
mestiços 134, 157, 260
metodistas 169
México
 escravizados se rebelam no 114, **132-135**
 Ferrovia Subterrânea 193
 Guerra de Independência 132, 133, 135
Mfecane 199
mfengu, povo 181
migração
 africana moderna 314, 315
 humana a partir da África 12, 16, **20-21**
Milam, J. W. 268, 269
Milan, Brenda Continental 313
Miller, Flournoy 244
Miltíades, papa 39
Milton, Riah 313
Ming, dinastia 71, **102-103**
Mino 161, 164-165
minoria branca, domínio da 275
minorias na França 291
Miquerinos, faraó 27
mirra 45
missionários
 Botsuana 214
 Congo 71, 110
 Etiópia 74, 84
 Hauçalândia 96, 97
 Libéria 200
 Núbia 43, 51
Moçambique 71, 102, 103, 198
Mogadíscio 62, 71, 103
Mokhtar, Gamal 32
Molière 39
mongóis, invasões 72
Monk, Thelonious 247
monofisismo 46-47
monogenismo 155-156
Monomotapa, Império 70, 76

332 ÍNDICE

Monróvia 201
Montesinos, Antonio de 131
Montgomery, boicote aos ônibus de 219, 231, **270-271**, 282
Moody, Harold **318**
moradia, discriminação no acesso a 282
Moriana, Maria 104
Morris, Olive 280, 281
Morris, Owen 275
Morrison, Toni 12, 242, **320**
mortalidade infantil nas *plantations* 125
Morton, Jelly Roll 248
Morton, Samuel 156
Mossi, reino 91
Motril, Catalina de 105-106
mouriscos 64
mouros
    em Al-Andalus 43, **64-67**, 71, 94, 104
    influência dos 66, **67**
    ver também mouros negros
mouros negros na Inglaterra dos Tudors 71, **104-107**
Movimento das Artes Negras 242, 245, **324**
Movimento de Libertação das Mulheres 278
movimento do cabelo natural **324**
Movimento Negro Unificado 241
Mpanzu a Kitima 110
Mubenga, Jimmy 308
mudança climática 32-33, 302
Mugabe, Robert 152
Muhammad Ali **320**
Muhammad Kisoki de Kano 97
Muhammad Rumfa de Kano 71, 96, 97
mulato 126, 133, 135, 225
mulheres
    em Gana 57
    feminismo negro **276-281**, 287
    forçadas a ter filhos nas *plantations* 126
    mulheres guerreiras do Daomé 160, 161, **164-165**
    negras na Segunda Guerra Mundial 254
mulherismo 279
Murray *vs.* Pearson 266
Museu Britânico 100, 101
música 13
    Era do Jazz **246-249**
    Renascimento do Harlem 244
Mutapa 76, 152, 153
Mutawakkil, califa 72

N

Nabrit, James M. 265
Nação do Islã 289
nacionalismo negro 234-235
Nações Unidas
    Conselho de Segurança 261, 300
    Declaração sobre Raça e Preconceito Racial da Unesco 157
    e colonialismo 275
Nagada, cultura 16, 22, 23, 26
nagô, povo 204-205
Nairóbi **303**
Nanny, rainha 114, 146, **147**

não violentos, protestos 271, 282-285
Napata 17, 30
Napoleão I da França 171, 186, 188, 189, 215
Nardal, Paulette, Jeanne e Andrée 250
Narmer (Menés), faraó 16, 22, 23, 26
narrativas de escravizados 170, 175, 179
Nascimento, Abdias do 241, 287
Nascimento, Maria Beatriz do 320
Násrida, dinastia 67
Nasser, Gamal Abdel 215
Natal 180, 198
navios negreiros 120-121, 124, 169
Nawi 164
nazista, Alemanha 157, 254, 255, 256
ndebele, povo 152
Ndiaye, Sibeth 291
Ndongo, reino de 142-145
Négritude 230, 250, **251**
neolítica, cultura 22
New Negro, The **243**
ngoni, povo 237
Ngwaland 252
Ngwale, Kinjikitile 236, 237
Niani 70, 88-89, 91
Nicarágua 162
Nicolau V, papa 118
Níger 275
Níger, rio 32, 75, 82, 83, 94
Nigéria
    cidades-estados de Hauçalândia **96-97**
    conquista fulani **196-197**
    economia 302, 315-
    Guerra das Mulheres 13, 230, **252**
    independência 252, 275
    ver também Benim
Nilo, vale do 16, 22, 23, 24-29, 30, 31, 35, 45, 46, 47
nilótico, povo 98
Nkrumah, Kwame 13, 54, 148, 231, 235, 272, **273**, 275
noirismo **323**
Nongqawuse 181
norte da África
    conquistas árabes 26, 29, 36, 38, 42-43, 47, 48, 51, 55, 58-59, 64, 75, 78, 88, 102
    cristianismo no 48-51
    Egito antigo **22-29**, **36-37**
    reino núbio de Kerma **30-31**
    romanos chegam à África **38-39**
Northrup, Solomon 178-179
Nott, Josiah 156157
Notting Hill
    Carnaval de (Londres) **259**, 281
    distúrbios em 280
Nova Orleans 246-249
Nove de Little Rock, os 267
Nove Santos 46-47
Novo Império 16-17, 26, **28-29**
Ntshingwayo kaMahole 199
Núbia
    ataques a Axum 47
    cristianismo 43, 49, 50, 51
    escravização 60
    monarquia estabelecida na 16, 30
    reino de Kerma 17, **30-31**
Nugent, Richard Bruce 244
Numídia 39, 48, 50
Nwanyeruwa, Madame 252
Nzinga Mbande, rainha de Ndongo e

Matamba 114, 115, **140-145**
Nzinga Mbemba do Congo 110
Nzinga Nkuwu do Congo 71, 110

O

Oba, dinastia 71, 82, 83, 100
Obama, Barack 218, 231, 304, **305**
Obama, Michelle 305
Obenga, Theophile 23
ocupações 282
Odetta 284
Odudua de Ifé 83
Ogiamien de Benim 82, 83
Ogiso, dinastia 82
olíbano 45
Olofa, Maria 131
Oloko (Nigéria) 252
omanis, árabes 62, 63
Omar, califa 37
Omíada, califado 47, 64, 72
Operação Moisés 74
Opoku Ware de Axante 151
Oranmiyan de Benim 83
Orestes 37
Organização da Unidade Africana (OUA) 235
Organização de Mulheres da África e de Ascendência Africana (OMAAA) 281
Organização Feminista Negra Nacional (EUA) 280
origem comum dos seres humanos 155-156
Osei Tutu I de Axante 115, 148, 149-151
Otomano, Império 26, 36
ouro
    Brasil 13
    comércio em Axum 45
    corrida do ouro em Botsuana 161, **214**, 222
    Império de Gana **54-57**, 95, 148
    Império do Mali 89
    sul da África 71, 76, **77**, 222
Owodo de Benim 82
oyoko, povo 148

P

Pacômio, são 49
Padmore, George 234, 315
Países Baixos
    abolicionismo 171, 175
    África do Sul 160, 180-181
    código escravista 166, 167
    e rainha Nzinga 144-145
    feminismo negro 281
    império colonial 95, 138, 260
    tráfico escravista 114, 118, 120, 121, 124, 142, 151, 168
palenques 134, 135
Palmares 115, 138
pan-africanismo 13, **232-235**, 250, 251, 253, 273, 275
pan-suaíli, identidade 63
pântano, árabes do 72
Panteras Negras, Partido dos 279, 280, 288
papiros matemáticos **27**
parar e revistar 291, 295-296, 310-311

Paris 170, 230
Park, Mungo 94
Parks, Rosa 231, 270, **271**, 282
parlamento britânico, membros negros do 295, 297
Parque Nacional de Nairóbi (Quênia) 98
Partido Conservador (GB), políticos negros no 297
Partido da Convenção do Povo (Gana) 273
Partido do Congresso de Gana 273
Partido Nacional (África do Sul) 260
Partido Trabalhista (GB), políticos negros no 297
partilha da África 13, 62, 94, 101, 161, **222-223**, 274
pastoral, estilo de vida 98-99
Pate (Quênia) 62
Paulo, são 48
Pedro I do Brasil 224
Pedro I do Congo 111
Pedro II do Brasil 224, 225
Pegado, Vicente 77
peregrinações a Lalibela 85
Perpétua 43, 49
Persa, Império 29
Peter, o mouro 106
Peters, Thomas 183
petróleo na Nigéria 302
PIB 302, 303
pirâmides 16, 22, 26, **27**, 51
piratas e corsários 105, 107, 120
Pittsburgh Courier 256, 257
Piye da Núbia 30
plantations, primeiras 32
plantations
    África oriental 63
    América do Norte 115, **122-129**
    Brasil 224, 225
    Caribe 146, 147, 163, 186
    Era da Reconstrução 212-213
    México 132
    vida nas 114, **122-129**
Platão 66
Plessy, Homer 216-217
Plessy *vs.* Ferguson 264
pobreza de afro-americanos 285
Polícia Metropolitana (Londres) 295-296
policial, racismo 294-297
policial, violência
    Reino Unido 281, **298**, 308, 310
    EUA 285, 288, 308-313
poligenismo 155-157
Polverel, Étienne 187
Pombal, marquês de 138
Porter, Millicent 107
Porto Rico 119, 120
Portugal
    código escravista 166
    e rainha Nzinga 114, 115, **140-145**
    exploradores e mercadores 71, 82, 95, 100, 101, 102, 118-119, 136, 148, 152, 182, 200
    império colonial 63, 76, 91, 95, 110-111, 115, 136, 142-145, 152, 153, 223, 224
    mouros 43, 64, 67, 105, 106
    tráfico escravista 48, 60, 71, 111, 118-120, 121, 124, 136-139, 142-143, 168, 174, 175, 222
Powell, Enoch 258
Praga de Justiniano 47

ÍNDICE 333

Primeira Guerra Mundial
  combatentes negros 243, 255
  e colônias alemãs 148, 236, 237
  e colônias francesas 250, 251
  Regimento das Índias Ocidentais Britânicas 258
Primeiro Período Intermediário 28
Prince, Mary **125**, 126, 129
Príncipe 136
prisioneiros afro-americanos 285
Proclamação de Emancipação (EUA, 1863) 208, 209, 210, 232, 233
Proclamação de Emancipação (GB, 1834) 124
proibição de bebidas 247
protestantismo 167
proto-banto, povo 32
Ptolemaica, dinastia 26, 36
Ptolemeu 66
Ptolemeu I Sóter, faraó 36
Ptolemeu II Filadelfo, faraó 36
Ptolemeu XIII, faraó 37
Punch, John 174
Púnicas, Guerras 17, 34, 35, **38-39**, 48, 94
punições a escravizados 127, 131, 137, 138, 167, 204-205, 240
pureza racial 157

Q

quacres 160, 168, 169, 174, 178, 192, 200
Quao, capitão 147
Quéfren, faraó 27
Quênia
  economia **303**
  expedições chinesas 103
  migração dos massais **98-99**
  primeiros seres humanos 18, 19
  Revolta dos Mau Mau 230, **262-263**
Quéops, faraó 27
quicuio, povo 262-263
quilombos 114, 115, 137, **138-139**

R

R&B **324**
racismo
  África do Sul **260-261**
  argumento de inferioridade racial 12, 171
  científico **156-157**, 240
  Black Lives Matter 294, **306-313**
  Brasil 225, **240-241**, 286-287
  criação de raças 115, **154-157**
  estrutural 281
  EUA **216-219**, 217, **264-267**, **268-269**, **270-271**, **282-285**, 288
  França **290-291**
  institucional 230, 299
  Reino Unido 259, 270, **294-297**, 299
  teoria crítica da raça 154, **325**
ragtime 248
Ramsés II, faraó 27, 28, **29**
Randolph, A. Philip 283, 284
Rano 96, 97
rap, música **325**
Rashidun, califado 26, 36
Rastafári, movimento **253**
Rawlings, Jerry 272
Reconquista 64, 66-67
recursos naturais 303
Rede de Apoio Lesbiana Negra 281
redware, povo 146
reggae, música 253
Regimento Caribenho 256
regra de uma gota 157
Reid, Eric 311
Reino Unido
  abolicionismo 121, 124, 129, 160, 161, 168-171, 175, 176, 186, 192, 222, 224-225
  Black Lives Matter 309, 310-311, 312
  Brixton, protestos de **294-297**
  Canal de Suez 215
  códigos escravistas 166, **167**
  combatentes negros na Segunda Guerra Mundial 254, 255-256
  diáspora africana 315
  feminismo negro 278-281
  migração Windrush 231, **258-259**, 294
  racismo 259, 270, **294-297**, 299
  Relatório Macpherson **299**
  saque da Cidade de Benim 100, **101**
  tráfico escravista 114, 118, 120, 121, 142, 151, 168, 174
  ver também Escócia; Império Britânico; Inglaterra
Reiss, Winold 243
religião
  africana autóctone **51**
  cartagineses 35
  diáspora africana 315
  Egito antigo 26, 51
  França proíbe símbolos evidentes de 290-291
  Império Romano 37, 48, 49
  nas *plantations* 129
  Núbia 31
  ver também cristianismo; Islã; judaísmo
Remond, Sarah Parker 176, 177
República Centro-Africana 275
República Dominicana 130
republicanos radicais 212, 213
reservas no Quênia 262-263
reservas de caça 99
reunião, direitos de 203
Revels, Hiram R. 211, 213
Revolução Francesa 170, 186
Revue du Monde Noir 250
Ribeiro, Djamila 281
Rice, Tamir 310
Rice, Thomas D. 216
Richardson, Willis 243
Ricks, Martha Erskine **201**
Rift, Grande Vale do 98, 262
Rinderpest 98
Robben, ilha (África do Sul) 261
Roberts, Joseph Jenkins 201
Robeson, Paul **318**
Robinson, Jackie **318**
Robinson, Jo Ann 271
Rochambeau, Jean-Baptiste Donatien de Vimeur, conde de 189
rock 'n' roll 246
Rodésia 76, 152, 275
Rodésia do Sul 76, 152
Rodney, Walter 214, 315
Rodrigo, rei dos visigodos 64, 65
romanos
  chegam à África **38-39**
  e Axum 46
  e cristianismo 37, 43, 46, 48, 49-50
  e Egito antigo 26, 29, 36-37
  Guerras Púnicas 17, 34, 35, **38-39**, 48, 94
  tráfico escravista 60
Rorke's Drift, Batalha de 199
Rozvi, Império 115, **152-153**
Ruanda 236
  genocídio 231, **300-301**
  guerra civil 300
Rufino, Tirânio 46
RuPaul's Drag Race 293
Rustin, Bernard **283**, 284
Ryswick, Tratado de 186

S

Saadiana, dinastia 54
Sabá
  rainha de 74, 84, 93, 226, 227
  reino de 45, 47
sacrifícios humanos 149
S'ad al-Din, sultão de Ifat 93
Sai, reino de 31
Sa'id Pasha 215
Saint-Domingue, Revolução Haitiana 12, 130, 160, 178, **186-189**
Sakura do Mali 90
sal, comércio de 54, 55, 81
Salomão, rei 74, 84, 93, 226, 227
Salomônida, dinastia 44, 84, 93, 226, 227
Salsa Soul Sisters 281
sanções econômicas na África do Sul 261
sanhajas, berberes 78, 79
Santa Cruz, Nicomedes **319**
Santa Lúcia, revolta em 171
santería **322**
Santo Domingo 130, 131
São Tomé 119, 120, 136, 174
São Vicente, garifunas em 160, **162-163**
Sardenha 38
Sarkin Gobir Bawa 197
Sassânidas/Império Sassânida 47, 58
saúde, sistemas de 304, 305
Savage, Augusta 245
Scarman, relatório de 296-297
Schonau, Eva von 107
Scott, Dred 207
Scott, Walter 310
Seacole, Mary **317**
seca 20, 29, 47, 57, 79, 88, 98, 108, 109, 236
segregação de gênero 279
segregação racial
  África do Sul 260
  de combatentes negros na Segunda Guerra Mundial 257
  Estados Unidos 13, 161, 210, **216-221**, **264-267**, **270-271**, 282-283, 284, 285, 288
  França 291
Segu 88
Segunda Guerra Mundial
  combatentes negros na 234, **254-257**, 258
  e descolonização 273
  teoria racial e eugenia 157
Segundo Período Intermediário 28
Seifuwa, dinastia 80, 81
Seku Ahmadu 92
Selim I, sultão 36
Selma, no Alabama 221
Sena 152
Senden, Casper van 107
Senegal 95, 250, 275
Senghor, Lamine 250, 251
Senghor, Léopold Sédar 235, 250, 251, 257
Senzangakhona 198
seres humanos
  classificação dos 155-156
  migração para fora da África **20-21**
  primeiros 12, 16, **18-19**
Serra Leoa
  descoberta de 160, 161, **182-183**
  escravidão doméstica proibida em 174
  escravizados caribenhos libertos em 146, 176
Sesóstris II, faraó 28
Sesóstris III, faraó 215
Sétimo Severo, imperador 38
Sevilha 67
Seychelles, independência de 274
Shaka Zulu 198, 199
Shakespeare, William 39, 106
Shakur, Assata 280
Sharp, Granville 169, 170, 183
Sharpeville, massacre de 261
Sherley, Thomas 107
Sherman, William T. 212
Shervington, Andre 259
Shirazi, Ali ibn al-Hassan 63
Sicília 34, 38
Sídon 34
Silva, Benedita da **320-321**
Simala, Kenneth 63
Sindicato Cooperativo e Aliança Nacional de Agricultores de Cor (EUA) 124
Síria 58, 59, 65
Sirleaf, Ellen Johnson 200, 201
Sistema das Homelands (África do Sul) 260-261
sistema de chefes delegados 252
Smeathman, Henry 160, 183
Smith, John 298
Smith, Tommie 289
Snefru, faraó 22
so, povo 80
Sociedade Americana de Colonização 161, 176, 200-201, 232
Sociedade Antiescravista Americana 177
Sociedade Britânica e Estrangeira Antiescravista 168
Sociedade de Auxílio a Negros Mantidos Ilegalmente em Cativeiro (EUA) 174
Sociedade de Manumissão da Cidade de Nova York 175
Sociedade para a Abolição da Escravidão de Rhode Island 175
Sociedade para a Realização da Abolição do Tráfico de Escravizados (GB) 169
Societé des Amis des Noirs 170
Sofala 71, 77, 108, 109, 153

334 ÍNDICE

Sokoto, califado 96, 160, 196, 197
Somália 84, 103, 275
   guerra civil 93
Somersett, Caso 168, 169
Somersett, James 169
Songai, Império 54, 70, 88, 90, 91
   colapso do 54, 88, 92
   origens do **75**
soninquê, povo 42, 54, 55, 57
Sonni Ali de Gao 75
Sons of Africa 170
Sonthonax, Léger-Félicité 187
soul, música 249, 286
Souza, Ruth de 319
spirituals africanos 248
Stevens, Thaddeus 212
Stewart, John 297
Stoneking, Mark 18
Stonewall, rebelião de 292
Sturge, Joseph 168
suaílis, cidades-estados 43, **62-63**
Suazilândia 223
   ver Essuatíni
sudano-saheliana, arquitetura 92
Sudão
   independência 222
   judeus no 74
   reino de Cuxe 17, 46
   reino de Kerma 17, **30-31**
   sul do 98
Suécia, abolição da escravidão 171
Suez
   Canal de **215**, 226
   crise de 215
sul da África
   Changamire Dombo **152-153**
   corrida do ouro de Botsuana **214**
   Grande Zimbábue **76-77**
   Guerras Xhosas **180-181**
   Império Zulu **198-199**
   Mandela e anti-apartheid **260-261**
   migração banta **32-33**
Sumanguru de Sussu 78, 88, 89
Sumner, Charles 212
Sundiata Keita do Mali 54, 70, 78, 88, **89**, 90
supremacia/supremacistas brancos 115, 219, 239, 270
Sussu, reino 54, 70, 78, 88
swing, música 249

T

tabaco, *plantations* de 125-126, 175
Tácito 154
taifas 66
taino, povo 130-131, 146, 186
Takrur 57, 59
Tall, Omar Saidou 88
Tang, dinastia 102
Tanzânia
   Maji Maji, Revolta 230, **236-237**
   migração dos massais **98-99**
taxação 252
taxas de pesquisa 217
Taylor, Breonna 311-312
Teatro Experimental do Negro 241
Tebas 28, 29, 30
temne, povo 183
Tenochtitlán 133
Teodora, imperatriz 51
Teodoro II da Etiópia 44

Teodósio, imperador 48, 49
Teófilo, bispo de Alexandria 36
teoria crítica da raça 154, **325**
Terceiro Período Intermediário 29
Terêncio **39**
Tertuliano 39, 49
Texas 124, 132, 208
Thatcher, Margaret 296, 297
Tigre 47
tijolos de barro 23, 31
Till, Emmett 231, **268-269**, 283
Till Mobley, Mamie 268, **269**
Tiro 34, 38
Togo 275
Togolândia 148
Toledo 65
Tombuctu 70, 75, 88, 90, 91, 92
Tometi, Opal 278, 308
Toomer, Jean 244
Torwa 76, 152, 153
trabalhos forçados 13, 133, 192, 215, 223, 236
tradição oral da África ocidental 78, 79
tráfico escravista atlântico 12, 61, 94, 95, 114, **116-121**, 160, 161, 168-169, 174, 175, 222, 314
tráfico escravista transaariano 42, 43, 55, **60-61**, 80, 81, 118, 119, 274, 314
trans, pessoas **313**
transporte, segregação no 218-219, 221, **270-271**
Traoré, Adama 290, 308
tratamento, formas de 217-218
Travis, Joseph 203
trekboers 180
Trelawny, *maroons* de 146, 147
Tribunal Criminal Internacional de Ruanda 300
Trono de Ouro (Império Axante) 115, 150-151
tronos acãs **151**
Truman, Harry S. 242, 257
Trump, Donald 311
Truth, Sojourner **176**, 177, 278, 280
tuaregue, povo 54, 91
Tubman, Harriet 192, **193**, 194, 195
Tukulor, Império 88
Tulsa, Massacre Racial de 238, 239
Tunísia
   cartagineses **34-35**, 94
   independência 222
Tunka Manin de Gana 56
turkana, povo 98
Turner, Nat 160, 161, 178, 202, **203**
Tuskegee, Aviadores de **257**
Tutancâmon, faraó 29
tútsi, povo 300-301
twa, povo 300

U

Ulundi, Batalha de 199
Umar ibn al-Khattab, califa 59
Um cinturão, uma estrada, política chinesa 102
União, estados da 208-210
União Africana (UA) 302, 314
União Africana do Quênia 263
universidades e faculdades
   historicamente negras (UFHNs) **323**
Útica 38, 39

V

vândalos 48
varíola 98, 121, 129, 133, 137, 186
vassoura, cerimônia de pular a **129**
Vaz, Keith 297
Velasco, Luis de 134, 135
venezianos 95
Veracruz 134-135
Verão Vermelho (Oklahoma, 1919) 239
Vermelho, mar 45, 46, 47, 226
Versalhes, Tratado de 236
Vertières, Batalha de 189
Verwoerd, Hendrik 260
Vesey, Denmark 202
véus no rosto 290, 291
Vidas Negras Importam **306-313**
   ver também Black Lives Matter
Villaut de Bellefond, Nicolas 95
Virgínia 202-203
visigodos 64, 65
Vítor I, papa 39, 43, 49
Vitória, rainha 101, 201, 227

W

Wagadu (Gana) 54, 79
Walker, Alice 245, **279**
Walker, Anthony 299
Walker, David 233
Walker, Madame C. J. **317-318**
Wall Street negra 230, **238-239**
War Jabi de Takrur 57
Warren, Earl 265
Washington, Booker T. 221
Washington, George 170, 192
Waters, Ethel 230, 247, 249
Watkins, Frances Harper 179
Wedgwood, Josiah 169
Wells, Ida B. 213, 219
Wharton, Arthur **317**
Wheatle, Alex 296
Wheatley, Phyllis 156, 175
Whitelaw, William 295, 296
Wilberforce, William 169, 171
Williams, Bianca 311
Williams, H. Sylvester 13, 233-234
Williams, John T. 308
Wilson, Allan 18
Wilson, Woodrow 274
Windrush, migração 231, **258-259**, 294
Winfrey, Oprah **321**
Woodard, Isaac 298
Woolman, John 174
Wright, Richard 288
Wuchale, Tratado de 227

X

xhosa, povo 160, **180-181**
Xi Jinping 102
xona, povo 76, 152, 153
Xtravaganza, Hector 292

Y

Yaa Asantewaa 151
Yahya ibn Ibrahim 78
Yahya ibn Umar 79
Yanga, Gaspar 114, 132-133, 134, 135
Yasuke **316**
Yeboah, Obiri 149
Yekuno Amlak 44, 84, 226
Yeshaq I da Abissínia 93
Yongle, imperador 102, 103
Young, Andrew 288

Z

Zagwe, dinastia 44, 84, 85, 226
Zaire (República Democrática do Congo) 300, 301
Zama, Batalha de 38
Zâmbia, primeiros seres humanos 18, 19
Zami I 281
zanjes, rebelião de escravizados 70, 71, **72-73**
ZANU, partido (Zimbábue) 152
Zanzibar 236
   tráfico escravista 62, 63, 160
Zazzau 96, 97
Zeila 93
Zheng He 102, 103
Zimbábue
   Changamire Dombo 115, **152-153**
   Grande Zimbábue **76-77**
Zimmerman, George 304, 308
ziwa, povo 76
Zoscales de Axum 45
zulus/Império Zulu 153, 181, **198-199**
Zumbi dos Palmares 115, **138**
Zuurveld 181
Zuwa Kusoy de Kukiya 75

CRÉDITOS DAS CITAÇÕES

PRÉ-HISTÓRIA E ANTIGUIDADE

18 Tatenda Gwaambuka, escritor zimbabueano
20 Alan Morris, antropólogo nascido no Canadá
22 Toby Wilkinson, egiptólogo britânico
24 Heródoto, escritor e geógrafo grego antigo
30 Tradução de Ta Sety, antigo nome egípcio da Núbia
32 Jan Vansina, historiador belga
34 R. Bosworth Smith, escritor britânico
36 Alexander Pope, poeta inglês
38 Catão, o Velho, político romano

IMPÉRIO E EXPANSÃO

44 Mani, profeta persa, século III d.C.
48 Charles Pelham Groves, escritor britânico
52 Ibrahim al-Fazari, geógrafo muçulmano
58 Amr ibn al-As, general árabe
60 Gustav Nachtigal, explorador alemão
62 John Middleton, antropólogo britânico
64 Stanley Lane Poole, arqueólogo britânico

FÉ E COMÉRCIO

72 *História da rebelião zanje*, de Al-Tabari
74 Sofonias 3:10
75 Al-Idrissi, geógrafo muçulmano
76 Mawuna Koutonin, "Lost cities: racism and ruins", 2016
78 Abu Bakr Ibn Umar, comandante dos Almorávidas
80 Baseado em descrição de *The Encyclopedia of Empire*, 2016
82 Bolaji Idowu, teólogo nigeriano
84 Hagiografia de Lalibela
88 *Sundiata Keita*, poema épico de Sundiata
92 Marabout Ismaila ao sultão Konboro, citado em Jean-Louis Bourgeois, *The Great Mosques of Djenné*
93 I. M. Lewis, antropólogo escocês
94 Provérbio senegalês
96 Descrição comum dos hauçás
98 Muthoni G. Likimani, escritora queniana
100 Wole Soyinka, poeta e dramaturgo nigeriano
102 Eduardo Galeano, jornalista uruguaio
104 Proclamação em nome da rainha Elizabeth I
108 T. H. Elkiss, *The Quest for an African Eldorado*, 1982
110 Afonso I ao rei de Portugal

ESCRAVIZAÇÃO E REBELIÃO

116 Amrith Rohan Perera, diplomata do Sri Lanka
122 Mary Prince, *A história de Mary Prince*, 1831
130 Descrição comum da rebelião de escravizados em Hispaniola
132 Pérez de Ribas, missionário espanhol
136 Descrição de quilombos
140 Designação comum dada à rainha Nzinga no Brasil
146 Kenneth Bilby, *True-Born Maroons*, 2005
148 *Wonders of the African World*, com Henry Louis Gates Jr.
152 Tradução do nome completo de Changamire Dombo
154 Evelynn M. Hammonds, feminista e estudiosa americana

REVOLUÇÃO E RESISTÊNCIA

162 H. Gilbert Swaso, historiador da cultura garifuna
164 Henri Morienval, fuzileiro naval francês
166 Code Noir da Louisiana, 1724
168 Inscrição num medalhão de Josiah Wedgwood, 1787
172 Frederick Douglass, discurso em 1852
180 Profecia de Nongqawuse
182 Olaudah Equiano, *A interessante narrativa da vida de Olaudah Equiano*, 1789
184 Declaração Haitiana de Independência, 1804
190 William Still, abolicionista americano
196 Atribuído a Shaka Zulu
198 Poema de Adb Allah dan Fodio, irmão de Usman dan Fodio
200 Significado do nome Libéria
202 Nat Turner, *As confissões de Nat Turner*, 1831
204 Grito de guerra dos malês
206 Frederick Douglass, discurso em 1863
210 W. E. B. Du Bois, *Black Reconstruction in America, 1860-1880*
214 *Historical Dictionary of Botswana*, Barry Morton e Jeff Ramsay
215 Isma'il Pasha, 1863
216 Plessy vs. Ferguson, 1896
222 Baffour Ankomah, jornalista ganês
224 Lei que aboliu a escravidão no Brasil
226 Baseado no título real de Menelik II

DESCOLONIZAÇÃO E DIÁSPORAS

232 George Padmore, *Pan-Africanism*, 1956
236 Tradução de *maji ya uzima*, substância que os *maji maji* acreditavam ter o poder de repelir balas
238 Hannibal B. Johnson, escritor americano
240 Letra do samba-enredo de 1989 da escola de samba Imperatriz Leopoldinense
242 James Weldon Johnson, escritor e ativista de direitos civis americano
246 James Mercer Langston Hughes, *The Negro Artist and the Racial Mountain*, 1926
250 Kojo Tovalou Houénou, crítico africano do colonialismo francês
252 Madame Nwanyeruwa, 1929
253 Marcus Garvey, discurso em 1920
254 Dempsey Travis, escritor e veterano de guerra americano negro
258 John Richards, passageiro do *Windrush* em 1948
260 Nelson Mandela, discurso de posse, 1994
262 B. A. Ogot, *Politics, Culture, and Music in Central Kenya*
264 Linda Brown, discurso em 2004
268 Mamie Till Mobley, 1955
270 Rosa Parks, *Rosa Parks: My Story*, 1992
270 Kwame Nkrumah, discurso de independência, 1957
274 Kwame Nkrumah, discurso na ONU, 1960
276 Fundo Global para as Mulheres
282 Martin Luther King Jr, discurso na Marcha de Washington, 1963
286 Canção do bloco afro-brasileiro Ilê Aiyê
288 Stokely Carmichael, discurso em 1966
290 Rokhaya Diallo, "France's Dangerous Move to Remove 'Race' From Its Constitution", 2018
292 *Paris is Burning*, 1990
294 Alex Wheatle, escritor britânico
298 Jose De Sosa, representante da ANPPC, 1981
299 Relatório Macpherson, 1999
300 Carta de um pastor tútsi citada por Philip Gourevitch, escritor americano
302 Hailemariam Dessalegn, primeiro-ministro etíope, 2013
304 Barack Obama, discurso da vitória, 2008
306 Alicia Garza, "A Love Letter to Black People", 2013
314 Marimba Ani, antropólogo americano, especialista em estudos africanos

AGRADECIMENTOS

A **Dorling Kindersley** gostaria de agradecer a Lucy Sienkowska pela assistência editorial, a Ankita Das pela assistência de design, a Vijay Khandwal pela assistência CTS, ao doutor Harvey Kwiyani, ao xeique Ibrahim Mogra (Mogra Faith & Culture Consultancy), a Arike Oke (diretora-gerente de Black Cultural Archives) e ao doutor Jonathan Ward pela leitura de autenticidade, à doutora Fiona Coward e a Karl Lutchmayer por consultoria adicional, a Oliver Drake pela revisão, a Helen Peters pela indexação, a Priyanka Sharma e Saloni Singh pela assistência de capas, a Neha Singh pela assistência administrativa, a Jessica Silva e equipe do The Black Curriculum pelo apoio e à equipe da DK Diversity, Equity, and Inclusion e ao Product and Content Working Group pelas recomendações e orientação.

CRÉDITOS DAS IMAGENS

A editora gostaria de agradecer às seguintes pessoas e instituições pela gentil permissão de reproduzir suas fotos:

(símbolos: a: em cima; b: embaixo; c: no centro; d: na direita; e: na esquerda; t: no topo)

19 Science Photo Library: John Bavaro Fine Art (b). **20 Getty Images:** Heritage Images (b). **28 Dreamstime. com:** Wisconsinart (t). **Getty Images:** Universal History Archive (b). **29 akg-images:** Album / Oronoz (b). **Getty Images / iStock:** violinconcertono3 (t). **30 Bridgeman Images:** © Ashmolean Museum (b). **31 Getty Images / iStock:** HomoCosmicos (b). **33 Alamy Stock Photo:** Ian Shaw (b). **35 Alamy Stock Photo:** agefotostock. **37 Alamy Stock Photo:** Heritage Image Partnership Ltd (t); The Print Collector (b). **38 Alamy Stock Photo:** The Picture Art Collection. **39 Alamy Stock Photo:** Classic Image (t). **Science Photo Library:** Sheila Terry (b). **46 Alamy Stock Photo:** GFC Collection (b); Heritage Image Partnership Ltd (t). **47 Alamy Stock Photo:** John Elk III. **49 Alamy Stock Photo:** Historic Collection (b). **50 Alamy Stock Photo:** Art Directors & TRIP. **51 Alamy Stock Photo:** David Sutherland. **55 Alamy Stock Photo:** agefotostock (b); Images & Stories (c). **57 Alamy Stock Photo:** Heritage Image Partnership Ltd (t); Tommy E Trenchard (c). **59 Alamy Stock Photo:** YAY Media AS. **61 Bridgeman Images:** © Christie's Images (b). **62 Alamy Stock Photo:** John Warburton-Lee Photography (b). **63 Alamy Stock Photo:** Jake Lyell. **65 Alamy Stock Photo:** CPA Media Pte Ltd (b). **Getty Images / iStock:** sorincolac (b). **66 Getty Images:** Keystone- France (b). **72 Getty Images:** Nik Wheeler. **73 Getty Images:** Art Images. **74 Alamy Stock Photo:** UPI. **77 Alamy Stock Photo:** Heritage Image Partnership Ltd (b). **Getty Images:** Robin Smith (t). **79 Alamy Stock Photo:** Arterra Picture Library (t). **L&R Entwistle and Co Ltd:** (b). **81 Getty Images:** (t); Franz Aberham (b). **83 Alamy Stock Photo:** Granger Historical Picture Archive. **84 Getty Images:** VW Pics. **85 Getty Images:** Roberto Moiola / Sysaworld. **88 National Museum of African Art, Smithsonian Institution:** foto de Franko Khoury (b). **89 Getty Images:** NurPhoto (t). **91 Alamy Stock Photo:** incamerastock. **92 Alamy Stock Photo:** Alissa Everett. **94 Alamy Stock Photo:** Granger Historical Picture Archive. **95 Alamy Stock Photo:** @diana_jarvis. **97 Alamy Stock Photo:** Jorge Fernandez. **98 Alamy Stock Photo:** PS-i (t). **naturepl.com:** Jeff Foott (b). **100 Galerie Peter Herrmann. 101 Alamy Stock Photo:** CPA Media Pte Ltd (b); Adam Eastland (t). **103 Alamy Stock Photo:** CPA Media Pte Ltd (b). **105 Alamy Stock Photo:** The Picture Art Collection. **106 Bridgeman Images:** © Christie's Images. **107 Alamy Stock Photo:** INTERFOTO. **108 Alamy Stock Photo:** The Protected Art Archive. **109 Alamy Stock Photo:** DBI Studio (t); dbimages (b). **111 Alamy Stock Photo:** Album (t). **Getty Images:** Universal History Archive (b). **118 Alamy Stock Photo:** Sabena Jane Blackbird (t). **119 Alamy Stock Photo:** Mirosław Nowaczyk (t). **120 Alamy Stock Photo:** Granger Historical Picture Archive (t). **124 Getty Images:** DEA Picture Library (t). **125 Getty Images:** Sepia Times. **126 Alamy Stock Photo:** Pictures Now. **127 Alamy Stock Photo:** Hamza Khan. **128 Bridgeman Images:** © Historic New Orleans Collection. **129 Getty Images:** MPI (be). **Biblioteca do Congresso, Washington, DC** (cd). **130 Alamy Stock Photo:** Chronicle (b). **135 Alamy Stock Photo:** ZUMA Press, Inc. **142 Harvard University, Yenching Library:** Widener Library. **143 Alamy Stock Photo:** IanDagnall Computing. **144 Alamy Stock Photo:** Heritage Image Partnership Ltd. **145 Alamy Stock Photo:** CPA Media Pte Ltd. **147 Alamy Stock Photo:** REUTERS (b). **Freestylee, Michael Thompson, www.freestylee.net** (td). **149 Alamy Stock Photo:** World History Archive (b). **Getty Images:** Issouf Sanogo (t). **150 Alamy Stock Photo:** Album (t). **151 Getty Images:** Sepia Times. **152 Alamy Stock Photo:** Suzuki Kaku. **156 Alamy Stock Photo:** Album (t); Everett Collection Inc (b). **163 Getty Images:** Orlando Sierra (b). **165 Alamy Stock Photo:** INTERFOTO (b). **167 Alamy Stock Photo:** Granger Historical Picture Archive. **169 Alamy Stock Photo:** AF Fotografie. **170 Alamy Stock Photo:** Artepics. **171 Alamy Stock Photo:** The Picture Art Collection. **175 Getty Images:** (b); Historical (t). **176 Getty Images:** Hulton Archive. **177 Alamy Stock Photo:** Granger Historical Picture Archive. **178 Alamy Stock Photo:** agefotostock. **180 akg-images:** (b). **181 Copyright Keiskamma Trust. 182** © The Board of Visitors of the University of Virginia: (b). **183 Alamy Stock Photo:** Pictorial Press Ltd (t). **192 Alamy Stock Photo:** Art Collection 2. **193 Getty Images:** Universal History Archive (t). **195 Courtesy of Methodist Theological School in Ohio:** (t). **198 Alamy Stock Photo:** Melissa Jooste. **199 Getty Images:** DEA Picture Library. **200 Biblioteca do Congresso, Washington, DC:** (b). **201 Alamy Stock Photo:** Historic Images (td). **Shutterstock.com:** supparsorn (te). **202 Getty Images:** Stock Montage (b). **203 Getty Images:** Interim Archives. **205 Acervo da Fundação Biblioteca Nacional – Brasil. 207 Alamy Stock Photo:** agefotostock. **208 Alamy Stock Photo:** North Wind Picture Archives. **215 Alamy Stock Photo:** Heritage Image Partnership Ltd (b). **218 Bridgeman Images:** © New York Historical Society. **220 Getty Images. 221 Getty Images:** MPI (b). **222 Alamy Stock Photo:** Photo 12. **225 Alamy Stock Photo:** Historic Collection (b). **Getty Images:** New York Times Co. (t). **226 Alamy Stock Photo:** Album (b). **227 Getty Images:** Universal History Archive (t). **233 Alamy Stock Photo:** agefotostock (t); History and Art Collection (b). **234 Getty Images:** John Deakin. **235 Getty Images:** Fayez Nureldine (t). **236 Alamy Stock Photo:** FLC 1 (b). **237 Shutterstock.com:** Chiyacat (b). **239 Department of Special Collections and University Archives:** (te). **240 Acervo da Fundação Biblioteca Nacional – Brasil. 243 The New York Public Library. 245 Alamy Stock Photo:** Everett Collection Historical (t). Smithsonian American Art Museum: (b). **247 Alamy Stock Photo:** Lebrecht Music & Arts (t). **251 Shutterstock.com:** Rob Pinney. **253 Alamy Stock Photo:** Sueddeutsche Zeitung Photo (c). **255 Getty Images:** Michael Ochs Archives (t). **256 Imperial War Museum:** (CH_013438). **257 Alamy Stock Photo:** B Christopher; Everett Collection, Inc (b). **259 Getty Images:** Peter Summers (b). **TopFoto.co.uk:** Pastpix (t). **261 Getty Images:** Roberto Moiola / Sysaworld (b). **Photo Scala, Florence:** © Smithsonian Institution (b). **263 Getty Images:** Michael Ochs Archives (b); Stroud (t). **266 Alamy Stock Photo:** World History Archive (b). **Getty Images:** Bettmann (t). **267 Shutterstock.com:** Anônimo / AP (b). **269 Getty Images:** Afro Newspaper / Gado (te, td). **271 Getty Images:** Don Cravens (b); Universal Images Group (t). **272 Getty Images:** Bettmann (b). **273 Getty Images:** Keystone. **274 Getty Images:** Keystone-France. **275 Getty Images:** AFP (b). **278 Getty Images:** Bettmann. **279 Shutterstock.com:** AP (t). **280 Lambeth Archives:** (td). **281 Getty Images:** Mauro Pimentel (t). **283 Alamy Stock Photo:** Everett Collection Historical (t). **Getty Images:** Bettmann (te). **284 Getty Images:** Paul Schutzer (t). **285 Getty Images:** Flip Schulke Archives (b). **287 Jesus Carlos/Imagens** (b). **Caroline Lima/Editora Globo** (td). **289 Alamy Stock Photo:** Granger Historical Picture Archive (t). **Getty Images:** Victor Moriyama (b). **291 Getty Images:** Ian Langsdon (b); WIS Bernard (t). **293 Alamy Stock Photo:** Everett Collection Inc (t). **Getty Images:** Ethan Miller / Staff (b). **295 Alamy Stock Photo:** PA Images (t). **296 Stephen Friedman Gallery:** Stephen White & Co... **297 Alamy Stock Photo:** PA Images (t). **298 Alamy Stock Photo:** REUTERS. **300 Getty Images:** Scott Peterson (t). **301 Alamy Stock Photo:** Angus McComiskey. **303 Alamy Stock Photo:** dpa picture alliance (t). **Getty Images:** Buena Vista Images (b). **304 Getty Images:** Chicago Tribune (b). **305 Alamy Stock Photo:** Ian Dagnall Computing. **308 Getty Images:** Stephen O'Byrne (t). **309 Getty Images:** St. Louis Post-Dispatch (b). **Shutterstock.com:** Brad Barket / AP (t). **311 Getty Images:** Michael Zagaris (t). **313 Getty Images:** Sean Drakes (b); John Thys (t). **314 Alamy Stock Photo:** imageBROKER.

Todas as outras imagens © Dorling Kindersley
Para mais informações ver: www.dkimages.com